高等政法院校规划教材

物权法教程

WU QUAN FA JIAO CHENG

（第三版）

司法部法学教材编辑部　审定

主　编：江 平

副主编：鄢一美

撰 稿 人：（以撰写章节先后为序）

　　　　　鄢一美　靳文静　尹志强

　　　　　李永军　来小鹏

中国政法大学出版社

2017·北京

江　平　中国政法大学终身教授，博士生导师。《中华人民共和国物权法》起草小组负责人。代表作品有：《中国大百科全书·法学卷》（编委、民法学科主编）、《罗马法教程》（合著）、《西方国家民商法概要》（独著）、《公司法教程》（《新编公司法教程》）（主编、合著）、《法人制度研究》（主编、合著）等。

鄢一美　俄罗斯莫斯科大学法学博士。中国政法大学民商经济法学院教授，硕士生导师。代表作品有：《俄罗斯当代民法研究》《所有权本质论》《所有制概念考源》《论所有权的法哲学》《马克思所有权哲学思想的当代解读》等。

靳文静　法学博士。中国政法大学民商经济法学院副教授，硕士生导师。代表作品有：《交通事故损害赔偿》、《公共服务损害赔偿》（合著）、《完善我国私权救济制度的思考》等。

尹志强　法学博士。中国政法大学民商经济法学院教授，硕士生导师。代表作品有：《侵权行为概念分析》《我国民法中是否应导入惩罚性赔偿?》《诉讼时效的适用范围》等。

李永军　法学博士。中国政法大学民商经济法学院教授，博士生导师。代表作品有：《合同法》《民法总论》《海域使用权研究》《破产法律制度》《破产重整制度研究》《合同法原理》《票据理论与实务》等。

来小鹏　法学博士。中国政法大学民商经济法学院教授，博士生导师。代表作品有：《知识产权法学》、《民法学》（主编）、《版权交易制度研究》、《论房地产抵押合同》、《著作权转让比较研究》等。

出版说明

　　长期以来，在司法部的领导下，法学教材编辑部认真履行为法学教育服务的职能，为满足我国不同层次法学教育发展的需要，在全国高等院校和科研院所的大力支持下，动员了包括中国社会科学院法学研究所、北京大学、清华大学、中国人民大学、浙江大学、厦门大学、中山大学、南京大学、武汉大学、吉林大学、山东大学、四川大学、苏州大学、烟台大学、上海大学、中国政法大学、西南政法大学、中南财经政法大学、华东政法大学、西北政法大学、国家行政学院、国家法官学院、中国人民公安大学、中央司法警官学院、广东商学院、山东政法管理干部学院、河南政法管理干部学院等单位的教学、科研骨干力量，组织编写了《高等政法院校法学主干课程教材》《高等政法院校规划教材》等多层次、多品种的法学教材。

　　这些教材的出版均经过了严格的策划、研讨、甄选、撰稿、统稿、修订等程序，由一流的教授、专家、学术带头人担纲，严把质量关，由教学科研骨干合力共著，每一本教材都系统准确地阐述了本学科的基本原理和基本理论，做到了知识性、科学性、系统性的统一，可谓"集大家之智慧，成经典之通说"。这些教材的出版对中国法学教育的发展，起到了非常重要的推动作用，受到了广大读者的欢迎和法学界、法律界的高度评价。

　　教材是一定时期学术发展和教学、科研成果的系统反映，所以，随着科研的不断进步及教学实践的不断发展，必然导致教科书的不断修订。国际上许多经典的教科书，都是隔几年修订一次，一版、五版、二十版，使其与时俱进，不断成熟，日臻完善，成为经典，广为流传，这已成为教科书编写的一种规律。

　　《高等政法院校规划教材》出版至今已有十余年的时间，本套系列教材已修订多次，其中不少教材多次荣获国家教育部、国家司法部等有关部门的各类优秀教材奖。由于其历史长久，积淀雄厚，已经形成了自己独具特色的科学、系统、稳定的教材体系，在法学教育中，既保持了学术发展的连续性、传承性，又及时吸纳新的科研成果，推动了学科的发展与普及。它已成为国内目前最有影响力的一套法学本科教材。

　　进入21世纪，依法治国，建设社会主义法治国家是我国的基本方略。为了更好地适应新世纪法学教育的发展，为了迎接新时代的挑战，尤其是我国加入 WTO 带来的各种新的法律问题，我们结合近年来法制建设的新发展，吸收国内外法学研究和法学教育的新成果、新经验，对这套教材再次进行了全面修订。我们相信重修之规划教材定能为广大师生提供更有效的帮助。

司法部法学教材编辑部

第三版说明

　　本教材自 2011 年 4 月第二版修订以来至今，物权法理论与实践又获得了重大发展，特别是随着物权法理论研究和学说观点讨论的不断深入，立法以及最高人民法院的司法解释相继出现，我们有责任将新的司法解释和最新的研究动态融入教科书中。本次修订在 2011 年第二版资料和成果的基础上，结合近年来发布的《最高人民法院关于适用〈中华人民共和国物权法〉若干问题的解释（一）》（2016 年 3 月 1 日施行）、《最高人民法院关于审理买卖合同纠纷案件适用法律问题的解释》（2012 年 7 月 1 日施行）、国务院公布的《不动产登记暂行条例》（2015 年 3 月 1 日施行）、国土资源部发布的《不动产登记暂行条例实施细则》（2015 年 6 月 29 日实施）等，对相应部分进行了补充与修订，以使教材更切合教学需要的实际。

　　最后，感谢广大读者对本教材的厚爱，我们将在今后的研究中将本教材越修越好。

编　者

2017 年 2 月

第二版说明

2007 年 3 月 16 日我国正式颁布《物权法》，为深入研究物权法的理论和理解物权法的精神，我们编写了这本《物权法教程》。本书的作者均是从事物权法教学的教师，在撰写中将多年研究物权法理论的思考和讲授物权法的教学经验融合在一起，形成了一部颇具特色的物权法教科书。

本书自 2007 年 8 月出版三年多来，随着物权法的颁布实施和市场经济的发展，物权法的理论研究、物权法的适用实践、物权法的相关司法解释相继呈现出新的变化。为及时反映立法、司法、法学研究的新的变化成果，我们在保持本书原有体系和结构的基础上，对本书的内容作了一定的修订和补充。

与初版相比，本次再版的《物权法教程》主要修订特点有：其一，反映新的立法和司法适用实践动向。本书在修订中删除了已废止法律的引用，增添了对新的司法解释适用的研究。比如，在建筑物区分所有权部分，结合《最高人民法院关于审理建筑物区分所有权纠纷案件具体应用法律若干问题的解释》，改写和补充了相关内容。其二，注重系统掌握物权法理论。本书的撰写特点之一是将物权法课程作为法律科学研究的一部分，而非对物权法律的立法解释学。为帮助读者全面研习物权法理论，本次修订特别调整了物权和所有权基本原理的内容。比如，在物权总论中，增添了物的分类和分类意义，补充了物权类型体系的内容。在所有权基本原理和不动产所有权的章节中，均作出较大调整，使原有体系进一步完善。其三，在标题、文字和逻辑结构上作了进一步梳理。为便于读者学习，本次修订对某些章节的内容，增加了小标题，删减了赘述的文字，对初版中不合理的结构进行了逻辑调整。

修订告竣，尽管修订者倾力以赴，但不完善之处定然难免，希望广大读者批评指教。

编　者
2011 年 4 月 2 日

编写说明

如果把民法的体系比作树形结构，民法绪论与民法总论则是树根与树干，而物权、债权、知识产权、继承权、亲属权等民法各项制度则为树枝，它们共同构成枝叶繁茂的民法内容体系。

物权作为民法体系的一个分支，在民法权利体系中举足轻重。物权明确，债权交易自然有序；物的所属关系确定，个人财产、夫妻财产、家庭财产的约定与法定、财产的继承才得以成立；物权明确，在物权基础上建立的其他权利才会清晰，民法调整财产的功能才得以体现。

由于各种复杂的原因，我国的物权立法落后于合同法、继承法等民事单行法。与民法中的其他制度不同，物权法是最能体现本国特点的制度。各国立法都是根据本国的国情和本民族的特点，从本国的政治、经济发展的状况出发，确定财产的所属和利用关系。

尽管我国已经颁布了《物权法》，但我们在对物权法、物权理论的研究中，不能局限于对规范的解释。法律现象是一个复杂的现象，立法者制定法律时，使用与一定的概念相对应的词汇作出某些技术性的规定，是和法条背后国家的政治、经济、社会制度等多方面的因素联系在一起的。因此，我们的学习任务并不是记忆今天有效的条文，也不是单纯解释法律规范，而是要研究隐藏在条文后面的重要因素。正是因为有这些因素的存在，我们才把物权法作为一门法律科学来研究。因此，学习物权法不仅要了解物权是什么，还要知道为什么物权是这样的，以及物权是怎样成为这样的，从多角度、多方位观察物权的本质。基于此目的，本教材不是单纯地对物权法规范进行解释，而是根据《物权法》的精神，较为系统地阐述了物权法的基本理论、基本制度和相关问题的主要学术观点。

本书写作由中国政法大学民商经济法学院几位主讲物权法的教师担任。各部分分工为（以撰写章节先后为序）：

鄢一美：第一编；

靳文静：第二编；

尹志强：第三编；

李永军：第四编；

　　来小鹏：第五编。

　　由于编写时间有限，不足之处在所难免，请读者批评指正。

编　者

2007 年 7 月

目 录

第一编　物权总论

第一章　物权概述

第一节　物权的意义

一、物权的概念

何谓物权？除极少数国家立法对物权有规范定义外，多数国家的立法均未明确规定物权的定义。在物权法的发展过程中，各种关于物权的学说和见解不断出现。纵观各类物权法专著和教科书对物权概念的表述，尽管定义略有不同，但并无本质区别，物权的概念基本可归纳为：物权人依法直接支配特定标的物并享受其利益的排他性财产权。

我国《物权法》第一次以法律规范的形式确立了物权的定义，《物权法》第2条第3款规定，"本法所称物权，是指权利人依法对特定的物享有直接支配和排他的权利，包括所有权、用益物权和担保物权"。该条既确定了物权的概念，也列举了物权的类型。

立法对物权的定义，表达了物权作为法律上的概念，具有如下制度信息和权利性质：

（一）物权为财产权

物权的概念首先揭示了物权是在物上设定的权利，权利人权利作用的标的为物质性要素，而非人格性要素。人身上不得负担物权，任何人既不得对他人的身体也不得对自己的身体享有物权。物权的财产性体现为物权人通过行使权利得享受其物的使用和交换利益。

（二）物权为支配性财产权

物权与债权是财产权的基本分类，两者都是以财产为内容的权利，但物权与债权在对财产的作用上特性不同。物权是权利主体对物的直接支配权，即物权人在法定范围内完全可基于自己的意思而不必借助于任何他人的意思或行为对物直接行使权利。而债权人获得财产须通过相对人的意思并借助于相对人的行为间接实现，故债权是请求权。

物权的支配性特点体现在：

1. 利益的直接实现性。物权人在法定范围内基于自己的意思而不必借助于任何他人的意思或行为即可对物直接支配，实现权利，享有财产利益。而债权人获取财产、享有财产利益须通过相对人的意思并借助于相对人的行为间接实现。

2. 权利效力优先性。当一个物上有物权又有债权时，除非法律有特别规定，物权作为支配权的效力总是优先于债权。

3. 对应义务的消极性。支配权的义务人的义务为不作为，即负有不干涉权利人行使权利的义务。

（三）物权为排他性财产权

支配性与排他性是相辅相成的，物权人能够基于自己的意思而不必借助于任何他人的意思或行为对物直接支配，是法律赋予了支配权人"意思之力"或"法律之力"，权利人凭借国家强制力的保障具有实现某种利益的可能性。

物权人凭借物权法赋予的直接支配物的权利效力，可对抗除他以外的一切第三人的权利。换言之，排他性意味着：与物权人"可以做什么"相对应的是，一切他人"不能做什么"，即任何他人对该物不得享有以同一占有为内容的支配权，除物权人以外的其他一切人都有义务尊重并且不干涉物权人正当行使支配权，就此点而言，物权是绝对权，能够对一切人产生拘束力，具有对世效力。

排他性对于物权而言，具有重要意义。物权人对物的支配，是物权的固有属性，没有支配性特点的物权不成其为物权。然而排他性，对物权而言，更为重要，只有排除他人干涉，在任何他人不妨碍物权人行使权利的前提下，物权人才能享有物权支配权的利益。公权与私权的界限就在于物权的排他性。物权是私权，公权力要进入私权的范围，或是经物权人的同意或是具有依法律规定程序颁发的能够进入私人空间的文件，未经物权人同意或者没有任何合法手续，擅自进入物权支配的范围，就是对私权的侵犯。

物权的支配性与排他性，从"积极"和"消极"作用两方面说明了：表面上看物权是人对物的支配关系，实质上物权是人与人之间对物的法律关系。

物权法规定物可为权利人支配，目的在于使其享受物的利益。物的利益可分为使用价值和交换价值。物的所有人可以自己直接支配物，实现物的使用价值和交换价值；也可以将自己的物交由他人占有、使用、收益和处分，使他人享有该物的使用和交换利益。因此，物权各种类型——所有权、用益物权、担保物权不仅满足了权利人的各种利益需要，也反映了物权的"所有"与"利用"之间的关系。

（四）物权为权利人依法对特定之物享有的权利

物权是对物的支配权，物权的标的物必须具有确定性、独立性、具体性和可支配性特征，物权只能设定于特定的物之上，才能确定其独立的支配范围。

那么，物权为什么具有上述权利性质？法律赋予物权支配性和排他性效力的依据源于何种理念？法律意义上的物权观念和制度是如何产生和形成的呢？

二、物权的理念

物权是所有权与用益物权和担保物权的总括概念。所有权，也称自物权，是物的所有人对自己物的支配权。用益物权与担保物权，统称他物权，是物的非所有人对所有人（他人）之物享有的权利。自物权是他物权的基础，先有所有权，其后在所有人权利的基础上才会派生他物权，最后抽象出所有权与他物权的上位概念——物权。因此，研究物权的观念和性质，应从所有权开始。

（一）所有权观念的本源

大陆法源于罗马法，因此须先从罗马法中寻找所有权的本源。然而，"在罗马法的文献中没有所有权的定义"。[1]确切地说，在《民法大全》中没有一章专门论述"所有权"，也没有关于所有权的定义。[2]那么，是不是罗马法中根本没有所有权的观念，罗马人完全不知何为财产所有呢？

并非如此，罗马法学家彼德罗·彭梵得在其所著的《罗马法教科书》中谈到，罗马人用"这个东西是属于我的"或"这个东西是我的"，并加上一句"根据罗马人的法"表示真正的市民法所有权。[3]所有权的概念基本上是由"此物是我的"所确认，即由某物属于某人并由此人"直接"行使对该物的那种归属权所确认。所有权结果被表述为，"可以合法的使用、获取孳息、拥有和占有"，但这组权利不能被认为是一个定义。[4]因为所有主的权利是不可能以列举的方式加以确定的，换句话说，人们不可能在定义中列举所有主有权做什么，实际上所有主可以对物行使一切可能行使的权利；物的潜在用途是不确定的，而且在经济——社会运动中是变化无穷的，在某一特定时刻也是无法想象的。法只以否定的方式界定所有权内涵，确定对物主宰权的一般约束，即规定法律限度。[5]看来，现代立法将所有权定义为所有人对物的占有、使用、收益和处分权是落后于罗马法的，所有权不能通过列举权能来说明。

按照罗马人对所有权的表述可知，尽管罗马法没有所有权的定义，但"此物是我的"可视为对所有权的解释。但是人们可能会提出疑问，如果某人事实上占有一个物，然后说，"此物是我的"，能否就说，此物归其所有呢？比如，小偷盗窃了某物，然后说，这个物是我的，是不是此物就归盗窃者所有了呢？

显然不是，如果是这样的话，占有物的事实状态与所有权就是一回事了。在罗马法的语言中，"'拥有某一件物品'与'有权拥有某一件物品'有着明显的区别。

---

〔1〕　周枏：《罗马法原论》（上），商务印书馆1994年版，第299页。

〔2〕　［意］桑德罗·斯奇巴尼选编：《物与物权》，范怀俊译，中国政法大学出版社1993年版，第3页。

〔3〕　［意］彼德罗·彭梵得：《罗马法教科书》，黄风译，中国政法大学出版社1992年版，第196页。

〔4〕　［意］桑德罗·斯奇巴尼选编：《物与物权》，范怀俊译，中国政法大学出版社1993年版，第3页。

〔5〕　［意］彼德罗·彭梵得：《罗马法教科书》，黄风译，中国政法大学出版社1992年版，第194页。

窃贼没有权利拥有他所窃取的物品，但尽管如此，他仍然拥有它。反过来讲，把自己的物品质押给当铺的人仍然对该物品享有权利，而该物品的实际拥有者却是当铺的老板。有权拥有某物与实际拥有某物之间的区别致使罗马法对所有权和占有权加以区别"[1]。

事实状态的占有不同于法律状态下的有权占有，某人实际占有物，但未必是物的所有人，而没有实际控制物的人，却可能是物的所有人。罗马法不认为占有是一种权利，而把它作为一种事实。占有是对物的实际控制。通常占有人就是所有人，当然也可能不是所有人。罗马法根据实际情况，对占有的事实或是肯定，或是否定，以此来达到维持一定的社会经济关系的目的。[2]

因此，当罗马人说"根据罗马人的法，这个物是我的"时，有其特定含义，不仅表明这是所有主对物的占有，而且表明这是一种更高层次的占有，是一种自由的、完全的、有正当原因的占有，是一种真正受诉权保护并不受任何第三人侵犯的占有，是具备了真正法律保障的占有。

那么，为什么当罗马人说"依照法律，此物是我的"时，就可以认定他对此物有所有权呢？

(二) 占有——物权观念的基础

我们知道，人类要在自然界中生存，如果不考虑土地和其他自然资源这些自然界本身提供给人类的物质财富的话，人类获取为生活必需的物质资料的惟一方法就是劳动生产。劳动生产的前提是要有劳动条件，即首先要占有自然界的物质资料，包括占有劳动工具等生产资料。有了这些前提条件，才有生产的可能。而在人类对自然界的万物还未出现占有的事实时，这些物为无主物，为全人类共同享有。

当人为了生存的需要，对自然界原本不属于任何人的无主物产生了第一个占有事实时，占有关系开始。比如，在我国很多数民族地区的习惯法中，就以打标为记对财产进行占有，例如，对于砍伐的树木，捕获的猎物，只要在这些东西上放一个用茅草打的结，就表示这些东西有了主人，他人不会占有。在荒地的四周打上几个活结标记，就表明这块荒地已经有了主人，他人不会再在此开荒种地，这种习惯是在人类社会早期人们在长期的互动中自发地形成的默契，是一个普通的自然现象，是为大家公认的事实，并非法律规定。

在这种源于生存本能的自然法则中，我们看到这样一个现象：当某人把原来不属于任何人的无主物通过某种方式看作是自己的物时，就体现了人对该物有控制和据为己有的意思，这就意味着物开始由无人支配的状态变为由"某人"或者"某些人"支配的状态了，无主物变成有主物，这个现象称为对无主物的占有。可以看出，不存在什么原来就属于我的外在物。一个最初的和原始的获得，是指这种获

---

[1] [英] 巴里·尼古拉斯：《罗马法概论》，黄风译，法律出版社 2000 年版，第 110 页。
[2] 周枬：《罗马法原论》（上），商务印书馆 1994 年版，第 299 页。

得不是取得别人已占为己有的东西。[1]

占有的第一个事实出现时，也表明人与人之间对物的占有关系开始。当某人能够占有该物，称该物为"自己的"而原始地获得该物时，说明其他人对该物没有争议，即该人不是在取得别人已占为己有的东西。如果是别人的物，占有人则不可能宣布这是我的。所以，占有同时也意味着他人对该物的让渡，所谓让渡，即他人与该物关系的分离，他人不再占有该物，不妨碍、不干涉、容忍该人的占有，自觉地离开该物。可见，让渡体现的是他人的不作为，在他人对该物让渡的情况下，物的占有人好像有了"真实"的权利。因此，占有与让渡是相对的概念，没有他人的让渡，占有的事实不可能存在。

罗马法要求占有须包含两个要件：①对物的控制；②将物据为己有的意图。前者为占有的物质要件，罗马人将其表述为"占有体素"；后者为占有的精神要件，罗马人将其表述为"占有心素"。[2]英国学者梅因指出："占有，这个名词从其字源上看，原来一定含有实体接触或可以任意恢复的实体接触之意；但在实际应用上如不加任何形容词，它的含义不仅仅包括实体强留，而是实体强留加上了要把物件保留为自己所有的意向。"[3]罗马法学家指出，"我们取得占有须有占有的事实与占有的意思。只凭占有之意思或占有之事实不能取得占有"[4]。

（三）财产所有权的观念在占有中体现

就占有要件的构成，我们看到了将物据为己有的"所有"的观念已蕴涵在占有中，"所有"属于占有中的一个要件，是占有事实中的人的意志性、精神性、主体性要素。占有的外观与所有的意图，两者不能分离，其相互关系也如德国学者耶林所述"占有是所有的外部形式，占有使所有能够获得其表现"。[5]"任何人，如果他想坚持有权利把一个物作为他的（财产），他必须把物作为一个对象占有它。假如他不是该对象真正的占有者或所有者，那么，当别人未得到他的同意而动用该物时，不算构成对他的侵犯或侵害。因为，一物对他说来是一件外在物，而且他与该物没有任何权利的关系，那么，对该物有什么影响，也不能把他作为主体而影响到他，也不会给他造成任何不公正，除非他与该物有所有权的关系。"[6]由此可知，"那种在自然状态中可以把任何外在物看作某人自己占有的方式，恰恰是带有权利

---

〔1〕　[德] 康德：《法的形而上学原理——权利的科学》，沈叔平译，商务印书馆2001年版，第71页。

〔2〕　[意] 彼德罗·彭梵得：《罗马法教科书》，黄风译，中国政法大学出版社1992年版，第271~272页。

〔3〕　[英] 梅因：《古代法》，沈景一译，商务印书馆1996年版，第164页。

〔4〕　[意] 桑德罗·斯奇巴尼选编：《物与物权》，范怀俊译，中国政法大学出版社1993年版，第210页。

〔5〕　A. E. S. Tay, "The Concept of Possession in the Common Law", *Foundations for a New Approach.* 转引自王利明：《物权法论》，中国政法大学出版社1998年版，第87页。

〔6〕　[德] 康德：《法的形而上学原理——权利的科学》，沈叔平译，商务印书馆2001年版，第57页。

设想的、有形的占有"。[1]

可见，罗马法中的"这是我的物"，已经蕴涵了所有权的思想，"我的物"，意味着"我对该物有权"。同样，如果有相反的事实证明，占有物的人对该占有有瑕疵，则占有者不能通过法律救济手段保护其占有，此时，物的占有人也不能称"此物是我的"。

把物作为一个对象占有，并有据为己有的"所有"意图，说穿了，就是将物据为个人所有，就是"私有"，而私有的观念能够成立，是相对于"非所有"而言的。因此，"所有"与"非所有""我的"与"不是我的"，并非原来就有的状态，而必定是基于一种外在的法律行为，基于权利法则将原始的共享财产的状态区分为这是"我所有的"和"不是我所有的"。这一权利法则，康德将其解释为：任何人的有意识的行为，确实能够和其他人的有意识的行为相协调；任何一个行为，能够在行为上和每一个人的意志自由同时并存。[2]因此，"单是某物应属于我的这种我的内部表象或意志是不够的，此外还须取得对物的占有。通过取得占有，上述意志才获得定在，这一定在包含他人的承认在内"[3]。显然，占有的事实状态是在与他人的关系中得以体现的。

因此，占有中体现的"所有"的观念，正是未来所有权观念的本源，"所有"不是简单地把物归为己有的意思，而是含有正直的、正义的、诚实的、不犯他人的、体现了人与人之间相互尊重关系的理性人意志，这一理念，是未来所有权产生的基础，也是康德所说的潜在的法律占有。

三、物权的本质

占有的事实以及占有中体现的所有权观念告诉我们：一个人可以占有的东西并非是属于他所有的东西，而属于他所有的东西也并非其实际占有，但他对该物享有权利，任何人未经其同意动用该物，构成对他的侵犯和损害。

那么，所有权具有抵御侵犯的效力原因何在？为什么一个人可以把原来不属于任何人的自然界的外在物公开地称其为"这是我的"，从而可直接支配该物享受其利益？为什么其他人能够自觉地让渡该占有呢？所有权的支配性和排他性效力缘何而来？法律先哲们对此有不同的解释：

（一）洛克的"劳动占有权说"

英国思想家约翰·洛克在其《政府论》一书中从人的生存权、理性的天赋性及自然资源的共有性等方面论证，认为是人自身的劳动决定了人能将无主物归为己有，即所谓"劳动占有权说"。

依洛克所言，就自然理性来说，人类一出生即享有生存权利，因而可以享用大

---

〔1〕 ［德］康德：《法的形而上学原理——权利的科学》，沈叔平译，商务印书馆 2001 年版，第 71 页。
〔2〕 ［德］康德：《法的形而上学原理——权利的科学》，沈叔平译，商务印书馆 2001 年版，第 40 页。
〔3〕 ［德］黑格尔：《法哲学原理》，范扬、张企泰译，商务印书馆 1995 年版，第 59 页。

自然所供应的以维持人类生存的各类物品。土地上所有自然生长的果实和土地所养活的兽类，是自然自发地生产的，都归人类所共有，不存在有人对这种处在自然状态中的东西原来就具有排斥他人的私人所有权。但是这些物既然是给人类使用的，那就必然要通过某种方式划归私用，然后其才能对于某一个人有用处或者有好处。[1]

那么，人是如何把自然界原本提供给人类共有的东西划归私用的呢？

洛克举例说道，当把橡树下拾得的橡实或者树上摘下的苹果划归己用时，谁都不能否认，食物是完全应该由他享用的。但是，这些东西从什么时候开始是属于他的呢，是在他消化的时候，还是在他吃的时候，还是他煮的时候，还是他把物带回家的时候，还是他捡取它们的时候呢？很明显，如果最初的采集不使物成为他的东西，其他的情形就根本不可能出现。[2]

那么人类为什么可把最初的采集物归己有呢？洛克认为，是劳动使它们同公共的东西有所区别，劳动在万物之母的自然所已完成的作业上面加上一些东西，这样它们就成为他的私有的权利了。比如在从橡树下拾得橡实或从苹果树上摘下苹果时，这些物已经和其他公共的东西有所区别了，因为，所拾得的橡实和所摘下的苹果中已经掺进了人的劳动，劳动使这些物与那些仍然处于自然状态下的公共的东西相区别，而成为某人可以私用的东西。

所以，在洛克看来，虽然自然的东西是提供给人类共有的，然而，人是自己的主人，劳动是劳动者无可争议的所有物，谁在自然产品上花费了力气，那么对物掺进了自己劳动的人就可以享有对物的所有权，从而排斥对该物没有掺进劳动的人的权利。那么，是否任何人均可按其意愿通过劳动尽量占有自然界共有物，从而获取对该物的所有权呢？并非如此，权利和生活需要是并行不悖的。洛克在论证人的劳动与所有权的关系时，同时阐明了所有权是受限制的权利，每个人权利利益的实现须与他人的权利利益并行不悖。否则，将会侵犯他人的权利或者为了自己取得部分财产而损害到他人的利益。

洛克的"劳动占有权说"，以人对自己的劳动所有权为出发点，阐述了私有财产的伦理性基础，阐述人类在自然的共有状态中能将财产据为己有的原因。在洛克的劳动产生财产权的自然法则中，可以看出，经济的物质生活是有生命的现象，在人与自然的关系中，体现了人的有目的的活动、人的创造性的精神、人与自然的和谐以及人与人之间的权利义务关系。

由于任何人都不能分割他人的生命、健康、自由和财产，那么人凭借着自己的劳动获得的财产也不能被侵犯。洛克在这里不仅阐述了个人所有权与共有权的关系，自然法与实定法的关系，同时提出了财产权与人权的关系，财产权中有人权的基础。

---

〔1〕 ［英］洛克：《政府论》（下），叶启芳、瞿菊农译，商务印书馆1997年版，第18页。
〔2〕 ［英］洛克：《政府论》（下），叶启芳、瞿菊农译，商务印书馆1997年版，第19页。

（二）康德的"理性占有说"

德国学者康德在他的《法的形而上学原理——权利的科学》一书中对于一个人能够将无主物称其为"我的"是这样解释的：他认为，物相对于主体而言，物是外在的，而主体"我"是内在的。一个外在的物如何变为我的所有物呢？

康德指出，使用任何东西的主要条件就是对它的占有。而占有分为感性的占有和理性的占有。感性的占有是可以由感官感觉到的占有，是对物的实际占有，事实上的占有，是经验中的占有；理性的占有是由人的理智理解的占有。对于理性占有，可以理解为是对同一对象的纯粹法律的占有。[1]

按照康德的解释，理性占有不依赖于空间和时间的条件，这种模式包含着主体的意志与该对象之间的特殊的法律联系。一个外在的东西之所以是我的，是因为我的意志在决定对它做任何特殊利用的时候，不与外在自由法则相抵触。[2]这个原则是：当把一个外在的物作为我的意志活动的对象时，我需要做一个理性的判断：首先看这个物是不是原来不属于任何人，如果此物已经有归属，那么我的选择就会与别人的自由相冲突；断定是无主物后，根据外在的自由法则把物置于我的力量之下，占为己用。

因此，理性占有与那种由感官冲动或者刺激之类的爱好所引起的非理性的选择行为是不同的，它是由人的意志所选择、根据人的理智所理解、具有权利思想、依据权利法则确定的占有。所以，当一个人以理性占有物时，他已经考虑了义务、责任，以及与他人的相互关系。

康德说，如果我在言或行中声明我的意志是某种外在的东西是我的，这等于我宣布，任何他人有责任不得动用我对它行使了意志的那个对象。如果我这一方没有这个法律行为，那么，这种强加于人的责任是不会为他人所接受的。可是，还要假定我做出这样行为的同时，还包含着我必须承诺也不侵犯任何别人占有的、外在的、属于他人的东西。[3]康德以理性占有、自由法则、权利理念解释外在物成为"我的"的占有现象，在论证占有事实中所体现的权利理念时，强调的是内在的"我的"意志与外在的"我的和你的"的和谐。可以看出，康德始终围绕着人和人之间的对物的意志关系阐释所有权的理念。"我的物"与"不是我的物"是相对的概念，只有每个人都遵行其人性自身的内在义务，"正直生活"，并遵守人与人之间"不侵犯他人"的外在义务，那么社会就会进入"各得其所"的权利义务的有序状态。

（三）黑格尔的"物内意志说"

德国学者黑格尔承继了康德的理性占有中所包含的主体的意志与该对象之间的

---

〔1〕〔德〕康德：《法的形而上学原理——权利的科学》，沈叔平译，商务印书馆2001年版，第54~55页。
〔2〕〔德〕康德：《法的形而上学原理——权利的科学》，沈叔平译，商务印书馆2001年版，第65页。
〔3〕〔德〕康德：《法的形而上学原理——权利的科学》，沈叔平译，商务印书馆2001年版，第68页。

特殊权利关系的思想，但与康德不同的是，黑格尔主张，占有是意志占有。物是外在的东西，是不自由的、无人格的、无权的东西。意志是自由的，是表现人的人格、精神的东西。所有权的概念是，人有权把他的意志体现于物内，因而使该物成为我的东西。当物为我所有的时候，我给它不同于它原有的灵魂，就是说，我把我的灵魂给了它。所以，据为己有，归根到底就是，人的意志加在了物上，使物已经不是它本身，而是表现为人的意志的物。所有权正是通过占有物体现了人的意志的权利。人只有在所有权中才是作为理性而存在的。[1]黑格尔不是在单纯地说主体与客体的统一，而是在强调，当一个外在的物成为某人的所有物时，这个物已经具有了所有人的特点，所以，人的特性就是所有权的特性。黑格尔所有权法哲学思想的精髓之处在于，他把人的自由意志作为论证所有权本源的最初开端，论述自由意志与人的关系，人对物的占有权关系。他把物权与人格权联系在一起，通过人对物的占有权关系，说明主观与客观在自身中获得统一，当一个没有生命、没有权利、没有人格的外在物被某人占有时，这个物已经具有了所有人的特点，变为有生命、有人格、有权利的东西了。因此，对所有人物的侵犯就是对所有人人格的侵犯。

（四）耶林的"人格物上延续说"

德国学者耶林的阐述更为清晰，他说，何物为权利的标的，这个问题并非紧要，它可以偶然进入我权利的圈内，也当然可以对我毫无损伤地从我的权利圈内再抽出去，但是，物与我结成密切关系并非偶然，这是基于我的意思。而我的意思只有以自己的劳动或者以他人过去的劳动为代价，才能与物发生关系——所以我在物上持有并主张的是自己或他人过去劳动的一部分，我通过使物成为我的物，而给它打上了人格的烙印。因此，有人侵害之就是侵害我的人格。谁若殴打之，就是殴打其中的我自身——所有权无非是扩展到物之上的我的人格的外缘而已。[2]

可以看出，耶林的论述中不仅体现了洛克的劳动占有权的思想、康德的理性占有的观念、黑格尔的人物统一的理念，而且耶林将所有权与人格的关系阐述的更直接、更明确，更具体地指出所有权与人格的关系。在所有权人的物上，有所有人的意思、所有人的劳动、所有人的理性选择、所有人的人格以及所有人的法感情。侵犯所有人的物，就是侵犯其人格，所有人主张自己的财产权不受侵犯，就是主张其人格尊严不可侵犯，放弃权利，就是放弃人格，放弃其自身。因此，人要享受生活与自由，必须为自己的权利而斗争，这不仅是所有人自己的义务，也是对社会的义务。

（五）马克思的"占有与所有关系说"

马克思指出："财产最初无非意味着这样一种关系，人把他的生产的自然前提

---

〔1〕［德］黑格尔：《法哲学原理》，范扬、张企泰译，商务印书馆1995年版，第50~80页。

〔2〕［德］耶林："为权利而斗争"，胡宝海译，载梁慧星主编：《民商法论丛》（第2卷），法律出版社1994年版，第31~32页。

看作是属于他的，看作是自己的，看作是与他自身的存在一起产生的前提，把它们看作是他本身的自然前提，这种前提可以说仅仅是他身体的延伸。其实，人不是同自己的生产条件发生关系，而是人双重地存在着：从主体上说作为他自身而存在着，从客体上说又存在于自己生存的这些自然无机条件之中。"[1]

马克思这里所说的把生产的前提条件"看作是自己的""看作是属于他的"，是对财产占有状态的形象描述。"看作"指明占有的事实状态；"是自己的"，是人有将物据为己有并排斥其他人占有该物的意图。因此，马克思指出"什么也不据为己有的占有，是自相矛盾"[2]"每一个单个的人，只有作为这个共同体的成员，才能把自己看成所有者或占有者"[3]"个人把自己当做所有者，当作自身现实性的条件的主人，个人看待其他个人也是这样"[4]。

马克思在这里通过对财产占有的阐述，揭示了财产所有的实质。指出个人把劳动条件看作是自己的东西，是以个人作为某一部落或共同体的成员之一的存在为前提的。"所有权"的基本意义是作为个人所有而产生，而个人所有是在共同体的环境中发展起来的。"所有权"正是通过占有自然界的客体而体现的这样一种人与人之间的关系。马克思的精辟论证在于：以人为起点，又以人为终点。马克思从人的自然需要入手，论证人在物质资料占有中意志的体现，说明主观与客观，人与物在自身中获得统一，阐释人、物、占有、所有、所有权，以及所有人的人格在物上的延伸。法律规定人对物的权利，就是保护人的独立和尊重人的人格。

综上所述，尽管法律先哲们论证所有权理念和所有权本质的角度不同，但其中一点是共同的：凡是人能称之为他自己的东西，都和他本人联系在一起，即与他的劳动、理性、自由意志、人格等同。私权神圣首先是人格权神圣。正是因为人是神圣的，人的自身、自由、意志、人格是不能被干涉和限制的，所以，人通过其自身的劳动、经过理性判断获取的财产也是不可侵犯、不能被任意剥夺的，是排他的、绝对的，效力是针对一切人的。各国立法也正是基于此特性确立了私有财产权神圣不可侵犯的理念。

因此，拥有私产，通过法律保护私有财产，它使主体的生存获得基本保障，使主体的人格独立。保护私有财产不受侵犯，就是保护人格权不受侵犯。

四、物权法律制度

（一）物权法的产生

在法律产生之前，占有与所有权几乎没有区别。"如果撇开法律保障不谈，在罗

---

[1]《马克思恩格斯全集》（第30卷），人民出版社1995年版，第485页。

[2]《马克思恩格斯选集》（第2卷），人民出版社1972年版，第90页。

[3]《马克思恩格斯全集》（第30卷），人民出版社1995年版，第466页。

[4]《马克思恩格斯全集》（第30卷），人民出版社1995年版，第465页。

马人的语言中，占有同我们现代语言中的相应术语一样，通常用来指所有权。"[1]物是"我的"或"你的"既是占有的事实，也是带有权利设想的占有。那么，是什么原因把基于占有而获得的对物的优先权，变为固定的和永久的所有权呢？是民法使自然发生了改变。

尽管在占有的事实中体现出"所有权"的思想，但是文明社会之前由占有产生的优先权仅仅是临时的或暂时的法律占有。自然状态下难以实现对物的永久性所有权，其原因在于缺少一个天然的权威，如康德所言，"要使外在物成为自己的，只有在法律的状态中或文明的社会中，有了公共机关制定的法规才可能"。[2]

英国学者休谟指出了物权法产生的起源。他认为，人的本性中既有优点也有弱点，同时自然界的财富也没有足够的数量可以供给每个人的欲望和需要。这样，人的欲望的偏私性、财产的稀缺性和财产占有的不稳定性都成为对凭借劳动获得所有物而享用的主要障碍。"我们不可能希望在未受教化的自然状态中给这种不利条件找到一种补救方法；我们也不能希望，人类心灵中有任何一个自然的原则，能够控制那些偏私的感情，并使我们克服由我们的外界条件所发生的那些诱惑。正义观念永不能达到这个目的，或被认为是能够促使人们以公道行为互相对待的一个自然法则……因此，补救的方法不是由自然而来，而是由人为措施得来的，或者更恰当地说，自然拿判断和知性作为一种补救来抵消感情中的不规则的和不利的条件。"[3]

补救的方法是，"设法尽可能地把那些外物置于和身心所有的那些固定的、恒长的优点相等的地位。要达到这个目的，没有别的办法，只有通过社会全体成员所缔结的协议使那些外物的占有得到稳定，使每个人安享他凭幸运和勤劳所获得的财物。通过这种方法，每个人就知道什么是自己可以安全地占有的；而且情感在其偏私的、矛盾的活动方面也就受到了约束。这种约束也并不违反这些情感，因为如果是这样，人们就不会投入这种约束，并加以维持，这种约束只是违反了这些情感的轻率和鲁莽的活动"[4]。

在人们缔结了获取他人所有物的协议并且每个人都获得了所有物的稳定以后，这时就立刻产生了正义和非正义的观念，也产生了财产权、权利和义务的观念。我们的财产只是被社会法律也就是被正义的法则所确认为可以恒长占有的那些财物。一个人的财产是与他有关系的某种物品。这种关系不是自然的，而是道德的，是建立在正义上面的。正义的起源说明了财产的起源。[5]

英国学者卢梭也说明了确立财产法的价值，"每个人都天然有权取得为自己所

〔1〕 ［意］彼德罗·彭梵得：《罗马法教科书》，黄风译，中国政法大学出版社1992年版，第270页。
〔2〕 ［德］康德：《法的形而上学原理——权利的科学》，沈叔平译，商务印书馆2001年版，第68页。
〔3〕 ［英］休谟：《人性论》，关文运译，商务印书馆1997年版，第528～529页。
〔4〕 ［英］休谟：《人性论》，关文运译，商务印书馆1997年版，第528～529页。
〔5〕 ［英］休谟：《人性论》，关文运译，商务印书馆1997年版，第530～531页。

必需的一切，但是使他成为某项财富的所有者的这一积极行为，便排除了他对其余一切财富的所有权。他的那份一经确定，他就应该以此为限，并且对集体不能再有任何更多的权利。这就是何以原来在自然状态中是那样脆弱的最初占有者的权利，却会备受一切社会人尊敬的缘故了。"[1] "最初占有者的权利，虽然要比最强者的权利更真实些，但也唯有在财产权确立之后，才能成为真正的权利。"[2]

由于我们的所有物比起我们的需要来显得稀少，这才刺激起自私。为了限制这种自私，人类才被迫把自己和社会分开，把他们自己的和他人的财物加以区别。[3] 划定财产，稳定财物占有的协议，是确立人类社会的一切条件中最必要的条件。[4] 私有财产靠法的恩惠而生存。只有在法中，它才有所保证——占有物还并非是财产，前者只有通过法的同意才变为"我的东西"。[5] 这也说明当罗马人说"此物是我的"时，已经是经过了法的同意、受法律保护的占有了。

可见，物权作为一种法律制度出现，是社会发展到一定阶段的产物。"所以，所有权和占有在原始时代是混淆在一起的，通过民法，它们才变成彼此不同的和独立的两件事；按照法律的用语来说，两者毫无共同之处。从这里我们可以看到在所有权方面发生了多么奇妙的变化，民法使自然受到了多么大的改变。"[6]

物权规则产生以后，事实上的占有与法律上的有权占有已经不是一回事，只有把占有的事实关系，上升为受国家强制力保护的法律关系后，才会产生"当这个外在物事实上不在我的占有中，如果别人动用它时，我可以认为这是对我的侵害"[7] 这样的法律效果。

（二）物权法的意义

我国《物权法》第2条第1款规定："因物的归属和利用而产生的民事关系，适用本法。"依此规定，物权法是确定和调整人与人之间因对物的归属和利用而产生的财产关系的法律规范的总称。

就物权法而言，可分为形式意义上的物权法和实质意义上的物权法。形式意义上的物权法，是指民法典中的物权编或以单行法形式颁布的《物权法》；实质意义上的物权法是指调整物权关系的所有法律规范的总和，包括民法典中的物权编，单行的物权法，其他法律、法规中关于物权内容的规定，比如渔业法、矿产资源法、水法、森林法等单行法中有关物权的规定，均为实质意义上的物权法。我国目前虽然没有民法典，但调整物权关系的实质意义上的物权法律规范一直存在。

---

[1] ［法］卢梭：《社会契约论》，何兆武译，商务印书馆 2001 年版，第 31～32 页。
[2] ［法］卢梭：《社会契约论》，何兆武译，商务印书馆 2001 年版，第 31 页。
[3] ［英］休谟：《人性论》，关文运译，商务印书馆 1997 年版，第 535 页。
[4] ［英］休谟：《人性论》，关文运译，商务印书馆 1997 年版，第 532 页。
[5] ［德］麦克斯·施蒂纳：《惟一者及其所有物》，金海民译，商务印书馆 1997 年版，第 274 页。
[6] 转引自［法］蒲鲁东：《什么是所有权》，孙署冰译，商务印书馆 1982 年版，第 101 页。
[7] ［德］康德：《法的形而上学原理——权利的科学》，沈叔平译，商务印书馆 2001 年版，第 54 页。

（三）物权法的功能

法律规定物权制度的目的，源于人的自私性（人生而有欲）与资源的稀缺性这一矛盾所引起的人们之间利益冲突的必然性，物权法的功能是对财产所有与利用关系予以确认和保护，在一个共同体内建立并且维持对物质资料的合理占有、使用和分配的有序状态，归根到底在于调整人与人之间对物的所属和利益分配关系。

因为物质资源有限，于是产生了人对有价值物的所有权以及对物本身的分配规则。每个人不可能拥有世界上的一切物，总有可能出现使用他人之物的情况，为了解决"所有"与"利用"之间的矛盾，在自物权上派生出对"他人之物的权利"——他物权，他物权按其设立目的又分为用益物权与担保物权。法学理论在自物权与他物权概念的基础上，进一步抽象出其上位概念——物权，现代民法的物权由自物权与他物权共同组成。

（四）物权法的特点

物权法是民法的一部分，因此是私法。但是物权法相对于民法中的其他私法规范不同，随时受到公法规范的约束，这是由物权法的功能决定的。自然界提供给人类的物质财富有限，考虑到资源的稀缺性和人人都需要占有资源的情况，立法一方面要关注社会公共利益的需要，另一方面又要顾及个人对资源的需求，如何达到个人利益与社会利益的平衡，在物权法中尤其突出。特别是，有的物是公共物，例如，公路、铁路、桥梁、土地、海域、水流和矿藏等，这些公共物的物权变动，除了适用物权法的规则外，还要适用行政法的规定。正是因为物的这一特性，决定了物的权利的确定，即利益的分配问题，并非完全由私法决定，公法因素涉在其中。物权法实质上是一个国家对社会中各个阶层、各个集团、各种人的利益分配的法，其内容由一个国家的政治、经济、文化和社会制度等多方面决定，因此，物权法的研究，是一个与很多现象相联系的复杂问题。

（五）物权法的基本内容

要建立对财产的占有、使用和分配的有序状态，法律需要规定：哪些财产可以归哪些人或团体所有；权利人享有哪些权利；如何正确地行使权利；当权利被侵犯时，如何通过法律手段保护自己的权利。社会发展的实践证明，最好的法律调整是在最大程度上与所调整的关系相适应。物权制度正是对过去人们对物的实际占有的自然状态给以法律的肯定或否定，保护有权占有，以实现定分止争和物尽其用的功能。

整个物权法要规范的基本问题是：

1. 社会中的哪些物或者财产能够被哪些人占有或所有。

2. 通过什么样的方式能够取得物的占有或所有，即如何创设物权。

3. 取得物权后，物权人如何在法律规定的范围内对物行使权利（占有、使用、收益和处分）。

4. 物权被侵害时可以采取的救济方法。物权法规定的各项基本制度始终是围绕这些问题展开的。物权法的形成和发展，是从对物的"利用"到"所有"，又从"所有"到"利用"的过程，调整的是人与人之间对物的所有与利用的关系。

五、物权的基本意义

在上述研究的基础上，我们进一步理解了物权的基本意义和本质属性：

（一）物权是私有财产权

1. 物权是典型的私权，是私法中确定的权利。私法中主体的特点是不承认私法关系的任何一方享有特权，彼此不形成权力和服从关系。这里"私"的特定含义是"自我、独立、自由和尊严"。

2. 物权是私有权。私有就是"自己有""所有"，不论是国家、法人还是自然人，当他们进入民法的物权关系中，对自己所属物的支配权本质上都是私有权。私有权的主要意义体现的是主体的独立，拥有私产，通过法律保护自己所有的财产，使主体的生存获得基本保障，使主体的人格独立，也使每个财产所有者产生责任心。因此，私有权是人格独立的基础，保护私有权的神圣不可侵犯，也是保护物的权利人的人格的不可侵犯。

3. 物权是财产权。尽管人格与财产两位一体，物权中蕴涵了人的自由意志与人格的观念，但物权与人格权不同。人格权是每个主体与生俱来的、原生的、人之所以为人的权利，这种自然的权利不能被制约、被剥夺。而物权不是自然的、与生俱来的权利，是实定法为了解决稀缺资源的有效配置而后天确立的权利。因此，物权法的规则，既注意到了人的自然本性，也注意到了权利的正确行使。物权是依法可能被限制或剥夺的权利，这是物权与人格权的不同。

（二）物权是人与人之间对物的权利关系

"所有"相对于"非所有"而言，是与"非所有"同时产生的概念，"非所有"是"所有"得以存在和发展的环境。因此，"所有"这一观念能够成立，是相对于"非所有"而言的，而"非所有"，不是一个人，是除所有人以外的世上一切人，所有权人所面临的是一个集合概念，是一个对世的概念，是与所有人对立存在的一个集合体。由此可知，物权关系不是"一对一"的相对关系，而是一个主体对一切其他人的关系。"成为一个人，并尊敬他人为人"是物权关系的集中体现。

（三）物权是受制约的权利

长期以来存在这样的观点，认为所有权、物权是绝对权，绝对权意味着权利的不可侵犯性、自由性和优越性，因此物权人可以对物为所欲为，其他人甚至国家都不得加以干预。如此，绝对权利造成的后果是所有权在整个权利体系空间内过度膨胀。实质上，这是对所有权、物权绝对性的误解。

法律设定物权的最终目的是稀缺资源的有效配置，解决因资源的有限性和人的欲望的无限性所引起的人与人之间对物关系的紧张性。在此意义上，物权不仅仅是个人的权利，也是个人对社会的义务。因此各国立法均要求：应在法定范围内行使物权。

物权自产生之时起，其权利主体就与社会的所有其他成员产生了相互制约的权利义务关系，这种制约主要表现在：所有权的行使不能违反他人的利益、社会公共利益，权利的行使须是在他人、社会能容忍的范围之内。从这个意义上说，物权是被制约的权利，并非是可绝对行使的权利。在物权法中，自由与约束不可分离。如果对物权的行使毫无限制，就会破坏人类有序的生活。

法律能够给予或分配给个人的财产，也是从别人那里获得的财产，个人利益与公众利益是相辅成的。个体的权利必须在与他人共识的关系中得到保护，如果个人的行为超出了社会共识的界限，自然要被抵制和拒绝。对物权的制约，根源在于物权是在市民社会中产生的并且存在于市民社会。

（四）保护物权就是尊重权利人的人权

由于物权的本质体现了人格的特点、人与人相互关系的特点，使人与物的关系变得高尚，因而，物权不仅仅是人对物质利益的要求，也是个人、家庭或家族精神生活的延续。只有在私权受尊重、财产权不被侵犯、个人利益被保护的国家里，个人的生活才能安宁，身心才能健康，社会才会有序，人们才会将家传的财产坚定不移地留在祖国的土地上。尊重物权，也是尊重人，尊重人的自由和自主。因此，物权立法是一个国家基本的法律，这里不应有任何的模糊，而应是明确的界定物权并给予其强有力的法律保护。

第二节 物权法律关系

一、物权法律关系的意义

物权法功能的具体体现是通过设定有权利义务内容的物权法律关系约束物的权利人之间的关系。关于物权法律关系的认识，一直存在不同的观点：①对物关系说，认为物权关系是人对物的关系；②对人关系说，认为物权关系是人与人之间的关系；③折中说，认为物权关系既是对人的关系也是对物的关系。

前述研究中，我们已经知道，财产占有和所属关系不是人与物之间的关系，是人与人之间就物的占有和所属而产生的关系，孤立的个人不可能形成对物的关系。如果规定一个人"可以做什么"，相对应的必定是"一切他人不能做什么"，或"能容忍什么"。当这种关系被法律确认后，就成为具有法律上权利义务内容的受约束的关系。

物权的观念源于占有，对无主财产第一个占有事实的出现也是占有关系的开始。可以假定，无主财产最初不为任何人所有而由自然界的全体人共同占有，当其中的某一人或几个人有资格称物为"我的"或"我们的"并将该物作为私人占有的对象时，是从该共同占有（非所有）中原始或派生出的占有（所有）。如康德所言，物权一词的意义，不仅指"一物中的权利"，它还是所有与真正"我的和你的"有关的法律的基本原则。很明显，如果在这个地球上，仅仅只有一个人，那么，正确地说，既不可能有，也不可能获得任何外在物作为他自己所有。因为在他（作为一个人）和外在物（作为物质对象）之间，不可能有责任的关系。因此，严格地说，在一物内没有什么直接的权利，而只有这样一种可以正确地称为"真正"的权利，它作为对抗人的权利，属于每一个人，他和所有其他的人一样，在文明的社会状态中，共同占有诸物。[1]由此，康德认为物权是"一种对抗所有占有者占有该物的权利"。[2]明确指出物权关系是人与人之间对物的法律关系。

物权通常被定义为是人对物的支配权，这是一个简化的便利说法。人不是简单地支配物，与物打交道，而是在与占有物、处分物的人打交道。当物被他人不法占有，物的所有人和占有人不是对物提起诉讼，而是对不法占有物的人提起诉讼。法律关系是社会关系，社会关系是人与人之间的关系，物权法规制的物权关系只能在有意志的人之间发生，不能存在于无意志的物之间，也不能存在于人与物之间。

德国学者拉伦茨指出，人对某种特定物的"所有权"只能是相对于他人（潜在的所有的他人）而言的，并且存在于社会关系中。物权法把物分配给所有人使他对物行使直接的支配，从而也就确定了这个人对物的关系。可是对物的"分配"总是相对于他人而言的一种关系。物权法规定所有权有积极作用，即把一种对物的全面的支配赋予所有人，但同时它必然就有与此相对应的"消极"作用，即排除一切他人对此物的任何干涉。所有权的支配与排他这两方面不能割裂开来，而必须结合起来看。所有权人有权在法律允许的范围内，根据自己的意愿对物行使权利、施加作用，这也同样意味着，其他一切人有义务对这种作用不加干涉。[3]

二、物权法律关系的结构

（一）物权法律关系的主体要素

1. 物权关系的主体以无差别为原则。物权法律关系的主体为权利人和义务人。权利人和义务人，可以是自然人、法人或国家；可以是本国人或外国人；可以是单数主体或复数主体。在私法中，无论物权主体是谁，其物权内容是一样的，主体均对自己所有或依法可支配的财产具有占有、使用、收益和处分权能。在私法中，不承认任何一方当事人享有特权。参加民事流转关系的一切主体——国家、法人、自然人都可以通过法律行为取得流通物的所有权，并在法律规定的范围内按照自己的意志行使对物的支配权，任何主体在物权受到不法侵犯时，都受到物权法同等的保护。

应注意的是，物权关系主体地位的无差别性并非意味着客体的无差别。基于社会公共利益的需要，立法可以在物权客体制度中规定某些财产为公共物，确定物的专属性并限制其流通，比如我国《物权法》规定，城市的土地、矿产资源、水资

---

〔1〕 ［德］康德：《法的形而上学原理——权利的科学》，沈叔平译，商务印书馆 2001 年版，第 76 页。
〔2〕 ［德］康德：《法的形而上学原理——权利的科学》，沈叔平译，商务印书馆 2001 年版，第 75 页。
〔3〕 ［德］卡尔·拉伦茨：《德国民法通论》（上），王晓晔等译，法律出版社 2003 年版，第 257 页。

源以及森林、山岭、草原、荒地、滩涂等自然资源和某些公用设施，如铁路、公路、电力、电信设施等财产专属于国家所有，并规定这些物为禁止流通物或限制流通物。由于这些物不能进入民事流通领域，自然它们的转让不适用商品交换规则，私人也不可能通过市场交易行为取得该物。

同样，国家可以通过征收、征用、没收等强制手段取得财产所有权，由于这种所有权的取得不是通过法律行为取得，而是以行政手段获得，当然也不适用法律行为的平等、意思自治的规则。可见，不进入交易领域的客体，以及通过行政程序取得财产权时，已不是私法调整的内容。

2. 物权关系是特定的权利主体与不特定的义务主体之间的关系。物权关系中的权利主体是特定的人，义务主体是除了物权人以外的一切不特定的人。因此，物权关系与债权关系不同：债权关系主体的特点是特定人对特定人的相对关系，因此，债权关系为相对权关系；而物权关系主体的特点是特定的物权主体对一切不特定的义务主体的绝对关系，物权人有权请求不特定的一切义务人为或不为特定行为，因此，物权关系也被称为"绝对权"或"对世权"关系。

（二）物权法律关系的内容（权利和义务）要素

1. 物权关系的权利特性为支配权、绝对权、对世权、排他权。物权是直接支配标的物的权利。该"直接支配"体现为：仅依权利人自己的意思，无须他人意思介入即可实现物的支配，直接实现物权利益，发挥权利效用。物权的这一特质使其与以请求权为内容的债权区别开来。

物权为绝对权，其绝对性体现为权利的约束力及于一切人，物权人以外的一切人均负有尊重和容忍的义务，故也称"对世权"。物权的这一特质与作为相对权的债权区别，债权的约束力仅对特定的义务人发生作用，故债权也称"对人权"。

物权为排他权，其排他性表现为在一物之上不得同时成立两个内容相抵触的物权，比如不得成立两个以占有为内容的物权；排他性则从另一方面体现为在物权人支配物的同时，排除一切人对该物同内容的支配和干涉。而债权则具有相容性，在同一物上可以成立若干个债权。

2. 物权关系的义务特性为义务人不作为。物权人依据物权法可以直接支配标的物并享有物上的利益，从另一方面讲，也是法律赋予了义务人相应的不作为义务。义务主体的义务表现为不作为，即负有不干涉、不妨碍权利人行使权利的义务。

由于物权人对物有直接支配权，不须征得他人同意，也无须借助于他人的行为直接占有、使用或处分物，于是产生了物权关系是人对物的关系的观点。应该看到，物权人能够直接支配物，是因为物权人以外的其他人负有不妨碍、不干涉权利的义务，正是由于物权关系中对应义务的消极性，物权人的权利才得以实现，因此，物权实质上它是人与人之间对物的关系。支配权的积极作用与排他权的消极作用，两者相辅相成，不能割裂。

由于物权人可排除一切他人的干涉行使对物的支配权,任何他人都有义务不妨碍权利人行使物权,因此,物权须公示,使第三人知道物权的存在以便其负担不作为义务。物权的公示方式是,对于动产而言,须移转动产的占有;对于不动产而言,须进行不动产权利的登记。未经公示的物权,不具有物权的效力。物权利益的直接实现性和对应义务的消极性是物权关系中权利义务的特点。

(三) 物权法律关系的客体要素

法律关系是人与人之间的关系,物权关系作为民事法律关系的一种,体现的是人与人之间对物的关系,严格地说,物权关系的直接客体是物权人对物权义务人的行为,当义务人履行义务,不妨碍权利人行使权利时,物权人即可对物直接支配。因此,当我们说物权的客体为物时,已是省略了动态物权法律关系的第一客体——"行为",而是从静态的角度,从简化的角度,研究物权的客体了。

当物作为物权人支配的对象时,物权关系的客体是特定的、有体的、独立的标的物。我们用的是"标的物"的概念,而非单指"物",这是要强调,物是主体行为的目标(标的)和作用对象。

(四) 物权法律关系的动态要素—法律事实

物权法律关系并非原本就存在的关系,而是因一定的法律事实产生,物权法律关系形成后,也并非静止不动,又会因一定的法律事实引起变更和消灭。如果把物权法律关系的主体、内容和客体作为物权法律关系的静态要素,那么引起物权关系变动的法律事实为物权法律关系的动态要素,没有法律事实这一动态要件,物权法律关系不发生、不变动。引起物权关系产生、变更和消灭的法律事实主要是法律行为和法律行为以外的原因。

(五) 保障物权法律关系实现的要素—物权的救济

物权法律关系权利义务的实现是受法律强制力保障的,当义务人不履行义务,物权受到妨碍和侵犯时,物权法规定了救济和保护物权的各种方法及责任形式,以保障物权回复其圆满的状态。

第三节 物权的客体——物

一、物的意义

(一) 物的法律概念

物有广义与狭义之分。法律上广义物的概念可以归纳为:物是存在于人身之外的,能被人支配并能满足人们社会生活需要的有体物、无体物和自然力。广义物之概念也为广义的财产。法律上狭义物的概念则是:存在于人身之外的,能被人支配并能满足人们社会生活需要的有体物和自然力。采广义的物的概念还是狭义的物的概念,由各国民事立法确定。

一个国家的立法对物的界定,决定了该国民法典的体系模式。如果民法典采德国民法典的编纂体例，财产法分为物权法与债权法，则物只能以有体物为限。因为物权与债权的重要区别之一是其权利客体不同：物权是对物的权利，是权利人对有体物的占有与支配权。债权是对人权，是权利人对债务人给付的请求权。

如果物权的客体为无体物（权利），也就意味着债权、知识产权、继承权等均可成为物权的客体，这不仅威胁到物权与债权的基本区别，也使得民事权利的逻辑分类失去了意义。人身权、物权、债权、知识产权、继承权等权利分类的依据之一正是这些权利客体的不同。

另外，将物界定为有体物的另一个积极意义是，民法典物权编或物权法中某些关于物的规范不适用于权利，比如，有体物可以占有，无体物不适用占有，交付物、返还原物、盗窃物、遗失物的规定，占有时效等都仅适用有体物，而不适用权利。

如果民法典采法国民法典的编纂体例或英美法的财产制度，则物的概念并不以有体物为限，因为上述立法体例没有物权与债权的明确划分，自然不会出现债权作为所有权的对象被所有权吸收，造成物权与债权的区别崩溃的结果。

我国《物权法》第 2 条第 2 款规定："本法所称物，包括不动产和动产。法律规定权利作为物权客体的，依照其规定。"可见，我国《物权法》采德国立法模式，除非法律另有规定，通常情况下物权法所称的物，无论是不动产还是动产，均为有体物。

因此，在以德国民法典为立法模式的法典编纂体例中，物权法意义上的物权与宪法意义上的财产权、所有权意义并不相同，宪法意义上对所有权的保护，是对所有权主体一切合法财产（包括权利）的法律保护。而物权法上的所有权客体原则上是针对有体物而言，从而区别以给付行为为客体的债权，以精神财产为客体的知识产权，以人格利益为客体的人格权等。

（二）物的法律观念的发展变化

理解物的法律概念，需要从历史的发展了解物的概念的演变过程，在不同的历史阶段，物的范围和法律意义存在一定差异。

1. 罗马法物的概念。罗马法物的概念含义广泛，物泛指财物，是"能被人支配、对人有用，并能构成人们财产组成部分的事物"。[1]自罗马法开始，物的用语，有广义和狭义之分。广义的物，泛指一切有体物与无体物。狭义的物，一般指有体物。罗马法中的物的范围，不仅指自然人以外的东西，也包括奴隶在内。物不限于有体物，无体物或权利也包括在内。[2]

罗马法物的范畴的界定与其社会制度有密切联系，在以人身依附关系为特点的古罗马社会，其物的法律制度的特点是：①除了自由人以外，其他非自由人也为物

---

[1] 周柟：《罗马法原论》（上），商务印书馆 1994 年版，第 276 页。

[2] 周柟：《罗马法原论》（上），商务印书馆 1994 年版，第 276 页。

的范畴，如家长对子女、奴隶主对奴隶具有支配权，子女、奴隶是被支配的对象。②提出了有体物和无体物的划分，有体物是能够被人触觉到的实体物，比如，土地、奴隶、衣物。无体物是不能被人触觉到的法律拟制物，如所有权以外的各类财产权。债权等财产权在罗马法里被归为无体物的理由是，权利是被人主观所拟制的某种利益，能以金钱评价为条件，有财产价值，所以属于财物的范围。而家长权、夫权、自由权等人身权没有财产内容，因此不属于财物的范围。所有权虽然是权利，但罗马人把所有权视为有体物，习惯上讲所有权就是讲所有权的标的。③区分了法律意义上的物与一般意义上的物，提出法律意义上的物"需能够为人所支配，不能被人支配的东西，如太阳、海洋，虽然对人有用，但不是法律上的物"。[1]由此可知，罗马法物的范围是：有体物，无体物（权利），以及不视为法律主体的非自由人。

2. 法国法物的概念。《法国民法典》基本继受了罗马法广义物（财产）的概念，广义物（财产）的范畴包括有体物（不动产，动产）和无体物（权利）。法国法中的"财产包括物、物权、无形产权和债权"。[2]与罗马法不同的是，排除了人（奴隶）是物的野蛮观念。其后，意大利、奥地利、荷兰等国的民法也采《法国民法典》广义财产的模式。

3. 德国法物的概念。德国民法对物的范围界定变小，《德国民法典》第90条规定，"法律意义上的物仅为有体物"。所谓有体物，是指"物是有形、可触觉并可支配的。依此标准，其他所有的财产形式，均被排除在物权法适用范围之外：各种表现形式的债权、无形财产权（专利权、商标权）属于债法或在特别法中适用用专门规定"[3]。这样，德国采狭义的物的概念，只承认物权意义上的物为有体物，无体的权利是财产的范畴，不是物权的客体物的范畴。日本民法，我国《物权法》基本上采德国立法模式，在法律没有特别规定的情况下，物权法意义上的物，是狭义的物，即有体物。

4. 物与财产的区别。自《德国民法典》开始，把无体权利与有体物分开，这一区分也将财产与物作了区别。财产的概念比物的范围广，指主体拥有的财产和债务的总和，包括有形物、无形的财产权利和财产义务。比如，我国继承法规定，"遗产是公民死亡时遗留的个人合法财产"，这里的遗产，即属上述意义的财产。有体物仅为财产的内容之一，但我国的法律用语有时不够规范，财产与物没有严格区分。比如，民法通则里与债权相对应的"财产所有权和与财产所有权有关的财产权"一节，这里的"财产"应指的是"物"。

5. 自然力为动产。从物的观念的发展变化可知，物首先是有体的、能被人感

---

[1] 周枏：《罗马法原论》（上），商务印书馆1994年版，第276~277页。

[2] 尹田：《法国物权法》，法律出版社1998年版，第14页。

[3] ［德］鲍尔、施蒂尔纳：《德国物权法》（上），张双根译，法律出版社2004年版，第22页。

知的物质存在,，是一个在外部空间上可以划定界限的部分。那么，是否一切不可感知的无形物都绝对的排除在物的范围之外呢？随着社会和科学的发展，对物的界定提出了一些新问题，比如，电力、热力、光等自然力是否为物？计算机程序本身，是否为物？如果有人盗窃电，盗窃的是物或是财产？将病毒输入电脑，是否是对某人物之所有权的侵犯？

《瑞士民法典》最先解决了这一问题，《瑞士民法典》第 713 条规定，"性质上可移动的有体物以及能够被法律所支配而不属于土地的自然力，为动产所有权的标的物"。电、热、光等自然力除了不像一般的物有具体形态之外，从经济效用而言，与有体物没有本质区别。

《瑞士民法典》将自然力确定为动产，是对物的范围予以的扩张，其立法意义不仅仅在于将自然力归为动产范畴，重要的是强调了物的制度的法律意义。物的概念及其归类，并不拘泥于其自然特征，而是随着社会发展的程度，考虑新"物"所产生的经济效用和价值。瑞士民法典以后，不少国家的立法和判例，从社会发展和物的价值效用出发，确定物的范畴。比如，计算机程序因缺少有体性也不是物，但它们因储存于数据载体中而获得可把握的形式时，却成为物。[1]俄罗斯民法典把应进行国家登记的船舶、航空、航天器视为不动产。[2]

6. 物的观念变化特点。从以上自罗马法以来物的观念和范畴的发展变化，可以看出，从古代法到现代法，物的概念与范畴有几点突出的变化：①人被排除在客体之外，人永远是主体；②在某些国家，物的范围缩小，强调物的有体性，这与该国的民法典立法体系有密切联系；③立法可从物的经济效用和根据对物的行为调整目的出发确定物的范畴，比如，确定无体的自然力为物。

二、物权客体——物的法律特点

根据物的法律意义，可确定物权人权利的标的物具有如下法律特征：

（一）物权的标的物为有体物

广义的物分有形之物与无形之物，故物不以有体为限，然而，已如前所述，我国民法采《德国民法典》编纂体系的立法模式，严格区分物权与债权，则物须以有体物为限。有体物有确定的形体，具有可感知的客观物质性。"它是物质的一个可以划定界限的部分；以空间上的维度为特征。"[3]可以是固体、液体或气体，不论是何种形体，必须能被人控制。而无拘束的空气、海洋中的水是人类的共同财产，从法律角度上说，不是民法中的物。但是受到拘束的空气，比如装入瓶中的氧气，或者装入瓶中的水，则为民法上的物。

通常称之为智力创作成果或知识产品的精神上的产出物，不是有体物。因为

---

〔1〕 ［德］鲍尔、施蒂尔纳：《德国物权法》（上），张双根译，法律出版社 2004 年版，第 22 页。

〔2〕《俄罗斯联邦民法典》第 130 条第 2 款。

〔3〕 ［德］迪特尔·施瓦布：《民法导论》，郑冲译，法律出版社 2006 年版，第 225 页。

"智力""精神""知识性的创作活动"不可感知，也是不能被人占有与支配的，因此，"知识"产权与"物"权不同。但是表现智力创作结果的载体，因其具有可把握的形式，故认为是物，比如书籍、专利文献、油画等。但纸张、油画布这些载体自身不能表现出精神产品的真正价值，精神产品的真正价值需要特别机关依知识产权法来进行判断。

物权的客体以有体为原则，只能相对理解，物的有体性的特点随着社会文明的不断推陈出新有变化的趋势。比如，电、热、声、光、汽等能源，无线电频谱资源的有体性特征不明显，但可以计量，能为人力所支配，故现代民法将可以支配的自然力作为物，适用动产的规定。空间，包括空中、地上或地下的空间部分，虽不具有体性，但具有空间维度的特点，是可以划定界限的部分，也可成为物权的客体。权利为无体物，在法律有特别规定时，可在特殊情况下作为物权的客体。

将物权标的物限定为有体物有如下意义：

（1）区分物的概念与财产的概念。财产的范围包括有体物和无体物（权利与义务），如果物权的客体为财产，对财产的权利，就不能称为物权，而应称为财产权；关于财产权的法律，也不能称为物权法。因此，对物权客体范围的限定，也关系到物权法或民法典物权部分的名称问题。

（2）区分物权与债权。如果承认物权的标的物可以是权利等无体物的话，就会出现"对债权的所有权"这一概念，换言之，"债权作为所有权的对象也被所有权所吸收，其结果，物权与债权的区别就会崩溃"〔1〕因此，如果立法要区分物权与债权，就不能把权利作为物权的标的物，这也关系到民法典编纂体系是否设置物权编与债权编的问题。

（3）将物权标的物界定为有体物，可以体现物权对物的占有和支配的特征。如果把权利义务作为客体，会产生权利义务的对象是权利义务的混乱结果，尤其在支配关系复杂时，更易出现逻辑混乱情况。

至于担保物权中抵押权和质权的标的物有为"权利"的情况，只能认为是法律规定的特殊情况，不能认为"对权利的物权"是普遍情况。我国《物权法》第2条第2款规定"本法所称物，包括不动产和动产。法律规定权利作为物权客体的，依照其规定"即属其意。我国台湾地区学者谢在全认为，抵押权和质权以权利为标的物，是担保物权的特质，重在支配标的物的交换价值，但它们并非是真正的物权，是与物权相类似的一种变态，使其可准用物权的规定，仅可称为"准物权"。〔2〕日本学者加贺山茂认为，权利设定之后也不能占有，并且也没有进行物的使用、收益的权利，仅限于当债权的清偿期到来，且为债务没有得到清偿的场合，才构成物

〔1〕 ［日］加贺山茂："担保物权的定位"，载梁慧星主编：《民商法论丛》（第15卷），法律出版社2000年版，第478页。
〔2〕 谢在全：《民法物权论》（上），中国政法大学出版社1999年版，第16～17页。

的支配问题的抵押权，有无必要作为物权进行分类，是一个很大的疑问。再有，以无体物的财产权为标的物的权利质，应否考虑为物权，也是一个很大的疑问。日本民法的立法者也曾认为权利质不是物权。但是由于将权利质从物权分离出来加以规定也有不便，所以才把它编在物权之中。[1]俄罗斯民法典则直接将抵押、留置等担保方式排除在物权法体系之外，将其规定在债权编中的"债的履行担保"方式中。

（二）物权的标的物具有特定性

物权的支配性要求其标的物须特定，标的物如果未特定化，权利人无从支配，也无法进行登记和移转占有。因此，标的物的特定化是对物的占有、支配或交付、登记的前提。

（三）物权的标的物为可交易的独立物

独立物为形态上单独存在的物或依社会观念，可以与其他物区别开来的物。独立物不是物的组成部分或是尚未与其他物分开的物，否则不能支配，而且也不能公示。由于一物之上只能成立一个支配权，并在确定支配权之前，须公示权利，因此，要将登记或要交付的物独立。物的组成部分或物在未分离成为独立物之前，均不得为物权权利的标的物，因为不能独立支配，也难于公示。

同时应注意的是，物权的标的物不能是整体物的重要成分，比如建筑物中的钢筋或水泥。物的重要成分，相对于整体物的功能而言，是对物的整体性质和效能发挥决定作用的组成部分，如果该组成部分与整体物分开后，使整体物不再具有经济价值，影响物的整体使用，这样的组成部分为物的重要成分。物的重要组成部分不能脱离物的整体而独立成为物权的标的物，即不得在物的整体和其重要组成部分上分别设立两个独立的物权，否则，影响物整体效用的发挥。我国《合同法》第134条规定："当事人可以在买卖合同中约定买受人未履行支付价款或者其他义务的，标的物的所有权属于出卖人。"在适用该条的规定中应该认为，如果买卖合同的标的物是未来整体物的重要成分，在该重要成分上保留所有权是无意义的，因为当某人对整体物享有所有权时，他对物的重要成分也享有所有权，不能在同一物上成立两个所有权。出卖方的债权损失只能通过其他方式补偿。

（四）物权的标的物须具有可支配性

《物权法》上的物须是能被人支配、控制的物。民法上规定物的制度，目的是主体以物为客体进行民事活动，不能支配的物，在法律上则毫无意义。支配是普通人利用普通手段对物的管领，而不是专门的科学家利用专门手段的控制，所以，科学家利用高科技手段才能控制掌握的物，不是民法物权支配的客体，比如，日月星辰，尽管是物理学意义上的物，但非普通人所能支配，故在民法上不能成为个人权利之客体。

---

[1]　[日]加贺山茂："担保物权的定位"，载梁慧星主编：《民商法论丛》（第15卷），法律出版社2000年版，第480页。

（五）物权的标的物须具有效用性

所谓效用性，指民法意义上的物是具有使用价值和交换价值的物。物的可支配性与物的效用是相辅相成的。法律上能被人支配的物，是能体现经济价值的物。首先，物能满足人的物质和精神生活需要。其次，物可成为交易的对象。一粒米、一滴油、一滴水在物理学上视为物，然而从民法的支配性及流通性上看，不能成为支配和处分的标的物。从民法物的经济效用上说，如果物的使用价值为零或不具有商品交易的可能，原则上人对物的支配不具有民法物的意义。

（六）物权的标的物为非人格性的物质体

物权的标的物是人身以外的权利客体，人永远是主体，不是客体，不是物。人的身体是自然人这一权利主体的物质载体，不能成为他人权利的客体。一般认为，与人体分开的部分、捐献的血液、用于移植的器官，"这些东西可以成为所有权的客体，而且首先是提供这些东西的活人的所有物。对于这些东西的所有权移转，只能适用有关动产所有权移转的规则。当然，一旦这些东西被移植到他人的身体中去，它们就重新丧失了物的性质"[1]。

我国民法将动物视为物，适用关于物的规则。但是，动物是有生命的生物，尽管适用物的规则，与一般的物不能同一，在对动物行使权利时，应从保护动物的目的出发，不能残酷对待动物。

综上所述，作为物权客体的物与日常生活中的物意义不同，民法规定物的意义不是为物规定，而是为涉及相关物质利益法律关系的参加人的行为而规定，是要告知行为人，在何种情形下，能持有某物，能处分某物；在什么情形下，人的行为能或不能作用于某物；违反法律的相关规定将会引起何种法律后果。

三、物的分类

物按照不同标准，可作如下分类：

（一）动产与不动产

1. 动产与不动产的概念。依物能否移动和移动后是否改变其性质或有损于其经济价值为标准，将物分为动产与不动产。依此标准，动产是能够自由移动并且移动后不改变其性质或不损害其经济价值的有体物。比如，家具、书籍、日常各类生活用品等。不动产是性质上不能自由移动，移动后则会改变其性质或损害其经济价值的有体物。比如，土地、房屋。就地球上的一切物而言，都是在不断地运动中，因此，以物的能否移动性为标准区分动产与不动产，仅是民法理论上所作的相对解释。各国立法中，一般不给动产与不动产下定义，通常的做法是：对不动产采取具体列举的方法，不动产列举以外的物就是动产。

动产与不动产是民法对物的基本且重要的分类。在土地私有制国家，不动产的拥有量决定了不动产所有人在社会中的经济和社会地位。我国土地为公有，经济体

---

[1] ［德］迪特尔·梅迪库斯：《德国民法总论》，邵建东译，法律出版社2000年版，第876～877页。

制改革前房屋私有的也不多，因此，过去的立法未将动产和不动产作为物的主要分类。经济体制改革后，我国开始进行国有土地使用权有偿转让的制度，通过土地使用权有偿转让取得的土地使用权可以出资、转让、抵押等。房屋商品化后，成为买卖的标的物。由此，不动产和动产在我国法律中也成为重要的物的分类。

第一，不动产。《民法通则》里没有使用不动产这一术语，《最高人民法院关于贯彻执行〈中华人民共和国民法通则〉若干问题的意见（试行）》第186条列举下列物为不动产："土地、附着于土地的建筑物及其他定着物、建筑物的固定附属设备为不动产。"《担保法》第92条规定，"本法所称不动产是指土地以及房屋、林木等地上定着物"。《物权法》没有具体列举不动产的类型。结合我国立法的规定，在我国，不动产为：土地、土地上的定着物、土地的生成物。

土地。土地一般被解释为，"一块有特定四至的地球的表面"。在德国民法中的土地非泛指一般土地，而是在土地登记簿中已经登记的被详细标明的地表面积的一部分，登记的土地才是不动产（地产）。我国立法对土地未具体定义。土地不仅限于地表，包括地表、地上，地下，所以，通常说土地是指土地的上下空间。由此才会有所谓的地上权，地役权，地下矿藏权。

土地上的定着物。"定着物"是为了实现某种经济目的而固定地附着于土地上不易变更其位置的物。定着物通常指：一是固定在土地上的建筑物（房屋）。二是固定在土地上构筑物、工作物。比如，固定在土地上的公路、铁路、铜像、桥梁、石头雕塑、索道、煤气管道等。三是固定在不动产上的其他附着物。比如，建筑物上的固定附属设备，通信设备，电力设备，固定在厂房里的机器等也是定着物。

土地上的定着物的特点是，须是长期固定地附着于土地上不易变更其位置的物。如果物仅仅接触土地，并且可以随主人的爱好搬来挪去，则该物非定着物。比如，院子里的石凳、石头桌等。临时搭建的建筑物或者为了临时目的而安装于建筑物上的物也不是定着物。

违章的建筑物是否为定着物，须具体情况具体分析。通常违章建筑物是不允许办理所有权登记的，土地所有权人或土地使用权人有权请求拆除，要拆除的建筑物，自然不是定着物。但如果该违章建筑物已建成，所花资金巨大，而且该建筑物有独立效用，从经济价值看，不宜拆除，不宜拆除的违章建筑物是民法中的定着物。

未与土地分离的土地生成物。这是添附于土地上与土地未分离的物，比如，种植在土地上尚未采伐的林木、果树、已经种植在土地的粮食、树种或其他植物，撒在土地的肥料等。《德国民法典》第94条规定："……与地面连在一起的土地出产物，属于土地的重要成分。种子在播种时，植物在栽种时，分别成为土地的重要成分。"我国立法对此没有具体规定，从法理上分析，应认为土地的生成物在未与土地分离时，是土地的组成部分，不能单独成为权利客体，只能随不动产一起移转。土地上的林木是土地的一部分，原则上不能独立出来。但我国的《担保法》和

《森林法》都规定，已经登记的森林是与土地相分离的不动产，可以作为独立的物存在，可以单独转让、抵押。这样，已经登记的作为独立的不动产的林木，可以不受土地所有权和使用权变动的影响。未经登记的林木，原则上不能作为独立的不动产，是不动产的组成部分。依此原理，各种地下矿藏、地上植物（树木，草地）在与土地未分离之前，为不动产的构成部分。除此以外，添附于不动产上的物，为建造建筑物而加进该建筑物中的物，也为不动产或建筑物的组成部分。

《俄罗斯民法典》将经过国家登记的飞机，船舶，宇宙飞行器也规定（视为）为不动产。企业作为财产综合体时为不动产。我国法律对这类物仍视为动产。

从不动产的类型定位可以看出，法律上不动产的概念是物的自然属性与法律属性的结合，但更重于法律属性。比如，土地、房屋是自然属性上的不动产；未与土地分离的土地生成物作为土地的重要成分是使用上的不动产；已登记的林木是登记上的不动产。

第二，动产。动产的类型范围比较宽泛。除了上述所列举的不动产种类以外的物，均为动产。

2. 不动产和动产分类的意义。将物分为动产与不动产法律意义在于：

（1）物的所属主体范围不同。在我国，除了住宅建筑物和法律允许私人所有的不动产类型以外，土地、土地上的自然资源和多数土地上的定着物等不动产为公有，即国家和集体所有。动产则无此限制，可以私人所有，也可以公有。

（2）融通性质和范围不同。不动产多为限制融通物或禁止融通物，比如，土地、公路、铁路、桥梁等在我国为公有物，是禁止融通物。动产多数是融通物，限制融通物或禁止融通物较少。

（3）物权变动的公示方式不同。不动产具有不可移动的性质，权利人在交易中是不可能带着它进行实物交付的。而且不动产原则上是价值大、用途重要的财产，对当事人的经济利害关系重大，因此不动产物权的变动原则上需要登记，受国家行政管理。比如，建设用地使用权的转让、房屋的买卖，除了订立合同以外，都要进行登记才产生物权变动的效力。动产可以移动，动产的权利变动，以物的交付为要件，无需登记。不过，动产中如船舶、飞机、轿车、有价证券等也有重大价值，现代民法对于上述动产的物权变动也要求登记，否则不能对抗善意第三人。

（4）所有权取得的方式因动产和不动产有区别。比如，动产无主物可依先占取得所有权，不动产无主物通常归国家所有。在规定取得时效制度的国家立法中，不动产的取得时效期间比动产取得时效期间长。拾得遗失物、埋藏物的发现等动产所有权的取得方式不适用于不动产所有权的取得。

（5）在我国的《物权法》中，不动产得为用益物权的客体，而动产则不可。

（6）相毗邻的不动产所有权人或占有人之间可发生"相邻关系"，而动产则无此关系。

（7）以动产或不动产为标的的纠纷，其诉讼管辖不同。不动产的纠纷由不动产所在地法院管辖，动产以行为地或被告人所在地法院管辖。

（8）在国际私法上，适用准据法不同。不动产依不动产所在地法，而动产则较为灵活，通常适用行为地法。

（二）融通物、限制融通物、禁止融通物

1. 融通物、限制融通物、不融通物的概念。依物能否流通，并且在什么范围内流通为标准将物分为融通物、限制融通物和禁止融通物。

融通物。融通物是指国家法律允许作为交易标的并可以在民事主体之间自由转让的物。融通物的范围很广，多数物为融通物，如一般的日常生活用品都是可以自由流通的，法律没有限制。

限制融通物。限制融通物是依法在流通中受到不同程度限制的物。根据法律的有关规定，我国的限制融通物主要有：集体所有的森林、草原、荒地、滩涂、水面等自然资源或固定资产。这些财产虽然交自然人或者法人经营管理或者承包经营，但非依法定方式不得转让。武器、枪支弹药、麻醉药品、毒品等物的生产、流通和使用须依照法律规定进行，不得自由流通，以维护公共安全。黄金、白银，包括金银制品，这些物品允许个人所有，但其买卖、抵押，须依《金银管理条例》的限制性规定。对外汇、外币的经营和交易依《外汇管理条例》的限制性规定。属于国家所有的文物，任何法人或者公民不得据为自己所有，公民收藏文物的交易依《文物保护法》的限制。

不融通物。不融通物是法律明确规定不得作为交易的标的，不允许流通的物。公有物，公用物和禁止物都为不融通物。如专属于国家所有的土地、矿藏、水流等为公有物，这些财产不能买卖、出租、抵押或者以其他非法方式转让。道路、河流、图书馆等公用物和尸体、假币、淫秽书画等禁止物都为不融通物。

2. 融通物、限制融通物、不融通物的分类意义。如果违反了法律关于限制流通或禁止流通的规定，该交易行为无效，情节严重的，须承担相应的法律责任。应注意的是，某些法律禁止融通的物，并非禁止持有和所有。

（三）特定物与种类物

1. 特定物与种类物的概念。依物是否有独有的特征或是否被特定化为标准将物区分为特定物与种类物。

特定物。特定物是指具有独立特征或由权利人指定不能以其他物代替的物。它包括两类：第一类，具有独立特征的独一无二之物。比如，某画家的一幅绘画，某书法家的一幅书法作品，雕塑家的某一雕塑作品等都是特定物。第二类，被权利人指定而特定化的种类物。比如，从同一类型的一批自行车里由权利人挑选出其中之一作为交易的标的并交付的物，即为特定物。第一类的特定物一般是原版的、无法再生产的艺术品或个人特制的服装、家具以及所有使用过的旧物等。第二类的特定物是由当事人就同一种类物按照其主观的意志和物的特点在交易之际所作的具体指定并完成交付的物。一旦物被特定化，则不能以其他物代替。故特定物通常也称之为"不可替代物"。

种类物。种类物是一类具有共同特征，在交易上能以种类、品种、规格、数量、度量衡所确定之物。比如，某种标号的100斤大米，某种规格的一吨水泥，同种型号的自行车等都是。种类物可用其他同种类的物替代，有时也叫"可代替物"。

尽管特定物通常称为"不可替代物"，种类物通常称为"可代替物"，但严格言之，特定物与不可替代物，种类物与可替代物不能画等号。由于特定物中存在"特定化的种类物"，因此，种类物具有双重属性：从物的客观属性上，种类物为可替代物。从当事人在交易之际，对物的主观指定而言，被指定的种类物为特定的不可替代之物。

2. 划分特定物与种类物的意义。区分特定物与种类物的意义在于：

（1）物权的客体为特定物；债权的客体可以是特定物，也可以是种类物。

物权的支配性要求其标的物须为特定物，标的物如果未特定化，权利人无从支配，也无法进行登记和移转占有。债权为请求债务人为特定给付的权利，债务人给付的标的物可以是特定物，也可以是种类物。

（2）以种类物或特定物为标的的合同，在合同关系终止后，对标的物的返还要求不同。首先，由法律关系的特点决定，有些法律关系只能以特定物为客体，如租赁关系；有些法律关系只能以种类物为客体，比如金钱借贷合同。这样，在合同终止后，对标的物的返还要求不同，以特定物为标的物的合同，在合同终止后，只能返还该特定物；以种类物为标的物的合同，在合同终止后，可以其他种类物代替。

（3）以种类物或特定物为标的的合同，标的物意外灭失引起的法律效力不同。特定物在未交付之前灭失的，可以免除义务人实际交付原物的义务，由有过错的人承担金钱赔偿损失。种类物在未交付前灭失的，义务人应交付同等种类物来进行赔偿。

（4）当事人可依特定物或种类物的不同对所有权移转的时间进行约定。法律规定，所有权的移转时间以交付为准，但当事人可以自行约定，特定物可以从合同成立时起移转，种类物从交付时起移转。

（四）有体物与无体物

1. 有体物与无体物的概念。依物是否具有客观的实体存在为标准，将物区分为有体物与无体物。

有体物。有体物是具有客观实体存在的可感知物。如土地、建筑物、金钱等。

无体物。无体物是不具有客观实体存在而由人们拟制的不可感知物。如物权、债权等各类财产权利。

2. 区分有体物与无体物的法律意义。物权的客体特指有体物；无体物只是在法律有特别规定时可准用物权法的规定。《物权法》第2条第2款规定，"法律规定权利作为物权客体的，依照其规定"，即原则上物权的客体为有体物，权利作为物权客体只是基于法律特别规定的例外。物权是对物的占有、支配权。有体物适用占有，无体的权利不能占有，因此，无体物不能作为物权的客体。法律特别规定权利作为物权客体时，仅为"准占有"。

（五）可分物与不可分物

1. 可分物与不可分物的概念。依物能否在法律意义上进行分割为标准将物划分为可分物与不可分物。

可分物。可分物是物经过分割后，不改变其特性，不损害其经济用途的物。比如，粮食、布匹、油、酒等。

不可分物。不可分物是物经分割后不能保持其原有特性或显然降低了其原有经济价值的物。如一辆汽车、一台拖拉机、一头耕牛在自然属性上是能分割的，但分了以后，将失去其使用价值，从法律意义上说，上述物为不可分物。家庭共有财产在家庭关系存续期间也为不可分物。

2. 区分可分物与不可分物的意义。将物区分为可分物与不可分物的主要意义是：①有利于指导共有财产的正确分割。共有人在分割共有财产时，如果是可分物，可进行实物分割。如果为不可分物，则采取变价分割或作价补偿的方法。比如，将实物出售，共有人分割所得价金，或者一人得实物，得到实物所有权的人给其他人相应的价值补偿。②便于明确多数人之债的债权债务。在多数人之债中，由于债权人或债务人一方或双方为多数人，该多数人之间的关系或为按份之债或为连带之债的关系。如果是按份之债的关系，其前提是标的物须为可分物。标的物为不可分物时，不能成立按份之债，只能成立连带之债。当然，连带之债的标的物既可为可分物，也可为不可分物。

（六）消耗物与不可消耗物

1. 消耗物与不可消耗物的概念。依物能否重复使用为标准将物分为消耗物与不可消耗物。

消耗物。消耗物是指按物的性质一次有效的使用后，则不能再以同一目的使用的物。比如，原材料、煤炭、炼钢用的废铁、食品等，金钱也是消耗物，虽然金钱的物质形式还存在，但一经使用，对于使用人来说，则不能再以同一目的使用了，与消耗物没有差异。

不可消耗物。不可消耗物是使用人可按同一目的反复使用的物。比如，书籍、家具等。

2. 区分消耗物与不可消耗物的意义。法律上区分消耗物与不可消耗物的主要意义在于区分不同合同的性质，消费借贷合同的标的物只能是消耗物，而使用借贷合同、租赁合同的标的物只能是不可消耗物。

（七）主物与从物

1. 主物与从物的概念。根据两个独立的物之间在使用时的相互效用关系划分，将物分为主物与从物。注意主物与从物是"两个独立之物属一人所有"，在效用上相互间有关联、依存关系的物的分类。

主物。主物相对于从物而言，是独立存在、决定物的性质和效用、在与从物结合使用中起主要作用的物。

从物。从物是与主物合并使用，为主物服务的附属物。从物的特点是：①从物不是主物的组成部分，须为主物之外的另一独立之物；②从物是对主物在效用上起辅助作用或者对主物其保护作用的物；③从物与主物同属一人所有。例如，电视机与遥控器、手机与充电器、刀与刀鞘都是主物与从物的关系。

2. 区分主物与从物的意义。我国《物权法》第 115 条规定："主物转让的，从物随主物转让，但当事人另有约定的除外。"根据法律的规定，从物的效力一般随主物的效力。如果法律或合同没有相反规定，处分主物，效力及于从物。主物被转让、抵押时，当事人没有特别约定的，从物一并被转让、抵押。如果当事人有例外规定而且又不违法，按照当事人的约定。

（八）原物与孳息

1. 原物与孳息的概念。这是根据两物之间存在着能从原有物中产生出新物的关系来划分的。

原物。原物是能产生新物的物，或是能产出收益的物。原物相对于所产生的收益而言，也称之为生息物、母物。

孳息。孳息是从原物中产生出的收益物，也称物的出产物。孳息须是与原物分离的物，如果与原物尚未分离，仍是原物的一部分。

根据产生的孳息类型，孳息分为天然孳息和法定孳息。天然孳息是依自然规律从原物中产生的物，比如，果实、鸡蛋、羊羔、羊奶、羊毛等。法定孳息是根据法律规定从原物中定期的有规律产生的收益物，比如，存款利息、租金、股息（股利）等。从法定孳息的产生可知，原物并不以有体物为限，权利也可以产生收益，比如，根据所有权、股权、债权等都可获得孳息，这种孳息是根据法律关系产生的。这样，根据产生孳息的原物的不同，孳息又可以分为物的孳息和权利孳息。物的孳息是从物中产生的孳息，权利孳息是从权利中产生的孳息。不管是物的孳息，还是权利的孳息，都可以再分为直接孳息和间接孳息。直接孳息是权利人根据权利产生的自然孳息，所有权人对果实的收取，物的所有权人（出租人）对租金的收取。间接孳息是收取孳息的人根据某个法律关系取得孳息，比如，果园的承包人根据承包合同关系在承包期内对果实的收取；物的承租人根据转租关系获得的租金。

民法意义上所说的孳息，不是泛指一切从原物中产生出的物。孳息的民法特点一般是：按照物的用途定期产生的收益。偶然性的一般不认为是收益。个别非定期的收益，以原物的代价为限判断其是否为孳息。远远超出原物价值的，不是孳息。比如，中奖后的收益，是机会利益，是运气决定的，未得奖和运气失之交臂，法律不能调整救济这种利益。机会利益的计算与孳息的计算完全不同。一元钱本金可能获得万元中奖利益，这一万元的利益也是一元钱的代价。反之，用一元钱的原物的代价，一般不能定期获得万元或更多的孳息。

2. 区分原物与孳息的意义。区分原物与孳息的法律意义主要是确定孳息的所有权归属。当孳息与原物没有分离时，孳息是原物的构成部分，一旦与原物分离后，则成为独立之物，因此法律上的问题就是，什么人有收取孳息的权利，从何时开始有收取孳息的权利。《物权法》第 116 条的规定，"天然孳息，由所有权人取得；既有所有权人又有用益物权人的，由用益物权人取得。当事人另有约定的，按照约定。法定孳息，当事人有约定的，按照约定取得，没有约定或者约定不明确的，按照交易习惯取得"。

原物的所有权转让时，通常情况下孳息物的所有权同时转让新所有人，但当事人另有约定或法律有特别规定的除外。比如，《物权法》第 197 条规定，债务人不履行到期债务或者发生当事人约定的实现抵押权的情形，致使抵押财产被人民法院依法扣押的，自扣押之日起抵押权人有权收取该抵押财产的天然孳息和法定孳息，但抵押权人未通知应当清偿法定孳息的义务人的除外。

（九）生产资料与生活资料

根据物的不同用途可将物分为生产资料与生活资料。生产资料，是人们从事物质资料生产所必须的一切物质条件和手段。土地、机器、矿藏、原材料、生产工具等都是生产资料。生产资料还可再划分为固定资产和流动资金。生活资料是供人们消费用的，满足人们文化生活需要的社会产品。粮食、衣服、家具、日常生活用品都是生产资料。

在经济体制改革前，为满足计划经济的需要，生产资料和生活资料是我国立法对物的主要分类，改革后，这种分类已不再是物的主要分类。

（十）有主物与无主物

1. 有主物与无主物的概念。依物是否有归属为标准将物分为有主物与无主物。有主物是所有人明确的物。无主物是尚无所有权归属的物，如无人继承的物。

2. 有主物与无主物分类的法律意义。此种物的分类主要解决无主物的归属。对无主物的所有权的取得，各国民法规定不同。根据我国立法，无主物一般归国家所有。对于无人继承的遗产，如果死者生前是集体组织的成员，归集体组织所有。

（十一）单一物、合成物、集合物

1. 单一物、合成物、集合物的概念。依物的存在或组成方式可将物分为单一物、合成物、集合物。

单一物。单一物是指形体上独立成为个体存在的物。如一本书，一匹马，一块宝石等。

合成物。合成物是由数个独立的单一物结合成一体的物。合成物又可分为混合物与附合物。比如，不同质的大米混合在一起形成难以分开的物，宝石与戒指附合成镶嵌宝石的戒指。组成合成物的各独立物并不存在主物与从物的关系，各单一之物在组成合成物后虽然不失其合成前的特性，但在合成物作为民事权利客体时，将整个合成物视为一个独立的单一物。

集合物。集合物也称聚合物，是物质上未结合为一体，但在交易上可视为独立的权利客体的物的总体。比如，一群羊，一套家具，某一财团作为抵押的标的物。

从上述单一物、合成物、集合物的概念可以看出：单一物是客观上存在的独立物，法律上已不能再分解为具有独立个性的物；合成物是通过人的加工行为将各单一物合为一体，虽然可以分解为独立物，但分解或难或有损合成物的经济价值，故为不适宜分解物；集合物是主观的一体物，组成集合物的各物仍保持其独立的存在，仅是在集合物作为交易客体时，按照当事人的意思，视为"一物"。

2. 区分单一物、合成物、集合物的法律意义。合成物、集合物与单一物一样，都可以作为权利义务的标的。根据民法的"一物一权"原则，当上述物作为"一物"时，该物上仅成立一个所有权，不能在各个组成物之上另设所有权。如果构成之物各有独立价值，而且法律允许在各物上单独设立所有权的，则应确认各物所有权的独立性并不得再设定整体物的所有权。

属于不同所有权人的物结合成单一物或合成物时，根据"一物一权主义"，仍被视为一个所有权，由所有权取得者补偿所有权丧失者的损失，由此发生单一物或合成物所有权的变动。而在集合物中，若有第三人所有之物时，该第三人可以请求返还属于他所有的组成该集合物的某一独立之物。

（十二）特种物

1. 货币——特殊的种类物。货币在民法中同样属于物的范畴，只是它和前述所说的物有些不同，货币是一种特殊的种类物。说它是种类物，是指货币的价值是通过它的票面数额来计算的，而不是以哪张钞票来确定的，当货币作为支付手段时，10张10元的货币与1张100元的货币没有区别，其价值相等，可以互相代替，从这个意义上说，货币属于种类物。可是货币又与一般的种类物不同。货币在民法中作为特殊种类物的特点是：

（1）货币比其他的种类物更富有替代性。一般的种类物虽然可以相互代替，但它只能代表与自己相同种类的物，而货币则不同，货币是法定支付手段，可以用来支付租金、价金、加工费、报酬、运费等。货币的价值是固定的，具有一般等价物的特征，所以，许多民事法律关系的最终结算手段都是货币。可见，货币比其他种类物更富有替代性，其他种类物只能代表它自己，而货币可以成为许多民事法律关系对价的支付手段。

（2）货币为消费物。货币一经货币持有人作为商品的对价转让他人之手，原货币持有人即丧失该货币所有权，不能再以同一目的反复使用该物，因此，货币为消费物。

（3）货币的持有人推定为货币的所有人。货币的流通性和消费性决定了货币与其他物不同。货币的占有人推定为货币的权利人。丧失对货币的占有，不存在对货币的物权请求权，仅成立不当得利返还请求权。

2. 有价证券。有价证券是记载并代表一定财产权利的书面凭证。证券有广义和狭义之分，广义的证券，就是凡是在特制的专用纸单（介质）上记载一定的文字，表明一定的财产权利或者法律事实的文书，都是证券。比如，各种车、船、机票，存单，取单（取相片）等各种单据，债券，有价证券等票据，都是证券。狭义的证券，指票据法上的有价证券，是设定并证明持券人有取得一定金额的权利凭证。换句话说，证券的持有人凭着手里的有价证券，可以获得证券上记载的金额。有价证券是证券的一种。包括本票、汇票、支票、提单、股票、债券等。有价证券作为民法上的一种特殊的物，其特点是：

（1）证券直接代表权利。证券上用文字记载的内容，就是"证券上的权利"。比如，凭借存折，有去银行取钱的权利；凭牡丹卡、长城卡具有在自动取款机上取钱的权利；凭公共汽车"一卡通"，可享有乘坐公共汽车的权利。总之，证券代表权利。

（2）权利与证券紧密结合。证券代表权利，同时，证券上的权利必须通过一定形式表现出来，表现权利的载体就是证券（存折，卡），没有证券，也没有权利。证券上权利的行使，离不开证券。持有证券，可以享有证券上记载的一切权利。可以看出，有价证券的持有人具有两种权利：其一，享有"对证券的所有权"。其二，享有"证券上记载的权利"。"对证券的权利"与"证券上记载的权利"不同，前者是物权，后者是债权。而债权在不同的情况下，也不同，有时是既得权，直接立即享有证券上的权利；有时是附期限、附条件的期待权；或者在某种情况下，是实现不了的债权（比如，奖券）。因此，证券是无体的财产权与有体物的结合。

（3）证券物权的转移，以交付为要件。证券是动产，证券的物权变动时，无需登记，证券持有人以移转所有权为目的将证券交付他人时，证券上的权利随着对证券的处分，一同转移。

（4）证券上的债务是无条件的给付。当债权人凭证券提出给付时，债务人只能单纯给付，不得向持券人提出任何对价性条件。票据是典型的无因行为。

由于证券与权利密切结合，证券上权利的行使，离不开证券。所以，证券丢失，要及时挂失。对于票据，除了挂失以外，还要经法院公示催告程序。

日常生活中经常有这样的情况，人们丢失票据后，在媒体上登报声明"支票作废"，应该注意，这种声明没有法律效力。我国有关法律规定，法人、公民和其他组织对他人在报纸、电台、电视台发表的支票声明，没有注意义务，同时空白支票的签发人除非能证明取得支票的人有恶意或存在明显过错，否则不能对抗支票持有人。

3. 外汇。外汇包括外国货币，外币有价证券。外汇的法律性质与本国货币和有价证券相同，不同的是对外汇的管理。为了加强外汇管理，我国对于外汇采取国家集中管理，统一经营的方针。在中华人民共和国领域内，禁止外汇流通、使用，禁止私自买卖外汇。

四、物与物之间的关系

(一)物的整体与物的组成部分之间的关系

物的整体与物的组成部分之间的关系是物权法上的重要问题。物的整体是指一个独立的整体物，可以是独立的单一物、合成物或聚合物。物的组成部分是组成整体物的各个成分。比如，一本书由数页组成，建筑物是由砖、水泥、钢筋、门窗、楼梯、取暖设施、卫生设施等组成，汽车是由底盘、发动机、轮胎、各种零件等组成，企业是由工人、机器、厂房、固定资金、流动资金、名称、产品、商标等组成。

在物的整体组成部分中又分为重要成分和非重要成分（一般成分）。重要成分是对物的整体性质和效能发挥决定作用，失去它可使物毁坏或改变物的本质的物的组成部分。其他为非重要成分则不具有重要成分的作用。

区分物的重要组成部分与非重要成分的法律意义在于：物的重要组成部分和物的整体在法律上不可分割，物的重要组成部分不能脱离物的整体而独立成为权利的标的物，它们只能由同一权利主体拥有，当物的整体转移时，物的重要组成部分必须随之转移；当在整体物上设定物权时，物的主要组成部分自然也必须随同负担该物权。单独就物的重要组成部分设定抵押权或物权法上的使用权是不可能的。由此也产生了一个规则，即不允许在物的整体和其重要组成部分上分别设立两个独立的权利。"如果不是这样，物的重要组成部分的所有权人就可以随时为了要求返还的目的而要求对这个组成部分进行分离，而这样就必然会导致物的价值的减少。"[1]因此，《德国民法典》第93条规定，一个物的重要成分是不能再成为其他特别的权利的客体的。

我国《物权法》对物的整体与其重要成分的关系没有具体规定，不能不认为这是立法的一个缺陷。比如，我国《合同法》第134条有这样的规定：当事人可以在买卖合同中约定，买受人未履行支付价款或者其他义务的，标的物的所有权属于出卖人。从条文上可以知道，卖方可以通过保留标的物的所有权以担保其债权的实现。但在规定所有权保留制度后，《物权法》却没有明确具体地规定物的整体与其重要成分的关系，这样，在实践中就会出现，当卖方保留了其后成为整体物重要成分的所有权时，整体物则有可能因重要成分所有权保留的行使而面临被分裂的情况。因为一物的各个部分属于不同的所有人时，每个所有人对物都有支配权，该物则永远存在四分五裂的危险。因此，我国《物权法》应规定物的整体与其重要成分的关系：当一个人对物的整体享有物权时，那么他对该物的重要组成部分也享有同样的物权，反过来，他对物的重要组成部分享有所有权时，他对物的整体也享有所有权。

---

[1] [德]卡尔·拉伦茨：《德国民法通论》（上），王晓晔等译，法律出版社2003年版，第378页。

这一原理也适用于不动产。比如，土地上未收割的植物、投入土地的肥料、已经种植在土地中的种子等，在与土地未分离之前，都是土地的重要成分，与整体物视为一物，不能分别成立所有权。

（二）不动产上的定着物、附着物与不动产的关系

定着物是固定于土地并不能移动的物，定着物虽与土地连结，但不是土地的组成部分，是与土地不同的独立之物。

这里需要说明土地和建筑物的关系。土地与建筑物都是不动产，并在物理意义上不能分离。在罗马法时代，建筑物被作为添附于土地的从物，根据从随主的原则，罗马法采取了一切建筑物从属于土地的原则，也称土地吸附建筑物的原则。比如，在他人土地上用自己的建筑材料盖房后，不能享有该建筑物的所有权，建筑物的所有权归土地所有权人，土地和建筑物在法律上不能分离。

《德国民法典》基本上采纳了这一原则，规定建筑物为土地的重要成分。也就是说，对土地享有所有权也即对其上的建筑物享有所有权。当说房子的所有人时，指的其实是上面建造了房子且房子是其重要成分的土地所有人。[1]但《德国民法典》的规定又与罗马法不同。《德国民法典》规定，当土地上没有其他人的权利时，土地所有人的权利当然扩展到建筑物，土地和建筑物一并归土地所有人处分。但当土地上有他人权利时，而且他人对建筑物有占有使用权时，土地所有人的权利不能及于建筑物，简而言之，土地和建筑物的关系不是吸附的关系，而是可以分离的两个独立之物的关系。

《德国民法典》的这一规定强化了地上权的地位，保护了地上权人的权利。"地上权给予在他人土地上拥有建筑物的权能，并且该建筑物本身在法律技术上可以如同土地一样对待（准土地权利）。建筑物被视为地上权的重要成分，而不是土地的重要成分，因此属于地上权人所有。"[2]这样当建筑物与土地分属于不同的所有人时，建筑物不再是土地所有权的内容，而是地上权的内容。在土地上有他人建筑物的条件下，土地所有权人必须尊重地上权人对建筑物的所有权。土地所有权人依靠对地上权人收取地上权租金实现其所有权，故对土地所有权人的地位也没有妨害。德国民法对罗马法的发展，解决了土地与建筑物的关系。我国《物权法》从之。

附着物是依附于不动产且分离后不能发挥效用的物。附着物可以是动产，也可以是不动产，比如，房屋中安装的热水器、空调，房屋上方搭建的阁楼等。附着物虽能独立存在，但却需依附不动产才能使用或发挥效用。如果被附着的物，比如土地，发生权利变动，上面的附着物与不动产是何关系？附着物仅仅是为了使用物的目的而添加的物，它不是从物，也不是被附着物（土地或建筑物）的组成部分，

---

[1]　［德］迪特尔·施瓦布：《民法导论》，郑冲译，法律出版社 2006 年版，第 233 页。
[2]　［德］迪特尔·施瓦布：《民法导论》，郑冲译，法律出版社 2006 年版，第 234 页。

在使用目的达成后，仍可拆除，故为独立物。如果物的所有权之外的其他权利人占有某物，基于占有权而添加在占有物上的物，也是临时附着物。

（三）主物与从物的关系

对主物与从物关系的理解，应该从两物的相对关系、使用的辅助关系上理解。

1. 从物与主物是两个独立之物，从物不是主物的组成部分。比如，电脑与鼠标、电视机与遥控器为主物与从物的关系，而门窗与房屋、抽屉与桌子，都不是主物与从物的关系。门窗是房屋的构成部分，抽屉是桌子的构成部分，而非从物。鞋的一只与另一只相结合构成一物，也非主物与从物的关系。物与物的组成部分虽然在物理意义上可以分开，但分开以后，所剩的那一部分就改变了物的整体性质，或说是一个被毁损的不完全之物。因此，从物必须与主物有一个相应存在的空间关系，而这种空间关系，又不是物的集合关系。

通常，将房子与车库、旅馆与旅馆中设置的家具这样的物之关系也看作是主物与从物的关系。

2. 从物须对主物在效用上起辅助作用。这一辅助作用可以在物理关系上、经济目的上起到补助主物的效用，也可以对主物起保护作用。比如，摄像机与摄像机包、眼镜与眼镜盒、书和封套等都是主物与从物的关系。

3. 从物与主物一般同属一人所有。从物与主物是两个物，在这两个物上可以有两个所有权，但这两个物的所有权一般属于一人所有。原因主要是使用的方便和交易的便利，交易上从物的命运服从于主物。不过，这也要看各国法律的具体规定，有的国家，比如德国，法律没有规定主物与从物必须由一人所有，而是从物的经济利益出发决定物的命运。比如，承租人承租了所有权人的房屋，在其门上安了一个漂亮的门拉手，这时，门与门拉手两物的关系是主物与从物的关系，但不属同一人，如果房屋所有人出售房屋，可以就门拉手对承租人进行补偿或者承租人在租赁关系终止时取回自己的门拉手。因此，主物与从物同属于一人所有仅具有一般性，不具有绝对性特点，即使同属于一人，如果当事人有约定，处分主物，效力也可不及于从物，或者，主物与从物不属于一人所有，当事人另有约定的，也可以一并处分。

4. 主物与从物的关系要遵从交易上的习惯。交易习惯上不认为是从物的，也不能为从物。比如，烟囱与炉子、房屋与吊灯在习惯上一般也不认为是主物与从物的关系。

（四）原物与孳息的关系

原物与孳息是派生的关系，没有原物，不会有孳息。原物与孳息的关系和主物与从物的关系不同。两类物的划分都体现了物的相互关系，但前者体现了两物在使用过程中的产生与被产生关系，后者体现了两物在使用上的辅助与被辅助关系。

五、物权客体制度的意义

通过对物权客体——物的研究，可以发现，物权法规定物的意义不是为物规定的，而是为了涉及相关物质利益法律关系的参加人的行为而规定的：告知行为人，在何种情形下，能持有某物，能处分某物；在什么情形下，人的行为能或不能作用于某物；违反法律的相关规定，将会引起何种法律后果。

同时，自罗马法以来到现代关于物的制度的确定，体现了社会从野蛮向文明的发展。取消了人是客体的内容，确立了人的主体地位。随着经济、科学技术的发展，物的范围、种类扩大，物的观念和物的类型也从物质化逐步向价值化发展。如果不考虑罗马法把奴隶作为客体的因素的话，从罗马法、法国法、德国法以及英美法对财产的界定看，各国立法对财产的确定本质上没有区别，财产都是指任何有货币价值的物和权利。不同的是德国法把有体物从财产中分离出来，界定为物权法的客体，这种界定，是与《德国民法典》的体系以及物权法建立的一套严谨的物权理论体系有联系的。应该说，把物和财产（财产权）区分开，把物权法和财产法的内涵区分开，从理论体系上更富有逻辑性和清晰性，使物权的概念更严谨。

第四节　物权类型体系

根据不同的标准，可对物权做不同的分类。物权的不同类型，也表明了物权的不同作用。我国《物权法》第 5 条规定："物权的种类和内容，由法律规定。"可见，除了法律有明文规定的物权外，当事人不得任意创设物权，这称为物权类型强制，也称物权法定原则，即物权的种类和内容由法律统一确定，不允许按照当事人的意思自由创设。物权和债权不同，债权原则上不受什么限制，法律上没有规定的合同类型，当事人依契约自由的原则，可以自己创设；而物权的种类和内容则由法律统一确定，法律没有规定的物权，当事人自己不得任意创设。违反法律规定任意创设的物权，一般视为无效。

我国物权法规定的物权类型有：所有权、用益物权和担保物权。所有权中包括：国家、集体和私人所有权，建筑物区分所有权，相邻关系和共有。用益物权包括：土地承包经营权、建设用地使用权、宅基地使用权、地役权。担保物权包括：抵押权、质权和留置权。我国物权法另设占有的事实状态的规定。

对物权法上述物权种类的规定，在民法理论上可作如下归类：

一、完全物权与限定物权

（一）区分的标准

以物权人对标的物利益支配范围为标准，物权可分为完全物权与限定物权。

1. 完全物权。物权以直接支配物为内容，同是该物的物权人，有的物权人在法定范围内可以完全按照自己的意志实现物的使用价值和交换价值利益，而有的物权人仅能在限定的范围内有限期地支配物。全面永久地支配物，决定物的最终命运的物权，称之为完全物权，完全物权即所有权，也称自物权。

所有权人对属于自己的财产享有完全的支配权。所有权人对自己所有物的支配利益表现为：①所有人自己对物的使用；②所有人将自己的物交由他人使用，以收取使用利益的对价；③将物作为担保物，以获取信用利益。

所有权根据权利主体的人数，可分为单数主体所有权和复数主体所有权。单数主体所有权包括国家、法人（集体）和自然人所有权；复数主体所有权即共同所有权，共同所有权有共同共有权和按份共有权之分。

2. 限定物权。限定物权是指物权人在他人之物上享有的在限定的范围内有期限地支配物的权利，限定物权也称他物权。

所有权人可以通过设立他物权合同的方式在一定期限内将其对物的部分支配权能和利益与自己分离而由非所有人享有，这些分离出来的部分权能，成为独立的物权，即为限定物权。限定物权设定后，对于所有人而言，在一定期限内，不能占有、使用、收益或处分物，限定了所有人行使所有权，而且当所有权上有他物权存在时，他物权的效力优先于所有权，构成所有权的负担，这对所有权而言，是一种限定；对于他物权人而言，由于不是自己所有的物，是他人之物，就不可能像所有权人那样对物有完全的支配权，只能在与所有人约定的期限和范围内对物有支配权，这对他物权而言，也是一种限定。

（二）区分的意义

区分完全物权与限定物权的意义是：

1. 区别对物之权利的限定目的。所有权作为所有人对自己物的权利，其权能的实现不受目的限制，只要是法律允许的在一物上可能存在的权能，所有权人都可享有并实现。而限定物权不同，法律赋予限定物权不同的目的：限定物权人或是仅具有使用物的权利，或是仅具有在担保的债权不能实现时将物变卖作价的权利。

2. 区分完全物权与限定物权两者的效力范围。完全物权是所有权，也是自物权，自物权人对自己的所有物享有最为全面、完整的权利内容，除了行使所有权需依法以外，权利效力不受他人限制。而限定物权的效力不仅受到法律规定的限制，而且还要受到所有权的限制，限定物权人仅享有物权的部分权能。

由于所有权已包含了物权的全部内容，故物权法定原则的"内容法定"的限制对所有权而言已无意义，"类型法定"对所有权而言仍有意义。限定物权则不同，在所有权基础上产生的他物权的内容和类型都需依照物权法定原则，否则无效。

二、用益物权与担保物权

（一）区分的标准

按照设立物权的目的不同，限定物权又可分为用益物权和担保物权。物具有使用价值和交换价值。所有人可以自己行使对标的物使用、收益的用益权能和对标的物进行变卖后折价处分的价值交换权能。当所有人自己使用收益物或折价处分物时，这些权能与所有权内容重合，是所有权人自己的权利。当所有人把这些权利通过合同交由非所有人使用、收益或折价处分时，非所有人在限定范围内对所有人物的使用、收益或折价处分的权利，已是与所有权相分离的他物权。用益物权与担保物权是他物权的再分类，而非所有权的再分类。

1. 用益物权。用益物权是以实现标的物的使用和收益为目的而在他人之物上设立的物权。用益物权的特点是通过占有、支配物，利用物的实体以获取物的使用价值。我国物权法规定的土地承包经营权、建设用地使用权、宅基地使用权、地役权均属之。

2. 担保物权。担保物权是为了担保债权的实现而在他人（债务人或第三人）之物或权利上设定的以获取担保物的交换价值的物权。担保物权的特点是就标的物的变卖所得之价金，享有优先取偿的权利。我国物权法规定的抵押权、质权和留置权均属之。

（二）区分的意义

区分用益物权与担保物权的主要意义在于两者设立目的不同，故立法对两个权利的限制不同。用益物权以实现物的使用价值为目的，故限制对标的物的处分。担保物权以实现物的交换价值为目的，故限制对担保物的使用、收益。另外，由于担保物权设立的目的是实现担保物的交换价值，而非占有、使用物，因此在具有交换价值的有体物或者无体权利之上，均可设定担保物权。

三、动产物权与不动产物权

（一）区分的标准

依物权的客体是动产或不动产为标准，物权可分为动产物权和不动产物权。

1. 动产物权。以动产为标的的物权，为动产物权。我国物权法规定的动产物权有：动产所有权、动产抵押权、动产质权、留置权等。权利抵押权和权利质权是法律对权利物权的特别规定。

2. 不动产物权。以不动产为标的的物权，为不动产物权，如不动产所有权、不动产用益物权等。我国物权法规定的不动产物权有：不动产所有权、土地承包经营权、建设用地使用权、宅基地使用权、地役权、不动产抵押权。

（二）区分的意义

动产与不动产是物的最主要和最基本的分类，各国民法都有动产物权与不动产物权之分。区分动产物权与不动产物权的意义在于，两者在物权的取得方法、流通的性质和范围、成立要件、公示方式、取得时效等方面均有不同。比如，在物权成立要件上，动产物权以标的物的交付为成立要件，而不动产则以登记为成立要件。与此相对应的是，动产物权的公示方式为占有，不动产物权的公示方式为登记。在物权取得方面，动产所有权的取得可适用先占、拾得遗失物、发现埋藏物等方式，不动产则不适用这些方式。在规定占有时效制度的国家立法中，不动产的占有时效要比动产的占有时效期限长。

四、登记物权与不登记物权

（一）区分的标准

这是按照物权的变动是否需经登记而划分的。

1. 登记物权。物权的变动需经登记者，为登记物权。不动产物权的变动原则上须登记生效，故不动产物权为登记物权。

2. 不登记物权。物权的变动无需登记，只需交付（移转标的物的占有）即发生效力者，为不登记物权。动产物权的变动一般无需登记，动产物权通常为不登记物权，但法律另有规定的除外。

（二）区分的意义

我国《物权法》第6条规定，不动产物权的设立、变更、转让和消灭，应当依照法律规定登记。动产物权的设立和转让，应当依照法律规定交付。依据我国物权法，除了法律有特别规定外，不动产物权的成立和变动需登记，动产物权的成立和变动无需登记。因此，区分登记物权和不登记物权的意义在于，登记物权的权利变动依登记而生效，不登记物权的权利变动依交付而生效。

五、主物权与从物权

（一）区分的标准

根据两个物权之间是否具有从属关系为标准，物权可分为主物权与从物权。

1. 主物权。主物权是能够独立存在、不从属于其他权利的物权。比如，所有权、土地承包经营权、建设用地使用权、宅基地使用权等都属于主物权。

2. 从物权。从物权是本身不能独立存在，从属于其他物权的物权。比如，抵押权、质权、留置权等担保物权都是从物权，地役权相对于需役地的所有权而言，也是该需役地所有权的从权利。

（二）区分的意义

区分主物权与从物权的意义是：如果法律或者合同没有特别规定，从物权取得、变更或丧失的效力随主物权的效力。而主物权可独立存在，故主物权的取得、丧失、变更与其他权利无关。

六、有期限物权与无期限物权

（一）区分的标准

根据物权有无期限，物权可分为有期限物权和无期限物权。

1. 有期限物权。有期限物权是指存续期间受期限限制的物权。限定物权均属于有期限物权，有期限物权的"期限"或由法律规定或由当事人在设立他物权合同中约定。

2. 无期限物权。无期物权是无期限限制、可永久存续的物权。所有权为无期限物权，只要所有物永续存在、不灭失，对该物的所有权永久存续。

（二）区分的意义

区分有期限物权与无期限物权的意义是两物权的消灭原因不同。有期限物权的存续期间届满，是该物权消灭的原因之一，除非当事人申请续期。而无期限物权不存在期限届满的问题，除权利人抛弃权利或者标的物灭失等原因外，物权永续存在，并不消灭。

七、本权与占有

我国物权法在规定了各类物权后，新增了占有制度，并规定保护占有，这说明占有不是物权类型体系的问题，但是占有与物权密切相关，故本节将占有与本权的关系作为物权类型体系的延伸。

占有可以是基于物权或者其他权利而对标的物的实际控制，也可以是基于其他事实原因而对标的物的实际控制。根据对物之占有是否以权利为依据，可将占有分为权利占有与事实占有。占有所依据的权利相对于占有事实而言，称为占有的本权。比如，基于所有权、用益物权、租赁权、借用权等权利对物的占有，上述权利都为占有的本权。

划分本权与占有的意义是保护占有背后存在的各种权利，即占有的本权。从本权的角度出发，有权占有的人可以依据本权请求保护其对物的占有，而无权占有人虽然也可根据占有的事实主张占有的保护，但事实状态可以对抗第三人的不法侵害，却不能对抗本权。如果本权人未主张对物的权利，占有人可以依据占有的事实享有对物的支配和主张返还物的占有。

从占有与本权的关系看，首先，占有具有保护本权的机能，保护占有是保护本权；其次，占有可以强化本权，比如，租赁权因为占有而强化，具有对抗第三人的功能；最后，本权也可以强化占有，有权占有之所以强于事实占有，是由于本权的作用。

第二章 物权的效力

第一节 物权效力概说

一、物权效力的含义

（一）对物权效力的不同解释

什么是物权的效力？对此有不同解释。有学者认为，物权的效力实际是指物权所特有的功能和作用。[1]有的学者认为，物权的效力指合法行为发生物权法上效果的保障力。[2]也有学者认为，法学上所说的物权的效力，指物权人对标的物的支配力，研究物权的效力，其实是研究同一标的物上存在数个权利（包括物权、债权以及其他权利）时，各个权利支配物的次序。[3]另有部分学者认为，物权的效力就是基于物权的排他性支配权的性质而发生的效力。[4]

（二）对物权效力的理解

如何理解物权的效力？我们认为，法律效力表现为法律上的力（作用力）。力有其作用的方向和内容，法律效力作用的方向是规范人的行为。法律效力是法律以权威的力量给予法律关系的当事人的某种作用力。这种作用力，对于权利人而言，就是有权做什么；对于义务人而言，就是有义务做什么或不做什么。

物权的效力是指法律赋予物权的强制性作用力和保障力，这种法律之力具体反映为：物权人凭借法律之力有权利做什么和要求义务人做什么的程度和范围，而且这种作用力具有延展性，如果义务人妨碍物权人行使权利或侵犯其权利，法律为权利人提供了救济的作用力。从上述意义上说，物权的效力具体表现为：权利人对标的物具有支配力、排他力、优先力、追及力和请求力等。

法律效力与法律效果，严格而言，非同一概念。法律效果通常指符合某种法律要件的行为能产生的具有法律意义的实际效果。比如，一个行为符合法律行为有效要件时，即可产生当事人预期的和法律规定的法律效果。效果是相对静止的概念，而效力应从动态上理解，效力包括权利的行使、义务的履行和对权利的救济，具有

---

〔1〕 王利明：《物权法论》，中国政法大学出版社 1998 年版，第 24 页。

〔2〕 梁慧星、陈华彬编著：《物权法》，法律出版社 2003 年版，第 46 页。

〔3〕 孙宪忠：《中国物权法总论》，法律出版社 2003 年版，第 43 页。

〔4〕 史尚宽：《物权法论》，中国政法大学出版社 2000 年版，第 10 页；王泽鉴：《民法物权》，中国政法大学出版社 2001 年版，第 60 页；郑玉波：《民法物权》，三民书局 1982 年版，第 22 页。

发生、发展、运动的特点。但是，效力中包含了效果。效果是效力的组成部分，是效力发展的结果。物权法律效力作用于权利人与义务人，其实现需要权利人与义务人的共同行为。

二、物权效力与物权法

（一）物权效力与物权法的关系

物权效力与物权法是主观权利与客观法（权利）的关系。所谓主观的权利，指个人享有的具体权利，而个人具体的权利是个人在具体的法律关系中根据法律的规定实际享有的权利，它包括人能享有的私法上的一切权利。与之相对应的是客观权利，客观权利是法律规范上的权利，它以法律规范的形式出现，针对抽象的法律关系而言。客观权利与主观权利也是客观法与主观法的关系，"客观意义的法是指由国家适用的法原则的整体，生活的法秩序。所谓主观意义的法，是对抽象规则加以具体化而形成的个人的具体权利"[1]。

（二）物权效力的实现是物权法功能的体现

划分主观权利与客观权利，目的是要说明权利与法的关系。具体的权利只有在存在抽象的法规规定的条件下方能成立，同时，具体的权利不只从抽象的法规中获得生命和力量，而且还相反地将获得物返还给抽象的法，客观的抽象的法和主观的具体权利的关系就像从心脏流出又返回心脏的血液循环一样。[2]同理，物权法具有赋予物权人权利的效力，每个物权主体享有的具体权利正是从法中获得生命和力量的，物权人凭借法律赋予的这一力量积极地行使权利，每个具体权利的实现也正是物权法规范的目的意义，物权法的效力正是通过各具体权利的效力得到体现的。放弃法律赋予的权利，就是放弃法本身；如果每个具体的物权发挥正常效力，物权法的功能就能体现。因此，物权的效力也是物权法的效力。物权的效力在物权法中占有中心地位，物权的性质、物权的变动、物权的实现和保护，都体现了物权法规范的效力。

三、物权效力观点争论

物权有多种类型，每一类物权有其特有的效力，各物权特有的效力分别在各章中论述。物权除了其特有的效力以外，基于其共同的特性，还有其共同效力，正是物权的共同效力，决定了物权作为各类物权的上位概念，与其他权利尤其是与债权的不同特征。

那么，物权法赋予了物权何种共同效力？由于各国民法并未在条文上明示或具体列举物权有何种效力，由此产生了学者对物权效力的不同理解，出现了物权的

---

[1] ［德］耶林："为权利而斗争"，胡宝海译，载梁慧星主编：《民商法论丛》（第2卷），法律出版社1994年版，第14页。

[2] ［德］耶林："为权利而斗争"，胡宝海译，载梁慧星主编：《民商法论丛》（第2卷），法律出版社1994年版，第35页。

"一效力说""两效力说""三效力说""四效力说"或更多效力的观点。比如,孙宪忠教授将物权的效力确定为权利人对标的物的支配力。[1]史尚宽教授认为,物权有两个效力——优先权效力和请求权效力。[2]谢在全教授认为,物权有三个效力——优先权效力、请求权效力和排他效力。[3]王泽鉴教授认为,物权有四个效力——排他效力、优先效力、追及效力和物上请求权效力。[4]其他的一些学者也有认为物权有三效力或四效力,但这些效力的内容也不尽相同。

研究物权的效力,就是研究物权法的作用,确定物权法赋予权利人哪些权利效用,权利人可凭借法律之力实现物权并有效地保护自己的物权。物权效力的确立不仅应从物权的本质属性出发,还应从物权法的立法宗旨、物权法的功能以及物权法的整个逻辑体系来考虑。换言之,如果该效力进入物权法的整个框架中,能够得到合理的解释,即可认为这是物权法赋予物权的效力,如果不能得到解释,就要考虑它是否能够作为物权的效力。

从上述指导思想出发,物权应具备支配力、排他力、优先力、请求力和追及效力。

第二节　物权的共同效力

物权的共同效力,也称物权的一般效力,凡是物权均应具有以下一般效力:

一、物权的支配效力

（一）物权支配效力的含义

物权的支配力,也称物权的支配权效力,我国《物权法》第2条第3款规定:"本法所称物权,是指权利人依法对特定的物享有直接支配和排他的权利,包括所有权、用益物权和担保物权"。这是法律基于物权的本质赋予物权人的对标的物的直接管领力和排他力的依据。在谈到物权的支配力时,应从以下几个方面理解:

1. 支配力的对象。物权的支配对象为物,能够成为支配对象的物,应符合法律的相关规定,并具有可支配性。

2. 支配力的形态。物权人通过占有、使用、收益或处分等权能实现对物的支配。

3. 支配力的直接性。物权人按其意愿在法律规定的范围内,直接对物为一切可能的行为,而无需借助于其他人的意思和行为。

4. 支配力的法律保障。法律承认并确定物权人对其物的"意思力""管领

---

〔1〕　孙宪忠:《中国物权法总论》,法律出版社2003年版,第44页。
〔2〕　史尚宽:《物权法论》,中国政法大学出版社2000年版,第10~11页。
〔3〕　谢在全:《民法物权论》(上),中国政法大学出版社1999年版,第31~36页。
〔4〕　王泽鉴:《民法物权》,中国政法大学出版社2001年版,第60页。

力",从而使之成为具有法律保障的"支配力",即法律保护物权人正当行使的对物支配权。

5. 支配力的前提是"依法"。物权人在受法律约束前提条件下按其意愿对物行使支配权。

（二）物权支配效力的范围

支配权效力对于所有权人而言,是一种无时间限制的、全面排他的对所属物进行支配的权利,所有人有支配权时,一切他人都不得对此物再行支配。对于限制物权人而言,法律赋予权利人在一定时间内对物有限定的支配权能,此时,限制物权人的支配权能优于所有权人对物的支配权。无论是所有权人,还是限制物权人,行使支配权"应当遵守法律,尊重社会公德,不得损害公共利益和他人合法权益"。

物权的支配力,可以看作是物权的静态效力,物权成立后,均具有支配力。

二、物权的排他效力

（一）物权排他效力的含义

物权的排他力,也称物权的排他权效力,是指法律赋予物权人对其公示的物权具有对抗一切第三人的绝对性独占效力。物权的排他力与支配力是相辅相成的,物权人之所以能够支配物,是因为同时排除了其他人对该物支配的可能。物权的排他力应包括以下内容:

1. 排他性占有。同一物上不得存在两个以上相同内容的占有权,物权的占有是独占性的,比如,同一物之上不能并存两个所有权,同一物之上不能并存两个以现实占有为内容的用益物权。以非占有为内容的物权并不互相排斥,比如抵押权。质权与留置权虽然均为占有型担保物权,但留置权为法定担保物权,质权为约定担保物权,法律的规定使留置权优先排除了质权的效力。

2. 排他性支配。同一物上不得存在两个以上的支配权,物权人对物的支配是绝对的、排他的。可见,物权排他力的意义在于排除同一标的物上设立内容相抵触的物权,解决物权成立之时的权利冲突,从而保障物权支配力的实现。如果不能排除任何第三人对标的物的同一支配,物权的支配权则会受影响,因此,物权的排他效力"因物权的直接支配性而生"。[1]由于担保物权是以获得标的物的交换价值为目的的变价求偿权,因此,担保物权之间仅有实现上的排他效力,其效力的强弱由设立的先后顺序决定。

3. 排除他人干涉。当物权受到妨碍或侵害时,物权人可基于物权的排他效力排除不法侵害。

（二）物权排他性效力的特点

物权的支配力与排他力体现了物权效力的静态与动态。当我们在谈物权的支配力时,是在法律关系的层面上谈支配权,也就是说,正是有义务人的存在,以及义

[1]　谢在全:《民法物权论》（上）,中国政法大学出版社1999年版,第31页。

务人履行了相应的义务，权利才会显现。物权本身是一个法律关系，是在一个物权秩序下所包含的有众多法律关系主体在内的法律关系本身。比如，当某人说，我是某物的所有权人时，这里包含了权利主体与他以外的一切人，即 X1，X2，X3，……Xn 等人的关系，物权人与所有的义务人之间的关系，是一个个潜在的法律关系，所有这些法律关系都在一个物权秩序的约束下，一般情况下并不显现。当其中一人，比如 X1 妨害了权利人的支配权后，物权从潜在的状态变为显的状态，即物权人有权排除这种妨害。因此，正是从动态的方面排除了所有的一般人对该物的同内容的权利，物权人以外的其他义务人没有用相抵触的权利与其对抗，才会有静态的物权支配权的实现。

物权的排他效力仅排除在同一物上设立与已存在的物权内容相抵触的另一物权，如果物权内容相互之间不发生抵触，法律则允许其设立。在一物有多权存在并发生权利利益冲突时，由物权的优先效力解决。

三、物权的优先效力

（一）物权优先效力的含义

物权的优先效力，也称物权的优先权效力。法律上说的优先，指的是权利实现的优先。一个物上常常有多个权利并存，当一权利在法律上优先于另一权利实现时，那么，实现在先的权利就是法律赋予了它优先权效力。权利间优先效力的结果，则是一个权利可对抗另一个权利。

比如，甲将其所有的自行车以 200 元的价格出售给乙，买卖合同订立后，车未交付，之后甲又与丙订立了该自行车的买卖合同，以 300 元的价格出售给丙，并完成交付。依《物权法》的规定，动产所有权的变动以交付为转移，故第二个买受人丙取得标的物的所有权，这等于第二买受人的权利优先第一买受人实现。为什么后成立的权利优先于它前面成立的权利实现？简而言之，这是法律赋予的效力，进一步说，这是由物权法的公示公信原则决定的。交付与登记分别为动产与不动产物权变动的法定形式。经过公示的物权，不仅约束进行交易的双方当事人，并产生对抗一切第三人的效果。

（二）对物权优先效力的理解

对于物权的优先权效力问题，学说上历来有广义和狭义的解释。狭义的物权优先效力是指物权优先于债权的效力；广义的物权优先效力，是指物权除了有优先于债权的效力外，物权与物权相互间也有优先效力，即先设立的物权具有优先于后设立的物权的效力。持广义观点的学者把物权的优先权效力归纳为两个方面：一是物权优先于债权的效力，称为物权的对外效力；二是物权相互间的优先效力，称为物权的对内效力。

史尚宽教授认为物权的优先效力仅限于物权优先于债权的效力，否认物权与物权之间有优先的效力。他认为如果在意思主义的立法例下，可以适用先发生的权利优先于后发生的权利的原则（所谓意思主义的立法，是指物权的变动仅以当事人的合意即可完成，不需要交付或者登记这种形式，交付或登记仅作为对抗第三人的要件。既然合意即可产生物权变动的效果，第三人当然不可能了解两人之间的事。如果根据当事人的合意在一个物上设立几个权利且这几个权利发生冲突，解决冲突的方式只能是采先发生的权利优于后发生的权利的原则）。但是如果按照动产物权依交付而转移、不动产物权依登记而设定转移的立法体例，则不允许有同一内容的物权同时成立。比如，两个所有权、两个地上权、两个典权等不可能在一物上同时并存，故无所谓效力优先的问题。如果他人因时效取得该物的所有权，那么原所有人的所有权也随之消灭，也不发生效力的优先问题。对于不同内容的物权，比如地上权和抵押权，或者在同一个供役地上成立的观望、通行、引水等可以同时行使的地役权，也是彼此并存，并不发生优先的问题。只有抵押权因登记的先后而定其清偿次序，然而，这是物权的次序，次序是物权效力的强弱问题。[1]

支持史尚宽教授的观点的学者还提出，两物权之间存在优先性不具有普遍性，并且这种观点在逻辑上有错误。既然说物权优先，那么，前提就应该是，只要是物权就优先，如果先成立的物权比后成立的物权优先，得出的结论就是，有的物权优先（先成立的），有的物权不优先（后成立的），既然有不优先的物权存在，那么物权的优先性的前提就被否认了。[2]

那么，应如何理解物权的优先效力呢？

1. 物权的优先效力是物权排他效力的效力延伸。虽然物权的排他效力解决了物权成立之时的权利冲突，不允许在同一物上成立内容相抵触的物权，但并没有解决在同一物上成立了内容不相抵触的多个权利间利益实现的冲突问题。比如，同一不动产上存在建设用地使用权和抵押权，或者存在两个以上的抵押权，或者同一动产上存在抵押权、质权和留置权，当这种一物多权的情况发生利益实现的冲突时，法律规定了权利优先实现的顺序效力，这一效力规则即为物权的优先效力。

2. 对物权优先效力的理解不能仅从语言表述上进行绝对化理解，而应从制度规范的功能上理解。权利的优先实现总是相对而言的，法律规定权利实现的顺序，正是对一物上并存的各种权利赋予不同的实现效力，从而在保障冲突权利利益的实现上贯彻物权法"定分止争"的功能。

因此，物权的优先效力是指在一物上并存多个权利时，法律根据权利的性质和成立的顺序赋予某一物权可先于其他权利实现的作用力，先于其他权利实现的物权即具有法律上的优先效力。从这个角度理解，物权的优先效力既可发生在物权与债权之间，也可发生在物权相互之间。

---

〔1〕 史尚宽：《物权法论》，中国政法大学出版社 2000 年版，第 10 页。
〔2〕 张俊浩主编：《民法学原理》（上），中国政法大学出版社 2000 年版，第 401～402 页。

（三）物权优先效力的内容

1. 物权具有优先于债权的效力。

（1）物权优先于债权的含义。同一个标的物上，如果有物权与债权并存时，无论物权成立于债权之前还是成立于债权之后，物权均有优先于债权实现的效力。

物权优先于债权的法理依据就是物权的公示公信原则。无论是意思主义的立法还是分离主义的立法，都把物权变动的公示（动产的交付或不动产的登记）作为对抗第三人的要件。如果应该登记的人有条件登记而没有登记，动产应移转标的物占有的未移转占有，那么，尽管根据合意，物权已经变动，但不具有对抗第三人的效力，当事人之间地位平等。

（2）物权优先于债权的内容。物权优先于债权的效力具体体现在：

第一，所有权优先于债权。此种情况常发生于一物数卖时。若买卖标的物为动产，卖方与数个买受人订立了出售该动产的买卖合同，如果数个买受人之一受让该动产的占有，则因标的物的交付而享有对该物的所有权，其所有权可对抗（优先）其他买受人的债权。在不动产交易中，如果出卖人将一物数卖，不动产已实际交付给先买受人但未登记，而后买受人办理该不动产登记过户手续，则后买受人享有的所有权可对抗（优先）先买受人享有的债权。

第二，用益物权优先于债权。当用益物权与债权并存时，用益物权应优先于债权，法律另有规定的除外。例如，某物为买卖、赠与或借用合同的标的物，如果该物上有用益物权存在，如建设用地使用权、土地承包经营权，不论用益物权是成立在债权之前还是债权之后，债权人都不能请求除去该物上的用益物权，也不能请求物权人移转该物的占有。

第三，担保物权优先于债权。当担保物权与债权并存时，担保物权具有优先于债权的效力。例如，对债权设立担保物权的人与未设立担保的普通债权人相比，具有在标的物折价后优先受偿的权利。担保物权优先于债权的最明显的例子，就是破产法上的别除权。

由于担保物权具有优先受偿的效力，因此在破产程序进行中，物权可以产生出别除权的效力。比如，当债务人被宣告破产时，由破产管理人清理的债务人的财产为破产财产，破产财产不是分配财产，即不是事实上分配给债务人的各个债权人的财产总和。如果在破产财产中，有设立了担保物权的财产，则该财产就不再属于破产财产，设立担保物权的人可不依破产程序而单独优先受偿，担保物权全部受偿后，剩余的财产才是破产财产，由其他债权人受偿。担保物权相对于一般债权的优先受偿权表明了物权的优先权效力。民法上，把物权权利人不依破产程序而直接受偿的权利，称为别除权，即担保物权人可以把担保物（厂房、设备）从破产财产中别除，优先受偿。债务人的财产被强制执行时，如有担保物权，同样适用优先受偿的规则。

（3）物权优先于债权的例外情况。物权的效力优先于债权，这是一般原则，当法律另有规定或当事人另有约定时就有了除外情况。这种除外一般有这样几种情况：

第一，买卖不破租赁时的租赁权。我国《合同法》第 229 条规定："租赁物在租赁期间发生所有权变动的，不影响租赁合同的效力。"这是法律为了保护承租人对标的物的占有、使用利益而作的特殊规定，通常被称为"买卖不破租赁"的原则。

第二，纳入预告登记的债权。所谓预告登记，是指为了保障一项以将来发生不动产物权变动为目的的请求权的实现而对该请求权（债权）进行的登记。我国《物权法》第 20 条规定："当事人签订买卖房屋或者其他不动产物权的协议，为保障将来实现物权，按照约定可以向登记机构申请预告登记。预告登记后，未经预告登记的权利人同意，处分该不动产的，不发生物权效力。预告登记后，债权消灭或者自能够进行不动产登记之日起 3 个月内未申请登记的，预告登记失效。"

预告登记是登记的特殊类型。通常不动产登记都是对现实不动产物权的登记，即对已经完成的不动产进行物权登记，而预告登记所登记的不是现实的不动产物权，而是对将来以取得不动产物权为目的的债权进行登记，以保障不动产交易中该债权得以实现。登记机关一旦将进行预告登记的债权纳入不动产登记簿中，该债权即具有类似物权的效力，可以排斥后来一切不动产物权变动的效力。未经预告登记的权利人同意，处分该不动产的，不发生物权效力。

预告登记所保障的请求权有多种：根据合同所产生的请求权，根据法律规定所产生的请求权，根据法院的指令产生的请求权，根据政府的指令产生的请求权，以及遗产分割等方面的请求权。这些请求权应当具有一个共同的特征：请求发生变动的物权，必须是可以纳入登记的物权。

第三，特别法中规定应当优先的债权。特别法中规定应当优先的债权，一般也称为特种债权的优先权，如海商法规定的船舶优先权中的船长以及船员的工资优先权、民用航空法中规定的民用航空器优先权、破产法中规定的工人工资的债权等，这些债权的效力优先于物权。我国将这部分内容规定在特别法中，但有的国家规定在民法典中。比如，日本和意大利民法典将该优先实现的债权称为先取特权，法国民法典称为优先权。

（4）物权优先于债权的法理依据。物权具有优先于债权的效力，是由物权的公示公信主义决定的。交付与登记分别为动产与不动产物权变动的法定形式。应该看到，这一法定形式，不仅约束进行交易的双方当事人，而且可以对抗包括第三人在内的任何人。因此，当物权与债权发生冲突时，经过公示产生的物权，具有对抗第三人（债权人）的效力，这种对抗性的结果，就是一个权利优于另一个权利实现。

债权原则上不具有优先的效力，在同一物之上可以设立多个债权，各个债权在受清偿时，应当适用"债权人平等"的原则。换言之，债权人之间的债权除具有优先受偿权（如有担保物权或法定优先权）者外，不考虑其发生时间之先后、金额之多少、债权发生之原因，债权人都应当平等地接受清偿。在债务人破产而其财产又不足以清偿全部债务时，应就债务人的全部财产在数个债权人之间按各个债权数额的比例分配。当债务人尚未宣告破产时，则先发生的债权尚未到清偿期不能要求清偿，而后发生的债权到了清偿期则可要求清偿。所以，普通债权之间不具有优先效力。

然而，最高人民法院2012年发布的《关于审理买卖合同纠纷案件适用法律问题的解释》第9条对一般动产多重买卖合同履行顺序作了专门规定，该条采用了"付款在先规则"和"合同成立在先规则"。[1] 虽然以合同成立的先后时间和付款时间的先后确定权利的实现顺序相对符合普通人的认知心理，但最高人民法院采用的这种解决争议的方法使普通债权之间具有优先效力，动摇了物权与债权区分的基础。

2. 物权相互间的优先效力。

（1）关于物权间优先效力的争论。如前所述，物权之间是否存在效力优先，是有争论的问题。比如，有学者认为，由于物权具有排他性支配力，一物之上不可能并存内容相同或者内容相互抵触的两个以上的物权，两个以上的经登记的抵押权的实现也仅是清偿的顺序问题，因此物权之间并不发生效力优先的问题。

然而，在实际生活中确实存在一个物上同时并存两个物权、依照法律规定的规则一个物权比另一个物权优先实现的情况。两个物权并存情况多数是用益物权与担保物权并存，或者担保物权与担保物权并存，个别情况也存在两个以上的地上权在同一块土地上并存，但严格地说，它们是对同一地表的不同部分的地上权，比如，地表的土地使用权，或是地上空间的使用权，或是地下空间的使用权。

但是按照史尚宽先生的观点，上述不同内容的物权在一物上仅是并存，并不发生效力优先的问题，仅存在物权实现的次序问题。这一观点值得商榷。

（2）对物权间优先效力的理解。在承认建筑物与建筑物所占的土地分别为不动产的国家、地上权与抵押权并存时，如果地上权登记在先，当抵押权实现的时候，地上权不因抵押权的实现而消灭。如果抵押权设立在先，地上权因抵押权的实行而消灭。这是由登记的先后决定权利效力实现的优劣。例如，在同一地产上同时设定以使用收益为目的的用益物权、以管线架设为目的的地役权、以担保债权为目的的数个抵押权等，不同物权人权利的实现完全取决于他们的权利所登记的顺序。实现抵押权时，先于抵押权成立的用益物权不得涤除，后于抵押权成立的用益物权可以涤除。

---

[1] 最高人民法院2012年颁布的《关于审理买卖合同纠纷案件适用法律问题的解释》第9条规定："出卖人就同一普通动产订立多重买卖合同，在买卖合同均有效的请情况下，买受人均要求实际履行合同的，应当按照以下情形分别处理：①先行受领交付的买受人请求确认所有权已经转移的，人民法院应予支持；②均未受领交付，先行支付价款的买受人请求出卖人履行交付标的物等合同义务的，人民法院应予支持；③均未受领交付，也未支付价款，依法成立在先合同的买受人请求出卖人履行交付标的物等合同义务的，人民法院应予支持。"

如果同一物上设立多个抵押权，依照我国《物权法》第 199 条的规定，同一财产向两个以上债权人抵押的，拍卖、变卖抵押财产所得的价款依照下列规定清偿：①抵押权都已登记的，按照登记的先后顺序清偿；顺序相同的，按照债权比例清偿；②抵押权已登记的先于未登记的受偿；③抵押权未登记的，按照债权比例清偿。显然，法律赋予了并存的权利优先实现的效力，原则是"物权设立时间在先、权利实现在先"，这也是世界各国抵押担保制度中通行的规则。假如顺序在后的抵押权所担保的债权先到期，抵押权人也只能就抵押物价值超出顺序在先的抵押担保债权的部分受偿，实质还是按照法律赋予的实现效力受偿。

当同一财产上，都经过登记的抵押权和质权同时并存时，按照《最高人民法院关于适用〈中华人民共和国担保法〉若干问题的解释》第 79 条的规定，"抵押权人优先于质权人受偿"。担保法解释的该条规定，不尽合理，因为同一财产上抵押权与质权并存的情况有两种，或是抵押权设立在先，或是质权设立在先，而且两者都为约定担保物权，法律直接规定"抵押权人优先于质权人受偿"，只能适用抵押权设立在先的情况，如果质权设立在先，就不能使抵押权优于质权受偿（尽管质权设立后再设立抵押的情况很少，因为质押移转占有，但是设定也不违法）。《物权法》对此没有规定，说明在同一财产上，当抵押权和质权同时成立并存时，应该是，登记时间在先，权利实现的顺位在先，或者成立在先，权利实现在先。

《物权法》第 239 条规定，同一动产上已设立抵押权或者质权，该动产又被留置的，留置权人优先受偿。法律直接赋予了留置权优先于抵押权与质权实现的效力。抵押权与质权为约定担保物权，留置权为法定担保物权，法定担保物权优先于约定担保物权，这是物权法上的原则。不过，留置权与优先权并存时，优先权的效力优于留置权。根据我国的法律规定，船舶优先权、民用航空器优先权优于船舶留置权和民用航空器留置权受偿。

当同一财产上有两个以上的抵押权，如果顺序在先的抵押权与该财产的所有权混同时（归属一人），该财产的所有权可以以其抵押权对抗顺序在后的抵押权。混同发生所有人抵押权。实质是抵押权顺序升进，混同时，所有人的抵押权可以对抗后手抵押权顺序的升进。

由此可见，同一物上并存两个以上物权的情况普遍存在，而且它们之间不仅仅是并存，还会出现一个比另一个优先实现的情况。当物权与债权并存时，物权的实现是没有次序问题的，不管债权成立在先在后，物权的效力都优于债权。而物权与物权之间并存，一个物权如果要优于另一物权实现，先于实现的物权或是登记在先的权利，或是设立在先的权利，或是法律规定可以先于实现的权利。

物权之间的这种优先实现，可以从不同角度理解，优先实现的物权，可以看作是顺位在先的物权，也可以看作是具有排他效力的物权，但一物权能在法律上优先于另一物权实现，实质上是实体法赋予该物权优先的效力。

四、物权的请求效力

(一) 物权的请求效力的含义

物权的请求效力，通常也称物权请求权效力，有的书也把物权请求权称为物上请求权效力。[1] 其实称物权请求权相对合理，因为在一物上可以存在物权请求权和债权请求权，这里研究的物权的请求效力仅指基于物权产生的物权的请求权，不是基于债权产生的请求权，故称物权请求权比较准确。有观点认为，从广义上讲，占有保护请求权也为物权请求权的内容。由于占有仅为事实并非权利，则占有保护请求权可称为物上请求权，但不是物权请求权的内容。

物权请求权效力是指当物权受到他人侵害或者有妨害的可能性时，物权人为了预防或者排除妨害，有请求义务人为一定行为或不为一定行为以恢复物权完满状态的权利效力。比如，返还原物、排除妨碍、消除危险等请求权效力。

(二) 关于物权请求权效力的争议

物权有没有请求权效力？对此学者有不同看法。有学者认为，物权请求权是指当物权的完满状态受到妨害或者有妨害之虞之时，向公共权力机关提起保护的请求权。故物权请求权是物权保护的法律手段，[2] 而非物权的效力之一。有学者认为，权利效力的根据是法律赋予的力量，这一力量体现在权利的内部，而物权请求权的根据在于物权本身被侵害这一外部事实，而不在于法律对于物权赋予特定约束力的内部事实，从这点上看，物上请求权不是物权的效力。[3] 另有学者认为，物权请求权是基于原权被侵害而产生的对原权的救济，这是侵权行为法应解决的问题，不是物权的效力问题。

(三) 物权具有请求权效力的理由

我们把物权的请求权作为物权的效力，理由是：物权请求权是物权法赋予物权的固有效力，这一效力是由物权的绝对性和排他性衍生而来的防卫性质的请求权。物权是得请求一般人不为特定行为的权利，换言之，是以权利人之外的一切人为其义务人的权利。义务人对其义务的违反或不履行，势必伤害物权人权利的正常实现，物权人有权请求排除妨害。只要是物权，都具有这一防卫性请求权效力，这一效力自物权成立之时就含在物权之中，未必是只有在有损害的事实发生时才产生请求权，只要存在有妨碍支配权实现的事实，或存在可能出现的危险，物权人即可行使请求权。物权请求权是维护物权支配力和保障支配力实现的手段，物权支配力的效力是物权积极的、直接的效力，物权请求权是消极的、间接的物权效力，没有物权请求权效力，物权的支配力特点无从体现。

---

〔1〕 史尚宽：《物权法论》，中国政法大学出版社2000年版，第11页。谢在全：《民法物权编》（上册），中国政法大学出版社1999年版，第36页。

〔2〕 孙宪忠：《中国物权法总编》，法律出版社2003年版，第317页。

〔3〕 朱庆育："寻求民法的体系方法——以物权追及力理论为个案"，载《比较法研究》2000年第2期。

（四）物权请求权效力为私法保护物权的手段之一

有权利必有救济，各类权利有自己独特的救济方法。物权受到侵害或有侵害之虞时，可适用具有物权效力的保护方法，也可适用具有债权效力的保护方法。除了民法的保护方法外，构成行政或刑事责任的，还应承担行政法和刑法上的责任。我国《物权法》第一编第三章以"物权的保护"为标题，内容概括了民法、行政法、刑法等多种法律责任。因此，物权的保护与物权请求权效力不同，物权请求权仅为物权保护的方法之一，民法对物权请求权效力的规定，着重于私法对物权的救济。

民法对物权的救济效力包括物权请求权和债权请求权，两者虽同为对物权的救济，但发生的法律要件、请求权的内容完全不同。一般认为，物权请求权与债权请求权的主要区别为：

1. 两者发生的法律基础不同。物权请求权基于物权而产生，以物的存在为前提要件，以恢复物的支配力为目的。而债权请求权基于债权而发生，是在物权之标的物或毁损灭失，或受到侵害而无法恢复，或者采用物权的救济方法后仍未弥补其损失时，可请求损害赔偿，行使债权请求权。

2. 两者的目的和作用不同。在制度价值上，物权请求权着眼于排除对标的物支配所存在的妨害，而债权请求权则在于填补权利人的损失。

3. 两者的请求权内容不同。物权请求权以回复物权圆满状态或防止侵害为目的，故物权方法的请求权内容是返还原物、排除妨害或消除危险。债权请求权是当物毁损灭失时以赔偿给付为目的的请求权，故其请求权内容主要是修理、重做、更换或者恢复原状、赔偿损失。

4. 两者的请求权行使法律要件不同。物权请求权的行使不以违法、过错为要件，也不以存在实际损害后果为前提，只要有损害或危险的可能即可主张。而债权损害赔偿请求权须以行为人有过错、行为违法为要件，以实际损害为前提，且违法行为与损害应有因果关系。

5. 两者时效的适用不同。在消灭时效的适用方面，虽然对于物权请求权是否普遍适用消灭时效，学界尚有争议，但物权之权利确认请求权不适用诉讼时效自无异议，而债权请求权皆适用消灭时效的规定。

由于物权请求权与债权请求权是性质不同的请求权，两者的请求权基础、价值功能、内容、行使的法律要件均有区别，因此应严格区别两个请求权。然而，我国2009年颁布的《侵权责任法》第15条在规定承担侵权责任的方式中，将停止侵害、排除妨碍、消除危险、返还财产等物权请求权的内容也包括在债权请求权内容中，这一规定，不仅混淆了两个请求权关系，也混淆了物权与债权的区别。

（五）物权请求权效力的内容

根据我国《物权法》的规定，具有物权效力的请求权主要有"返还原物请求权""排除妨害请求权""消除危险请求权""恢复原状请求权"。

上述物权请求权效力的具体内容将在本书第一编第四章"物权的保护"第二

节中具体阐述。

五、物权的追及权效力

（一）物权的追及权效力的含义

物权的追及权效力，一般也称物权的追及权，是指物权的标的物，无论被无权处分人或者处分权受限制的人转让于何人之手，除法律另有规定以外，物权人均可追及物之所在而行使物权。

（二）关于物权的追及权效力的争论

对于物权的追及权效力问题，一直存在否定说与肯定说的争议。

1. 物权的追及权效力否定说。否定说不认为追及力是物权的独立效力，认为追及力可以包括在物权的其他效力中。比如，有观点认为，追及力是排除力的一种表现，而且物权的追及力也是有限的，有偿的善意取得人，对原物权人有抗辩权，可阻断其追索。[1]也有观点认为，物权追及力已包括于物权优先力与物权的请求力之内。[2]总之，否定说的观点是：如果把追及权解释为权利人可以追及他人的权利的意思，那么用优先权就可以说明；如果把追及权解释为权利人可以追及他人的占有物的意思，那么用物权请求权就可以说明。因此，追及力不是物权的独立效力。

2. 物权的追及权效力肯定说。肯定说则认为：追及力是物权的独立效力，即使物的取得人是合法取得，也要承认物权的追及力。物权的追及力需要通过行使物权请求权实现，但物权请求权是由物权的追及力所决定的，追及力是物权请求权中返还原物请求权产生的基础。

从以上两说的观点事实来看，上述观点实质上都认为，物权有追及权效力，争论仅仅在于追及权是否有必要独立的问题。所以，这两说可以称为物权追及力的"非独立说"与"独立说"。

但是也有观点完全否认物权有追及权效力，认为物权追及力与物权公示公信主义、善意取得制度、物权行为无因性相互排斥，因此在物权法逻辑体系中，并无物权追及力生存的空间。[3]

（三）物权的追及权效力为物权独立效力的理由

分析表明，物权的追及力应为物权的独立效力。

1. 当一个国家的立法既采物权行为的无因性，又采善意取得制度时，物权的追及力也存在。比如，当无权处分人擅自出让所有人的物，受让人为善意第三人时，善意取得制度将限制物权追及力的适用，但是当无权处分人擅自出让所有人的物，受让人为恶意第三人时，物权人可以追及物之所在。可见，虽然物权的追及力在某种情况下受到限制，但不能否认物权追及力的存在，只要有适用的余地，就应

---

〔1〕 张俊浩主编：《民法学原理》（上），中国政法大学出版社 2000 年版，第 403 页。

〔2〕 史尚宽：《物权法论》，中国政法大学出版社 2000 年版，第 10 页。

〔3〕 朱庆育："寻求民法的体系方法——以物权追及力理论为个案"，载《比较法研究》2000 年第 2 期。

承认物权的该效力。如果一个国家的物权法不采物权行为理论，追及力适用的空间范围就更广些。

2. 物权的请求力与物权的追及力不能等同。不少教科书的观点都认为，物权的追及力与物权请求力可视为一体，无须单列。但在对物权的追及力和请求力分析的基础上，不难发现，两者不能兼容。

物权的追及力体现在物与权利人分离，辗转多次，物权人最终可追回物，恢复对物的支配性效力的动态变化过程中。追及力强调物权人对物的权利，不强调权利相对人（义务人）的特定性，因此，物权的追及力具有更为广阔的空间感。

而物权的请求力并不以物与权利人脱离为必要前提，也并不一定表现为物辗转数次的多环节流转关系，当物权有被妨碍或侵害的可能，物权人即可向具体的妨碍人或侵害人行使请求权，因此，物权的请求力强调权利相对人的特定性，所涉及的空间较小，可以认为是物权追及力行使的某一具体环节。物权的请求力仅能向特定的相对人提出的特点是其与物权追及力的重要区别。另外，物权的追及力仅限于物权人丧失对物的占有的情况，而物权的请求力不以此为必要。

3. 物权的追及力与物权的优先力也不能等同。物权的优先力解决的是一物上有数个权利并存，哪一个权利在法律上优先实现的问题。物权的追及力解决的是物与权利人分离后辗转多次，权利人最终恢复物的占有的问题。两者是不同层面的问题。

4. 物权的追及力作为物权的独立效力，对区分物权与债权有特定意义。如果把追及力放在请求力中，不易区分物权与债权。因为请求力作为救济权，物权与债权都具有，请求力不能成为区分物权与债权的标志。而债权不具有追及力，物权有追及力，这是两者的本质不同。

（四）我国《物权法》中体现物权的追及权效力的内容

1. 权利人对遗失物的追及。《物权法》第107条规定，"所有权人或者其他权利人有权追回遗失物"。即遗失物之所有权人或其他权利人有权向拾得人或者遗失物之受让人、保管人追回该遗失物。

2. 权利人对拾得的漂流物、发现的埋藏物或隐藏物的追及。《物权法》第114条规定，"拾得漂流物、发现埋藏物或者隐藏物的，参照拾得遗失物的有关规定"。

3. 抵押权人对抵押物的追及。《物权法》第191条规定，"抵押期间，抵押人未经抵押权人同意，不得转让抵押财产，但受让人代为清偿债务消灭抵押权的除外"。该规定即指在抵押权设定后，抵押财产未经抵押权人同意让与他人的，抵押权不受影响，抵押权人不仅可以追及抵押物和抵押物变价处分价款，还可追及因抵押物灭失所得的赔偿金，除非受让人行使涤除权。

第三章　物权变动

第一节　物权变动概述

一、物权变动的意义

（一）物权变动的概念

物权变动，简而言之，就是物权的得丧变更，即物权的取得、移转、变更和消灭，指物权因不同的原因在不同物权主体间的移转变动或物权的内容和客体变化的状态。

一般而言，物权变动系从法律关系的层面上予以探讨，此时的物权变动，是指物权法律关系的主体、内容、客体的变化，也即广义的物权变动。由于法律关系是由主体、内容、客体等要素构成，因而物权变动法律关系也就包括主体对物权的设定、取得、移转、丧失，物权内容的变更，物权客体的变更、消灭等。

物权变动基于物权法律关系的层面研究，有助于我们理解物权变动理论的实践意义，因为每一个物权关系都不是孤立存在的，它总是与其他的债权关系、物权关系相联系的，它可能由一个债的关系引起，或者它本身是引起债的关系以及物权关系的原因。正是因为每一个物权关系的变化都与其他关系密切相连，因此，物权变动的理论与交易安全密切相关。

（二）物权变动在物权法中的地位

1. 物权变动规则是保护物权的前提。物权法的基本功能是定分止争，保护物权免受侵害的前提须确认当事人是否享有物权，是否根据某种法律事实取得了物权或者丧失了物权。交换是各类物权设立、转让、变更的主要原因，因此，物权法为了保护物权，维护正常的交易秩序，必须精确地设计物权变动的规则。

2. 物权变动是物权法总则的重中之重。物权变动规则对物权法分论中的各个具体制度有共同的指导意义，分论中各类物权的变动都受到总论中物权变动的规则制约。比如，抵押权的设立、质权的设立等都以物权总论中物权变动的原理为指导。《物权法》总则共有三章：第一章，基本原则；第二章，物权的设立、变更、转让和消灭；第三章，物权的保护。总则部分共有38条，第二章占23个条文，可见物权变动在物权总论部分的重要意义。物权的各部分内容，均与物权变动有关。

3. 物权变动规则决定一国物权法乃至民法典的体系。以物权行为为中心的物权变动的理论，不仅是整个物权法体系的基础，也是一个国家民法典体系确立的基础。各国立法对物权变动的不同规定，不仅决定了该国财产法或物权法体系的建立，同时还决定了如何使物权变动更安全、更客观公正地保护第三人的合法权利。

二、物权变动的内容

（一）物权变动的形态

物权变动的内容可分为两方面：物权主体的变动及物权内容的变动。物权主体的变动主要包括物权的得丧变更，即物权的取得、移转、变更、消灭等；物权内容的变动主要指物权自身的变动，其往往由原物权派生其他物权和物权内部效力发生变动。物权变动的形态可以用下图表示：

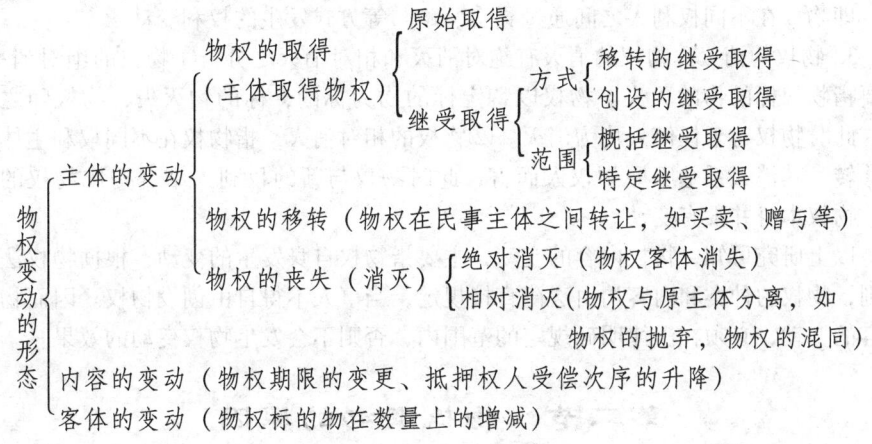

图 3-1　物权变动的形态

（二）物权变动的具体内容

1. 物权的取得。物权的取得也称为物权的发生，是指物权与特定主体相结合后，从物权承受人这方面看取得物权。物权的取得又分为原始取得和继受取得。

（1）原始取得。原始取得是不以他人的权利存在为前提而取得物权的。物权的原始取得多是基于法律行为以外的事实，根据法律规定取得物权，比如，无主物的先占、劳动生产、拾得遗失物、孳息物的取得、没收、善意取得、取得时效等。原始取得是基于法律事实而根据法律规定取得的物权，因而该物权系完整物权，即使该标的物上曾存在过权利负担，原始取得人仍取得无负担的物权。

（2）继受取得。继受取得基于他人既存的权利而取得物权，且主要是基于法律行为取得物权。继受取得的方式一般有两种：①移转的继受取得。比如，通过买卖、赠与取得所有权。②创设的继受取得。比如，不动产所有人在自己的不动产上为他人设定地役权、抵押权等。这时，地役权人、抵押权人取得的权利属于创设的继受取得。创设的继受取得，一般也称为他物权的设定，是继受取得的一种。如前所述，地役权人、抵押权人取得的权利，是由不动产所有人的创设行为设定的，为权利取得人创设了一个原来不存在的物权。一方设定，另一方取得，所以，设定与取得是同一个物权变动的两个方面。

继受取得的范围在法律上也有不同的规定，分为概括的继受取得和特定的继受取得：①概括的继受取得，是指对他人财产权利和义务全部予以取得。比如，继承人在继承被继承人的遗产时，依据继承法的规定，不仅继受取得被继承人的全部财产权利，还取得被继承人的全部义务（不限于特定物的范围）。②特定的继受取得，则指物权人对于特定标的物的权利继受取得，此时物权人继受取得的仅是特定物上的权利和义务，而不承担继受人的个人其他负担。

2. 物权的移转。这主要是指物权本身未发生变动，只是物权权利人发生了变更，即物权在不同权利人之间通过买卖、赠与等方式发生的权利变动。

3. 物权的消灭。物权的消灭有绝对消灭和相对消灭之分：①物权的绝对消灭，主要指物权标的物的灭失。物权以特定标的物为标的，标的物灭失，物权随之消灭，此时物权对于任何人均为消灭。②物权的相对消灭，指物权在不同权利主体间的移转，其消灭系基于原物权人而言，此时物权与新的权利人结合构成物权的取得，物权本身并没有变动。

以上研究可知，物权内容的变动，主要指物权自身发生的变动，根据物权法定原则，物权的种类和内容均由法律直接规定，当事人不得自由创设物权。因而物权内容的变动，必须在法律明确规定的范围内，否则不会发生物权变动的效果。

第二节　物权变动的原因

物权变动的原因，主要指导致物权得丧变更和内容变动的法律事实。依罗马法以来近现代各国物权法的规定，引起物权变动的原因主要有以下三种：①法律行为，如合同与单独行为；②法律行为外的其他原因，如取得时效、先占、拾得遗失物、发现埋藏物、附合、混同和加工等；③某些公法上的原因，如因公用征收和没收而导致物权发生变动。

上述原因在逻辑上即为两种：基于法律行为的物权变动和基于法律行为以外原因的物权变动。二者在物权变动的发生、变动形式、变动效力等方面均有不同。以下分别述之：

一、基于法律行为以外原因的物权变动

基于法律行为以外原因的物权变动，又可分为以下几种情况：①事实行为；②法律直接规定；③公法上的原因；④法律事件等其他原因。

（一）事实行为

事实行为是指不以意思表示为要素的行为，只要该事实行为存在，即当然发生法律效果，行为人有无取得该法律效果的意思，在非所问。事实行为不以意思表示为要素，因而无须行为人具有行为能力。基于事实行为发生的物权变动主要体现为以下几种：

1. 无主物的先占。所谓无主物的先占，指依所有人的意思对无主物进行事实管领支配，从而取得该物所有权的方式。

关于无主物先占的法律性质，理论上有不同认识：①法律行为说。其认为民法既然规定占有必须以所有的意思为要件，而该意思即为取得所有权之效果意思，因而应认为先占为法律行为。②准法律行为说。其认为先占乃以意思为要素之准法律行为中之非表现行为，因先占非达成私法自治目的之制度，乃法律对于一定之意思行为，承认其具有取得所有权效果之制度。③事实行为说。此说认为先占为法律基于占有之事实行为而赋予先占人取得所有权之效果。[1]而依据一般通说认为，先占系基于事实行为的取得方式。

先占使先占人取得对无主物的所有权，其性质亦为原始取得，但应注意的是此无主物必须是法律允许先占之物，例如，对于新发现未出土之文物、野生国家保护动物等不得主张先占取得所有权。

2. 拾得遗失物。拾得遗失物，是发现他人的遗失物而占有，并因而取得所有权的法律事实。拾得遗失物的构成要件一般为：遗失物为无人占有的动产。这里的遗失物是所有人遗忘于某处或者不慎丢失的物。遗失物只能是动产，不动产不存在遗失的问题。而且遗失物不是无主物，只是在失主找不到时，按无主物对待。发现该遗失物时，遗失物不被任何人占有。

对于遗失物的拾得，能否成为取得所有权的原因，取决于一个国家的立法。我国《物权法》规定拾得遗失物，应交还失主，失主没有认领，归国家所有。[2]

当今大多数国家和地区都采所有权取得主义。德、法、日、瑞士等国以及我国台湾地区"民法"都规定，拾得遗失物后，有通知遗失人或所有人或者报告主管官署的义务，并有保管和返还遗失物的义务，同时拾得人享有保管费用偿还请求权和报酬请求权。如果失主在招领期内不领，拾得人取得遗失物的所有权。

拾得漂流物在我国适用拾得遗失物的规则。

3. 发现埋藏物或隐藏物。埋藏物或隐藏物是指埋藏或隐藏于他物之中，其所有权归属不明的动产。其特点是：①不是无主物，只是所有人不明。由于各种原因，一时难以确定或者不知归谁所有。如果确定了所有人，则发现人应将财产返还给所有人。②不是遗失物，而是埋藏和隐藏于他物之中，不是显而易见的。如果埋藏物和隐藏物暴露在外，被他人拾得，则为遗失物。

有的国家对埋藏物的立法采取发现人取得或有限取得所有权主义。比如，如果发现人在自己的土地或自己的物中发现埋藏物，属于发现人所有；在他人土地或物中发现，则一半属于发现人，一半属于土地所有人，如果物不能分割，为两人共

---

〔1〕 谢在全：《民法物权论》（上），中国政法大学出版社1999年版，第233页。
〔2〕 《物权法》第109～113条。

有。[1]我国《物权法》则规定此参照拾得遗失物的规定。[2]

4. 添附。添附，主要指不同所有人的动产或不动产之间通过某种方式结合而形成不可分割的混合物或新的性质的物，从而导致原物灭失或难以区分而形成所有权的变更。一般认为，添附主要包括混合、附合及加工三种形式。

附合和混合是指物与物相互结合形成一种新的物；加工是指一个人的劳力与另一人的物结合而形成一种新的物。附合可以是动产与动产的附合，也可以是动产与不动产的附合。比如，甲误用乙的木料做房梁；某人施肥于他人农田；某人的宝石附合于他人的材料上。

添附中，一般认为如果不动产与动产附合，则新物归不动产所有人所有；其他可分为主物和从物的，新物所有权归主物人所有，否则以价值为标准，价值相当的归原所有人共有。

5. 合法建设、拆除房屋。依法建造房屋，建造人于建造房屋的行为成就之时，可当然取得该房屋的所有权。房屋已被完全拆除的，该房屋的所有权消灭。

（二）法律直接规定

法律直接规定，主要指法律对于某种状态或行为直接规定产生物权变动的效力。前述事实行为实质上也是基于法律规定，但此处的法律直接规定主要是指法律为了平衡当事人利益或社会稳定秩序等价值而规定的物权变动。

1. 时效取得。时效取得指依所有人的意思，公开、和平、持续、善意占有他人之物达到法律规定的期间，从而取得该物的所有权。我国《物权法》对此没有规定。取得时效与消灭时效（我国的诉讼时效）的功能是相对的，均是为了保护社会秩序及财产归属的稳定而设立的平衡制度。

时效取得，既包括动产的时效取得，也包括不动产的时效取得。动产物权的时效取得主要指占有取得，即动产的占有人自主、和平、公开、持续、善意占有动产达一定期间，便取得该动产所有权。不动产的时效取得，可分为"登记时效取得"和"占有时效取得"。前者指登记为不动产的权利人，在未取得不动产的实际占有时，经过一定期间可以主张取得标的物实际占有的取得时效；后者指非登记的实际占有不动产人，经过一定期间可以主张涂销登记权利，而将自己作为所有权人纳入登记的取得时效。[3]

不同国家和地区关于时效取得的规定不尽相同，例如德国民法规定动产取得时效为 10 年，我国台湾地区"民法"、瑞士民法是 5 年，日本民法规定善意的无过失

---

[1] 《德国民法典》第 984 条规定："长期埋藏、致使不再能查明所有人的物（埋藏物）被发现，并因发现而被占有的，所有权一半为发现人取得，一半为埋藏物埋藏于其中的物的所有人取得。"参见谢在全：《民法物权论》（上），中国政法大学出版社 1999 年版，第 253 页。

[2] 《物权法》第 114 条。

[3] 孙宪忠：《中国物权法总论》，法律出版社 2003 年版，第 203 页。

的是 10 年，反之为 20 年。同时，有的立法要求占有人须为善意（德国）；有的不要求占有人为善意（我国台湾地区）。

2. 善意取得。善意取得制度是民法中保护善意与交易安全的重要体现，其与物权和债权制度均有重要联系。一般认为，善意取得是指在社会交易中，善意第三人基于对交易相对人（无权处分人）拥有所有权或处分权的合理信赖，自交易相对人（无权处分人）处获得动产占有时，即使该交易相对人对该动产没有所有权或处分权，善意第三人仍可以基于法律规定而原始取得该动产所有权或他物权。传统理论认为，善意取得只适用于动产，对于不动产则基于其登记的公信效力予以调整，我国《物权法》则规定不论动产还是不动产，均可以适用善意取得的规定。[1]

善意取得制度调整的主要是社会交易中的一种特殊情形，即交易当事人一方具有所有权或处分权的表象，但实际上却没有所有权或处分权，此时产生的对于善意交易对方当事人的保护问题。罗马法在此问题上奉行"无论何人不能以大于自己之权利转让于他人"的原则，不承认善意取得；而日耳曼法则奉行"以手护手"的原则，认为将动产交付于他人的，只能向相对人请求返还，如果相对人将动产让与第三人，原权利人只能向相对人请求损害赔偿或其他权利，而不得向第三人请求返还。近代法律基于交易安全保护的需要，普遍继受并发展了日耳曼法限制原权利人向第三人请求返还的权利，设立了善意取得制度。[2]由此可知，善意取得制度本身并非法律逻辑推理的结果，而是根据社会需要确定的制度。

善意取得的性质应为原始取得，虽然受让人的权利与原权利人之权利有联系，但善意受让人的取得并非基于原权利人的让与，而是法律的直接规定。因而，在善意受让人对原权利状况无所知晓的情况下，其依法取得完全的所有权，原所有权上如果存在权利负担，该权利负担消灭。我国《物权法》对此也作了明确规定。[3]

3. 法定继承。被继承人死亡，继承人根据法律规定继承财产时，物权发生变动。

4. 物权的混同。物权的混同是指原属于不同人的物权同归于一人的事实。物权的混同主要有两种情况：①所有权与他物权混同。在所有权与他物权混同时，一般他物权被所有权吸收。②所有权以外的物权与以该物权为标的物的权利混同。

对于物权的混同，原则上一个物权消灭（强的物权吸收较弱的物权），但当所有人或者第三人在他物权上有法律上的利益时，他物权不消灭。即如学者所指出："同一物之所有权及其他物权，归属于一人者，其他物权因混同而消灭。所有权以外之物权及以该物权为标的物之权利，归属于一人者，其权利因混同而消灭。但其存

---

[1]《物权法》第 106 条。

[2] 日耳曼法并没有承认善意取得制度，其只是限制原权利人的追及权，但并没有赋予第三人取得该动产所有权的效力。

[3]《物权法》第 108 条。

续于所有人或所有人以外之物权人本人或第三人有法律上之利益者，不在此限。"[1]

（三）公法上的原因

基于公法原因的物权变动，一般是指根据公法规定或公权力而导致的物权变动。其主要包括：

1. 没收。国家行政机关或司法机关可以根据法律规定没收当事人的非法财产。

2. 因法院的判决、强制执行、政府的指令发生的物权变动。

3. 因征收、征用导致的物权变动。征收一般指政府基于社会公共利益的目的以行政命令的方式取得自然人和法人财产的行为。征用是国家在紧急状态下，如战争和重大自然灾害等对社会整体利益有威胁的情况下，为了消除这种紧急状态，国家强制使用公民和法人的财产。征收、征用必须是为了公共利益的需要，根据法律规定的程序，并依法给予受损害人合理补偿。我国《物权法》对于国家征收、征用也作了明确规定。[2]

（四）法律事件及其他原因

物权还可以基于法律事件或其他原因发生变动，例如孳息物与原物分离、标的物灭失、物权约定的存续期间届满等。

对于非基于法律行为发生的物权变动，其与基于法律行为的物权变动最显著的区别即在于，此物权变动不以物权公示为要件。如我国《物权法》第29条规定"因继承或者受遗赠取得物权的，自继承或者受遗赠开始时发生效力"；《物权法》第30条规定"因合法建造、拆除房屋等事实行为设立或者消灭物权的，自事实行为成就时发生效力"，由于事实行为本身是一个客观存在，故客观事实本身就具有公示性，事实行为成就时即生效。公法原因因为是强制行为，这种强制行为的效力较强，具有排他力，所以也无需公示。如我国《物权法》第28条规定"因人民法院、仲裁委员会的法律文书或者人民政府的征收决定等，导致物权变动的，自法律文书或者人民政府的征收决定等生效时发生效力"。由于《物权法》第28条对引起物权变动的法律文书的范围没有作出具体规定，司法实践在适用该条时往往引起争议，该"法律文书"是仅指判决书还是也包括调解书、裁定书？判决书是仅指形成之诉的判决书，还是也包括给付之诉的判决书？2016年3月1日施行的《最高人民法院关于适用〈中华人民共和国物权法〉若干问题的解释（一）》（以下简称《物权法司法解释（一）》）第7条对发生物权变动效力的人民法院、仲裁委员会的"法律文书"作出规定，该条指出"人民法院、仲裁委员会在分割共有不动产或者动产等案件中作出并依法生效的改变原有物权关系的判决书、裁决书、调解书，以及人民法院在执行程序中作出的拍卖成交裁定书、以物抵债裁定书，应当认定为物权法第28条所称导致物权设立、变更、转让或者消灭的人民法院、仲裁委

---

[1] 史尚宽：《物权法论》，中国政法大学出版社2000年版，第55页。

[2] 《物权法》第42、44条。

员会的法律文书"。

　　但此处应注意的是，虽然对于非基于法律行为发生的物权变动，不需物权公示即可产生效力，但未经公示，特别是不动产未经登记，不得进行处分。我国《物权法》对此也予以了明确规定。[1]此处处分权的限制主要指法律处分，而不包括事实处分。尽管非因法律行为发生的物权变动，在未完成交付或者登记时其物权处分自由受到限制，但是物权的保护与其是否办理登记或交付无关。《物权法司法解释（一）》第 8 条规定："依照物权法第 28 条至第 30 条规定享有物权，但尚未完成动产交付或者不动产登记的物权人，根据物权法第 34 条至第 37 条的规定，请求保护其物权的，应予支持。"

二、基于法律行为的物权变动

（一）基于法律行为的物权变动的意义

　　基于法律行为的物权变动，是指以物权变动当事人意思表示为要素的行为，其可以是基于双方法律行为（买卖合同、赠与合同、互易合同）引起的物权变动，也可以是单独行为引起的物权变动，比如，抛弃物权等。物权变动的原因与物权变动的结果可以作如下图示：

物权变动的原因
（法律事实）
{
　事件（行为以外的事实）：人的死亡，果实落地
　行为 {
　　适法行为 {
　　　表意行为——法律行为
　　　非表意行为——事实行为
　　}
　　违法行为
　}
}

⇩

物权变动的结果 {
　物权主体的变动（物权的取得、移转和丧失）
　物权内容的变动
　物权客体的变动
}

图 3 - 2　物权变动的原因与物权变动的结果的关系

　　在上述两类原因引起的物权的变动中，法律行为是物权变动诸多原因中最重要、最常见的原因，日常生活中的绝大多数的物权变动基本上都是由法律行为引起的，基于法律行为的物权变动，根据不同国家和地区立法例的不同，理论上可分为两种基本形式：物权变动意思主义和物权变动形式主义。物权变动模式基本上如下图所示：

物权变动的立法模式 {
　意思主义 {
　　债权意思主义
　　公示对抗主义
　}
　形式主义 {
　　物权形式主义
　　债权形式主义
　}
}

图 3 - 3 基于法律行为引起物权变动的基本立法模式

_____

[1] 《物权法》第 31 条。

（二）基于法律行为的物权变动之立法模式

1. 物权变动意思主义。物权变动意思主义，主要指物权变动不分债权行为与物权行为的效力，仅因为双方当事人一个行为（合同）的意思表示就可产生物权变动的效力，不必另外有其他的形式。根据物权变动后的对抗效力不同，意思主义又可以再分为两种情况：

（1）纯粹的债权意思主义。买卖合同有效成立，所有权就发生变动。法国民法采取这种模式。

（2）公示对抗主义。买卖合同成立，所有权即发生转移，但公示（不动产登记或动产交付）是对抗第三人的要件。日本民法采取此种模式。

一般认为，法国和日本民法对于物权变动采取债权意思主义（又称意思主义），其以债权行为作为物权变动的原因，物权变动是债权行为的当然结果，同一个法律行为可以同时发生债权行为和物权变动的双重效果。在买卖合同中，只要合同生效，标的物所有权即时移转于买受人。《法国民法典》第 1583 条规定："当事人就标的物及其价金相互同意时，即使标的物尚未交付、价金尚未支付，买卖即告成立，而标的物所有权亦于此时在法律上由出卖人移转于买受人。"[1]该规定被认为是法国意思主义的核心规定。虽然法国民法也规定了买卖契约成立后物的交付义务及交付方式，[2]但该交付发生与否不影响买卖标的物所有权的移转。也就是在法国民法中，买卖标的物所有权自买卖契约当事人意思表示一致即由出卖人移转于买受人，无论其是否交付或登记均不影响该所有权移转的效力。

法国民法之所以采取物权变动意思主义，很大原因在于法国民法中没有严格而且准确的关于物权与债权概念的区分，也没有形式意义上的物权立法。《法国民法典》系采取罗马《法学汇编》的模式把民法分为三大部分：人法、财产法以及取得财产的方法。因而其理论上的物权制度包含于广义的财产法中。而其财产法中的财产是所谓的广义财产，"指为民事主体拥有的财产和债务的综合，亦即属于民事主体之具有经济价值的权利义务的综合"。[3]由于法国民法没有严格的物权与债权的区分，自然也不会有负担行为与处分行为相区分的规定，进而不会采取以区分原则为基础的物权变动形式主义。

纯粹的债权意思主义的物权变动模式在实践中对第三人的交易安全存在很大风险。因为，物权变动只因当事人的债权意思生效，而第三人无从知晓这一意思，当发生"一物数卖"时，如何保护均因债权意思主义取得所有权的人之利益，是该物权变动模式需要解决的问题。法国在其后的不动产登记立法中又补充规定：不动产的物权变动，非经登记，不得对抗第三人。

---

〔1〕《法国民法典》，李浩培、吴传颐、孙鸣岗译，商务印书馆 1979 年版。
〔2〕《法国民法典》，李浩培、吴传颐、孙鸣岗译，商务印书馆 1979 年版，第 1604～1609 条。
〔3〕 尹田：《法国物权法》，法律出版社 1998 年版，第 2 页。

日本民法中，物权变动系采法国意思主义，物权自当事人意思表示一致即为移转，但非经公示（交付或登记）不得对抗第三人。《日本民法典》第 176 条规定："物权的设定及移转，只因当事人的意思表示发生效力。"同时，关于不动产物权的变动，该法第 177 条规定："不动产物权的取得、丧失及变更，除非依登记法规进行登记，不得以之对抗第三人。"关于动产物权的变动，该法第 178 条规定："动产物权的让与，除非将该动产交付，不得以之对抗第三人。"日本民法此处所说的当事人的"意思"只有一个，不区分债权法上的意思和物权法上的意思，也就是不区分负担行为和处分行为。因此，《日本民法典》此处显然采取了法国民法的基本模式。[1]我国理论界一般认为，日本对于物权变动系采物权变动意思主义和登记对抗主义。[2]

根据物权变动公示对抗主义，物权虽然自当事人合意时即发生移转，但非经交付或登记等公示形式不得对抗第三人。例如，在买卖契约中，出卖人与买受人一旦达成买卖标的物的合意，该标的物所有权即发生移转，此处与法国民法相同，但如果出卖人未将标的物交付或变更登记，此时出卖人又将该标的物卖于第三人并进行了交付或变更登记，买受人不得主张自己之所有权（虽然根据"物权变动意思主义"其在法律上已经是"所有权人"），第三人取得所有权。未进行公示的买受人等于取得的不是所有权，因为该所有权不具有对世性效力。因而，物权变动公示对抗主义在理论上具有很大缺陷。

由于债权意思主义的物权变动模式，当事人基于债权意思表示一致即可发生物权变动的效力，这里仅存在债权行为单一的法律行为，因而意思主义中物权变动系采有因性原则，即物权变动的效果受当事人债权合意效力的直接影响，如果买卖、赠与、互易等合同无效，则物权变动的效果不发生。

2. 物权变动形式主义。物权变动形式主义，主要指物权变动中当事人达成债权合意尚不足以导致物权变动，还必须进行交付或登记等公示形式方可发生物权变动的效果。

物权变动形式主义根据不同解释又可分为两种：物权形式主义和债权形式主义。

（1）物权形式主义。物权形式主义以德国民法为典型，我国台湾地区"民法"从之。物权形式主义认为，物权变动的过程在法律上可分两种不同性质的法律行为：当事人就以物权变动为内容的债权契约达成合意的法律行为为债权行为（负担行为），但此债权行为的效力只是使契约当事人负担履行契约的义务，对物权变动不产生影响。当事人只有在重新达成变动物权的合意并进行公示（交付或登记）时，方发生物权变动的效果。而该物权变动合意和公示统称为物权契约（物权行为）。由于债权行为与物权变动没有必然联系，因而其采无因性原则，即物权变动的效力仅取决于物权行为的效力，而不受债权行为效力的影响。

---

〔1〕　孙宪忠：《中国物权法总论》，法律出版社 2003 年版，第 171 页。

〔2〕　张俊浩主编：《民法学原理》（上），中国政法大学出版社 2000 年版，第 412 页。

（2）债权形式主义。一般认为债权形式主义为奥地利、瑞士、韩国等国民法所采，该主义认为物权变动中仅存在一个法律行为，即当事人之间存在以物权变动为内容的债权契约，至于交付或登记等公示形式只是当事人履行契约的法定方式，其间并不存在所谓的物权合意，因而也不承认物权行为的无因性。

物权变动形式主义的不同立法例在实践中的差别远没有理论上的差距大，在实践中二者均需要债权合意和交付或登记方能发生物权变动的效果。但在理论解释上二者却有根本性的不同，因为物权形式主义立法中包含了一个物权法的基本理论——物权行为理论。

第三节　物权行为理论

一、物权行为理论概述

（一）物权行为理论的历史渊源

物权行为理论一般认为滥觞于德国民法近代化过程中，最终在 1896 年《德国民法典》中得以完整体现。物权行为理论的基础在于物权与债权、负担行为与处分行为的区分，而在罗马法及法国民法体系中均没有严格的物权概念，更没有物权与债权的区分、负担行为与处分行为的区分，因而也就不可能产生物权行为的理论。同样，物权行为系法律行为的一种，在早期的罗马法中虽然存在现代法律行为的若干具体类型——如"适法行为""一方行为""有偿行为"等，但囿于当时的立法技术和法学理论水平，立法和学说始终没有建立起对一切表意行为普遍适用的统一的法律行为概念，当然更无所谓物权行为概念。

1805 年德国自然法学派及其承前启后的著名学者胡果（Gustav Hugo）在其出版的《日耳曼普通法》一书中首先提出法律行为的概念。他指出：法律行为即具有法律意义的一切合法行为。但赋予法律行为概念以意思表示的本质，从而真正建立起近现代意义上的法律行为概念的，是德国海德堡大学的民法学者和法官 G. H. 海瑟（G. H. Heise）。在广泛采用了海瑟关于法律行为的一般意义、类型与成立要件的基础上，德国历史法学派的创始人、著名的罗马法学家萨维尼在其《现代罗马法体系》一书中进一步将法律行为概念和理论予以精致化，并创立了与法律行为概念有属种关系的物权行为概念。[1]

萨维尼在研究罗马法关于买卖合同和交付特点的基础上，提出，"交付是一个真正的契约"，其与债权契约一样是一个独立的契约。萨维尼在《现代罗马法体系》一书中指出："私法契约是最复杂和最常见的，在所有的法律制度中都可以产生契约，而且它们是最重要的法律形式。首先在债法中，契约是债产生的最基本的源泉。这些契约，人们称之为债务契约。此外在物权法中它们也同样广泛地存在

---

[1] 梁慧星、陈华彬：《物权法》，法律出版社 2003 年版，第 58 页。

着。"[1]他认为，以履行买卖合同或者其他以转移所有权为目的的合同的交付，并不仅仅是个纯粹的事实履行行为，而是一个以移转所有权为目的的"物权契约"。

萨维尼强调说，交付行为的契约本质经常在重要的场合被忽略，因为人们完全不能把它与债的契约区分开来。实际上物权契约是伴随着债的契约而来的契约。比如买卖一幢房屋，人们习惯上想到它是债法买卖，这当然是对的，但人们却忽略了，随后而来的（对房屋的）交付也是一个契约，而且是一个与买卖完全不同的契约。只有通过交付，房屋买卖才能成交。可是交付这个契约本质经常在重要的场合被忽略了，就是因为人们完全不能把它与债的契约区分开来，实际上，这个契约常常是随时伴随而来的。[2]

萨维尼关于交付为"物权契约"的学说，为《德国民法典》立法者所接受。《德国民法典》立法体系区分了债权关系与物权关系，而债权与物权的划分是以立法将债的实现分为两个阶段——债的产生和债的履行为基础的。正是在债的履行——交付阶段，存在一个与债的产生（债权合同）不同的合同——物权合同，物权的变动源于物权合同。

（二）物权行为理论的法理基础

1. 物权行为是以物权变动为直接内容的法律行为。物权行为是法律行为的一种。法律行为是基于行为人意思表示的内容而发生私法效果的行为。依行为人意思表示要达到的私法效果划分，法律行为可分为财产行为和身份行为。依行为人意思表示发生民法规定的财产关系的变动效果的行为，是财产行为，比如买卖、租赁；依行为人意思表示发生身份关系的变动效果的行为，是身份行为，比如结婚、离婚、收养、终止收养、继承的抛弃、对监护人的撤销等。

财产行为，又可分为负担行为和处分行为。负担行为指发生债法上给付义务效果之法律行为，亦称债权行为或债务行为。处分行为指直接使权利发生得丧变更的法律行为，其又可分为物权行为和准物权行为。[3]负担行为只发生债权法上的给付义务，其不会直接导致物权的变动；而处分行为则直接产生物权和其他财产权得丧变更的结果。依法律行为人意思表示产生的私法效果法律行为的类别结构可如下图所示：

$$
\text{以私法效果分}
\begin{cases}
\text{财产行为}
\begin{cases}
\text{负担行为（债权行为）} \\
\text{处分行为}
\begin{cases}
\text{物权行为（交付、登记、抛弃）} \\
\text{准物权行为（债的免除、债权转让）}
\end{cases}
\end{cases}
\\
\text{身份行为}
\end{cases}
$$

图 3 - 4　法律行为的类别结构

2. 物权行为是产生物权变动效力的处分行为。从法律行为的类型可知，并非

---

[1]　孙宪忠：《德国当代物权法》，法律出版社1997年版，第56页。

[2]　孙宪忠：《德国当代物权法》，法律出版社1997年版，第56页。

[3]　王泽鉴：《民法学说与判例研究》（第5册），中国政法大学出版社1998年版，第44～45页。

所有的法律行为均可以引起物权变动，引起物权变动的行为首先是财产行为。但也不是所有的财产行为都可以引起物权变动，财产行为中有负担行为与处分行为，两者的作用不同。负担行为产生的是债权债务，不直接作用于权利，它是为实现权利做准备的行为，一方履行了义务，另一方的权利才能实现。而处分行为直接作用于权利，转让权利（移转所有权、转让债权），消灭权利（抛弃所有权、免除债务），变更权利（抵押权变为所有权），在权利上设定负担（在所有权上设定抵押权、质权），即处分行为方发生财产权变动的效果。

在引起物权变动的法律行为中，处分行为中的物权行为直接导致物权变动，而负担行为仅是当事人承担债权法义务及物权变动的原因。负担行为与处分行为往往共同构成一个完整交易过程。例如在买卖契约中，负担行为使双方当事人承担履行移转标的物和价款的给付义务，而处分行为则产生财产权移转的效力，二者结合促成了一项交易。但负担行为与处分行为也可以分别单独存在。例如，在租赁、雇佣关系中就只存在负担行为，不发生物权变动的效果；而在所有权抛弃过程中，则只存在处分行为，而没有负担行为的参与。二者的区分还表现在法律适用等方面的不同：

（1）对于处分行为适用物权特定原则。在处分行为中，处分标的物必须符合物权特定原则，即处分行为所涉及的客体必须现实存在并已特定化。否则，由于无法确定处分行为的效果涉及哪一项具体的客体，因此也无法变更相应的物权法律状态（交付或登记等）。而对于种类之债或金钱之债的负担行为，负担行为的成立生效不需物权的特定，该负担行为给付义务所指向之标的物是否存在不影响负担行为的效力。

（2）处分行为中处分人须具有处分权限。在处分行为中，处分人必须具有处分权（此处分权不必是所有权，其他物权也可以进行处分），物权变动方为有效，否则即构成无权处分。而对于无权处分，一般认为其属于效力未定的法律行为，只有在真正权利人对处分人的处分进行追认或处分人后来自己取得处分权时，该无权处分行为的瑕疵才得以弥补。[1] 而负担行为则不需要对行为所导致给付义务所指向的标的物拥有任何权利，其是否有效只取决于法律关于法律行为中行为能力和意思

---

[1] 此处的无权处分仅指法律处分，而不包括事实上的处分。"处分"，在民法上往往可分为三个层次：最广义的处分、广义的处分和狭义的处分。具体地说：①最广义的处分包括事实上的处分和法律上的处分。所谓事实上的处分，指就原物加以物质的变形、改造或毁损的行为。所谓法律上的处分，既包括各种处分财产所有权的行为，如买卖、赠与等，也包括处分债权和其他财产权的行为，如出租或转租、转让债权、免除债务等行为，还包括对财产权作出限制或设定负担的行为，如在某些财产上设立抵押、质押等。我国《民法通则》第71条关于所有权的规定中所指的处分，即为这种最广义的处分。②广义的处分，仅指法律上的处分而不包括事实上的处分。此种法律上的处分，也包括上述各种处分财产，能够导致权利的设定和移转的行为。③狭义的处分，主要指法律上能直接发生权利得丧变更的行为，如买卖、赠与等，而不包括使财产的占有和使用发生移转的行为。一般来说，无权处分中的"处分"应为上述第二种即广义上的处分。参见王泽鉴：《民法学说与判例研究》（第4册），中国政法大学出版社1998年版，第136～137页。

表示的规定。

（3）物权法上的处分行为需要进行公示。如前所述，处分行为包括物权行为和准物权行为。在物权法上的处分行为（物权行为）导致的物权变动需要进行公示，即物权的变动，须有一足以由外界辨认的表象，以维护交易安全，保护善意第三人的利益。因而物权法上的处分行为要以交付或登记进行公示。

而在负担行为中，则只需当事人之间达成合意即可，无需进行任何公示。因为负担行为产生的只是当事人之间的债权债务关系，其具有相对性，一般不影响社会第三人的利益，因而不需进行公示。而物权法上的处分行为直接导致物权的得丧变更，基于物权的绝对性和排他性，处分行为必须进行公示以维护交易安全和交易秩序的稳定。[1]

此处应注意的是，物权行为虽然是处分行为的主要表现形式，但处分行为的外延大于物权行为，其除了物权行为外，还包括准物权行为，即债权处分行为。

另外，物权行为理论只存在于采取物权变动物权形式主义的立法例中，至于意思主义和物权变动债权形式主义的立法，由于其认为物权变动系由当事人债权合意或债权合意加上履行债权契约的法定形式（交付或登记）而产生，不承认物权变动本身存在的合意，因而也不存在物权行为理论。

二、物权行为理论的特性

（一）物权行为的独立性

所谓物权行为的独立性，在物权法上也称分离原则，主要指物权行为与债权行为相互分离、相互独立。物权的变动一般既包括债权行为，也包括物权行为，前者为原因行为，后者为结果行为。但二者由不同法律规范予以调整，各自具有自身的成立、生效要件，法律效果也不同。在典型的交易过程中二者相互配合，共同促成物权变动的效果出现。但物权变动中的债权行为与物权行为的生效要件各不相同，其具体适用应分开探讨：

1. 负担行为与债权关系。负担行为以发生债权债务为其内容，其成立和生效遵循契约中意定债权法律行为的相应规范，即负担行为遵循债权法律行为的生效要件。在双方当事人以法律行为进行以物权变动为目的的交易时，作为原因行为的双方契约的成立生效与物权变动效果的物权行为的成立生效与否相互独立。负担行为是否成立生效，主要取决于法律关于法律行为的相关规定，也即当事人意思表示是否一致，意思表示是否有瑕疵；当事人行为能力是否有缺陷；法律行为是否符合法律强制性规定及法律基本原则等。至于后来的处分行为生效与否及物权变动是否成功，对于负担行为的生效没有影响。

2. 物权变动与否取决于物权行为的效力。物权行为是直接使物权发生、变更

---

[1] 王泽鉴：《民法总则》，中国政法大学出版社 2001 年版，第 264 ~ 265 页。〔德〕迪特尔·梅迪库斯：《德国民法总论》，邵建东译，法律出版社 2001 年版，第 168 ~ 169 页。

或消灭的法律行为，其主要适用《物权法》中的相关规定。物权的变动效果直接取决于处分行为中物权行为的效力。而根据处分行为与负担行为的区别，处分行为的生效除符合一般法律行为的生效要件外（意思表示、行为能力、合法性等），还须符合物权法上的相关原则：物权客体特定原则、公示原则等。具体言之，其表现为：

（1）物权行为的标的物必须特定化。在负担行为成立生效时，法律不要求负担行为中给付义务所指向的标的物实际存在并已具体特定化。但在物权行为中，由于其直接导致物权的得丧变更，因而处分客体必须客观存在并已特定化，否则该处分行为因客体不特定而无效。

（2）物权行为中处分人必须具有处分权限，此处分权不限于所有权，限制物权人也有相应处分权，例如抵押权人在债务人到期不履行债务时可以依法将抵押物进行拍卖、变卖等处分。处分行为中如果处分人欠缺处分权，则其构成无权处分行为，其处分一般情况下归于无效。[1]

（3）物权行为必须进行公示。由于物权行为是独立的法律行为，该法律行为除了具有双方当事人关于设立、变更、终止物权的合意外，必须有一个公示性的外在表征才能产生人们知悉的效果，即在物权发生变动时，处分人必须进行交付或变更登记等公示，如此才能产生物权变动的最终效果。物权行为须公示与物权的本质属性有关，物权是绝对权、对世权，只有被第三人知晓，才能产生对世的效力，因此，物权行为从诞生时起，就与公示原则相联系。反之，债权是相对权，对第三人不发生效力，则无需对外表征，也没有公示的要求。

（二）物权行为的无因性

物权行为的无因性，又称为物权行为的抽象原则，指物权行为的效力不受其原因行为——债权契约效力的影响。

物权行为无因性与其独立性及物权变动形式主义立法是密不可分的。物权行为与债权行为相互分离、相互独立，各自适用不同的法律规范和成立、生效要件，因而物权行为的效力与债权行为（或者其他原因行为）的效力没有牵连，即债权行为的无效或可撤销不能必然导致物权行为的无效或可撤销。

物权行为无因性理论将一个交易过程分为债权行为和物权行为两个相互独立的部分，二者分别适用不同的法律规范，债权行为的效力对于物权行为没有直接影响，从而有利于明确当事人之间的权利义务关系。

物权行为无因性理论的另一重要意义则是对于交易安全的保护，在日常交易

---

〔1〕 一般认为，无权处分的法律效果是效力待定，只有在真正权利人对处分人的处分进行追认或处分人后来自己取得处分权时，法律才例外承认其有效，否则该处分行为无效，物权变动不产生效力。但如果处分相对人将特定物转让于善意第三人且已为交付或登记时，第三人依据善意取得的规定或登记公信力取得该特定物，此时原权利人只能根据侵权行为、不当得利或违约等向无权处分人请求债法上的损害赔偿。

中，即使当事人之间的债权契约无效或被撤销，其物权行为仍为有效，买受人仍可以取得标的物的所有权。此时对于出卖人而言，买受人系无法律原因而获得利益并使他人受损害，构成不当得利。但不当得利请求权系债权请求权，如果买受人系自己保有买卖标的物，则此时其应当返还原物，但如果买受人将标的物所有权转让给了第三人，原出卖人只能要求其返还不当得利，而不得向第三人主张原物返还请求权。此处第三人获得标的物所有权，是基于有效的物权行为获得，而非善意取得，因为第三人系自真实权利人处获得所有权，因而无适用善意取得之余地。物权行为的无因性有效保护了第三人的利益和交易安全。

1. 物权行为的无因性与不当得利的关系。所谓不当得利，指一方无法律上的原因而受有利益，而致他方受损失的事实。不当得利可分为给付型不当得利和非给付型不当得利。在给付型不当得利中，物权行为无因性是其产生的一个重要原因。

物权行为无因性使物权变动的效果脱离了作为原因行为的债权行为而独立存在，因而债权行为无效或被撤销时，物权变动的权利受让人不受债权行为原因"错误"的影响，只要物权行为本身符合法律行为的有效要件，受让人即取得物权，出让人（所有人）失去物权。显然，当物权变动的结果行为不受原因行为效力影响时，该结果行为就是"无因"的物权行为。尽管物权行为本身有效，并不等于物权行为与其他法律关系无关。特别是在连续性交易中尤为明显，受让人因有效的物权行为获得物权，再将该物权转让于第三人时，第三人取得物权，原所有人丧失物权。但受让人因物权行为的获利恰恰符合不当得利的要件，成为引起不当得利之债的事实：①由于物权行为的效力不受债权行为原因效力的影响，使物权行为没有法律上的原因；②物权行为的权利受让人无法律原因获利，出让人（所有人）因此受损；③得利与受损之间有因果关系；④受损人（所有人）则可请求获利人（受让人）返还不当得利以克服由于物权行为的无因性对其造成的损失。由此可以看出，德国物权法把物权行为的无因性与不当得利制度巧妙结合，既通过不当得利制度的返还措施保护原所有权人，也通过无因性制度保护了交易中的第三人。

由于德国法的物权行为不考虑原因，就使无因的物权行为产生了一个一致的债权：不当得利之债。不当得利返还请求权几乎成了在坚持物权行为无因性的前提下救济所有人的唯一手段。所以，物权行为的无因性在很多情况下不能产生权利的取得人即使在原因无效时也能保持所取得的权利的后果，因为在双方当事人之间相继产生了返还不当得利的债权债务关系。如果没有不当得利的平衡，物权行为的无因性是不可想象的。

2. 物权行为的无因性与善意取得制度的区别。物权行为无因性与善意取得均为保护交易安全的重要制度，因而有学者认为在采取了善意取得制度的立法中不必再承认物权行为无因性，否则二者有重复之嫌。此一观点在有因性的理论中是合适的，因为此时债权行为无效，物权行为也无效，物权行为既然无效，受让人是无所有权的，那么无处分权人处分财产，善意第三人取得所有权。但采物权行为无因性时，善意取得与物权行为的无因性的双重规定并非是画蛇添足，二者具有不同的适用领域：

（1）物权行为无因性中受让人取得的是有权源的物权，其将权利再出让是有权处分人，善意取得制度当中的出让人是没有处分权的人。

（2）物权行为无因性中的第三人是任意第三人，其可以为善意，也可以为恶意；[1] 善意取得制度中的第三人只能是善意第三人。

（3）物权行为无因性中的再出让人是通过有效的物权合同取得物的占有并将物有权处分给任意第三人；而善意取得制度中的出让人是通过债权合同取得物的占有并将物无权处分于善意第三人。

物权行为无因性解决的是行为人通过物权行为取得物的占有，占有人又处分物，所有人有没有追及力的问题；而善意取得制度解决的是行为人通过债权行为取得物的占有，占有人又处分物，所有人有没有追及力的问题。

由此可知，物权行为无因性理论与善意取得制度是在不同区域、不同意义上保护交易安全的。善意取得制度涉及的是非所有人的处分行为能产生的效力，即物的占有人作为转让人，出让不属于他的物时，该处分行为是否有效的问题。物权行为的无因性坚持的是物权行为与债权行为效力的分离。所以，物权行为的无因性涉及的是整个物权行为的效力问题，即当物权行为的基础合同——原因行为无效时，不影响处分行为，处分（物权）行为仍然有效。法律之所以规定善意取得制度，目的是对原所有权人的追索权进行强行限制，以保护在交易中尽了义务且无过失的善意第三人。否则，本无过失的善意第三人可能会由其取得的权利存在瑕疵而被追索，这样不但给交易当事人造成不安全感，还会增加交易成本，造成交易浪费。而物权行为的无因性调整的是连续的交易活动中交易安全的维护问题，由于前手因物权行为的无因性取得的物权是合法的，所以，后手第三人取得的物权是没有瑕疵的物权。这个安全效力对不动产和任意（善意、恶意）第三人都适用。

因而，善意取得制度适用的范围正是物权行为无因性理论不涉及的范围，因为无因性解决不了不通过物权行为（通过租赁、保管、使用、借用合同）而取得物的占有，占有人又处分物的问题。物权行为的无因性与善意取得不能相互取代，两者分工不同。

3. 物权行为无因性的缓和或限制。物权行为无因性在明晰交易法律关系和保护交易安全中具有重要意义，但其高度抽象性也带来了相应问题，相关问题的出现被认为是德国民法为了追求体系完整和逻辑的严密而做出的必要牺牲。至于有观点认为无因性损害交易公平正义而不符实际。因为"交易活动中的公平正义"并不是从某一单个孤立的交易而言的，在社会频繁复杂的交易中，交易当事人的身份角色不断地发生变换，并非是出卖人永远都是出卖人，买受人只能是买受人，因而也

---

[1] 但该第三人不得恶意违背善良风俗损害原权利人利益。

就不会导致所谓的"严重损害交易公平正义"。尽管如此，一些学者仍提出了对物权行为无因性限制的理论，其主要为以下三种：

（1）条件关联说。当事人可以根据合意，使物权行为的效力与债权行为的效力"同生死、共进退"，即物权行为以债权行为的有效存在为停止条件，只有在债权行为有效存在时，物权行为方能生效。此项合意，可以以默示推断，例如在现物买卖中，即可以作此解释。

（2）共同瑕疵说。债权行为上所存在的瑕疵（如行为能力的欠缺、意思表示的瑕疵、无效或得撤销的原因），在物权行为上也认为同时存在，因而物权行为也受此影响。例如债权行为系因受欺诈而达成合意时，物权行为也可以认为系基于欺诈而形成，从而债权行为一旦被撤销，物权行为随之被同时撤销。

（3）法律行为一体说。此观点认为，物权行为与债权行为合为一个法律行为，因而债权行为无效，物权行为同样无效。

上述是物权行为相对无因化的主张和做法，德国法院对这种建设性的技巧和做法也一直持谨慎态度。无因性原则本来就是为分离物权行为与债权行为之效力的关联而设立的，其制度价值完全体现于这种分离中。确立无因性原则后又同时主张效力关联，实质是对该原则的直接违背，终不免又落入概念不清、体系混乱、自相矛盾的境地。

三、我国物权立法是否采纳物权行为理论的争议

我国《物权法》第 6 条规定："不动产物权的设立、变更、转让和消灭，应当依照法律规定登记。动产物权的设立和转让，应当依照法律规定交付。"第 9 条第 1 款又规定："不动产物权的设立、变更、转让和消灭，经依法登记，发生效力；未经登记，不发生效力，但法律另有规定的除外。"《物权法》第 127 条规定：土地承包经营权自土地承包经营权合同生效时设立。第 158 条规定：地役权自地役权合同生效时设立。《物权法》第 23 条规定："动产物权的设立和转让，自交付时发生效力，但法律另有规定的除外。"第 24 条规定，船舶、航空器和机动车等物权的设立、变更、转让和消灭，未经登记，不得对抗善意第三人。

《物权法》第 15 条规定："当事人之间订立有关设立、变更、转让和消灭不动产物权的合同，除法律另有规定或者合同另有约定外，自合同成立时生效；未办理物权登记的，不影响合同效力。"

综合《物权法》的上述规定可以看出，我国《物权法》对物权变动遵循的原则是：因法律行为引起的物权变动须公示，该公示要求：不动产的物权变动须依法登记，动产物权的变动自交付时起发生效力，但法律另有规定的除外。物权变动的公示仅适用因法律行为所产生的物权变动，而因法律的直接规定，如依法属于国家所有的自然资源、征收、继承、遗赠等，以及因事实行为而产生的物权变动，权利生效不必以公示为之。在因法律行为引起的物权变动中，我国立法以债权形式主义为主，意思主义为辅；以登记生效为原则，登记对抗为例外。

就《物权法》的上述规定，理论上产生了普遍有争议的问题：

我国《物权法》第 15 条规定的债权合同的效力与登记的效力的分离，是否意味着我国《物权法》采取了《德国民法典》的区分原则，是否可认为物权法采取了德国民法的物权行为独立性理论？《物权法》第 15 条规定了债权合同的效力与登记效力的分离，如果当事人之间订立的有关设立、变更、转让和消灭不动产物权的合同无效或者被撤销，物权登记的效力是否有效？登记的效力是否受前述合同无效和被撤销效力的影响？如果前述合同无效或被撤销，登记仍然有效，是否可认为我国物权法事实上承认了物权的无因性？直接发生物权权变动的土地承包经营权合同、地役权合同是债权合同还是物权合同？

研究德国物权行为理论可知，德国法的区分，是将债的关系的产生与债的履行区分为两个独立的阶段，以买卖合同为例，买卖过程不是结束于合同的订立，而是结束于合同的履行，这两个独立的阶段分别有不同的意思表示，债权合意与物权合意，这两个意思表示分别产生当事人要达到的不同的法律效力。

如果没有把交易过程中的行为分为债权行为和物权行为，而是仅看成一个行为，就不存在物权行为与债权行为的区分，也无所谓物权行为的独立性问题。比如，法国法的债权意思主义与奥地利等国的债权形式主义，它们要求物权变动仅有一个债权协议就足够了，不同的仅是：法国模式的债权合意即产生所有权移转的法律效力；在奥地利模式下，除了债权合意外，必须完成物的交付，才产生所有权移转的效力。

可见，如果仅有一个债权合同，就是一个法律关系，也没有债权关系与物权关系的区分。一个债权债务关系，也不会有两个不同的意思表示，也不会有德国法意义上的原因基础法律关系。

通说认为，我国《物权法》中没有关于物权合意的规定，因此，我国立法没有承认物权行为。《物权法》第 15 条意义上的所谓区分，是把债权合同的意思与债权的形式做了区分，由于债权合同本身不产生物权变动的效力，物权变动的效力体现在债权的形式上，即买卖标的物的交付或登记上，而交付与登记又是物权公示的效力，所以，《物权法》的区分也是债权合同的效力与物权公示的效力的区分，这一区分改变了过去将债权合同效力与物权变动的效力捆绑在一起的做法。我国物权变动的交付与登记，表面上与德国法产生的效力相似，但实质不同，原因是，我国没有承认物权合同，即未区分物权合同与债权合同，仅是一个债权合同，交付与登记是债权合同的形式，也产生物权变动的效力。

一般认为，我国《物权法》采取的物权变动模式，基本上是债权形式主义。债权形式主义的特点是：①发生债权的意思表示与物权变动的意思表示共存于一个债权合同中；②要使物权发生变动，仅有债权意思表示不够，尚需履行交付或登记的法定方式，这一法定方式，是债权合意的形式，也是物权变动的生效要件；③物权变动仅需在债权的意思表示之外加登记或交付即可，不许另有物权合意，故无独立的物权行为存在。

四、简要评析

表面上看，这是关于我国立法是否采纳物权行为理论的争议，实质上，是我国未来的民法典体系将采取德国法系的将财产权区分为物权与债权的立法模式，还是采取法国法系的不分物权与债权、财产权一体化的立法模式。我国从《大清民律草案》开始，就是《德国民法典》的编纂模式，严格区分物权与债权，设定总则与分则。既然坚持物债二分，债权行为变动债权、物权行为变动物权是逻辑必然，如果在法律行为制度中，不承认物权行为，仅承认债权行为，在因法律行为引起的物权变动中，承认一个债权合意既变动债权也变动物权，不承认引起物权的重要行为是物权行为，显然，从我国民法区分物权与债权的逻辑体系上不能自圆其说。

值得注意的是，2012年7月1日施行的最高人民法院《关于审理买卖合同纠纷案件适用法律问题的解释》第3条规定："当事人一方以出卖人在缔约时对标的物没有所有权或者处分权为由主张合同无效的，人民法院不予支持。出卖人因未取得所有权或者处分权致使标的物所有权不能转移，买受人要求出卖人承担违约责任或者要求解除合同并主张损害赔偿的，人民法院应予支持。"该条依据《物权法》第15条关于区分物权变动的原因与结果的原则精神，不仅理顺了《合同法》第51条与第132条的关系，同时结束了对买卖合同是否要求出卖人有处分权的争议。

《合同法》第132条第1款规定："出卖的标的物，应当属于出卖人所有或者出卖人有权处分。"第51条规定："无处分权的人处分他人财产，经权利人追认或者无处分权的人订立合同后取得处分权的，该合同有效。"根据《合同法》的上述规定，长期以来，一直存在买卖合同是否要求当事人有处分权的争议。最高人民法院《关于审理买卖合同纠纷案件适用法律问题的解释》第3条明确指出，在买卖合同法律关系中，出卖人在缔约时对标的物没有所有权或者处分权，并不影响作为原因行为的买卖合同的效力，至于能否发生物权变动的效果，取决于出卖人嗣后能否取得所有权或者处分权，物权变动效力待定。但是因无权处分致使标的物所有权不能转移的，出卖人应当承担违约责任。由此可知，《合同法》第51条所指的"合同"应为"处分"合同，而非作为买卖合同的"债权合同"，买卖合同的效力不以处分人对标的物享有所有权或处分权为要件。从现行法和相关司法解释的规定看，我国立法实际上已经承认了物权行为的独立存在。

第四节　物权变动要件

一、物权变动要件概述

物权变动在不同立法及不同情形下，可分为不同种类，其各自所需要件不同。

（一）基于法律行为的物权变动和非基于法律行为的物权变动

根据变动原因不同，物权变动可分为基于法律行为的物权变动和非基于法律行为的物权变动。基于法律行为的物权变动，须有当事人处分物权的意思表示和公示。在非基于法律行为的物权变动中，法律规定的情形一旦出现，权利人即获得物权。例如继承中，一旦被继承人死亡，继承人即获得继承物的所有权。但对于不动产而言，权利人虽然根据法律规定取得物权，但未经登记，不得处分。

（二）意思主义模式下的物权变动和形式主义模式下的物权变动

根据物权变动的模式不同，物权变动可分为意思主义模式和形式主义模式。意思主义中，物权自当事人债权意思表示一致即发生变动，但未经公示，一般不得对抗第三人。形式主义中，当事人债权意思表示一致并不能导致物权变动，其还必须进行交付或登记的公示形式。

（三）不动产物权变动和动产物权变动

根据物权变动的标的物不同，特权变动可分为不动产物权变动和动产物权变动。二者的公示方式各不相同。一般认为，不动产物权变动以登记为公示方式，动产则以交付占有为公示方式。

我国《物权法》第 9 条第 1 款规定："不动产物权的设立、变更、转让和消灭，经依法登记，发生效力；未经登记，不发生效力，但法律另有规定的除外。"第 23 条规定："动产物权的设立和转让，自交付时发生效力，但法律另有规定的除外。"由此可知，我国《物权法》原则上采取了物权变动形式主义，即不动产物权变动原则上以登记为生效要件，动产物权变动原则上以交付占有为生效要件。

二、不动产物权变动要件

不动产物权变动要件在不同立法中表现有所不同，意思主义中物权变动只需当事人债权意思表示一致即可，不需其他形式，不动产登记一般仅具有对抗效力，对物权变动本身没有影响。因而此处如无特别指明，均为形式主义立法中的不动产物权变动要件。下述动产物权变动要件亦同。

不动产物权变动要件主要有：

（一）原权利人须有处分权

负担行为，当事人只需意思表示一致即可有效设立，其不以当事人具有处分权为必要。但在直接导致物权变动的处分行为中，其标的物必须特定化且处分人必须具有处分权。例如在买卖不动产中，当事人订立债权契约时，标的物是否存在或出卖人有无处分权均不影响债权契约的效力。但在移转不动产所有权时，出卖人必须具有处分权，否则就构成无处分。

（二）当事人须就物权变动达成合意

此系物权形式主义立法或坚持物权行为理论的立法所要求的要件，即物权变动必须由当事人达成物权变动合意。因为物权行为也是法律行为的一种，且物权行为直接导致了物权的变动，因而当事人必须就物权变动达成合意。

（三）必须进行登记

1. 登记的方式。在物权变动形式主义中，物权变动的公示系其生效前提，不动产物权的变动必须进行登记方才有效。至于登记的方式和机构，不同国家和地区有不同规定。大陆法系各国规定的登记方式基本上可分为两种：

（1）形式主义登记。所谓形式主义登记，指登记对于不动产物权变动仅具有确认或证明的作用，而不决定其能否生效的登记模式。形式主义登记往往只具有对抗效力，其多为物权变动意思主义的立法所采。

（2）实质主义登记。所谓实质主义登记，指不动产物权依据法律行为的变动非经登记不生效力的登记模式。实质主义登记直接决定了不动产物权变动的效力，因而多为形式主义立法所采。我国《物权法》也采取了实质主义的登记方式。[1]

对于不动产登记的主体机构、内容及范围，不同立法也有不同规定。我国《物权法》第10条规定："不动产登记，由不动产所在地的登记机构办理。国家对不动产实行统一登记制度。统一登记的范围、登记机构和登记办法，由法律、行政法规规定。"根据《物权法》的规定，国务院于2014年11月发布了《不动产登记暂行条例》，国土资源部于2016年1月又发布了《不动产登记暂行条例实施细则》，上述条例与细则进一步规范了不动产登记行为。

2. 登记的类型。根据《不动产登记暂行条例》第3条的规定，不动产登记分为首次登记、变更登记、转移登记、注销登记、更正登记、异议登记、预告登记、查封登记等。

（1）首次登记。首次登记也称初始登记、原始登记，是指对申请人取得的不动产物权初次记载于登记簿的登记。首次登记有两种情况，一种是设权登记，另一种是宣示登记。

设权登记是设定该物权的登记，该登记是物权变动的公示，不经登记该权利不生效。例如，用益物权和不动产抵押权的设立登记是初始登记，但用益物权中的地役权是例外，其初始登记是宣示登记。宣示登记不是物权的公示方式，仅是将不动产物权变动的事实记载于登记簿上，属于对物权的保存登记。《物权法》第30条规定："因合法建造、拆除房屋等事实行为设立或者消灭物权的，自事实行为成就时发生效力。"该条规定即说明了所有权初始登记的性质，所有权的初始登记，是登记部门对因事实行为取得所有权的承认，该登记不属于物权变动的公示。《不动产登记暂行条例实施细则》第24条规定，未办理不动产首次登记的，不得办理不动产其他类型登记，但法律、行政法规另有规定的除外。

（2）变更登记。变更登记是指在首次登记后，因物权人名称变更或者物权的标的物发生变化，而需要对登记簿记载的相关内容作相应更改的登记。根据《不动产登记暂行条例实施细则》第26条的规定，有下列情形之一的，不动产权利人可以向不动产登记机构申请变更登记：①权利人的姓名、名称、身份证明类型或者身份证明号码发生变更的；②不动产的坐落、界址、用途、面积等状况变更的；

---

[1]《物权法》第9条。

③不动产权利期限、来源等状况发生变化的；④同一权利人分割或者合并不动产的；⑤抵押担保的范围、主债权数额、债务履行期限、抵押权顺位发生变化的；⑥最高额抵押担保的债权范围、最高债权额、债权确定期间等发生变化的；⑦地役权的利用目的、方法等发生变化的；⑧共有性质发生变更的；⑨法律、行政法规规定的其他不涉及不动产权利转移的变更情形。

（3）移转登记。移转登记是指不动产物权因转让、赠与、分割、合并、继承、裁判等原因发生物权移转所作的登记。因物权转让而进行的移转登记也称转移登记，俗称"过户登记"。物权转让的登记属于物权公示，不经登记不发生物权移转效力。分割和合并登记，须区分该分割或合并是基于事实行为还是法律行为，基于法律行为的分割，如共有人分割财产的登记为物权公示，共有关系须经登记发生消灭效力；非基于法律行为的分割的登记，不属于物权公示，是变更登记的一种，属于事实登记。根据《不动产登记暂行条例实施细则》第27条的规定，因下列情形导致不动产移转的，当事人可以向不动产登记机构申请转移登记：①买卖、互换、赠与不动产的；②以不动产作价出资（入股）的；③法人或者其他组织因合并、分立等原因致使不动产权利发生转移的；④不动产分割、合并导致权利发生转移的；⑤继承、受遗赠导致权利发生转移的；⑥共有人增加或者减少以及共有不动产份额变化的；⑦因人民法院、仲裁委员会的生效法律文书导致不动产权利发生转移的；⑧因主债权转移引起不动产抵押权转移的；⑨因需役地不动产权利转移引起地役权转移的；⑩法律、行政法规规定的其他不动产权利转移情形。

（4）注销登记。注销登记也称涂销登记，是指因不动产灭失和抛弃、用益物权期限届满、担保物权终止等原因所进行的登记。抛弃不动产物权的登记为公示方式，抛弃物权须有物权人的单方意思表示，该意思表示经过公示后方才生效。不动产灭失属于事实行为，该注销登记是对事实的确认，不属于公示，不动产物权自标的物灭失时消灭；用益物权因法定期限届满，担保物权因约定期限届满或者主债务消灭而终止的，因期限、主债务消灭皆属于法律事实，自法律事实发生起该他物权当然地消灭，其注销登记也只是对事实行为的记录。根据《不动产登记暂行条例实施细则》第28条的规定，有下列情形之一的，当事人可以申请办理注销登记：①不动产灭失的；②权利人放弃不动产权利的；③不动产被依法没收、征收或者收回的；④人民法院、仲裁委员会的生效法律文书导致不动产权利消灭的；⑤法律、行政法规规定的其他情形。不动产上已经设立抵押权、地役权或者已经办理预告登记的，所有权人、使用权人因放弃权利申请注销登记的，申请人应当提供抵押权人、地役权人、预告登记权利人同意的书面材料。

（5）更正登记。更正登记是对登记簿上登记错误的改正登记。登记有错误时，如登记有遗漏或者记载事项不确切、自己的权利被他人登记等，通过更正登记可以消除登记与事实不一致的状态，以保护权利人和利害关系人的利益。

根据《物权法》第19条第1款的规定，更正登记可由登记权利人或者利害关系人申请，并担负举证义务，登记机关是否予以更正，有两种情形：①登记权利人发现登记事项有不确切或者遗漏的，经登记机关核实无误后直接予以更正；②登记簿有真正权利人之权利被他人登记的错误的，在经登记权利人书面同意时，登记机关方可作更正登记。如果登记权利人反对更正的，则不得作更正登记。

（6）异议登记。所谓异议登记，是指登记机关将利害关系人对不动产登记簿记载权利所提出的异议记载于登记簿的登记，它是为了保护与名义登记不符的真正不动产权利人的利益，赋予利害关系人通过主张权利而消除登记公信力的救济方式。

由物权的公示公信原则可知，不动产登记具有权利正确性推定效力和善意保护效力。我国《物权法》第 17 条也规定："不动产权属证书是权利人享有该不动产物权的证明。不动产权属证书记载的事项，应当与不动产登记簿一致；记载不一致的，除有证据证明不动产登记簿确有错误外，以不动产登记簿为准。"不动产登记虽然具有公示公信效力，但其仍是法律为了稳定社会物权归属关系而进行的推定，而不可能确保所有登记与实际权利均绝对一致。因而如果登记权利人与实际权利人不一致或登记内容与实际内容不一致，利害关系人均可以申请异议登记，即将其权利主张记载于不动产登记簿中。异议登记后，不动产登记的权利推定效力丧失，第三人不得主张登记的公信效力。

异议登记后，如果利害关系人能够证明其权利，登记机构应当变更登记；如果其异议最终不成立，此时登记权利人受到损害的，异议登记申请人须承担赔偿责任。我国《物权法》也规定了异议登记制度，[1] 但我国《物权法》的规定与其他国家或地区的异议登记程序不同，根据《物权法》第 19 条的规定：权利人、利害关系人认为不动产登记簿记载的事项错误的，可以申请更正登记。不动产登记簿记载的权利人不同意更正的，利害关系人可以申请异议登记。由此可知，首先应申请更正登记，更正登记不成的方可申请异议登记。因此，异议登记是在更正登记无果时才能申请，异议登记的效力在于中止登记簿记载权利的正确性推定效力，以防止登记权利人处分不动产而使自己的权利受侵害。《物权法》规定，申请人在提出异议登记之日起 15 日内，不向人民法院起诉的，异议登记失效。

异议登记与更正登记的作用均是保护真正权利人以及真正权利状态的登记，两者在适用和程序上有密切联系，但应注意两登记类型的区别：①意义不同：更正登记是对登记簿上的错误记载的改正登记，异议登记是真正权利人对登记簿上记载的权利真实性提出异议的登记；②提出登记的申请人不同：更正登记的申请人是利害关系人或登记的权利人，异议登记是由真正的权利人提出；③登记的效力不同：更正登记的效力是登记错误的消除和正确登记的建立，异议登记是终止登记簿上记载的权利正确性推定效力；④时间与程序的要求不同：更正登记在异议登记之前，须

---

[1]《物权法》第 19 条。

通过诉讼程序解决，并且需要复杂的举证和审查程序，耗时较长，异议登记是在更正登记无果时才能申请，因不涉及诉讼程序实施起来较为快捷，但是提出异议登记15日内应向法院起诉，否则异议登记失效。

异议登记仅起暂时阻断登记公信力的作用，最终对物权的归属和内容的确定取决于异议登记申请人就"物权的归属和内容"所提起的民事诉讼的结果。如果申请人在提出异议登记的15日内未向法院起诉，异议登记失效后，善意第三人则可依善意取得制度取得该登记的不动产物权。但是，"异议登记因物权法第19条第2款规定的事由失效后，当事人提起民事诉讼，请求确认物权归属的，应当依法受理。异议登记失效不影响人民法院对案件的实体审理"。[1]

根据《不动产登记暂行条例实施细则》第83条的规定，异议登记失效后，申请人就同一事项同一理由再次申请异议登记的，人民法院不予受理。同时，第84条规定："异议登记期间，不动产登记簿上记载的权利人以及第三人因处分权利申请登记的，不动产登记机构应当书面告知申请人该权利已经存在异议登记的有关事项。申请人申请继续办理的，应当予以办理，但申请人应当提供知悉异议登记存在并自担风险的书面承诺。"

（7）预告登记。所谓预告登记，主要是为了保全关于不动产物权的请求权而对此权利进行的登记。预告登记是不动产登记的特殊类型：一般的不动产登记均为对已经完成权属变动或现有的不动产的登记，即完成权利的登记；而预告登记所登记的，不是不动产物权，而是对将来发生不动产物权变动效果的请求权进行登记，即保障将来不动产的取得权得以实现。而且预告登记的本质特征是使得被登记的请求权具有物权的效力，纳入预告登记的请求权，对后来发生的与该项请求权内容相同的不动产物权的处分行为具有物权的排他效力。例如当事人订立不动产买卖契约后，可以根据约定申请预告登记，预告登记后，未经买受人同意，出卖人不得处分该不动产，特别是不得将其转让给第三人，虽然出卖人仍是法律上的所有权人，但其转让行为对于买受人为无效。

预告登记为德国中世纪民法所创立的制度，其主要是为了保全关于不动产物权的请求权，使债权意义上的请求权具有物权的排他性和对世效力。我国《物权法》第20条规定："当事人签订买卖房屋或者其他不动产物权的协议，为保障将来实现物权，按照约定可以向登记机构申请预告登记。预告登记后，未经预告登记的权利人同意，处分该不动产的，不发生物权效力。预告登记后，债权消灭或者自能够进行不动产登记之日起3个月内未申请登记的，预告登记失效。"

根据《不动产登记暂行条例实施细则》第85条的规定，有下列情形之一的，当事人可以按照约定申请不动产预告登记：①商品房等不动产预售的；②不动产买卖、抵押的；③以预购商品房设定抵押权的；④法律、行政法规规定的其他情形。

---

[1]《物权法司法解释（一）》第3条。

预告登记的特点：①预告登记具有临时性。预告登记与正式登记是相对应的概念。正式登记也称终局登记，是对不动产物权的设立、变更、转让以及消灭等事实进行的具有确定效力的登记。预告登记则是正式登记得以展开的准备阶段。②预告登记具有物权性效力。预告登记虽然担保的是以物权变动为内容的债法上的请求权，但是"另一方面，预告登记又属于物权法范畴，因为其效力具有物权性质。故而，可将预告登记标志为，以保护物权变动之请求权为目的的具有物权效力的担保手段"[1]。《物权法司法解释（一）》第 4 条规定："未经预告登记的权利人同意，转移不动产所有权，或者设定建设用地使用权、地役权、抵押权等其他物权的，应当依照物权法第 20 条第 1 款的规定，认定其不发生物权效力。"③预告登记具有从属性。首先须有需保全的债权存在，才会产生保全该债权请求权的预告登记。当该债权转让或消灭时，预告登记也随之转让或消灭。《物权法司法解释（一）》第 5 条规定："买卖不动产物权的协议被认定无效、被撤销、被解除，或者预告登记的权利人放弃债权的，应当认定为物权法第 20 条第 2 款所称的'债权消灭'。"

预告登记与异议登记在功能上有相似性，两者均是对权利保护的临时性担保手段。但两个登记有区别：①意义不同：异议登记因错误登记而产生，以保护真正权利人免受错误登记权利人处分行为的侵害；预告登记与错误登记无关，其所担保的是以物权变动为内容的债权请求权，以保护债权请求权人免受真正权利人处分行为的侵害。②登记申请人目的不同：异议登记申请人旨在针对登记簿上的权利正确性提出抗议；预告登记申请人旨在保全债权请求权。③两者对应的登记类型不同：异议登记与更正登记相对应，异议登记在更正登记无果时才能申请，其保全登记错误时所产生的更正登记请求权。申请人自提出异议登记之日起 15 日内未向法院起诉，异议登记失效。预告登记与正式登记相对应，是在正式登记尚不具备条件时为保全将来物权变动的请求权的登记，预告登记后，债权消灭或者自能够进行不动产正式登记之日起 3 个月内未申请登记的，预告登记失效。

（8）查封登记。查封登记，是指登记机构根据人民法院提供的查封裁定书和协助执行通知书对涉案不动产查封的情况在不动产登记簿上所作的登记。查封是人民法院在进行财产保全和强制执行中经常使用的一种临时性强制措施，通常人民法院会对利害关系人或被申请执行人的财产贴上封条，就地封存，不准转移或处分。不动产查封的目的就是限制不动产的处分，但查封仅能限制对不动产的占有、使用，不能限制对不动产的处分。因为不动产的处分是通过登记完成的，如果不进行查封登记，当公示的权利状态与真实的权利状态并不一致时，如何保护信赖登记的善意第三人是物权变动中的重要问题。我国《物权法》没有将查封登记作为不动产登记的类型加以规定，《不动产登记暂行条例》和《不动产登记暂行条例实施细

---

[1]　[德] 鲍尔、施蒂尔纳：《德国物权法》，张双根译，法律出版社 2004 年版，第 419 页。

则》均补充规定了这一登记类型。根据《不动产登记暂行条例实施细则》第 90 条的规定，人民法院要求不动产登记机构办理查封登记的，应当提交人民法院工作人员的工作证，协助执行通知书和其他必要材料。同时，第 91 条和第 92 条规定："两个以上人民法院查封同一不动产的，不动产登记机构应当为先送达协助执行通知书的人民法院办理查封登记，对后送达协助执行通知书的人民法院办理轮候查封登记。""查封期间，人民法院解除查封的，不动产登记机构应当及时根据人民法院协助执行通知书注销查封登记。不动产查封期限届满，人民法院未续封的，查封登记失效。"

三、动产物权的变动要件

动产物权的变动要件与不动产物权的变动在处分权与物权合意方面相一致，不同的主要是二者的变动形式，即物权变动公示方式不同。不动产物权以登记为变动方式，动产物权则以交付占有为变动方式。交付一般认为是将动产的占有移转给权利受让人，根据我国《物权法》的相关规定，交付具有下列几种形式：

1. 现实交付。现实交付，指动产物权的让与人，将其对动产的现实管领支配（占有）移转给受让人。例如动产出卖人将动产移转给买受人、出质人将动产移转给质权人。现实交付是现实生活中最为普遍的交付方式。现实交付还包括出让人通过占有辅助人或基于占有媒介关系进行交付。

2. 简易交付。简易交付，指在动产物权让与时，受让人已经占有让与动产，此时只需当事人意思表示一致，该交付即已完成。例如借用人占有、使用出借人的动产，后二者又合意让与该动产，此时出借人（让与人）自双方当事人达成合意时即完成交付。我国《物权法》第 25 条规定："动产物权设立和转让前，权利人已经依法占有该动产的，物权自法律行为生效时发生效力。"

3. 指示交付。指示交付，又称为返还请求权让与，指动产物权让与时，该动产由第三人占有，让与人可以将其对第三人的原物返还请求权让与受让人以代交付。此种方式与占有改定相同，也不适用于动产质权。我国《物权法》第 26 条规定："动产物权设立和转让前，第三人依法占有该动产的，负有交付义务的人可以通过转让请求第三人返还原物的权利代替交付。"

4. 占有改定。占有改定，指动产物权让与时，当事人约定出让人仍继续占有该动产，受让人作为间接占有人获得动产所有权。动产占有改定只适用于动产所有权让与，不适用于动产质权的设立，因为法律规定动产质权的成立必须以质权人现实占有动产为前提，否则质权设立无效。我国《物权法》第 27 条规定："动产物权转让时，双方又约定由出让人继续占有该动产的，物权自该约定生效时发生效力。"

四、特殊动产的物权变动要件

特殊动产，一般指船舶、航空器和机动车等即可移动、但价值较高具有特殊地位的动产。我国《物权法》第 23 条规定："动产物权的设立和转让，自交付时发生效力，但法律另有规定的除外。"接着，《物权法》第 24 条规定："船舶、航空器和机动车等物权的设立、变更、转让和消灭，未经登记，不得对抗善意第三人。"从这两条的规定可知，在特殊动产的交易中，交付是特殊动产物权变动的生效要件，登记是特殊动产物权变动的对抗要件。也就是说，对于特殊动产而言，未经交付，物权不发生变动，而只要交付，未经登记，物权也能发生变动，只是不具有对抗善意第三人的效力。反之，即使办理了登记，转让人未交付特殊动产，受让人也未取得特殊动产的物权。既然特殊动产的物权变动以交付为要件，以登记为对抗要件，那么，当这些特殊动产发生一物多卖时，是以交付的效力还是以登记的效力作为物权变动的标准？当登记与交付不一致时何者效力更高？

《最高法院关于买卖合同司法解释》第 10 条第 4 项规定："出卖人将标的物交付给买受人之一，又为其他买受人办理所有权转移登记，已受领交付的买受人请求将标的物所有权登记在自己名下的，人民法院应予支持。"该司法解释强调在交付与登记发生冲突时，交付优先于登记。司法解释的观点与立法机关对《物权法》第 24 条采登记对抗主义的立法理由一致："船舶、航空器和机动车因价值超过动产，在法律上被视为一种准不动产，其物权变动应当以登记为公示方法。但在登记的效力上不采用登记生效主义，这是考虑到船舶、航空器和机动车等本身具有动产的属性，其物权变动并不是在登记时发生效力，依照本法规定，其所有权转移一般在交付时发生效力，其抵押权在抵押合同生效时设立。但是，法律对船舶、航空器和机动车等动产规定有登记制度，其物权的变动如果未在登记部门进行登记，就不产生社会公信力，不能对抗善意第三人。"[1]

如何理解《物权法》第 24 条所指的"善意第三人"？《物权法司法解释（一）》第 6 条规定："转让人转移船舶、航空器和机动车等所有权，受让人已经支付对价并取得占有，虽未经登记，但转让人的债权人主张其为物权法第 24 条所称的'善意第三人'的，不予支持，法律另有规定的除外。"由此可知，特殊动产交付物权变动，未经交付仅办理登记的受让人没有取得物权，仅为债权人。债权不具有对抗物权的效力。因此，《物权法》第 24 条的"对抗"应是两个均具有物权利益人之间的对抗，即登记的物权可以对抗没有登记的物权。对抗的结果是：可以登记但未进行登记的物权人，其物权只能被登记的权利"吃掉"，这是公信原则的必然。

五、物权的消灭

物权变动的最终状态，即为物权的消灭。物权消灭可分为绝对消灭和相对消灭。物权的绝对消灭，主要指物权标的物的灭失。物权以特定物为标的，标的物灭失，物权随之消灭。此时物权对于任何人均为消灭。物权的相对消灭，指物权在不同权利主体间的移转，其消灭系对于原物权人而言，此时物权与新的权利人结合构

---

[1]　全国人大常委会法制工作委员会民法室编：《中华人民共和国物权法条文说明、立法理由及相关规定》，北京大学出版社 2007 年版，第 24 页。

成物权的取得,物权本身并没有变动。而物权消灭的原因既有法律行为,也有其他原因,主要有:

（一）标的物灭失

物权系在特定物上的排他性支配权,物权标的物灭失,物权随之绝对消灭。但担保物权具有代位性,如果物权标的物灭失但有赔偿或补偿的,物权效力及于该替代补偿或赔偿物。我国《物权法》第174条规定:"担保期间,担保财产毁损、灭失或者被征收等,担保物权人可以就获得的保险金、赔偿金或者补偿金等优先受偿。被担保债权的履行期未届满的,也可以提存该保险金、赔偿金或者补偿金等。"此时担保物权的效力及于该替代物。

（二）混同

如前所述,物权的混同是指原属于不同人的物权同归于一人的事实。物权的混同主要有两种情况:①所有权与他物权混同。在所有权与他物权混同时,一般他物权被所有权吸收。②所有权以外的物权与以该物权为标的物的权利混同。

对于物权的混同,原则上其效果是一个物权消灭（强的物权吸收较弱的物权）,但当所有人或者第三人在他物权上有法律上的利益时,他物权不消灭。《最高人民法院关于适用〈中华人民共和国担保法〉若干问题的解释》第77条规定:"同一财产向两个以上债权人抵押的,顺序在先的抵押权与该财产的所有权归属一人时,该财产的所有权人可以以其抵押权对抗顺序在后的抵押权。"根据该担保法解释的规定,当同一财产上发生抵押权与所有权混同时,为了保护所有权人的利益,抵押物所有人在该抵押物上继续保留抵押权,以对抗后手的抵押权顺位升进。

（三）单方抛弃

单方抛弃,指根据权利人的意思表示消灭物权,是物权消灭的单方法律行为。物权是权利人所享有的一项财产性权利,权利人可以单方抛弃物权。但物权的抛弃如果妨害了他人的合法权益,物权人不得抛弃其权利。[1]

抛弃物权,仅以物权人的意思表示尚不足以导致物权消灭,物权人还必须为一定的公示方式。对于不动产,权利人须注销不动产登记;对于动产,权利人须放弃对动产的占有。

（四）其他原因

物权还可以因当事人约定或法律规定而消灭,如国家基于公共利益征收、定限物权的存续期间届满、动产善意取得等。

---

[1] 梁慧星、陈华彬:《物权法》,法律出版社2003年版,第93页。

第四章　物权的保护

第一节　物权保护概述

一、物权保护的概念及特点

所谓物权的保护，主要指物权权利人在正常行使其物权时受到他人的不法妨害或物权人物权的完满状态受到他人不法侵害时，法律赋予物权人得排除侵害或妨害的请求权，以保障其合法权利和利益的实现。

物权的直接支配性和排他性一方面意味着物权人在不违反法律限制的范围内可以对其权利物进行任意性支配和处分，另一方面也意味着任何其他法律主体不得非法干涉物权人行使其权利或者侵害其物权。我国《物权法》第4条规定："国家、集体、私人的物权和其他权利人的物权受法律保护，任何单位和个人不得侵犯。"

物权的绝对性也决定了物权的行使不像债权那样需要债务人的给付行为来配合，其更多的是以除物权人以外的其他人的消极不作为及相应的容忍义务来确保物权的正常行使，但社会生活的纷繁复杂性也导致物权经常遭受各种形式的侵害，这就需要法律对物权的正常行使及物权归属状态予以保护，以维护社会的平和安定。

物权的保护与物权的性质是相互依存、相辅相成的，物权的绝对性及其排他支配力的实现有赖于法律对于物权的确切保护，而物权保护的目的本身即是为了顺利实现物权的自身支配效力及排他性的独立自由用益的功能。正如有学者所言："没有任何东西像财产所有权那样如此普遍地呼唤、发起人类的想象力，并煽动起人类的激情；或者说，财产所有权是一个人能够在完全排斥任何他人权利的情况下，对世间的外部事物所主张并行使的那种专有的和独断的支配权。"[1]

物权的法律保护与物权效力密切联系，不可分离，具有以下特点：

（一）物权保护渊源的多元性

物权作为民法物权编的一个理论范畴，尽管是私法的主要内容，但物权保护却在整个法律体系的各个部分均有体现，既包括公法对物权的保护，也包括私法对物权的保护。前者例如我国《宪法》第13条规定，"公民的合法的私有财产不受侵犯。国家依照法律规定保护公民的私有财产权和继承权"。后者主要体现在民法，

---

[1]　转引自［德］罗伯特·霍恩、海因·科茨、汉斯·G. 莱塞：《德国民商法导论》，楚建译，中国大百科全书出版社1996年版，第189页。

特别是《物权法》的有关规定中，例如我国《物权法》第一编第三章就集中规定了对于物权的保护。

（二）物权保护途径的多样性

我国《物权法》第32条规定："物权受到侵害的，权利人可以通过和解、调解、仲裁、诉讼等途径解决。"根据该条规定，在权利人的物权受到侵害时，权利人可以与侵害人和解、通过法院或其他人调解、由仲裁机构进行仲裁以及向法院起诉等多种途径维护自己的合法权益。

（三）物权保护方式的多样性

物权保护，既可以通过权利受到不法侵害的物权人请求国家公力救济，也可以在必要的条件下依自力救济排除他人的不法侵害或妨害而保护自己的物权。

二、物权保护的方法

物权保护的方法具有多样性，其中物权的公力救济（诉讼保护）是现代法治国家所采取的普遍方式，其体现了多个部门法相互协调、共同保护的特点。而物权的自力保护，则主要体现于现代法律中例外允许当事人自我救济的一部分特殊情况。

（一）物权的自力保护（救济）

物权的自力保护，又称为物权保护中的自力救济，主要是指权利人依靠私人力量抵御侵权人的不法侵害，保护自己合法权益的自我保护制度。

自力救济在法律上具有悠久的历史传统，由最初的私力斗殴发展到后来的保护自我权益，虽然随着国家公权力日益强势地介入私人纠纷及自力保护自身弊端的显现，其逐步退出正当权利维护舞台，但其自身的特点能弥补国家公权力保护的弱点，因而直到今日，自力救济在法律制度中仍是现代法治社会的有益补充。

当代不同国家和地区的法律都于公权力保护外允许权利人在特定条件下依靠私力维护其合法权益，抵御他人的非法侵害。例如，《德国民法典》第227～229条、我国《民法通则》第128～129条以及我国台湾地区"民法"第149～151条都分别规定了权利人可以通过正当防卫和紧急避险等自卫行为维护自身合法权益。

物权保护中的自力救济主要体现在物权人自力防御侵权人的非法侵害行为，该侵害行为可以是他人的积极作为，也可以是他人的消极不作为。自力救济特别是自助行为应注意相关的条件及限度，我国法律没有明确规定自助行为的要件。《德国民法典》第229条、第230条规定了自助行为的条件及限度。根据其规定："为自助目的而取走、灭失或毁损物的人，或为自助目的而扣留有逃跑嫌疑的义务人，或制止义务人对其义务容忍的行为进行抵抗的人，在不能及时得到机关援助，并且不立即处理即存在无法实现或严重妨碍实现请求权的危险时，其行为非为不法。"

同时，权利人在采取自助行为后，应尽可能快地请求公权力介入。而对于物权侵害而言，《德国民法典》第859条与第860条规定了占有人的自助权，维护占有人的合法占有，[1]此规定对于自主占有的物权人也自然适用。我国台湾地区"民法"第 151 条也规定了类似的要件。我国台湾地区"民法"第 151 条规定，"为保护自己的权利，对于他人之自由或财产施以拘束、押收或毁损者"，称为自助行为，是为法律所容许之权利保全措施，造成损害亦不负赔偿责任，但以不及受法院或其他有关机关援助，而且非于其时为之，则请求权不得实行或实行显有困难者为限。[2]

自助行为，可以分为两种：一种是自力防卫，指物权人对正在进行的非法侵害，依据自身私力予以防御甚至打击；另一种是自力取回，主要指物权人在其物被非法侵夺后，得以强力当场或就地追踪取回。我国对此没有明确规定，借鉴《德国民法典》的规定，我国也应承认该自助行为。

总体言之，物权保护中，法律允许在情况紧急且不立即行使救济权，以后请求公力救济将不可能或显有困难时，物权人得以私力抵御侵权人的不法侵害其物权的行为，维护自身合法权益。此处需要指出的是，自助行为中的私自强力不仅仅指物权受侵害的权利人自己，还包括非经国家公权力介入时的各种私自强力，物权人可以与其亲人、朋友等共同行使该自力救济。

（二）物权的公力保护（救济）

物权保护的公力救济主要指物权人在其权利遭受他人的非法侵害时，通过法律赋予的诉权请求国家公权力特别是司法机关介入，利用司法机关的国家强制力保护自己的物权。物权的公力救济集中体现了国家通过积极作为的方式保护物权人的合法权益，其可体现在公法及私法的各个法律部门中，同时其在具体保护措施上也各具特色。

物权的公力救济中，根据物权保护的法律依据不同可以分为公法上的保护和私法上的保护等。物权的公法保护和私法保护，两者相互区别又彼此配合，各侧重一方面，共同为物权人的合法权利提供法律保护和支持。

1. 物权的公法上的保护。物权的公法上的保护，主要指国家通过宪法、行政法、刑法及刑事诉讼法等公法性质的法律法规对物权的保护，而私法特别是我国《物权法》的物权保护也源于宪法关于物权保护的内容。我国《宪法》第 13 条规定，"公民的合法的私有财产不受侵犯。国家依照法律规定保护公民的私有财产权和继承权"。这是我国物权保护的基础性法律规定，也是我国其他公法与私法物权保护的法律依据。公法上对于物权的保护还体现在刑法及其他相关法律制度中，其总体而言皆为通过国家强行性规定维护物权人的合法权益不受侵害，使物权人的物

---

〔1〕《德国民法典》第 859 条规定："①占有人可以强力抗拒暴力。②以暴力取走占有人的动产的，占有人可以强力向当场遭遇的或追踪的行为人重新取回动产。③向土地的占有人以暴力侵夺占有的，占有人可以在侵夺后立即排除行为人重新取得占有……"第 860 条规定："依第 855 条为占有人行使事实上管领的人（占有辅助人），也有权行使依第 859 条享有的权利。"参见《德国民法典》，杜景林、卢谌译，中国政法大学出版社 1999 年版。

〔2〕 王泽鉴：《民法总则》，中国政法大学出版社 2001 年版，第 568 页。

权的行使得到切实的保障。但公法对物权的保护在实践中主要处于补充和辅助地位，物权作为私法中的一个理论内容，民法特别是物权法的规定，方是物权保护的基本内容。

2. 物权的私法上的保护。物权的私法保护，主要指物权人能够依据私法体系特别是民法及物权法的相关规定，抵御其他人的不法侵害，维护自身合法权益。我国《物权法》第 32 条规定："物权受到侵害的，权利人可以通过和解、调解、仲裁、诉讼等途径解决。"此为法律对于我国物权私法保护的总括性规定。但此仅为物权的私法保护方式的程序性规定，而物权私法保护的实体性规定则存在于民法的各个方面，其具体体现为：

（1）民法总论中的物权保护。民法总论作为民法的总括及抽象性理论概括的载体，也在不同方面体现了物权的保护，但基于其总括性规定民法基础理论的特点，民法总论中对物权权利人的保护往往通过其他制度间接地得以体现。例如自然人行为能力制度，宣告失踪、宣告死亡制度，法律行为制度以及代理制度等。

法律关于自然人行为能力制度的设定主要基于保护未成年人或意思能力有欠缺的人的权利，同时与之相配合的法定代理人制度在保护行为能力人的同时完善了其法律活动空间不足的缺陷；宣告失踪制度侧重于失踪人的权利保护，使被宣告失踪人的财产及物权得到有效保护和利用；宣告死亡制度则侧重于被宣告死亡人近亲属的保护，使其财产、物权及相关身份关系尽可能快地得以稳定；法律行为制度则是物权保护在正常社会交易中的概括体现，它与物权排他支配性正常行使受到他人不法妨害或物权之完满状态受到不法侵害时的请求权保护相互对应又相辅相成，前者是社会正常交易中的物权保护，而后者则为物权非正常状态下的保护。

（2）民法物权中的物权保护。民法物权中物权保护是私法以及民法关于物权保护的直接集中体现，我国《物权法》第一编第三章专设一章规定了物权保护的种种类型，该规定既包含了具有物权效力的请求权，如"物权确认请求权""原物返还请求权""排除妨害请求权""妨害防止请求权"，[1]又概括了具有债权效力的各种请求权保护方式，例如"恢复原状请求权""损害赔偿请求权"等。[2]

（3）民法债权中的物权保护。民法债权中的物权保护主要指在物权保护中具有债权效力的各种权利人请求权的规定，其涵盖了物权效力请求权外的其他保护方式。

三、物权保护的途径

所谓物权保护的途径，主要指物权人在法律行为或其他事实行为中得以行使其权利的手段。物权权利人可以请求国家公权力保护，也可以在某些特殊情况下以私自强力维护自身合法权益。我国《物权法》第 32 条规定了物权人维护其权利的四

〔1〕《物权法》第 33～35 条。
〔2〕《物权法》第 36～37 条。

种程序性途径。根据该条规定，"物权受到侵害的，权利人可以通过和解、调解、仲裁、诉讼等途径解决"，即在物权人的物权受到侵害时，权利人可以通过与侵害人和解、由法院或其他调解机构进行调解、基于仲裁机构的仲裁或向人民法院起诉等途径维护其合法权益。

第二节　民法物权保护的方式

物权保护作为法律主体权利保护最为重要的一方面，其保护在不同法律中虽然最终目的趋于一致，但不同部门法有许多具体不同的保护方式，例如刑法中危害财产权的保护中对于犯罪人的刑罚与民法中侵害物权的保护就相差甚远。

物的保护方式根据不同标准可以分为不同种类。例如根据物权保护的方式的不同可分为自力保护和公力保护；根据物权保护的法律依据的不同可以分为公法上的保护和私法上的保护；根据物权保护请求权效力的不同，物权保护中具体化的请求权可分为物权效力的请求权和债权效力的请求权。[1]本节重点研究通过物权请求权主张物权的私法保护。

一、物权效力的请求权

（一）物权效力请求权概述

1. 物权请求权的渊源及性质。根据大陆法系理论通说，物权效力的物权请求权主要指物上请求权或物权请求权，但我国《物权法》第 33 条规定的"物权确认请求权"同样属于物权效力的请求权。尽管有学者认为物上请求权与物权请求权含义不同，并主张物上请求权范围大于物权请求权，[2]但对于"原物返还请求权""排除妨害请求权""妨害防止请求权"三种类型的请求权属于物权请求权则无争议。

物权请求权，一般认为是指当物权人的物权归属或排他性支配使用受到他人侵害或非法干涉时，其得请求该侵害人为一定行为或不为一定行为，以维护其物权的完整和正常行使状态。

物权请求权的保护早在罗马法时代就已经以对物诉讼的形式存在了。罗马法中

---

〔1〕　根据传统划分，其应为物权请求权与"债权请求权"，但"债权请求权"的概念本身有争议（下文予以探讨），因而此处称为物权效力的请求权与债权效力的请求权，以期概念的明晰化。此处所称的物权效力的请求权并非指物权法规定的请求权或侵害物权产生的请求权，而指严格依附于物权的传统的物权请求权（下文将详细探讨），而债权效力的请求权则指除此之外的其他适用债法规则的请求权。二者虽然往往基于侵权人的同一不法行为产生，但其又有明显区别。二者的主要区别集中体现在两个方面：①物权效力的请求权的效力优先于普通债权的效力；②物权效力的请求权不适用于消灭时效，而债权效力的请求权适用消灭时效的规定。

〔2〕　苏永钦主编：《民法物权争议问题研究》，清华大学出版社 2004 年版，第 39～43 页。王泽鉴：《民法物权》（通则·所有权），中国政法大学出版社 2001 年版，第 64 页。

存在的物件返还诉（vei vindicatio），所有物保全诉（actio negatoria）等在效力上与物权请求权中的三种请求权基本一致。[1]在立法形式上，物权请求权制度为1900年的《德国民法典》所创设。《德国民法典》并没有明确规定物权请求权的概念和适用范围，其在物权编"所有权保护"中详细规定了所有权的保护，并于第985条和1004条规定了所有物返还请求权和妨害除去请求权及妨害停止请求权，并规定在其他物权中准用该所有权的保护规定。[2]此后，《瑞士民法典》以及我国台湾地区"民法典"均对物权请求权作了明确规定。[3]我国《物权法》也分别在第34、35条规定了原物返还请求权、妨害排除请求权与妨害危险消除请求权。[4]

物权请求权附随于物权，又隶属于请求权的范畴，因而其法律性质及适用范围等等都在理论界有着广泛的争议。关于物权请求权的性质，理论界有不同见解：①物权作用说。认为物上请求权乃物权之作用，并非独立之权利。②纯债权说。认为物上请求权即请求特定人为特定行为（排除侵害）之权利，为行为请求权，故为纯粹之债权。③准债权之特殊请求权说。认为物上请求权系一种准债权之特殊请求权。或谓物上请求权系请求特定人为特定行为之权利。就此而言，与债权相类似，但此项请求权系从属于物权，其发生、移转、消灭均从属于物权，故亦非纯债权，仅能谓其可准用于债权规定之权利，故又称为准债权说。④非纯粹债权说。认为物上请求权系对人之请求权，故非物权本身，而系独立之权利，然其命运与物权同，于物权存续期间不断滋生，故不罹于时效。惟虽系对人之请求权，但于破产之情形，却有异于普通债权之强势地位，强烈表现其系自物权派生之特色，故非纯粹之债权。⑤物权效力所生请求权说。认为物上请求权乃物权效力上所生之请求权，与物权不可分离，物权如有移转，此请求权亦应当随同移转。⑥物权派生之请求权说。认为物上请求权系由物权所派生，而经常依存于物权之另一权利。⑦所有权动的现象说。认为此种请求权系观念的、绝对的近代所有权，只是对于特定人主张的一种动的现象形态而已。[5]

谢在全先生在分析了上述学说后，认为物上请求权系依存于物权之独立之请求

〔1〕 周柟：《罗马法原论》（上），商务印书馆1994年版，第378~384页。
〔2〕 《德国民法典》第985条规定："所有人可以向占有人请求返还物。"第1004条第1款规定："所有权以因侵夺或扣留占有之外的其他方式受到侵害的，所有人可以向妨害人请求除去侵害。所有权可能继续受到侵害的，所有人可以提起不作为之诉。"参见《德国民法典》，杜景林、卢谌译，中国政法大学出版社1999年版第239、242页。
〔3〕 《瑞士民法典》第641条第2项规定了所有权的请求权，第927~929条规定了占有请求权；我国台湾地区"民法"于第767条将基于所有权的物权请求权分为"返还请求权""妨害排除请求权"和"预防侵害请求权"三种。
〔4〕 《物权法》第34条规定："无权占有不动产或者动产的，权利人可以请求返还原物。"第35条规定："妨害物权或者可能妨害物权的，权利人可以请求排除妨害或者消除危险。"
〔5〕 谢在全：《民法物权论》（上），中国政法大学出版社1999年版，第38页。

权。[1]上述观点主要是在日本民法学界的争论，而目前其通说也认为物权请求权是"一种派生于物权又依存于物权的独立的请求权，并非是纯粹的债权"。[2]在德国，其通说认为物权请求权是一种附属性权利而不是独立的权利，因为这种权利只为保证物权的完满状态而存在，不像其他权利那样有独立的存在目的。而且更重要的是，这种权利完全不可以与其本权脱离，不可以独立地转让于第三人。而独立的财产权利，必然具有能够独立转让的性质。同时，物权请求权具有消极性，它只是在物权的积极权能的行使受到妨碍时才能有行使的机会。而我国学者多认为，物权请求权既不同于债权，也不同于物权，而是一类独立的请求权，其理由主要为：

第一，物权请求权基于物权产生，与物权不可分离，其虽以要求特定人为特定行为为权利内容，但此种权利旨在保护物权，其来自物权的支配内容，目的在于使物权恢复圆满状态和支配力。只有当物权人的支配权利受到他人侵害时，为恢复物权的圆满状态，物权人才能行使此项请求权，故物权请求权与物权同一命运，此与债权之完全独立不同。

第二，物权请求权基于对有体物的保护而生，其产生根据在于物权是对客体进行支配并排斥他人干涉的权利。返还原物、排除妨害、恢复原状均是针对有体物的保护而创设，此与债权产生的原因亦不相同。

第三，物权请求权的产生原则上不考虑相对人是否有过错，受害人只需证明侵害或妨害的存在，即可提出请求，不需就侵害人的过错承担举证责任。而侵权行为所生之债权一般以侵权行为人的过错为要件。

第四，物权请求权的效力优先于债权请求权，当二者并存时，前者优先于后者。如在破产程序中，所有人对其物享有取回权，此种取回权实际上是由所有物返还请求权派生的，而此种权利当然应优先于一般债权而受到保护。

第五，物权请求权不适用消灭时效，而债权请求权适用消灭时效。物权请求权系与物权相依存，只要物权存在，则于物权受侵害时，物权请求权即行发生，亦即与物权同在，故应非消灭时效之客体。[3]

不同学者对于自罗马法以来传统的三种物权请求权"原物返还请求权""排除妨害请求权""妨害防止请求权"一般并无争议。其争议往往集中于物权请求权的范围、消灭时效的适用与否等方面，并最终归结到物权请求权的性质。

自德国民法以来，实体财产权利原则上可以分为支配权和请求权，物权请求权作为一项具有实体财产价值的权利，权利人没有对其侵害人或妨害人直接支配的权利，因而非属于支配权，而其自身的请求效力也表明其应为请求权的一种。

物权与债权系同一位阶的相对概念，物权请求权作为物权排他支配力正常行使

〔1〕　谢在全：《民法物权论》（上），中国政法大学出版社 1999 年版，第 39 页。
〔2〕　［日］近江幸治：《民法讲义》，王茵译，北京大学出版社 2006 年版，第 21 页。
〔3〕　谢在全：《民法物权论》（上），中国政法大学出版社 1999 年版，第 39 页。

或完满状态受到侵害或妨害时派生的请求权，作为物权的下位概念并无问题，但"债权请求权"却不能简单依次推定为债权的下位概念，因为债权本身即为请求他人为一定行为或不为一定行为的权利，请求权一方面是债权的上位概念，另一方面又是债权的一项权能。前者是基于请求权除了债权还包含身份法上的请求权等，其外延宽于债权；后者则是基于债权除了具有请求权效力外，还具有强制执行效力、处分效力以及保有效力等。[1]此种分类的不同直接导致了物权请求权的性质及体系位置的争议。而德国通说又认为，在请求权与债权之间不存在实质上的区别，[2]德国此处的观点是基于债权与请求权的内涵而言。因为债权与请求权均为请求他人为一定行为或不为一定行为的权利，此点二者并无差异，但二者的外延却不一致，前面二者基于不同依据所产生的位阶冲突即体现了这一点。而二者的真正关系是：其内涵是一致的，均为请求他人为一定行为或不为一定行为的权利，但其外延应是一个"交集"，即二者有一部分是相互重叠相互包含的，但同时又有一部分是各自独立的。因此，物权请求权所具有的请求他人为一定行为或不为一定行为的权能应隶属于请求权或债权，但由于其自身与物权的密切联系而又具有相对的独立性，因而说物权请求权是一项具有相对独立地位的请求权更为妥当。

2. 物权效力请求权的范围。多数学者认为物权请求权根据传统应包括"原物返还请求权""排除妨害请求权""妨害防止请求权"三种，[3]但也有学者认为物权请求权还应包括"恢复原状请求权"。[4]

根据传统民法，物权请求权不包括"恢复原状请求权"，但我国《民法通则》第117条第2款及第134条关于侵权的民事责任中规定了恢复原状请求权，我国《物权法》第36条也规定了恢复原状请求权，这应该是有学者认为"恢复原状请求权"隶属于物权请求权的法律依据。而其理论依据则是"恢复原状请求权"与"原物返还请求权"同为他人侵害物权应负担的责任，且侵害物权原则上应以恢复原状为基础，只有在恢复原状不能的情况下才可以要求损害赔偿，或者受害人有权选择何种赔偿方式。[5]

在他人不法侵害物权时，物权人有权要求侵害人承担恢复原状或损害赔偿的责

〔1〕 ［德］迪特尔·梅迪库斯：《德国债法总论》，杜景林、卢谌译，法律出版社2004年版，第16～19页。

〔2〕 ［德］迪特尔·梅迪库斯：《德国民法总论》，邵建东译，法律出版社2001年版，第69页。

〔3〕 谢在全：《民法物权论》（上），中国政法大学出版社1999年版，第36～38页。［日］近江幸治：《民法讲义》，王茵译，北京大学出版社2006年版，第23页。梁慧星、陈华彬：《物权法》，法律出版社1997年版，第63～67页。［日］田山辉明：《物权法》，陆庆胜译，法律出版社2001年版，第20～21页。

〔4〕 王利明：《物权法论》，中国政法大学出版社1998年版，第172～173页。张俊浩主编：《民法学原理》（上），中国政法大学出版社2000年版，第403页。

〔5〕 王泽鉴：《民法学说与判例研究》（第6册），中国政法大学出版社1998年版，第26页。

任，我国《物权法》第 36 条也规定了"造成不动产或者动产毁损的，权利人可以请求修理、重作、更换或者恢复原状"。但这并不意味着恢复原状请求权就应当归属于物权请求权，因为物权请求权与债权效力的请求权的主要区别即在于优先效力和消灭时效的适用不同，恢复原状请求权与损害赔偿请求权应同样为债权效力的请求权。如果认为恢复原状请求权属于物权请求权，在侵权人侵害物权时，物的完全灭失适用物权人的损害赔偿请求权，而物的毁损（部分灭失）则既可以适用损害赔偿请求权，也可以适用恢复原状请求权，此时侵权人对物的侵害仅有程度上的不同而已，却会导致产生物权请求权和债权效力的请求权两种情况，显然于理不合。

因而，根据我国《物权法》的规定，物权效力的请求权应包括"物权确认请求权""原物返还请求权""排除妨害请求权""妨害防止请求权"等。[1]

3. 物权效力请求权的优先效力。物权效力请求权为一种具有相对独立地位的请求权，其既有请求权的一般相对性，又具有物权的部分效力。

一般认为，物权效力请求权具有优先效力，物权效力请求权特别是所有物返还请求权本身即基于物权支配权产生，其虽然是请求权，但该物在被他人不法侵夺时，其物权并未丧失，因而基于物权支配性当然有其优先效力。法律之所以没有规定物权人在自助行为的条件丧失后仍允许其私力取回其物，主要在于维护占有的效力和社会秩序的稳定，但这对于物权人的物权并没有影响，物权的优先效力此时在物权效力请求权上仍然适用。

4. 物权效力请求权的时效适用。我国《物权法》没有规定物权效力请求权是否适用消灭时效，《民法通则》关于消灭时效的规定也没有明示其是否适用于物权效力请求权，我国大陆学者多赞成物权效力请求权不应适用消灭时效。[2]

德国民法原来也认为物权请求权不适用消灭时效，[3] 但在 2002 年德国《债法现代化法》施行后有了很大改变。根据新法，《德国民法典》在其第五章消灭时效的普通规定中规定一般请求权的"普通消灭时效为 3 年"（第 195 条），但其同时又规定了"土地所有权转让或土地上其他权利变更的请求权的消灭时效为 10 年"（第 196 条），而"基于所有权或其他物权而发生的返还请求权经过 30 年而完成消灭时效"（第 197 条）。同时，其又在物权编规定了"基于已登记的权利而发生的请求权，不受消灭时效的限制"（第 902 条第 1 款）。[4] 由学说观之，新的《德国民法典》明显的采用了折中说，即除已登记的物权外，其他物权均适用于消灭时效的规定。

---

〔1〕 "物权确认请求权"是我国《物权法》第 33 条明确规定的物权保护方式，虽然传统民法物权请求权中并无此请求权，但该请求权效力及适用均与其他三种请求权相一致，因而同应为物权效力的请求权。

〔2〕 张俊浩主编：《民法学原理》（上），中国政法大学出版社 2000 年版，第 349 页。

〔3〕 ［德］迪特尔·梅迪库斯：《德国民法总论》，邵建东译，法律出版社 2001 年版，第 90～91 页。

〔4〕 《德国民法典》，陈卫佐译注，法律出版社 2006 年版。

《法国民法典》第 2262 条规定了普通的消灭时效，该条规定："一切关于物权或债权的请求权均经过 30 年的时效而消灭，主张时效的人无须提出权利证书，并不得对其援用恶意的抗辩。"[1]《日本民法典》第 167 条规定："债权因 10 年不行使而消灭。债权或所有权以外的财产权，因 20 年不行使而消灭。"对于该规定是否包括物权请求权，虽然有学者认为物权请求权也适用消灭时效，[2]但根据其判例及理论通说，物权请求权随物权的存在而不断发生，不能脱离物权而单独适用消灭时效。[3]

对于物权请求权在我国内地是否适用消灭时效的问题，不仅要考察大陆法系其他国家的规定，还要考虑我国的立法学说。由上可知，我国内地学界的通说认为《民法通则》关于消灭时效的规定只适用于债权及其救济权，而对于物权请求权则无适用之余地。

本书认为，物权效力请求权由于其自身性质和范围有争议，因此简单地说物权效力请求权不适用消灭时效并不准确。由于物权效力请求权伴随物权的排他支配权及其完满状态受侵害而产生，因而物权效力的请求权不适用于消灭时效，因为"原物返还请求权""排除妨害请求权""妨害防止请求权"三种请求权中，前者系基于物权人的物被非法侵夺而产生，后两者系基于物权人的物权自由行使受他人妨害或有妨害之虞而产生，而"物权确认请求权"则为不同人对于物权归属争议的请求权，故只要侵夺或妨害及权利争议继续存续，物权人的物权就一直处于不完满状态，因而该物权效力请求权就应当一直存续，故其不适用于消灭时效的规定。而对于其他债权效力的请求权，例如物权遭到毁损或灭失后的恢复原状或损害赔偿请求权，由于其侵害已经结束并已转化为债权效力的请求权，因而其应受到消灭时效的约束。

（二）物权效力请求权的具体内容

物权保护的方式中，具有物权效力请求权的方式主要有"物权确认请求权""原物返还请求权""排除妨害请求权""妨害防止请求权"几种。

1. 物权确认请求权。物权确认请求权，主要指不同法律主体对于某一特定物权的归属及内容发生争议的，相关利害关系人请求人民法院确认该物权的请求权。

我国《物权法》第 33 条规定："因物权的归属、内容发生争议的，利害关系人可以请求确认权利。"根据该条规定，民事主体之间关于特定物的权利归属、内容发生争议的，可以请求确认权利。这些争议基本上可分为两点：①对某特定物的归属的争议，即利害关系人对某特定物是否属于某人享有物权发生争议，不同当事

---

〔1〕《法国民法典》，李浩培、吴传颐、孙鸣岗译，商务印书馆 1979 年版。

〔2〕 [日] 三潴信三：《物权法提要》，孙芳译，中国政法大学出版社 2005 年版，第 31 页。

〔3〕 [日] 近江幸治：《民法讲义》，王茵译，北京大学出版社 2006 年版，第 22 页。[日] 田山辉明：《物权法》，陆庆胜译，法律出版社 2001 年版，第 18～19 页。

人均认为自己对该物享有排他性物权；②对物权的内容发生争议，此多发生于不同当事人对同一物均具有物权，但对于各自所占有的范围或内容有争议。

物权确认请求权为实体法上的请求权，但又与诉讼法上的确认之诉相联系。而在确认之诉中，法律适用物权占有的权利推定效力，即主张其物权的人必须证明其权利，而被请求人则无须举证。[1]

物权占有的权利推定效力是前文所述的占有——物权理论的基础，我国《物权法》第五编"占有"中虽然未直接规定占有的权利推定效力，但该法第 17 条规定的不动产登记的权利推定效力和第 23 条规定的动产交付移转所有权的规定都表明了物权的权利推定效力。这也是由物权本身的性质决定的，因为物权的绝对性及排他性使用收益必然要求法律推定物权的表象占有行使人为现实权利人。因而，在一般的物权归属及内容争议中，该物权现实占有人无须主张自己的权源，而争议对方则需举证证明自己对于该物权具有合法权利。

物权确认请求权，一般是争议当事人直接向法院提起，但在某些争议中利害关系人也可以向有关主管部门提出，例如对于房屋所有权的争议或抵押权内容范围的争议，争议人可以向房屋管理部门提出。我国《物权法》第 19 条规定的异议登记制度即表明了此点，根据该条规定，权利人或利害关系人认为登记机关关于某不动产的登记错误时，可以请求其变更登记或注明异议登记。

2. 原物返还请求权。原物返还请求权，一般是指物权人对于无权占有人，得请求其返还所有物的权利，我国《物权法》第 34 条对此予以了明确规定。[2]

原物返还请求权是物权效力请求权的基础，因为占有是表彰物权权利的公示方式，即使在不动产登记日趋完善的现代法律制度下，占有仍然具有权利推定的法律效力，也是许多物权行使目的实现的必要条件。[3] 而原物返还请求权即是基于物权人对物的占有被侵害人非法侵夺而产生，因而返还占有的请求权，在物权效力请求权中是基础性的请求权。

原物返还请求权主要是物权人针对现占有人而主张的请求权。该请求权的权利人为物权人或有权占有该物的人，例如所有权人、质权人等。当他人非法侵夺质权人所占有的质物时，质权人可以依法向侵夺人请求返还该质物。原物返还请求权的相对人则为现占有人，且现占有人针对物权人没有合法占有的契约或其他的基础原因（例如出租人不得在租赁契约届满前请求承租人返还租赁物），也即现占有人针对返还请求权人没有正当抗辩权（如留置权等）。

---

[1]　我国物权法没有直接规定占有的权利推定效力，但《最高人民法院关于民事诉讼证据的若干规定》第 2 条第 1 款规定："当事人对自己提出的诉讼请求所依据的事实或者反驳对方诉讼请求所依据的事实有责任提供证据加以证明。"

[2]　《物权法》第 34 条规定："无权占有不动产或者动产的，权利人可以请求返还原物。"

[3]　动产移转与质权设定中以交付为生效要件，善意取得等法律制度也与交付有密切关系。

物权人得向现占有人请求返还，至于现占有人是否有过失则不予过问。现占有人善意与否只与孳息、费用和收益等的返还有关，而对原物返还无影响。[1]当然，此时的物权返还不得向善意取得人进行主张，因为此时在符合法定条件下善意第三人已经依照法律规定原始取得该物权，原物权人的物权消灭，其只能向无权处分人请求侵权损害赔偿或不当得利。另外，原物返还请求权还涉及一个返还费用问题。对于原物返还的费用原则上应由无权占有人负担，因为该请求权系基于无权占有人侵夺物权人的占有而产生，是以其返还费用也应由该无权占有人负担。

3. 排除妨害请求权。排除妨害请求权，一般指侵害人虽然没有完全侵夺物权人或占有人的占有，但却以作为或不作为的方式妨害了物权人物权的正常行使或占有人的正常占有，物权人或占有人依法可以请求消除该妨害的请求权。

一般而言，排除妨害只适用于物权人，但占有作为物权的表征和物权制度的基础，各国立法均将占有赋予类似于物权的保护，即占有人也享有排除妨害请求权，我国《物权法》对此也作了相应规定。[2]

排除妨害请求权与妨害防止请求权（消除危险请求权）统称为保全请求权，[3]即二者均为物权人或占有人行使其排他性支配权及正当占有权的延伸，该保全请求权的目的即实现物权及占有的完满状态。原物返还请求权针对的是他人不法侵夺物权人的物权或占有人的占有的情形，据此物权人得请求返还原物和占有；而排除妨害请求权针对的则是侵害人没有完全侵夺占有，只是以作为或不作为的方式妨害了物权人物权的正常行使或完满状态。

妨害人对物权的妨害一般可分为两种形式：一种是行为性妨害，主要指妨害人通过自己的行为导致对权利人的妨害，例如在他人的停车位上越权停车、在深夜大放音乐影响邻居休息等；另一种是状态性妨害，主要指妨害非直接由某个行为，而是由个别物或者设施的状态所引起，此时该物的持有人或经营该设施的人或者妨害状态位于其控制下的人就是状态妨害人。[4]不论是行为妨害人还是状态妨害人，物权人或占有人均可以要求他们排除或停止妨害。基于与原物返还请求权同样的理由，排除妨害的费用应由妨害人承担。

此处应注意的是，排除妨害请求权不得与权利人依法应当承担的容忍义务相冲突，权利人可能基于契约或法律规定对一些特定的妨害负有容忍义务，例如相邻关系中相邻权人之间的相互容忍义务、当事人于契约中约定的权利人需要承担的某些容忍义务等，此时权利人不得请求排除妨害。

---

[1] 关于占有时的孳息与收益的返还问题，一般而言，善意占有只返还现存收益，而恶意占有人则须返还全部孳息和收益，此问题在占有中有详细讨论，此处不予赘述。

[2] 《物权法》第245条第1款规定："占有的不动产或者动产被侵占的，占有人有权请求返还原物；对妨害占有的行为，占有人有权请求排除妨害或者消除危险……"

[3] 谢在全：《民法物权论》（上），中国政法大学出版社1999年版，第37～38页。

[4] ［德］曼弗雷斯·沃尔夫：《物权法》，吴越、李大雷译，法律出版社2002年版，第103～104页。

　　另外，在现代一些环境侵害中，特别是一些"非可量物"（噪音、灰尘、废气等）的侵害中，基于不同阶段，国家制定了不同的妨害标准，但符合该标准的"合法侵害"仍然普遍存在。对此问题法律没有明确态度，但基于民法保护私权的精神，即使一些所谓的"合法侵害"符合国家标准，只要其具体侵害了私法主体的权利，受害人一样可以主张排除妨害请求权或者损害赔偿请求权。因为国家标准只是针对环境总体容忍承受度的一个指标，符合了该标准只能说明产生这些侵害的主体没有违反国家强制性规定，不必受到行政方面的处罚，但如果其具体侵害了民事主体的合法权益，其一样应当承担相应民事责任。

　　4. 妨害防止请求权。妨害防止请求权，又可称为妨害预防请求权、消除危险请求权，主要指物权人的物权虽然没有受到现实的妨害，但根据实际情况明显有妨害的危险时，物权人得向该危险控制人主张消除该危险的请求权。

　　妨害防止请求权不要求有现实的妨害存在，只要有妨害之虞，物权人或占有人即可请求可能引起妨害的相对人消除该危险。对其可以准用排除妨害的规定。

　　除妨害请求权与妨害防止请求权（消除危险请求权）统称为保全请求权，[1]即二者均为物权人或占有人行使其排他性支配权及正当占有权的延伸，该保全请求权的目的即实现物权及占有的完满状态。原物返还请求权针对的是他人不法侵夺物权人的物权或占有人的占有的情形，据此物权人得请求返还原物和占有；而排除妨害请求权针对的则是侵害人没有完全侵夺占有，只是以作为或不作为的方式妨害了物权人物权的正常行使或完满状态。

二、债权效力的请求权

　　债权效力的请求权，主要指在物权保护中，适用有关债权法上请求权规定的物权保护的请求权。

　　债权效力的请求权根据其原因不同可分为基于法律行为的请求权和基于事实行为的请求权。基于法律行为的请求权主要由法律行为理论和合同法的相关理论予以调整，而基于事实行为的请求权则主要由债法总则的相关理论予以调整。

　　根据我国《物权法》的规定，除了上述的"物权确认请求权""原物返还请求权""妨害排除请求权"及"妨害防止请求权"外，物权保护还包括债权效力的请求权，即"恢复原状"和"损害赔偿请求权"，[2]此外，债权效力的请求权还包括"原物返还请求权"中的无权占有人占有他人之物所产生的收益、物的孳息以及相关费用的返还请求权，虽然是作为原物返还请求中的内容，但其效力却不同于原物返还请求权，其属于债权效力的请求权。因为这种请求权在效力及消灭时效的适用方面与债权相类似，而非同于物权效力的请求权。

　　1. 恢复原状请求权。恢复原状请求权，主要指物权人的物权受到他人不法侵

---

〔1〕　谢在全：《民法物权论》（上），中国政法大学出版社 1999 年版，第 37、38 页。
〔2〕　《物权法》第 36、37 条。

害或妨害致使其物权圆满状态不复存在时，权利人得请求侵害人或妨害人恢复物权完满状态的权利。

在侵权行为中，恢复原状请求权的物权保护主要表现为不法侵害人的侵害行为致使权利人的物受到毁损但尚未完全灭失的情况，此时权利人可以要求侵害人将其恢复至未受侵害前的状态。我国《物权法》第36条规定："造成不动产或者动产毁损的，权利人可以请求修理、重作、更换或者恢复原状。"根据该条规定，侵害人侵害物权人之物造成该物毁损的，权利人可以请求修理、重作、更换或者恢复原状。此处的恢复原状请求权不适用于物权人之物被完全毁灭且没有替代物的情形，因为在物完全灭失的情况下，恢复原状已成为不可能，此时物权人只能请求侵害人赔偿损害。无论是修理、重做、更换或是恢复原状，均是以债权请求权效力恢复物的原来功能。

2. 损害赔偿请求权。损害赔偿请求权，主要指物权人因其物权受到他人不法侵害而遭受损害时，得请求侵害人赔偿损害的权利。

物权人的物权被侵害后，物权人享有选择行使多种保护自身权利请求权的权利，其既可以通过物权效力的请求权优先于他人债权保护自己的物权，也可以根据债权效力的请求权维护自己的合法权益。特别是在物权人的物在被侵害过程中灭失且没有代位物的情形下，此时权利人的物权消灭，但其仍然可以主张债权效力的请求权，请求侵害人承担损害赔偿的责任。

我国《物权法》第37条规定："侵害物权，造成权利人损害的，权利人可以请求损害赔偿，也可以请求承担其他民事责任。"根据该条规定，物权人在其物权遭受损害时，均可以请求损害赔偿。此处应注意的是，该条规定的"其他民事责任"应如何理解？因为对于物权保护的请求权，不论是物权效力的请求权，还是债权效力的请求权，法律均已明文规定，而《物权法》并未明确指出"其他民事责任"为何种责任，依我国《民法通则》第134条的规定，承担民事责任的方式主要有："停止侵害；排除妨碍；消除危险；返还财产；恢复原状；修理、重作、更换；赔偿损失；支付违约金；消除影响、恢复名誉；赔礼道歉。"一般认为"支付违约金"主要为契约法的民事责任方式，"消除影响、恢复名誉""赔礼道歉"则主要为人身侵权法的民事责任方式。此处的"其他民事责任"应该理解为权利人在请求侵权行为人承担损害赔偿责任的同时，除了典型的合同责任和与人身权有关的责任形式以外，也可以请求侵权人承担上述相应的民事责任。

值得思考的是："侵害物权，造成权利人损害的"，不应仅仅指物权的损害，还应包括侵害物权的同时造成权利人人身或精神的损害，例如侵害人将物权人父母遗留下来的重要纪念物加以毁损，此时不仅造成了对该纪念物的损害，还给物权人造成了严重的精神痛苦，此时应允许权利人提起精神损害赔偿。《最高人民法院关于确定民事侵权精神损害赔偿责任若干问题的解释》第4条对此也予以了明确规定："具有人格象征意义的特定纪念物品，因侵权行为而永久性灭失或者毁损，物品所有人以侵权为由,向人民法院起诉请求赔偿精神损害的,人民法院应当依法予以受理。"而在其他侵害物权的同时造成权利人人身权损害的情形,权利人同样可以要求其承担精神损害赔偿责任。

第三节 物权保护时的请求权竞合

请求权竞合,主要指基于同一法律事实而发生两个或两个以上的内容一致的请求权时,权利人得选择行使主张其权利的情形。

物权人的物权遭受他人不法侵害时,物权人往往既可以根据物权法的规定依照具体侵害方式选择行使"物权确认请求权""原物返还请求权""妨害排除请求权""妨害防止请求权""恢复原状请求权"及"损害赔偿请求权"等物权法上的请求权(此处的请求权并非仅仅指物权效力的请求权,而泛指物权法体系内的请求权),还可以基于物权人与侵害人之间的具体基础性法律关系行使其他请求权(例如合同请求权等)。此时即会产生物权人的物权法上的请求权与基础法律关系请求权的竞合。我国《物权法》第38条第1款规定:"本章规定的物权保护方式,可以单独适用,也可以根据权利被侵害的情形合并适用。"此处的合并适用一般应理解为请求权竞合的关系。

一、物权法上的请求权与合同请求权的竞合

物权法上的请求权与合同请求权的竞合主要表现在当事人具有合同基础法律关系时,侵害人侵害物权人物权的同时也构成了合同法上的违约行为,此时物权人享有物权法上的请求权,还享有合同法上的请求权。例如以占有、使用、保管他人之物为目的或内容的合同(租赁、保管等),在合同终止后,占有使用人或保管人根据合同法负有向所有人或其他物权人返还标的物的义务,若其拒不返还标的物,此时即发生物权法上请求权与合同请求权的竞合。

物权法上的请求权与合同请求权竞合时,物权人可以自由选择对其有利的请求权予以主张以维护自身的合法权益。因而,在合同请求权罹于时效时,物权人仍然可以根据物权法上的请求权请求返还原物,以维护自身合法权益。但在某些特殊情况下,特别是法律在某一请求权上对于权利人的权利行使进行了限缩性规定,此时应排除普通规定而优先适用该限缩性规定。例如在合同法中的无偿保管或无偿赠与关系中,法律规定仅于赠与人或保管人存在故意或重大过失时方承担损害赔偿责任,那么当物权法上请求权与该合同请求权产生竞合时,应优先适用合同法上请求权。因为法律已经就此情形减轻了侵害人的责任,如果仍任由物权人自由选择请求权,则法律设置保护无偿赠与人或保管人的目的就会完全落空。至于一般没有特殊限制的请求权,权利人则可以自由选择行使物权法上请求权或合同请求权。

二、物权法上的请求权与不当得利请求权的竞合

无法律原因而获得利益,同时使他人遭受损失,即构成不当得利。此时,不当

得利人须返还其所得利益，如果该利益为他人物权之标的物时，即会产生物权法上的请求权与不当得利请求权的竞合。即如有学者所称：不当得利的规范功能是调整不符合利益所有人的财产变动，其中也当然包括物权的变动。而物权人在其物受到侵害时，也有依物上请求权行使返还原物的请求权。此时就同一标的物的返还，发生了不当得利之请求权与物权效力请求权的竞合。[1]物权法上请求权与不当得利请求权的竞合主要表现为两种情况：

1. 给付性不当得利与物权法上请求权的竞合。不当得利的类型，基本上可以分为给付性不当得利与因给付外事由之不当得利，而给付性不当得利为最重要、最具决定性的基本概念。[2]在给付性不当得利中，不当得利请求权主要与原物返还请求权或恢复原状请求权产生竞合。此时原则上物权人可以自由选择行使物权法上请求权或不当得利请求权，且在不当得利请求权不能完全维护物权人的合法权益时（例如不当得利请求权罹于消灭时效或请求权义务人因资不抵债而破产），物权人仍然可以根据原物返还请求权的物权效力请求返还其物（其不罹于时效或在破产时享有取回权）。

2. 侵害性不当得利与物权法上请求权的竞合。侵害性不当得利主要表现为不当得利人基于使他人物权遭受侵害的方式获得利益，而使物权人受损失的情形。此时不当得利人可能同时构成侵权行为（不当得利人自己基于过失不法侵害他人物权），但侵害性不当得利不限于此，因为基于第三人之行为或法律规定也可能构成侵害性不当得利。例如建筑公司误将甲公司之建筑材料认为为乙公司所有而为乙公司建成办公楼；再如法律规定的添附等均可以构成不当得利。此时不当得利请求权与物权法上请求权的竞合主要表现为损害赔偿请求权与不当得利请求权的竞合，因为此时原物根据法律规定已经灭失，物权人只能请求损害赔偿。而在不当得利人基于侵权行为侵害他人物权时，则可能产生恢复原状请求权与不当得利请求权的竞合。但无论何种形式，物权人原则上均可以选择适用各项请求权维护自身权益。

三、物权法上的请求权与侵权行为所生请求权的竞合

物权法上请求权与侵权行为（侵害物权）所生请求权均为对于物权人所有权或他物权的保护，或者说二者均为物权人所有权或他物权受到不法侵害所生之请求权。不法侵害人侵害他人物权构成侵权行为时，此时侵权行为所生之请求权与物权法上请求权产生竞合。

传统物权法认为，物权之保护以排除侵害和损害赔偿为两大支柱，物权效力请求权属于前者，而侵权行为所生损害赔偿请求权属于后者。二者在性质上存在明显区别：一个是基于物权的请求权，另一个是债权请求权。但两种请求权时常重叠，其均发生于一定的侵权事实，因而都是物权受到侵害时法律的救济手段。但是二者

---

〔1〕 张俊浩主编：《民法学原理》（下），中国政法大学出版社 2000 年版，第 939 页。
〔2〕 王泽鉴：《民法学说与判例研究》（第 1 册），中国政法大学出版社 1998 年版，第 425 页。

的权利内容和归责原则不同，侵权行为所生请求权是以金钱赔偿为内容，而物权效力请求权是以返还原物或排除妨害为内容，只有侵害者或侵权行为者有故意或过失时，才产生侵权之债请求权，而无故意或过失时，则不构成侵权行为，只能发生物权效力请求权。

上述物权效力请求权与侵权行为所生请求权的关系并没有反映物权法上请求权与侵权行为所生请求权竞合的实质。的确，在侵害人没有故意或过失时，往往不产生侵权行为的后果，也就不会产生二者的竞合（特殊侵权行为除外），此时当然只能适用物权法上请求权。但此时探讨物权法上请求权与侵权行为（侵害物权）所生请求权的竞合已经没有意义，因为此时根本不存在竞合的关系，也就无从进一步探讨二者的适用问题。而在一般发生侵权行为与物权法上请求权竞合的情况下，才会产生二者如何适用的问题。二者是否会产生排斥或有无优先适用的关系？一般来说，在二者产生竞合时，物权人仍可以自由选择一种请求权维护自己的合法权益，当然，在侵害人因无过失而不构成一般侵权行为时，物权人只能依据物权法上请求权保护其物权。

第五章 物权法的基本原则

在对物权的性质和理念、物权法律关系的特征、物权客体的特点、物权的效力、物权的变动、物权的保护等一切物权所具有的共性内容的研究的基础上，本章以物权法的基本原则作为物权总论的总结性问题。

第一节 物权法基本原则概述

一、物权法基本原则的意义

物权法律规范作为调整财产关系的基本规则，内容庞杂，虽然立法者尽力将物权法调整的内容规定得详细具体，但总会出现不周延或滞后的情况，因此需要以物权法基本原则的精神指导有关物权的民事活动。

物权法的基本原则是物权制度本身特有的，反映物权法特点的，在形成物权规范、确定物权类型、变动物权、行使物权、保护物权以及理解适用物权法和解决物权纠纷时应遵循的基本原则，是贯穿物权法始终的具有指导意义的原则。

物权法的基本原则并非都在各国民法典的物权规范中明确规定，但根据物权规范诸条文的表述，即可归纳总结出物权法特有的基本原则。

二、物权法基本原则的作用

（一）物权立法的指导准则

物权法基本原则在物权法律规范的制定中具有纲领性指导作用。正如德国学者施蒂纳尔所言："对某一法律领域进行立法规范时，立法者在所有的技术细节之前就必须清楚地知道，对该领域法律材料之构造起准则作用的基本思想和原则。立法之始须明了其目的之所在。"[1]

物权法基本原则反映了物权法调整对象的性质和规律，体现了物权法的立法目的和追求目标，是物权法律规范制定的出发点和理论依据，物权法律规范的制定应以物权法的基本原则为指导。同时，物权法的基本原则保证了物权立法体系的一致性和相互协调性。在物权法律规范的制定中，尽管因实际情形的不同需要运用不同的调整方法，但这些不同的方法和措施最终都在基本原则的基础上获得和谐统一。

（二）物权规范解释的准则

物权法基本原则在适用物权规范处理纠纷时具有准据作用。该作用表现为三个

---

〔1〕 〔德〕鲍尔、施蒂尔纳：《德国物权法》（上），张双根译，法律出版社 2004 年版，第 57 页。

方面：①排除与物权法基本原则相冲突的具体法律规范的适用，即在具体适用法律中，与物权法基本指导原则相冲突的规范一概无效。②对实践中发生而法律又没有明确规定调整规范的案件，可依法理适用基本原则作为法律规范的准据。③在物权规范适用中需要对其予以解释时，应以基本原则为指导进行法律解释。

（三）物权活动应遵循的准则

物权法基本原则对于物权法律关系的当事人具有普遍的约束力。法律是确定性规则，尽管立法者在制定法律时试图尽力规定得明确完备，使任何行为都有法可依，但这是难于做到的。首先，法律不可能针对每个人、每一特殊状况单独立法。其次，社会的不断发展与法律制定后的相对稳定的状态，不可避免地使法律与社会生活或多或少脱节。对物权活动中出现而物权法又没有规定的情形，物权关系的当事人则须遵循物权法基本原则的精神设定、变更、消灭物权。只要是他们根据物权法的基本原则的精神进行的以物权为内容的民事活动，一般情况下即为合法有效的，能够受到法律的保护。[1]

物权法基本原则像民法基本原则一样，是民事主体正常生活状态在法律观念中的提升和理论抽象。其指导作用并非通过由上而下的全民普法教育而实现，只要民事主体依据其固有传统习惯和正常交易观念行为即符合了物权法的基本原则。

三、关于物权法基本原则的讨论

物权法基本原则的存在及其重要作用在理论界基本上已达成共识，但对于物权法应有哪些基本原则，学者间存在较大争议，大致可概括为以下几种观点：

1. 二原则说。该说认为各国物权立法共同遵循、我国物权立法中也应肯定的基本原则有物权法定和公示公信两项。[2]

2. 三原则说。该说的主流学者认为物权法的基本原则为三个，即物权法定、一物一权、公示公信。[3]

3. 四原则说。四原则说又有几种：一种观点认为在三原则之上增加物权行为独立原则；[4]另一种观点认为物权法的基本原则包括物权的法定性原则、物权的排他性原则、物权的弹力性原则和物权的公示性原则；[5]还有的认为物权法基本原则应为物权法定、一物一权、公示公信以及物权效力优先原则；[6]也有的认为应是物权法定原则、一物一权原则、公示公信原则及区分原则四种。[7]

4. 五原则说。五原则说中也有不同观点，有的认为物权法的基本原则为物权

〔1〕　屈茂辉：《物权法·总则》，中国法制出版社 2005 年版，第 77 页。

〔2〕　温世扬：《物权法要论》，武汉大学出版社 1997 年版，第 21 页。

〔3〕　张俊浩主编：《民法学原理》（上），中国政法大学出版社 2000 年版，第 388 ~ 389 页。

〔4〕　刘保玉：《物权法》，上海人民出版社 2003 年版，第 148 ~ 168 页。

〔5〕　余能斌主编：《现代物权法专论》，法律出版社 2002 年版，第 40 ~ 50 页。

〔6〕　崔建远："我国物权法应选取的结构原则"，载《法制与社会发展》1995 年第 3 期。

〔7〕　屈茂辉：《物权法·总则》，中国法制出版社 2005 年版，第 78 ~ 79 页。

法定、一物一权、公示公信、物权的效力优先与物权行为独立五项;[1]有的认为物权法的基本原则为物权法定原则、物权绝对原则、物权公示原则、物权特定原则、物权抽象原则五项原则。[2]

以上关于物权法基本原则内容范围的争议不可谓不大,可以说明众说纷纭、莫衷一是,但仔细分析之下,其并非是根本对立的观点。无论是最简要的二原则说还是范围最广的五原则说,都一致承认物权法定原则和物权公示公信原则,而对于其他原则的争论往往是由于学者关注点和观察角度的不同所致。例如物权行为独立原则与区分原则本质并没有太大区别,只是前者外延小于后者,被后者所包含;而一物一权原则、物权的排他性原则同样被物权绝对原则所包含。根据我国《物权法》第一编第一章"基本原则"各条规范所表述的精神,我们认为,物权法的基本原则应包括物权绝对原则、物权客体特定原则、物权法定原则、公示公信原则和区分原则五项原则。

第二节 物权绝对原则

一、物权绝对原则的意义

物权绝对原则是指根据物权的绝对性、排他性,物权人可以根据自己的意思依法行使物权,直接支配标的物并排除一切非物权人的侵害。

物权绝对原则绝不意味着权利的绝对行使和物权不受法律制约。自物权关系产生、物权法确定物权的类型和内容后,物权就是受制约的权利。物权人应在不违反法律、不危害邻人以及公众利益的基础上,依自己的意愿行使物权。

二、物权绝对原则的内容

(一)物权的支配性、排他性和对世性

物权绝对原则首先表现为物权的支配性、排他性和对世性。

1. 对物权标的物的直接支配性。物权人无需义务人的协助行为,仅凭物权人自己的意愿即能支配物实现权利内容的利益。

2. 行使物权的排他性。此种排他性表现为两方面:支配力的排他和妨碍的排除。支配力的排他是指在一物之上只能存在一个完全支配权,一个特定物上不得存在两个不相容的物权。例如,一个物上不得存在两个所有权或内容相冲突的用益物权等。妨碍的排除是指一旦物权的正常行使受到妨害或物权的完满状态受到侵害,物权自身立即产生对侵害人的物权请求权以恢复自己物权的完满状态。物权行使的排他性是由物权自身的性质决定的。

3. 物权的对世性。物权的对世性侧重于物权在法律关系层面上的绝对性。如

---

[1] 钱明星:"论我国物权法的基本原则",载《北京大学学报(哲学社会科学版)》1998年第1期。
[2] 孙宪忠:《德国当代物权法》,法律出版社1997年版,第78~87页。

前所述，物权关系是人与人之间对物的关系，正是因为除物权人以外的一切义务人的不作为，即容忍、尊重和不干涉义务的履行，物权的支配力才得以实现。

（二）一物一权

物权绝对原则的另一体现是"一物一权"主义。

1. 对一物一权的理解。对于物权法上一物一权的含义，理论上有不同理解。有观点认为"一物一权主义系指一物上仅能成立一个所有权，一所有权之客体，以一物为限而言。推而言之，一物只能有一权，故物之一部分，不能成立一物权，一物就有一权，故数个物不能成立一物权，物权的计算以一物为单位"；[1]另有观点认为一物一权是指一物上仅能设定一个物权，而不能设定两个以上内容不相容的物权。[2]此两种学说的差异并不导致根本上的矛盾冲突，只是后者认为一物一权不仅指一物上只能存在一个所有权，还包括一物上不能存在两个内容不相容的其他物权，例如同一物上不能存在内容相冲突的两个用益物权。

一物一权应理解为在一物上不能并存两个所有权或两个支配权。

2. 一物一权的意义。

（1）物权的客体以一物为限。这里的"一物"，是法律意义上的"一物"，不是物理意义上的"一物"。它可以是单一物，当合成物、附合物、集合物以及主物与从物视为"一物"时，也认为是物权标的物所指的"一物"。例如，当企业这一集合财产，作为移转所有权的标的物时，企业为"一物"。法律上能称为"一物"的，是独立的特定物。

（2）一物上只能有一个支配权。这里的"支配权"，既包括所有权，也包括限制物权中的支配权能。就所有权而言，一个物上绝不可能存在两个所有权或者多重所有权。就用益物权而言，只能有一个以占有为内容的权利，一物已经为他人设定了占有、使用的权利，此物便不可能再由第三人享有同等支配效力的权能。就担保物权而言，是对特定价值的支配。对抵押权而言，虽然同一物上可以设定多个抵押权，但是各权利人的权利支配效力不同，就特定物的价值而言，并不违反一物一权原则，实质上是"一特定价值一个抵押权"。这里的特定价值，可以理解为表现为货币的物。

（三）物权请求权与物上代位权

物权请求权与物上代位权是物权绝对原则的重要保障。

1. 物权请求权。在物权人正常行使其物权时，物权主要表现为其独立支配性和排他性效力，而一旦物权的正常行使受到妨害或物权完满状态受到侵害时，物权人则须通过物权请求权维护其合法权益。因此物权请求权是物权绝对原则中保障物权独立性和完满性的防御性措施，也是物权绝对性的重要内容。

---

〔1〕　谢在全：《民法物权论》（上），中国政法大学出版社 1999 年版，第 18～19 页。

〔2〕　王利明：《物权法论》，中国政法大学出版社 2003 年版，第 85 页。

2. 物上代位权。物上代位权是物权的完满状态在受到侵害时在物权请求权以外的物权保护方式，此主要表现为物权人之物被他人占有时的物权保护方式。

物上代位权一般认为是物权自身追及效力的延伸，即在物权人的物被他人占有并遭受毁损时（此毁损可以是该占有人所为，也可以是第三人所为），该毁损物的损害赔偿或补偿物亦为物权人的物权效力所及。例如承租人占有出租人之汽车，该汽车因第三人的侵权行为遭到毁损，而侵权人赔偿了一辆同一型号的汽车，该赔偿物也为物权人的物权绝对效力所及。

三、物权绝对性的限制

物权绝对性的限制，主要是指物权人在自由行使其独立支配权时，要受到法律强制性规定及其他一些法律原则的限制。物权具有绝对性，并不意味着物权人可以为所欲为，无视法律的强制性规定随意支配其物权进而损害他人合法权益或社会公共利益。即使是作为完全物权的所有权，在崇尚所有权绝对原则的西方国家也并不存在毫无限制的所有权。在有法律文明的历史上，物权的排他性基本上一直受到限制。

一般认为，所有权绝对的原则在近代法上确立于《法国民法典》，该法第544条规定："所有权是对于物有绝对无限制地使用、收益及处分的权利，但法令所禁止的使用不在此限。"该规定继承了法国《人权宣言》中"所有权神圣不可侵犯"的理想，明确了所有权的绝对性。应该说，在当时的历史条件下，所有权的绝对性在根除封建土地所有权的种种身份的束缚，以及摆脱人身依附关系方面发挥了巨大的积极作用，并在19世纪资本主义发展前期有力地推动了社会经济的发展。因而在近代法学中"所有权神圣""契约自由"和"过失责任"成为私法的三大基本原则。

但随着社会的发展，物权人尤其是所有权人权利的无限绝对性及权利自由的滥用开始越来越严重地妨害他人合法权益和社会公共利益。因而近现代立法纷纷对所有权绝对原则予以限制，典型的便是1919年德国《魏玛宪法》中规定了"所有权负担义务、所有权的行使必须服务于公共利益"的原则。此后各国立法或理论均支持这一观点。因为物权绝对性和强烈的排他性效力对社会具有直接的影响，如果不对物权行使予以适当限制，任由物权人恣意滥用权利，将会严重损害社会正常交易秩序和公共利益。同时，对物权绝对性限制的目的是协调不同物权人之间行使物权的冲突，使物权人得以更好地行使其物权。

物权绝对性的限制既包括法律的限制，也包括公序良俗和诚实信用等法律基本原则的限制。公序良俗和诚实信用作为民法的基本原则，对于物权法的基本原则自然具有指导和约束作用。而法律的限制，主要体现为法律通过强制性规定对物权人行使物权的行为予以规制。法律限制可分为公法限制和私法限制两方面：

（一）物权绝对性的公法限制

物权绝对性的公法限制主要表现为国家为社会公共利益的需要，通过宪法、行政法等公法对于个人物权的限制。物权公法限制的基础必须是出于公共利益的需要，且实施限制必须有法律明确的规定并依照法律规定的程序进行。物权公法限制最突出的表现是征收和征用，前者直接剥夺了物权人的所有权，后者则对物权人的自由占有、用益进行了限制。我国《宪法》第 13 条规定："公民的合法的私有财产不受侵犯。国家依照法律规定保护公民的私有财产权和继承权。国家为了公共利益的需要，可以依照法律规定对公民的私有财产实行征收或者征用并给予补偿。"我国《物权法》第 42~44 条根据宪法的精神对征收和征用作了具体的规定。此为我国立法对于物权人的物权进行限制的规范性基础。

（二）物权绝对性的私法限制

物权绝对性的私法限制，主要体现为根据私法规定对当事人物权的限制，其根据发生原因又可分为两种方式：约定限制和法定限制。

1. 约定限制。私法特别是民法的一大特色即为当事人意思自治，只要不违反法律强制性规定，法律对于当事人自由设立的法律关系一般不予干涉并予以支持保护。因而在物权绝对性之行使中，允许当事人就该绝对性进行合意限制。私法中对物权绝对性的约定限制主要体现在限制物权的设立上，即当事人通过设立种种限制物权（用益物权或担保物权）对所有权进行限制。例如当事人之间约定设立抵押权或质权从而限制所有权人的自由处分或占有收益的权利等。

2. 法定限制。法定限制主要是在私法规范中通过直接的法律规定对物权人的物权进行的限制。法定限制的典型即为法律关于不动产相邻关系的规定，相邻关系人必须容忍对方对于自己所有权的某种扩张或限制。而法定限制的另一重要表现则为法律原则的限制，即法律关于公序良俗和诚实信用原则对于物权绝对性的限制，物权行使必须以不违反法律强制性和公序良俗和诚实信用原则为前提。我国《物权法》第 7 条也明确规定了物权行使时的限制："物权的取得和行使，应当遵守法律，尊重社会公德，不得损害公共利益和他人合法权益。"

第三节 物权客体特定原则

一、物权客体特定原则的意义

物权客体特定原则，又称物权客体确定原则，指物权仅仅成立于确定的、单个的、独立的、具体之物上，即指物权必须指向特定的单个物，未与其他物分开来的物不能成为物权客体。需注意的是，特定的单个物与特定物不同，特定物与种类物是相对应的概念。如果说物权的客体是特定物，那么种类物就没有物权人了。特定的单个物是强调作为物权客体的物必须是与其他物分开来的物，不是混合物、聚合物、集合物中的某物，也不是物的组成部分。物权客体特定，是由物权的绝对性和排他性所决定的，由于一物上只能存在一个独立支配的权利，因而物权的客体必须特定化，避免物权客体不能与其他物明确区分而引起纠纷。

物权客体特定原则不同于一物一权原则，一物一权原则侧重于物权在特定化之物上的范围问题，即在一物上可以存在所有权、用益物权及担保物权等内容不相冲突的物权。而物权客体特定原则是关于物权对象的指导原则，强调物权客体须以特定化之物为对象。

物权客体特定原则在交易活动中与债权既相互区别又相辅相成。物权法律关系的设立、变更和消灭，均须以确定的标的物为前提，即物只有在特定化之后，才能成为物权法律关系的客体，也才能发生物权的变动效果。物权的处分行为也必须以现存物的特定为基础，否则该处分不发生效力。而在债权法律关系中，债权关系只需当事人意思一致即可成立，至于债权所负担的履行义务中标的物是否特定甚至是否存在对于债权的设立都没有影响。债权的性质不要求标的物必须特定化。这也是负担行为与处分行为的重要区别之一。

二、物权客体特定原则的内容

（一）物权标的物须为现实存在的物

物权为人对物的支配权，具体物权一旦成立，必须要有物作为物权的载体，否则物权将成为一种虚空的"权利"，物的排他性支配效力也无从实现。因此，传统民法首先强调，物权的客体为物，并且须是现实存在的有体物。只有客体为物，才能称物权，而不是其他的权利。物权客体为有体物的特点也将物权与其他绝对权以及与债权区别开来。在债权关系中，当债权给付的标的为物时，即使该物不存在或物并未特定化，该债权关系仍然有效存在，而物权的存在则必须要求物权的标的物特定化。只有客体具体、确定，权利人才能依《物权法》第 34 条请求返还原物，权利人也才能依《物权法》第 36 条请求毁损物的人对物修理、重作、更换或者恢复原状。

（二）物权标的物须特定化

物权的支配性决定了"物权之客体必须为特定物，亦即具体指定之物，未具体特定之物，例如仅定有种类及数量之物虽可为债权之标的，订立债权契约，但不能以之作为物权之标的"。[1]当该特定物意外灭失时，对该特定物的物权即终止。

物的特定，不以物的自然状态的完成为必要条件，同时不以物的事实关联程度为标准。对于前者而言，即使某物尚未完成（如未建造完成的房屋、机器等），只要其可以与他物明确区分，即可以予以特定化并成为物权之客体。而后者主要体现为土地或高层建筑物的物权，因为就土地或高层建筑物而言，其在物理上并没有必然的分割线，土地为连绵不断的一块，建筑物为相互支撑的各个房间的整体，但只要在交易或实际利用中能够就一部分特定化，例如登记的一块土地或一间房屋，其仍可以特定化而成为物权之客体。

---

[1] 谢在全：《民法物权论》（上），中国政法大学出版社 1999 年版，第 17 页；另参见史尚宽：《物权法论》，中国政法大学出版社 2000 年版，第 6 页。

（三）物权的标的物须为独立物

物权的标的物必须是独立物。能被权利人占有、支配、交易的物，应独立成为一个整体，而不是物的组成部分，也不是物的重要组成部分。物权只能存在于各个独立的整体物上，物权客体独立性的特点在物权发生变动时和行使所有物返还请求权时尤为重要。

尽管在物理意义上物的重要组成部分与整体物可以分开，但分开后，所剩的部分则改变了物的整体性质。故"法律排除物的重要组成部分自己获得法律命运的可能性，因此也排除了主张返还（重要成分作为所有物）的可能性"。[1]

物权客体特定原则的本质是，一物的某一部分上不能成立所有权，物权以独立之物为客体，有多少独立之物就有多少个独立的物权。当作为物权的客体"一物"确定之后，该一物之上只能存在一个所有权，但"一物"之上可以并存数个内容互相不排斥的物权。

三、物权客体特定原则的理由

1. 为了确定物权支配力的范围。如果物权的客体不清晰，范围不确定，物权人无法支配物。

2. 为了公式的需要。物权是绝对权、对世权，具有排他效力，要使物权的效力得以实现，必须公示，以便将该物的权利边界告知他人。而公示的前提，要求所公示的对象需具有确定性、客观性。

物权客体特定原则作为物权法的基本原则，其与物权法定、物权绝对等原则是互为因果、相辅相成的。物权法定原则明确了物权的种类和内容，物权绝对原则奠定了物权独立性、排他性及与债权区分的基础，而物权特定原则进一步明确了物权的权利载体，通过物权客体特定明确了每一具体物上的物权范围和内容，与前两者互为表里，共同确立了物债二分的民法基本体系。

第四节　物权法定原则

一、物权法定原则的意义

（一）概念

所谓物权法定原则，主要是指物权的种类和内容等基本要素均由法律明确规定，除了法律明确规定的物权种类和内容外，当事人不得以约定或其他方式创设物权。物权法定中的"法"，通说认为是狭义的法律，即我国民法、物权法等基本法律，而不包括地方性法规、行政规章或习惯。

（二）关于物权法定原则的讨论

同其他任何重要法律原则或理论一样，关于物权法定原则的内涵，不同学者也

---

〔1〕［德］迪特尔·梅迪库斯：《德国民法总论》，邵建东译，法律出版社2001年版，第88页。

有种种不同观点。总的来说，学者们关于物权法定原则的观点主要有四种：

1. 物权法定原则指除了法律直接规定外，物权不得由当事人自由创设，亦即物权的种类（类型）和具体内容（权能），均以民法和其他法律所规定者为限，严禁当事人以约定任意创设。[1]

2. 物权法定原则包括三方面：①由法律直接规定物权的内容，禁止当事人创设法律没有规定的物权；②由法律直接规定物权的内容，禁止物权人超越法律规定行使物权；③由法律直接规定各种物权设立及变动的方式，非依法律规定的方式不产生物权设立及变动的法律效果。[2]

3. 物权法定原则包括四个方面：①物权必须由法律规定，不能由当事人随意创设；②物权的内容只能由法律规定，不能由当事人通过协议设定；③物权的效力必须由法律规定，不能由当事人通过协议加以确定；④物权的公示方法必须由法律规定，不得由当事人随意确定。[3]

4. 物权法定原则除要求物权的具体类型和数目以及权利人可以享有的各种物权的内容（至少是这些权利的基本方面）必须由法律强制规定以外，还要求当事人按照法律规定的类型和内容行使物权和进行关于物权的法律行为，如设立、移转、变更物权等。[4]

由上可知，不同学者关于物权法定原则的争议只是对其内容范围大小的意见不一，即关于物权法定原则中的物权的种类和内容必须由法律明确规定，当事人不得通过自由约定对此予以创设，学者们通常均持肯定态度。此也即为理论上所称的物权类型强制和内容强制原则。而上述争议的焦点主要集中于物权法定原则是否包括对物权的设立、变动、行使方式及公示方法和效力上的限制？

二、物权法定原则的内容

如前所述，不同学者关于物权法定的内容所持观点不同，但一般认为物权法定包括两方面的基本内容：物权类型法定、物权内容法定。

（一）物权类型法定

物权类型法定，又称为物权类型固定，主要指在当事人约定物权法律关系的设立、变更时，只能在法律规定的范围内选择物权的种类，而不得自由创设法律没有规定的物权类型。例如我国法律没有规定传统物权的地上权，因而当事人不得自由约定设立地上权，而只能在现有规定的土地承包经营权、建设用地使用权、宅基地使用权等物权中选择设立，否则将不会产生物权法上的效力。此与债权的设定自由不同，当事人在设立债权契约时，可以根据实际需要任意设立债权种类，其既可以

---

[1] 谢在全：《民法物权论》（上），中国政法大学出版社 1999 年版，第 36～40 页。

[2] 李开国：《民法基本问题研究》，法律出版社 1997 年版，第 267 页。

[3] 王利明：《物权法论》，中国政法大学出版社 1998 年版，第 88～90 页。

[4] 孙宪忠：《德国当代物权法》，法律出版社 1997 年版，第 79 页。

选择法律规定的典型契约，也可以自由合意设立新种类的契约。

（二）物权内容法定

物权内容法定，又称为物权内容固定，是指当事人在设立、变更物权时，只能根据现有法律规定的种类选择，同时必须遵循每种物权的法定内容，不得变更物权的具体内容。例如当事人在设立抵押权时，不能约定抵押权可以脱离主债权独立转让等，因为此种约定变更了抵押权的性质和内容，该约定无效。此与债权合意中的契约自由也是相对立的，债权契约中，当事人可以合意设立任何内容的契约，只要不违反法律强制性规定及公序良俗即可。

物权法定原则的本质，是排除当事人对法律已经确定的物权类型和内容加以更改的权利。

三、物权法定原则的依据

物权法定原则作为物权法的一项基本原则获得了绝大多数国家物权法的承认，对于物权法定原则的依据和必要性，学者们提出了相当详尽的理由。概括归纳学者提出的不同观点可知，确定物权法定原则的理由主要是：

1. 由物权的特性决定。物权与债权相比，具有绝对性、对世性以及可以对抗一般人的优先效力，并且物权涉及的范围较债权广，经过的时间也较长，如果允许当事人以契约或习惯创设，轻易地给予物权法上的保护，则有害公益，因此对物权的种类和内容必须限定。

2. 由物权的直接支配性决定。物权为直接支配标的物并享有其利益的权利。如物权的种类得任由当事人之意思自由创设，则所谓直接支配物之权利，将成为有名无实。

3. 有利于物之经济效用的发挥。物权与一国经济体制唇齿相依，与社会生活联系紧密，如物权得以任意创设，对所有权设置种种限制或负担，则势必影响物之利用。

4. 保障契约自由与交易安全。交易须以存在对物的支配权为前提，如果不以强行法确定支配权及其内容，交易便无法进行。如果不采用物权法定原则，为防止在一物之上任意创设不相容的数个物权，就不能不对个别的契约从外部加以控制（即限制契约的内容），这样就会使契约自由招致否定。因此，物权法定是意思自治得以成立的前提。物权具有对世效力，其得失变更应力求透明。只有将物权的种类和内容法定化，一般人才能对财产的归属一目了然；只有通过物权法定主义将物权类型化、法定化，财产秩序才能透明，交易才能安全和便捷。

5. 公示制度及国家管理的需要。如果允许当事人自由创设物权，必然增加公示的困难，因为法律不可能为当事人设立的每一种物权都提供一种合理恰当的公示手段。公示手段的有限性要求物权关系简明化，如果不限定物权的种类和内容，则公示手段难以满足其要求。特别是在不动产领域，如果允许各种繁杂的权利登记，无疑会造成物权登记上的混乱局面，也会使国家的管理陷于混乱。

6. 整理旧物权，适应社会需要。整理资本主义前的封建时代的土地上存在的复杂的物权关系，使土地的权利单纯化。[1]

总之，从制度发生学上分析，物权法定原则源于固定反封建的革命成果的需要。从物权性质来看，物权法定原则源于物权本身的内在要求。从物权的社会地位来看，物权法定原则源于物权对于一个国家基本制度的重要性。[2]从物权价值功能上看，物权法定原则便于物权公示，有利于保障交易安全及降低交易成本。物权法定原则作为物权法的一项基本原则自《法国民法典》以来一直是大陆法系多数国家的物权法都承认的。[3]

四、违反物权法定的效果

物权法定一般认为是国家关于物权种类和内容的强制性规定，当事人不得自由创设物权。根据民法的一般理论，违反法律强制性规定的法律行为无效，但当事人违反物权法定原则而以契约对物权约定处分并不是简单的一概无效。如果属于非依物权法或其他法律规定的物权种类、内容而设定的"物权"，一般来讲，不能发生当事人所欲达到的物权法律效果，但有可能发生其他效力的法律后果。根据不同情况，违反物权法定原则的法律后果主要有以下几种：

1. 法律对于物权的设立有特别规定时，依照其规定成立物权。

2. 法律无特别规定时，则属于违反法律之禁止规定，其物权创设行为依物权法定原则应确认为无效，不能发生物权法上的效果。如果当事人约定设立的"物权"不属于法律规定的类型或内容不符合法律的规定，则该"物权"之设立无效。例如当事人约定设立不移转占有的"质权"时，虽然当事人双方都同意设立该"质权"，但该设立行为无效，不发生质权的效力。

3. 当事人设立物权的行为部分违反物权法定原则，但不影响其他部分效力的，应认为其他部分仍为有效。例如在所谓的"流质契约"中，当事人约定债务人到期不能清偿债务时由债权人直接取得该质物，此时该约定直接违反了法律的明文规定，因而该约定无效。[4]但当事人设立质权的行为不因此而无效，其如果符合质权设立的条件，则质权仍能有效成立。

4. 物权设立行为无效，但其行为具备其他法律行为的生效要件时，在当事人之间仍然产生该法律行为的效力。通常情况下，当事人的约定虽然不符合物权法的

---

[1] 陈华彬：《物权法原理》，国家行政学院出版社 1998 年版，第 72～73 页。

[2] 屈茂辉：《物权法·总则》，中国法制出版社 2005 年版，第 85～88 页。

[3] 《法国民法典》并没有明文规定采用了物权法定原则，但根据其理论学界通说认为法国一直承认物权法定原则。

[4] "流质契约"的无效是各国物权法通认的一个观点，其主要为了保护出质人和债务人，以免债权人在债务人窘迫的不利条件下损害债务人的权利。因而我国《物权法》第 211 条也明确规定了"流质契约"的禁止，"质权人在债务履行期届满前，不得与出质人约定债务人不履行到期债务时质押财产归债权人所有"。

规定，不能产生物权法上的效果，但如果符合债权法上的要件，则在当事人之间仍然能产生债权法上的效果。

五、物权法定原则的争议与缓和

物权法定原则的产生及确立对于资本主义初期社会经济的发展起到了巨大的推动作用，对近代法律观念的形成和发展也具有极为重要的影响，还直接关系到一国的根本政治、经济制度。但无可否认的是，物权法定原则自身所具有的相对封闭性和滞后性，相对于当代社会经济的迅捷及社会交易之极端纷繁复杂，其弊端也是显而易见的。针对物权法定原则的过于僵化和可能出现的限制社会发展的弊端，学者们也提出了种种缓和的途径，其主张主要有两种：

1. 承认习惯法作为创制物权的直接依据。此种主张主要认为应当承认在社会经济活动中由习惯法产生的物权种类和内容。其又可以分为三种观点：

（1）物权法定无视说。此说由我妻荣等学者所倡导，认为应从根本上无视物权法定原则。其理由为，物权法定原则具有整理旧物权以防止封建时代旧物权复辟之功能，但这一原则对于习惯法是阻挡不了的。因为习惯法是由社会生活自然形成，物权法定原则对其不仅无阻止之可能，而且横加阻止反而有害。因而习惯法有废止强行法之效力。

（2）习惯法包容说。此说认为习惯应与法律具有同等效力，因而物权法定原则之"法"应包括习惯法。[1]

（3）习惯法有限承认说。此说认为物权法定原则中的"法"虽然并不包括习惯法，但从物权法定原则存在的理由来看，如依社会习惯发生的物权与物权的体系不发生障碍，与近代所有权观念不相违背，也不属于物权法定原则所排斥的封建物权，同时又能进行公示时，物权法定原则即丧失其适用基础，此时，可突破物权法定原则之拘束，直接承认该习惯法上的物权为有效。[2]

2. 物权法定缓和说。此种理论认为不应承认习惯法可以创设物权，而是应通过对物权法有关物权种类和内容的规定作"从宽"解释的方法，克服物权法定原则所产生的弊端，其具体做法是：或者对物权法定原则的内容作从宽解释，或者利用现行制度弥补物权法定之不足。[3]

不同学者针对物权法定原则的僵化等弊端提出了种种缓和或改进措施，但最终大都回到物权法定原则的坚持上，并没有从根本上否认物权法定原则。物权制度的本土性特征也决定了物权法定原则必须与各国的具体情况相结合。我国现阶段的主要任务不是研究如何通过习惯或其他方式创设新物权的问题，而是如何明确法律现

---

〔1〕　转引自谢在全：《民法物权论》（上），中国政法大学出版社 1999 年版，第 46～47 页。另参见梁慧星：《中国物权法研究》（上），法律出版社 1998 年版，第 69～70 页。

〔2〕　梁慧星：《中国物权法研究》（上），法律出版社 1998 年版，第 69 页。

〔3〕　尹田：《物权法理论评析与思考》，中国人民大学出版社 2004 年版，第 121～136 页。

有规定的物权内容及其实施的问题。因而，对于我国现阶段而言，物权法定原则仍为必须坚持的物权法基本原则之一。

第五节　公示与公信原则

一、公示与公信原则的意义

物权公示原则，是指因法律行为所产生的各种物权变动必须以法定公开的方式向社会公众予以展示，便于第三人查知，从而保护在社会正常交易中第三人的利益和交易的安全。其公示方法一般认为对于动产而言，以占有和交付为依据；对于不动产而言，则以登记为依据。

物权公信原则，是指符合法定公示方式的物权变动具有可予信赖的法律效力。无论实际权利与公示所表述的权利是否一致，法律赋予公示的权利具有与真实的物权相同的效力。即"依公示方法所表现之物权纵不存在或内容有异，但对于信赖此项公示方法所表示之物权，而为物权交易之人，法律仍承认其具有与真实物权存在之相同法律效果，以为保护之原则"。[1]

物权公示是物权公信力的基础，而物权公信力又是物权公示的重要目的之一。前者强调物权的享有必须具有第三人得以知晓的外在形式，而后者着眼于保护善意第三人的信赖和整体交易的安全。二者相互配合，维护物权变动的秩序。

二、公示与公信原则的内容

（一）公示原则

1. 公示原则的内容。公示原则的内容是，物权变动的事实凡是以法定形式公示的，产生权利变动和对世的效力。

2. 公示的对象。公示的对象是什么，一直是理论界争论的问题之一。概括言之，对公示的对象主要有四种理解：①认为公示的对象是物权享有的状态。[2]②认为公示的对象是对物权的变动，即"物权变动之际，必须以一定之公示方法，表现其变动，始能发生一定法律效果之原则"[3]。③认为公示的对象是物。例如《担保法》第三章第二节即是对"抵押物"登记的规定。④享有、变动及消灭说，认为物权公示是指物权的得失变动的公示，其应包括物权享有事实、物权变动行为以及物权消灭事实。[4]

我们认为，公示的对象应是物权权利归属的事实。通过公示向社会不特定人表述其物权的存在及物权的范围和归属情况，以获得非权利人对于物权的认知，从而

---

〔1〕　谢在全：《民法物权论》（上），中国政法大学出版社 1999 年版，第 60 页。
〔2〕　张俊浩编著：《民法简明教程》，中国人事出版社 2001 年版，第 131 页。
〔3〕　谢在全：《民法物权论》（上），中国政法大学出版社 1999 年版，第 56 页。
〔4〕　尹田：《物权法理论评析与思考》，中国人民大学出版社 2004 年版，第 237 页。

遵循不作为的消极义务以尊重他人的物权。

3. 公示的方式。为了将物权归属的事实公开化，以便第三人知晓，法律要求必须以法定的方式为之。《物权法》第 9 条和第 23 条分别规定，对于不动产，以登记为其权利变动的公示方式；对于动产，以交付为其权利变动的公示方式。

动产交付，即转移标的物的占有，是出让人将自己占有的物或物权证书交给受让人占有的行为。法律在动产上采取占有和交付作为物权权利归属和变动的公示方式，与占有本身的权利推定效力是一致的。而交付一般认为只是移转物权及占有的一个过程，其作为物权变动的公示方式更多的是法律为占有的移转提供了一个"过渡"，以免占有的中断。[1]

在占有理论中，一般认为占有具有权利推定的效力和事实推定的效力。权利推定效力主要指占有人在占有物上所行使的权利，推定其适法享有此项权利。如占有人在其占有物上行使所有权，即推定其有所有权。若他人对于占有人的权利提出异议，其须承担举证责任证明占有人没有该权利，否则法律即推定占有人享有权利。而事实推定则指在一般情况下，法律推定占有人在其占有物上为善意自主占有。[2]而动产以占有为公示方式显然是与占有的权利推定效力分不开的，占有人占有动产并行使物权，法律即推定其拥有该项物权，而社会公众基于对他人占有权利的推定效力也产生了对占有人作为物权人的信赖。因而在善意取得等保护善意第三人信赖和交易安全的制度中，占有的公示所赋予第三人的信赖具有重要意义。

对于不动产，各国均以登记为其公示方式。因为不动产的价值较大，尤其是土地直接关系到国家的基本权利依据和个人生活的最终保障，为了规范不动产交易秩序，保护交易中的第三人的利益，法律要求不动产物权享有的事实必须采用严格的登记方式。

4. 公示的效力。德国学者认为物权公示具有以下效力：①物权转让效力，即不动产的登记与动产的交付，不仅发挥着向社会展示当事人的物权变动的公示作用，而且还同时发挥着决定物权能否按照当事人的意愿设立、变更与废止的作用。物权公示直接决定了当事人的实体权利的效力。②权利正确性推定效力。权利正确性推定效力，指的是以不动产登记簿所记载的当事人的权利内容为正确的不动产权利、以动产的占有为正确权利人占有的原则。一般情况下，不动产登记簿记载之物权应该与实际的不动产物权一致，动产的占有与实际之物权一致。但基于某种原因导致不动产登记簿所记载的权利与当事人的实际权利不一致的情况也时有发生，此时对于第三人而言，其不需考虑该登记或占有是否与实际权利相一致，该权利推定

---

[1] 此处占有的中断主要指在交付中所可能存在的一瞬间的从原权利人移转于受让人的中间阶段，而非时效取得中的占有中断。

[2] 张俊浩主编：《民法学原理》（上），中国政法大学出版社 2000 年版，第 531～532 页。

为真实存在。《德国民法典》第 891、1006 条明确规定了该权利推定效力。[1] ③善意保护效力，即通过法定公示方式取得的物权不受原权利人追夺的效力。即使不动产登记簿记载错误或占有人没有实际权利，善意第三人仍能取得物权，经过公示的物权不得对抗善意第三人。

除了法律另有规定以外，物权公示的效力主要在于产生物权变动效果，[2] 而权利正确性推定以及善意保护的效力，既为公示的效果，也为物权公信力的体现。

由于不同国家和地区所采取的物权变动的方式不一致，故经过公示的物权效力在不同立法例中有不同表现。总体而言，表现为两种典型效力：

（1）公示对抗主义。公示对抗主义，主要指在物权变动的法律行为中，是否采取物权变动公示方式（交付或登记）对于物权的得丧变更没有直接影响，换言之，"当事人就标的物及其价金相互同意时，即使标的物尚未交付、价金尚未支付，买卖即告成立，而标的物所有权亦于此时在法律上由出卖人移转于买受人"。[3] 但如果动产未交付或不动产未登记，则相关的物权变动不得对抗与该物权标的物有利害关系的第三人。在采取物权变动意思主义的立法例中，例如法国和日本，物权的变动在当事人意思表示一致时即完成，其公示只是发生对抗第三人的效力。该效力被认为是法国意思主义立法模式及否定物权区分原则的核心所在。

（2）公示要件主义。公示要件主义，主要指在物权变动中，公示为物权变动的必备法律要件，直接决定物权变动的法律效果。换言之，物权变动成功与否直接取决于物权归属的事实是否经过公示，没有公示的，物权归属的关系不发生效力。而公示要件主义根据不同国家和地区所采物权变动立法例的区别在解释上也不尽相同。德国和我国台湾地区因采物权行为理论，故其物权变动采物权形式主义，公示为物权行为的一部分，物权行为本身即包含了动产的交付和不动产的登记，因而其自然采公示要件主义；而瑞士、奥地利、韩国等国民法，其未采用物权行为理论，故这些国家和地区的物权公示（交付或登记）只是当事人履行债权契约的法定形式。通说认为这是债权形式主义的立法模式，这种模式认为物权变动基于当事人意思表示一致（债权合同）即可成立，但物权变动的效果只有在公示后才发生。由此可见，债权形式主义的物权变动立法例与物权形式主义的立法例并没有逻辑上的必然联系，只是立法政策选择的结果。

我国《物权法》是否采取物权行为理论，以及在物权变动中是采物权形式主

---

[1] 《德国民法典》第 891 条规定："①在土地簿册中为某人登记权利的，推定其享有此项权利。在土地簿册中注销登记的权利的，推定此项权利不存在……"第 1006 条规定："①为动产占有人的利益，推定其为物的所有人……②为前占有人的利益，推定其在持续占有期间为物的所有人。"参见《德国民法典》，杜景林、卢谌译，中国政法大学出版社 1999 年版。

[2] 在采取物权变动形式主义的立法中（德国、瑞士），物权公示直接关系到物权变动的效果，但在采物权变动意思主义的立法中（法国、日本），物权变动不以公示为前提要件。

[3] 《法国民法典》，李浩培、吴传颐、孙鸣岗译，商务印书馆 1979 年版，第 223 页。

义还是债权形式主义一直存在很大争议。从我国《物权法》的相关规定看，应该认为，对于物权公示的效力，我国以公示要件主义为原则，兼采公示对抗主义。例如，我国《物权法》第 14 条规定："不动产物权的设立、变更、转让和消灭，依照法律规定应当登记的，自记载于不动产登记簿时发生效力。"第 23 条规定："动产物权的设立和转让，自交付时发生效力，但法律另有规定的除外。"此处原则上采纳了公示要件主义，但法律并未完全放弃债权意思主义。例如，《物权法》第 24 条规定："船舶、航空器和机动车等物权的设立、变更、转让和消灭，未经登记，不得对抗善意第三人。"

另外，此处的物权变动公示对抗主义或要件主义均是针对通过法律行为进行物权变动的情形，而在非法律行为（法律直接规定）导致的物权变动中，例如，因继承、先占、时效取得、征收征用等因素导致的物权变动，此时即使采物权变动公示要件主义的立法例也承认因非法律行为产生的物权变动依法律规定直接发生，但大都附加了一个限制条件，即物权虽然因法律规定自动发生移转，但非经变动公示不得处分。对此我国《物权法》也明确规定了依法律规定直接发生物权变动的，非经登记，不得处分。[1]

5. 公示原则的立法理由。

（1）使物权变动的事实为第三人所知晓。物权为对世权，其前提是必须为社会公众所知晓，否则难免造成物权混淆和相互侵犯，只有非物权人知其物权存在，才可负担尊重他人物权之义务。物权公示具有向社会不特定人宣示其物权，透明物权关系，维护财产静态安全的意义。

（2）保护交易安全。物权公示的基础功能在于维护交易安全。在采物权变动形式主义的立法例中，公示直接决定了物权变动的效力，也即决定了物权交易的成败。即使在采物权变动意思主义的立法例中（法国、日本等），虽然物权交易的成败取决于当事人意思表示的一致与否，但物权归属变化的事实如未进行公示，则不得对抗有利害关系的第三人，因为该交易很可能因物权被第三人追夺而失去意义。

（二）公信原则

如前所述，公信原则是指法律赋予某些经过法定公示的物权以权利正确性推定的效力，其典型表现是：无论实际权利与公示所表征的权利是否一致，法律一概承认善意第三人对于该权利表征效力的信赖。即"依公示方法所表现之物权纵不存在或内容有异，但对于信赖此项公示方法所表示之物权，而为物权交易之人，法律仍承认其具有与真实物权存在之相同法律效果，以为保护之原则"[2]。由物权公信原则的意义可知，物权公信原则主要针对的是非正常状态下的交易第三人的信赖保护问题。因为"在公示的物权状态与真实的物权状态完全吻合的情形，第三人对

---

[1] 《物权法》第 28 ~ 31 条。

[2] 谢在全：《民法物权论》（上），中国政法大学出版社 1999 年版，第 60 页。

物权公示的信赖不会被辜负，故不存在信赖利益的任何损害，物权公示的公信力无从积极表现，亦无所谓公示的公信力之有无。惟在公示的物权根本不存在或者其内容与真实物权不相符合，此时，方存在为物权交易的第三人的信赖利益，而物权公示的公信原则，则对第三人的此种信赖予以保护，以维护交易安全"[1]。

物权的公信效力来源于物权的公示，即物权人以法律规定的公示方式将其享有的物权或者进行的物权变动予以公示时，法律赋予公示的物权为第三人所信赖的公信力，至于该物权的实际权利是否与物权公示产生的权利状态相一致，对于第三人的信赖没有影响。此处法律原则上采取客观性标准，即以一般社会第三人所认为的物权状态为信赖的根据，而不考虑可能存在的与之不符的物权实际权利状态。只有在特殊情形下，即第三人为明显恶意（明知或可得而知）时，方突破此公信效力。具体而言，物权公信效力基本上分为权利正确性推定效力和善意保护效力：

1. 权利正确性推定效力。权利正确性推定效力，指的是以不动产登记簿所记载的当事人的权利内容为正确的不动产权利、以动产的占有为正确权利人占有的原则。一般情况下，不动产登记簿记载之物权应该与实际的不动产物权一致，动产的占有与实际之物权一致。但基于某种原因导致不动产登记簿所记载的权利与当事人的实际权利不一致的情况也时有发生，此时对于第三人而言，其不需考虑该登记或占有是否与实际权利相一致，该权利推定为真实存在。《德国民法典》第891条、第1006条明确规定了该权利推定效力。

我国《物权法》对于物权的权利推定效力也作了明确规定。《物权法》第16条规定："不动产登记簿是物权归属和内容的根据。不动产登记簿由登记机构管理。"第17条规定："不动产权属证书是权利人享有该不动产物权的证明。不动产权属证书记载的事项，应当与不动产登记簿一致；记载不一致的，除有证据证明不动产登记簿确有错误外，以不动产登记簿为准。"

2. 善意保护效力。善意保护效力，一般认为是指善意第三人基于对物权公示及相应的权利正确性推定效力的信赖，与物权权利表征人进行交易获得的物权不受真正权利人的追夺，其善意信赖受法律保护的效力。

善意保护效力与权利正确性推定效力是相辅相成的，善意第三人基于物权的公示对物权的归属和内容进行合理推定，并对该推定产生信赖，法律自然应当保护该合理信赖，因为该公示方式及权利推定效力正是法律规定和立法的目的，这也是物权公信效力的立法渊源所在。基于善意保护效力，动产交易中产生了善意取得制度；不动产中直接以登记的公信力保障了善意取得人所受让的物权，进而保护了交易安全。

总而言之，物权公示与公信原则系基于物权享有正常状态中静的财产的保护以及动的交易安全的保护，对于物权的正常状态和交易秩序的维护具有重要意义。

---

[1] 尹田：《物权法理论评析与思考》，中国人民大学出版社2004年版，第290页。

第六节　区分原则

一、区分原则的意义

区分原则，是指在物权变动中，应把引起物权变动的原因行为与产生物权变动的结果行为分为两个不同的法律行为（法律事实），前一个行为产生债权变动的效力，后一个行为发生物权变动的效果。

区分原则的法理基础，是由物权与债权的性质决定的。由于债权为请求权、对人权、相对权，因此债权的变动不须公示即可产生债权债务关系的效果。而物权的本质是支配权、绝对权、对世权，因此物权的变动必须在公示后才能发生支配性、排他性效力。在一个以发生物权变动的交易过程中，如果存在原因行为与结果行为，应将两行为的效力分开，即区分负担行为与处分行为、债权关系的变动和物权关系的变动。

区分原则主要调整物权变动时的法律关系，由于物权变动的原因行为与物权变动效果行为的法律适用规则不同，则引起我国民法学界长期争议的问题：即我国物权立法应否采纳物权行为的问题。坚持物权行为理论的国家、地区的立法及其理论学说均承认物权区分原则，而不承认物权行为理论的国家、地区却对区分原则有不同认识，赞成者有之，反对者有之，折中者亦有之。我国《物权法》第 15 条规定："当事人之间订立有关设立、变更、转让和消灭不动产物权的合同，除法律另有规定或者合同另有约定外，自合同成立时生效；未办理物权登记的，不影响合同效力。"根据该条规定，明确表明我国立法已经接受区分物权变动的原因与结果的原则，作为不动产物权变动原因行为（负担行为）的生效与否与物权变动（处分行为）的效力没有必然联系。

物权区分原则与公示与公信原则都是物权变动中的指导原则，但两者具有不同的功能。区分原则侧重于阐示物权变动不同阶段中的法律行为的效力，关注的是交易"内部"过程的区分；而公示与公信原则则侧重于交易中的外部效果及第三人利益，关注的是交易成功要件及社会交易安全的"外部"秩序。

二、区分原则的内容

（一）区分负担行为与处分行为

依行为人意思表示要达到的私法效果划分，法律行为可分为财产行为（效果）和身份行为（效果）。而其中财产行为依其发生的法律效果不同，又可分为负担行为与处分行为。前者是发生契约法上债权债务负担给付义务效果的行为；后者是直接导致权利变动效果的行为。

负担行为和处分行为的概念和理论划分均来源于《德国民法典》物债二分的立法体系并服务于物权行为理论的构建，我国台湾地区继受了该理论。正如我国台湾学者所述：负担行为指发生债法上给付义务效果之法律行为，亦称债权行为或债务行为。处分行为指直接使权利发生得丧变更的法律行为，其又可分为物权行为和准物权行为。[1]

我国理论界对于物权行为理论的承认与否虽然有所争议，但对于负担行为与处分行为分属债权与物权两个体系类型并无太多异议。即使不赞成物权行为理论的学者也同意此种观点："负担行为指当事人所订立的以引起标的物物权变动为目的的债权合同，而处分行为则是指履行债权合同所规定的义务并导致标的物财产权变动的行为。"[2]

负担行为以发生债权债务为其内容，其又可称为债权行为或债务行为，其主要适用债权法的有关规定。负担行为包括单方行为（例如捐赠行为）及契约行为（如买卖、租赁等），其主要特征在于因负担行为的成立，债务人负有给付的义务，例如物之出卖人负有交付其物于买受人，并使其取得该物所有权之义务，但负担行为不直接影响物的所有权关系的变动。处分行为作为直接使某种权利发生、变更或消灭的法律行为，其主要适用物权法中的相关规定。处分行为包括物权行为和准物权行为。物权行为，指发生物权法上效果的行为，有单独行为（如所有权的抛弃），也有契约行为（如所有权的移转、抵押权的设定等）。准物权行为，指以债权或无体财产权作为标的之处分行为，如债权让与、债务免除等。[3]

（二）区分请求权关系与支配权关系

在以财产为标的物的交易中，负担行为与处分行为，分别引起不同的法律关系：前者产生以债权请求权为内容的法律关系，后者产生以支配权为内容的法律关系，二者相互区分又相互联系，共同构成一个完整的交易。在以财产为标的物的交易中，请求权关系与支配权关系是一个交易过程的两个阶段，分别适用不同的规范，产生不同的效力。

（三）区分物权变动的原因与物权变动的结果

物权为基本的支配权，在以物权变动为目的的交易中，当事人以变动物权为目的的合意是物权变动的原因法律关系，产生债权请求权；交付或登记是物权变动的结果关系，产生物权支配权变动的法律效力。

在不采区分原则的国家中，物权变动的原因与其结果并非相互区别，例如在法国、日本等采意思主义的立法中，物权变动的原因与结果是"同生共死"的；而在德国、瑞士、奥地利、我国台湾地区等采分离主义的立法中，物权变动原因与结果是相互独立的。

我国《物权法》第15条明确区分了物权变动原因的效力与结果效力，正如立法理由所述："物权变动原因的债权合同与物权变动的效果并无必然联系。以发生

---

[1]　王泽鉴：《民法学说与判例研究》（第5册），中国政法大学出版社1998年版，第44～45页。
[2]　王利明："论无权处分"，载王利明：《民商法研究》（第5辑），法律出版社2001年版，第323页。
[3]　王泽鉴：《民法总则》，中国政法大学出版社2001年版，第262～263页。

物权变动为目的的基础关系，主要是合同，它属于债权法律关系的范畴，成立以及生效应该根据合同法来判断。不动产物权的变动只能在登记时生效，依法成立生效的合同未必发生物权变动的效果……有关设立、变更、转让和消灭不动产物权的合同和物权的设立、变更、转让和消灭本身是两个应当加以区分的情况。"[1]

三、区分原则的不同立法规定

区分原则是确定物权变动的原因与结果之间关系的基本法律原则，其对于交易中法律关系的明晰及法律适用的明确具有重要意义。其理论基础在于物权与债权的分离及负担行为与处分行为区分的相关理论，但不同国家和地区基于历史传统或立法体例等因素对此物权与债权区分，特别是对于负担行为与处分行为的理论理解相差甚远，因而在大陆法系不同国家和地区对于区分原则的规定也持不同态度。总体言之，不同国家和地区对于区分原则持三种态度：完全否定、部分否定和完全肯定。

（一）完全否定主义

大陆法系国家中对于物权区分原则持完全否定态度的典型是法国，法国民法对于物权变动采取债权意思主义（又称意思主义），其以债权行为作为物权变动的原因，物权变动是债权行为的当然结果，同一个法律行为可以同时发生债权行为和物权变动的双重效果。《法国民法典》第 1583 条在买卖契约中规定："当事人就标的物及其价金相互同意时，即使标的物尚未交付、价金尚未支付，买卖即告成立，而标的物所有权亦于此时在法律上由出卖人移转于买受人。"[2]即在买卖合同中，只要合同生效，标的物所有权即时移转于买受人，不受其是否交付或登记的影响。

（二）部分否定主义

所谓部分否定区分原则，主要是指其法律规定中没有明示或否定区分原则，但又有制度实际承担区分原则的部分功能。部分否定主义的突出表现即为日本民法，在日本民法中，物权变动系采法国式的意思主义，物权自当事人意思表示一致即为移转，但非经公示（交付或登记）不得对抗第三人。

《日本民法典》第 176 条规定："物权的设定及移转，只因当事人的意思表示发生效力。"同时，关于不动产物权的变动，该法第 177 条规定："不动产物权的取得、丧失及变更，除非依登记法规进行登记，不得以之对抗第三人。"关于动产物权的变动，该法第 178 条规定："动产物权的让与，除非将该动产交付，不得以之对抗第三人。"

我国理论界一般认为，日本对于物权变动系采公示对抗主义，[3]也即日本原则

---

〔1〕　全国人大常委会法制工作委员会民法室编：《中华人民共和国物权法条文说明、立法理由及相关规定》，北京大学出版社 2007 年版，第 23 页。

〔2〕　《法国民法典》，李浩培、吴传颐、孙鸣岗译，商务印书馆 1979 年版，第 223 页。

〔3〕　张俊浩主编：《民法学原理》（上），中国政法大学出版社 2000 年版，第 412 页。

上不承认物权区分原则，物权变动于当事人意思表示一致即发生。但其与法国不同的是，日本民法规定，物权虽然自当事人合意时即发生移转，但非经交付或登记等公示形式不得对抗第三人。

（三）完全承认主义

物权变动区分原则在德国贯彻得最为完整和彻底，在德国关于物权契约的规定中也体现了这一点。《德国民法典》第 873 条第 1 款规定："为转让土地所有权，为对土地设定权利以及为转让此种权利或对此种权利设定负担，需要权利人和另一方当事人对发生权利变更成立合意和将权利变更登入土地登记簿册，本法另有规定的除外。"第 929 条规定："为转让动产所有权，需要所有人将此动产交付受让人和双方对所有权发生移转成立合意。受让人已占有此动产的，对所有权移转成立合意即可。"[1]

由于德国严格区分负担行为与处分行为，此处的合意不包括物权变动中负担行为中的合意，而专指为发生物权变动效果而产生的物权处分行为的合意。在德国民法中，物权变动不仅需要当事人之间达成关于物权契约所需的合意，还必须进行交付或登记等公示才能完成。而物权变动的原因——负担行为的合意及其效力，对于物权变动不生影响。[2]

我国台湾地区民法理论也认为债权行为与物权行为是相互分离、相互独立的，物权变动取决于物权行为的合意与公示（交付或登记）。台湾地区"民法"第 758 条规定："不动产物权，依法律行为而取得、设定、丧失及变更者，非经登记，不生效力。"第 761 条规定："动产物权之让与，非将动产交付，不生效力。但受让人已占有动产者，于让与合意时，即生效力。让与动产物权，而让与人仍继续占有动产者，让与人与受让人间，得订立契约，使受让人因此取得间接占有，以代交付。让与动产物权，如其动产由第三人占有时，让与人得以对于第三人之返还请求权，让与于受让人，以代交付。"

我国《物权法》对区分原则持承认态度。但与德国立法的区分原则不同，德国立法的区分原则是区分债权合同与物权合同，即将产生物权变动为目的的债的关系区分为两个独立的行为——债权合同与物权合同，这两个合同分别有不同的"合意"。同时，债权合同与物权合同的效力各自独立，债权合同无效，并不影响物权合同的效力。有观点认为，我国物权法意义上的所谓区分，是把债权合同的合意与债权的形式作了区分，原则上债权合同不产生物权的效力，物权变动的效力体现在债权合同的形式上，但法律另有规定时除外。对区分原则的这一解释实质上是

---

〔1〕 《德国民法典》，杜景林、卢谌译，中国政法大学出版社 1999 年版。

〔2〕 此处的"不生影响"不是指没有任何法律影响，只是指作为物权变动原因的负担行为的效力对于物权变动本身不生影响，但如果原因行为无效或被撤销，此时产生不当得利，即物权受让人虽然获得物权，但负有返还不当得利的义务。

不承认物权变动区分负担行为与处分行为，与我国民法区分债权与物权的逻辑不符，也属体系违反。

四、区分原则的意义

在区分物权与债权、负担行为与处分行为的基础上形成的物权区分原则，其现实的意义主要体现在理论与实践两方面：

（一）区分原则的理论意义

区分原则的理论意义，主要在于对立法体系的影响。

大陆法系不同国家和地区对于物权变动区分原则采取了不同态度，其重要原因即为不同国家和地区的历史传统、立法体系的不同。法国民法之所以没有采取区分原则，主要因为法国民法没有物权与债权的严格区分，《法国民法典》采用罗马法中《学说汇编》的三编制，规定了人法、财产法及取得财产的各种方法三大部分。理论上的物权与债权均包含在广义财产权中，同时法国不存在严格的法律行为理论，因而不存在物权行为与债权行为区分的理论。法国民法采取的意思主义与其立法体系是相关联的。

与之相对，《德国民法典》采取了《学说汇纂》的立法模式，在具体社会活动及法律规范中抽象出"法律行为"的概念，并设立总则统领整个民法体系，进而采用物债二分的民法基本模式，把民法理论总结抽象为一个逻辑高度严密的体系，这正是概念法学的最突出的成就。自德国民法颁布以来，大陆法系大多数国家和地区均受到其不同程度的影响，而其确立的物债二分的财产法模式也成为财产法的立法体例的典范。

在物债二分的立法中，物权变动区分原则处于基础性的地位，区分原则及与其相应的物权行为理论成为支撑德国民法体系这一大厦的理论基石。没有区分原则，物债二分的立法体系也就丧失了存在的价值，物债二分又是德国民法典抽象出总则中的法律行为的基础，因而，对于物权立法体系乃至民法典体系而言，物权区分原则具有基础性意义。

（二）区分原则的实践意义

物权区分原则在实践中主要适用于以物权变动为目的的交易行为，其对于物权交易中理清物权交易行为的具体法律关系、在交易中保护第三人利益和维护交易安全均具有重要意义。其具体表现为：

1. 理清物权交易的法律关系。在一般的以物权变动为目的的交易活动中，负担行为与处分行为既相互区分又相互配合，共同促使物权交易的完成。根据物权区分原则，物权变动交易当事人就物权变动的契约达成合意时，契约即有效设立，[1]

---

〔1〕　此处假定交易当事人的行为能力及合法性等法律行为要件均无瑕疵，下同。

当事人相互负担移转标的物的权利及对待给付（对价）的义务。[1]但此时物权尚未发生变动。只有在双方当事人在处分行为中达成物权合意并进行公示（交付或登记）时，物权方发生变动的法律效果。此时在社会交易的不同阶段，法律关系简单明了，对于当事人的义务也明确清晰。在"一物二卖"的情形，出卖人与买受人和第三人订立的买卖契约均为有效，出卖人将买卖标的物移转于第三人，第三人合法取得该标的物所有权，此时出卖人对于买受人构成契约不履行，买受人可以就其损失要求出卖人承担契约法上的违约责任，以维护自身权利。

我国《担保法》在物权区分原则的适用上就有相当大的问题，该法第41条规定："当事人以本法第42条规定的财产抵押的，应当办理抵押物登记，抵押合同自登记之日起生效。"第64条第2款规定："质押合同自质物移交于质权人占有时生效。"此处规定即未贯彻适用物权区分原则，盖抵押合同或质押合同的生效只要双方当事人之间合意符合法律行为生效要件即可，至于物权是否发生变动与负担行为的效力无关。而我国《物权法》的相关规定就意识到了这一问题，在《物权法》的相关规定中明确了物权设立生效与否与负担行为相区分的原则。[2]这对于理清我国物权变动交易中法律行为的内容，确定不同阶段法律行为的法律效果，明确当事人的权利义务均有积极的促进作用。

2. 保护第三人利益，维护交易安全。区分原则关于负担行为与处分行为的不同法律适用和法律效果的划分，对于保护交易中可能存在的第三人的利益具有重要意义，同时对于维护物权交易相对人（如买受人）的利益也有积极意义。

根据区分原则，物权变动交易双方当事人的契约自其意思表示一致时生效，此时仅发生契约当事人负担进行以物权变动为目的的给付行为的义务，物权变动不受影响，只有在处分行为生效时（物权合意及进行交付或登记），物权方发生得丧变更的效果。在负担行为有效设立、处分行为尚未成立的"中间阶段"，契约当事人仅享有要求对方履行契约的请求权，却不能直接对契约标的物行使支配权。

在买卖契约中，出卖人与买受人订立了买卖契约后，又与第三人订立买卖契约并通过交付或登记将标的物所有权移转给第三人时，根据区分原则，第三人系从真正物权人处合法取得物权，不受原买受人债权的影响。而原买受人也可以根据有效买卖契约要求出卖人承担违约责任以维护自身权利。而在采用严格债权意思主义的立法中（法国民法），物权自双方当事人意思表示一致即发生移转。不区分物权变

---

〔1〕 在大陆法系，双务契约需要双方当事人互为给付，例如，买卖契约中出卖人负有移转标的物所有权的义务，而买受人负担支付价款的义务，此一般称为"对待给付"义务。而"对价"（consideration）属于英美契约法中的一个重要理论，其为衡量契约履行性的一个重要标志，与"对待给付"尚不能同等对待，不过我国合同法理论有时也用"对价"表示固有的"对待给付"。此处也将其视为对待给付，与英美法中的"对价"应注意区分。

〔2〕《物权法》第15、187、212条。尽管我国《物权法》第188、189条关于抵押权设立中有关于登记对抗主义的规定，但这只是针对特殊动产的规定，并不是否定物权区分原则。

动的原因与结果，不利于维护交易第三人的利益和交易安全。实际上法国也认识到了这一问题，其于 1885 年制定的不动产登记法中也规定了不动产物权的变动不经登记不得对抗第三人的原则。

同时，依据我国《担保法》的规定，抵押合同或质押合同非经登记或交付即为无效，此种负担行为与处分行为不分的规定固然可以允许抵押人或出质人随意改变意愿同第三人订立新的担保合同，但这并不意味着可以有效保护第三人的权利。因为根据该规定，在抵押物未登记或质物未交付前，合同尚未生效，此时"抵押人"或"出质人"可以随意变更或撤回其意思表示（此时合同尚未生效，不产生违约的问题），对于合同对方当事人（"抵押权人"或"质权人"）的利益造成了极为不利的影响，而在法律对于"抵押人"或"出质人"没有任何约束的情况下，所谓的第三人同样很容易就变成又一个被"遗弃"的"抵押权人"或"质权人"。[1]而如果严格遵循物权区分原则，物权担保合同自双方当事人意思表示一致即为生效，此时担保人不进行登记或交付的，担保权人可以要求其承担违约责任，以维护自身权益。[2]由此可见，物权区分原则对于保护第三人利益和交易安全具有重要意义。

---

〔1〕　当然，此处并不否认"抵押权人"或"质权人"可以要求对方当事人承担缔约过失责任，但缔约过失责任需要以缔约人的过失为要件，即使其构成缔约过失，其承担的也只是赔偿相对人的信赖利益损失的责任，往往不足以弥补受害人的真正损失。

〔2〕　在合同有效成立时，根据理论通说，违约责任不以违约人过失为要件，且其承担的是契约赔偿相对人的履行利益的责任，能够有效弥补其损失。

第二编　完全物权——所有权

第六章　所有权基本原理

所有权制度对人类共同的社会生活具有十分重要意义。所有权问题不仅是法学领域的一个问题，也是经济学和哲学等领域的一个问题。即使在法学领域，不仅民法研究所有权，公法也研究所有权。不同学科和不同领域对所有权研究的主要区别在于研究问题的视角不同，其结果自然就导致了不可能存在一个统一的、适用于所有学科的所有权概念。如经济学上的"财产权"概念和宪法上的所有权概念与民法上的所有权概念的构造均不相同。"民法学所关注的，是所有权所蕴涵的私法上的利用可能性，以及在私人空间如何对所有权实施保护。"[1]大陆法系各国民法典和民法学者在界定所有权定义时，基本上遵循了这一理念。[2]

由于不同类型的所有权在权利得丧变更等方面适用不同的法律规则，导致传统意义上的所有权一般理论逐步被一些具体的制度所取代，如不动产所有权制度、动产所有权制度、善意取得制度等。现在大陆法系学者中有人在研究所有权制度时不再对统一的所有权原理进行抽象性研究，转而直接针对所有权的具体制度进行研究。[3]但是，由于所有权是最典型的物权，是其他各种物权的基石。物的归属不仅涉及财产的静态安全，而且对他物权和债权等财产权制度的建立和安全都具有重要的意义，所以至今在大陆法系各国的民法典中，所有权制度仍然是物权立法不可或缺的内容。随着社会的不断发展和进步，所有权的相关理论也在不断地发展和完善，如所有权的社会化、所有权的限制等理论在现代社会受到学者更多的关注，并由此影响了所有权的含义、特征、功能，以及所有权的权利内容与行使等若干问题

---

[1] [德] 鲍尔、施蒂尔纳：《德国物权法》（上），张双根译，法律出版社 2004 年版，第 513～514 页。

[2] 《德国民法典》在其第 903 条规定中，确定了所有权的概念。"所有权人在不违反法律与不损害第三人权利之范围内，得随意处分物，并排除他人的任何干涉"。基于该条规定，德国学者马丁·沃尔夫将所有权概括为：人对物所能享有的最全面的支配权。其效力及于整个私法。参见《德国民法典》，杜景林、卢湛译，中国政法大学出版社 1999 年版。

[3] [德] 鲍尔、施蒂尔纳：《德国物权法》（上），张双根译，法律出版社 2004 年版，目录第 31 页。

的理论，因此结合上述新的研究成果，对所有权的相关理论进行系统的归纳和梳理很有必要。

第一节 概　述

一、所有权的概念

人类从产生时起，就有了人与物之间的关系，这种关系首先表现为一群人对物的共同占有。人类初始的占有，仅仅是一种事实而无权利的意味。当生产力的发展使私人占有成为可能，便产生了用法律手段对这种事实状态予以肯认和保护的需要，法律于是应运而生，它使占有这种事实具有了法律意义，占有人也因此获得了法律上的所有权。随着社会经济生活在内容和形式上的丰富与发展，特别是交换的逐步发达，以调整人对物的直接支配关系为内容的物权制度得以建立并不断发展，而所有权正是物权制度的核心和基石。所以有学者指出："价值观念的变化是所有权产生的认识前提，交易是所有权产生的经济前提，国家的出现是所有权产生的政治前提。"[1]理解所有权概念和制度基础，需要结合所有权制度产生的经济背景、政治背景以及文化背景等方面的要素进行分析。

古罗马法中的所有权最早是"dominium"，指的是所有人对物的"统治""管辖""控制"，同时还被指称"家父"的"一般权力"及任何主体对权利的拥有。罗马法把所有权定义为"对物最一般的实际主宰或潜在（in potenza）主宰"。[2]这里的主宰，是对物的完全支配权。罗马法没有对这种主宰权的内容作进一步确定，因为罗马人认为，所有人的权利是不可以用列举的方式确定的。换言之，人们不可能在定义中列举所有人有权做什么。当主体对物具有实际主宰权时，说明所有人可对物行使一切可能行使的权利。而且物的潜在用途是不确定的，只要是物的所有者，意味着他对物将来的用途也具有主宰性。这种主宰的特性，决定了在法律允许的范围内，所有权所包含的权利（权能）的总量是无限的。当所有人行使所有权时，与所有人分离的所有权权能是有限的，不管所有人最终剩余多少权能，甚至在特殊情况下成为内容"空虚"的所有权，所有权的本质不会因此而改变。[3]

在罗马帝国后期，所有权被改称为"proprietas"。在公元前 2 世纪，罗马法所有权概念被正式确立下来了。[4]按照罗马法，所有权是所有人在事实与法律可能的范围内，可以对所有物行使的最完全、最绝对的权利。积极方面，所有人在所有物上有为各种行为的权利，以及不为各种行为的权利（如任意抛荒土地等）；消极方

---

[1]　[德] 鲍尔、施蒂尔纳：《德国物权法》（上），张双根译，法律出版社 2004 年版，目录第 31 页。

[2]　[意] 彼德罗·彭梵得：《罗马法教科书》，黄风译，中国政法大学出版社 1992 年版，第 194 页。

[3]　王卫国主编：《民法》，中国政法大学出版社 2007 年版，第 237 页。

[4]　王泽鉴：《民法物权》（通则·所有权），中国政法大学出版社 2001 年版，第 150 页。

面，可以禁止他人对所有物为任何行为的权利。[1]13世纪时，所有权定义的这种方法被意大利注释法学派大师巴托鲁施所继受并发扬光大。他提出所有权的概念："所有权，除法律禁止外，（权利人）可以对有体物享有不受限制的处分的权利。"[2]罗马法采取的抽象、概括的技术对所有权进行界定，这种方法被民法史学者称为"抽象概括主义"。[3]

在近代以来各国民法典和法学理论上，对于所有权的概念表述各不相同，主要有以下两种方式：

1. 概括式。即采用概括的技术说明所有权的内涵和外延。抽象概括主义认为，所有权绝对不是占有、使用、收益和处分诸权能的简单相加，而是一种一般的支配权。这种支配权是法律为保护所有人对特定财产的利益而赋予所有人特定的法律之力。所有人依此法律上的力，不仅有直接支配标的物的排他性权利，而且也可享受所有物的特定利益。[4]德国、瑞士等国民法典即采用此种模式。如《德国民法典》第903条规定："在不违反法律和第三人利益的范围内，物的所有权人可以随意处分其物，并排除他人的任何干涉。"[5]

2. 列举式。即采用具体列举所有权权能的方式说明所有权的内容。以法国为首的法国法系国家（另有日本、俄罗斯等国）采取此种方式。如《法国民法典》第544条规定："所有权是对于物有绝对无限制地使用、收益及处分的权利，但法令所禁止的使用不在此限。"[6]法国的这一立法方式在之后很长一段时期内成为民法理论上的通说，并为日本、台湾地区等大陆法系国家和地区所继受。

我国《物权法》采用了列举式的界定模式。《物权法》第39条规定，所有权是"所有权人对自己的不动产或者动产，依法享有占有、使用、收益和处分的权利"。《物权法》的这一列举性规定并未平息关于所有权概念的争议，相反，我国民法学界学者大多主张采用抽象式来界定所有权的概念[7]。其主要理由是：列举式的所有权定义从根本上混淆了所有权的含义和所有权的作用，将所有权本身等同于所有权的权能，没有揭示出所有权的支配性这一本质属性，作为学理上的所有权定义，应当借鉴概括式立法主义的做法，在体现所有权的相对性和所有权的社会化

〔1〕 陈朝璧：《罗马法原理》，台湾商务印书馆1979年版，第269页。转引自梁慧星、陈华彬：《物权法》，法律出版社2003年版，第95页。
〔2〕 王泽鉴：《民法物权》（通则·所有权），中国政法大学出版社2001年版，第150页。
〔3〕 梁慧星、陈华彬：《物权法》，法律出版社2003年版，第96页。
〔4〕 郑玉波：《民法总则》，三民书局1979年版，第44页。
〔5〕 《德国民法典》，郑冲、贾红梅译，法律出版社2001年版，第222页。
〔6〕 《法国民法典》，李浩培、吴传颐、孙鸣岗译，商务印书馆1997年版，第72页。
〔7〕 梁慧星、陈华彬：《物权法》，法律出版社2011年版，第115页；江平主编：《物权法教程》，中国政法大学出版社2011年版，第144页。

的基础上，从所有权的社会化和支配性方面对其进行概念界定，[1]将所有权定义为：所有权是指在法律的限制范围内，权利人对于所有物为永久全面与整体支配的物权。

此外，大陆法系学者对所有权的概念界定虽然在"对物支配性"方面达成了一致，但是对于"法令限制"能否作为所有权概念的要素则存在争议。一些德国学者提出，所有权概念的界定应当采取抽象概括的方式，着眼于"对物的支配性"而非其他因素，其理由是：法令限制系来自外部，并非存在于所有权本质自身，并强调此符合法律文义的历史发展过程。所有权的限制日益增加是量的迁移，在方法论上不能由事实变动而导出概念的本质。采此见解者认为此种定义方法并不排除基于保护他人正当利益或者公共利益的必要而对所有权为必要的限制，只是将"法令限制"纳入所有权概念，将导致公权力过分介入存在于所有权之私的领域。但是，以基尔克为代表的一些学者则采相反主张，认为私的所有权依其概念并非绝对，基于公共利益的限制，包括征收的可能性，寓存于所有权本身，源自其最深处的本质。所有权概念应当兼括权能和义务，限制及拘束也是所有权的本质内容[2]。两种观点虽然不同，但是在所有权概念的内涵上基本一致，即所有权概念应当涵盖三个方面的含义：一是应推定所有权的自由。主张所有权受有限制者，须负举证责任。二是所有权是一种根本性的基本权利，与个人自由的保障具有内在关联性，若立法者以名不副实的"所有权"取代私有财产时，则个人基本权利将无法获得有效的保障。三是所有权的发展必须作全面的观察[3]。

二、所有权的特征

（一）所有人对物的全面支配性

相对于他物权人权利的有限性，所有权人对于所有物，享有全面的占有、使用、收益和处分并排除他人非法干涉的权利，故学理上称之为全面支配权，其他物权称之为一面的支配权，并将所有权对标的物全面支配不可分割之特性，称为"完全性"或"完整性"。[4]所有权为一般的支配权，为他物权之泉源。[5]所有权赋予权利人全面支配物的一切可能性，除法律和公序良俗外，不受任何限制。占有、使用、收益和处分，旨在尽其所能地描述所有权的全面性和充分性。《物权

---

〔1〕 学者的观点主要有：所有权者，指于法令限制之范围内，对物为全面支配的权利，参见王泽鉴：《民法物权》（通则·所有权），中国政法大学出版社 2001 年版，第 149 页；所有权者，乃于法令限制范围内，对于所有物永久全面与整体支配之物权，参见谢在全：《民法物权论》（上），中国政法大学出版社 1999 年版，第 119 页；所有权，指在法律的限制范围内，权利人对于所有物为全面的支配的物权，参见梁慧星、陈华彬：《物权法》，法律出版社 2003 年版，第 97 页。

〔2〕 参见王泽鉴：《民法物权》（通则·所有权），中国政法大学出版社 2001 年版，第 161~162 页。

〔3〕 参见王泽鉴：《民法物权》（通则·所有权），中国政法大学出版社 2001 年版，第 162~163 页。

〔4〕 谢在全：《民法物权论》（上），中国政法大学出版社 1999 年版，第 120 页。

〔5〕 史尚宽：《物权法论》，中国政法大学出版社 2000 年版，第 61 页。

法》第 39 条也表达出此意，所有权人在不违反法律以及不损害第三人利益的范围内，有权对物进行使用、收益和处分。学者也因此将所有权概括为对物所享有的全面的支配权。此处的"全面支配权"，并非指所有权不受任何之限制，而是指所有权与物上所成立的其他权利相比较而言，所有权人所享有的地位。与这些权利相比，所有权为最全面的权利。[1]即与其他的限制物权人不同，所有权人得以任何方式使用其物，尤其是可对物进行处分。反之，在限制物权中，用益物权人仅享有使用权，而无变价权；担保物权人只能行使变价权，而无使用权。

（二）整体性

所有权虽然具有占有、使用、收益、处分等权能，但是所有权本身并非上述几种权能的简单相加或者集合，而是浑然整体的权利，学者称之为所有权的"整体性"（单一性、浑一性）。[2]"近代所有权的全面支配权，并不是各种机能的综合，它的内容是混而为一的东西。"[3]基于所有权权能分离而产生的他物权，并非是由所有权分离出一种权能，而是将所有权单一权能之一部分，予以具体化并让与他物权人享有。当所有权和其他物权归属于一人时，其他物权因混同发生消灭。所有权人就其物为他人设定质权、抵押权或者出让并办理有关登记或者预告登记，所有权的使用、收益或者处分权能等或归他人享有，或受到限制，可能导致所有权的虚化，但所有权的性质并不因此而受影响。[4]所以说，在他物权发生时，并不产生两个以上不完整的所有权；在他物权消灭、所有权恢复完满时，也不发生两个不完整的所有权合成一个完整所有权的问题。

（三）弹力性

所有权的弹力性是指所有权的权能可以与所有权分离并回复的特性。所有权部分权能的全部或者一部分，可以通过设定他物权或者其他形式同作为整体的所有权相分离，所有权上设定的他物权越多，所有权人全面支配所有权的权能越受限制，甚至会发生"所有权的虚化"。尽管如此，所有权仍然不失其作为所有权的品格。上述分离是暂时的和有条件的，一旦加诸其上的限制或者负担消除，那些离开整体的部分权能便复归原位，所有权也就恢复其圆满状态。此种变化，学者称之为所有权的"弹力性"或者"收缩性"，[5]他物权正是所有权所具有的这种弹性的一种体现。

所有权的弹力性与其整体性相辅相成、不可分离。所有权的整体性决定了所有权本身的不可分割性；但是，所有权人在保证所有权完整性的前提下，可以将所有

---

〔1〕 ［德］鲍尔、施蒂尔纳：《德国物权法》（上），张双根译，法律出版社 2004 年版，第 515～516 页。

〔2〕 谢在全：《民法物权论》（上），中国政法大学出版社 1999 年版，第 120 页。

〔3〕 ［日］田山辉明：《物权法》，陆庆胜译，法律出版社 2001 年版，第 155 页。

〔4〕 王泽鉴：《民法物权》（通则·所有权），中国政法大学出版社 2001 年版，第 150 页。

〔5〕 谢在全：《民法物权论》（上），中国政法大学出版社 1999 年版，第 120 页。

权的部分甚至全部权能转移给他人行使，而所有权自身的性质并不因此而受到影响。一旦上述所附的限制消除，所有权即恢复完满状态。

（四）恒久性

任何他物权在设立之始原则上都是有期限的，期限届满则权利消灭。相对于他物权的有期限性而言，所有权在权利设定之时不得预设其权利存续的期间，除因标的物灭失、取得时效、所有人抛弃及其他事由而消灭外，所有权以永久存续为本质。此种情形，学者称之为所有权的"恒久性"或者"永续性"。[1]所有权的恒久性并不意味着所有权永不消灭，只是表明其与用益物权、担保物权等定限物权的期限性不同。除了被征收、征用、抛弃、没收等特殊情形外，所有权具有永续存在的特点，即使所有权的移转可以附解除条件或终期并在条件成就或者期限届满时发生权利主体变更，但对所有权本身并无影响。[2]这一点既不同于债权，也不同于他物权。

（五）社会性

随着社会经济的发展，所有权社会化的观念日益深入人心，传统意义上的所有人依其自由意志对所有物进行全面绝对的支配、不受任何人的干预并为法律最高度地保障和尊重的所有权绝对性观念逐渐退出历史舞台。依所有权社会化之理念，所有权虽然属于个人权利，由个人享有，但是该权利不仅应当受到法律的限制，其行使还受到基于人们的社会共同生活所需的其他限制，如权利不得滥用的原则已被各国民法认可。对此现象，学者称之为所有权的观念性或者社会性。所有权也已由纯粹的私法上之构成而进入公私法共通之社会构成。[3]我国的《物权法》对所有权的限制问题也作出了明确规定。[4]

三、所有权的功能

正如学者所言，没有任何东西像财产所有权那样如此普遍地呼唤发起人类的想象力，并煽动起人类的激情。[5]因此，所有权的功能绝不可能仅仅体现在民法中，而是广泛地体现在整个的法律体系、政治制度和经济制度中，这些制度中也都体现出人们对所有权的关注和所有权相关的规范。

---

〔1〕 转引自梁慧星、陈华彬：《物权法》，法律出版社2003年版，第99页。

〔2〕 王泽鉴：《民法物权》（通则・所有权），中国政法大学出版社2001年版，第150页。

〔3〕 史尚宽：《物权法论》，中国政法大学出版社2000年版，第62页。

〔4〕《物权法》第41条规定："法律规定专属于国家所有的不动产和动产，任何单位和个人不能取得所有权。"第42条规定："为了公共利益的需要，依照法律规定的权限和程序可以征收集体所有的土地和单位、个人的房屋及其他不动产。"第43条规定："国家对耕地实行特殊保护，严格限制农用地转为建设用地，控制建设用地总量。不得违反法律规定的权限和程序征收集体所有的土地。"第44条规定："因抢险、救灾等紧急需要，依照法律规定的权限和程序可以征用单位、个人的不动产或者动产。"

〔5〕 ［英］布莱克斯通：《英国法注释》（第2卷），第2页，转自［德］罗伯特・霍恩、海因・科茨、汉斯・G.莱塞：《德国民商法导论》，楚建译，中国大百科全书出版社1996年版，第189页。

（一）所有权在民法中的功能

所有权在民法中的功能主要体现为：所有权是民事主体生存必不可少的物质基础，也是其他财产权制度存在的前提条件和基础。

"财产所有权是一个人能够在完全排斥任何他人权利的情况下，对世间的外部事物所主张并行使的那种专有的和独断的支配权。"[1]"无财产即无人格"的格言精辟地阐明了财产所有权与个人人格的关系。"所有权是一种根本性的基本权，与个人自由的保障具有内在关联性。在基本权的整体结构中，所有权负有双重任务：确保权利人在财产法领域中的自由空间，并因此使其得自我负责地形成其生活。将所有权作为法的建制，有助于确保此项基本权。个人的基本权系以'所有权'此一法律制度作为前提；若立法者以名实不符的'所有权'取代私有财产，则个人基本权将无法获得有效的保障。"[2]

个人的生存，依赖于可支配的物质财富；个人的自我实现及人格完善，也离不开可供支配的物质财富，"有恒产者有恒心"。所有权制度是保证个人对物质利益享有的基本法律制度。"皮之不存，毛将焉附？"没有物质利益的保证，精神利益和人格尊严就无所依存。没有所有权，民事主体资格无法保证，也没有意义；欠缺所有权，民事主体的人格也难以健全。

所有权是物质利益在主体之间进行分配的法律工具，也是确保物质利益分配结果的法律工具，它使得某种物质利益的分配结果法定化。民法作为保护民事主体私权利的法律，主要内容和任务之一就在于保护民事主体的所有权，所有权构成了民法精神的重要内容。

（二）所有权在整个法律体系中的功能

所有权在整个法律体系中的功能体现为：所有权是整个法律精神之所在。卢梭说道："人性的首要法则，是要维护自身的生存。人性的首要关怀，是对其自身应有的关怀。"人类为了生存需要而对自身的关怀，首先表现在对财产的关怀上。这不仅是因为财产是维系生命的基本手段，更因为财产是自由——这一人类理想境界的不可或缺的物质基础，是物化了的人格。法律正是通过所有权这样一种法律手段来保障这种物质基础从而保障人类的自由。所有权与人类对自身命运和发展的终极关怀有着极为密切的联系，这正是所有权的意义之所在。因此，所有权并不仅仅是民法保护的对象，而且也是许多法律部门保护的对象。各部门法律通过不同的方式和手段保护所有权。"法律的精神就是所有权"，孟德斯鸠的名言再次证明了所有权在整个法律体系中的重要地位和作用。

---

〔1〕〔英〕布莱克斯通：《英国法注释》（第 2 卷），第 2 页，转自〔德〕罗伯特·霍恩、海因·科茨、汉斯·G. 莱塞：《德国民商法导论》，楚建译，中国大百科全书出版社 1996 年版，第 189 页。

〔2〕《德国联邦宪法法院判决》BVerFGE24，367，389。转自王泽鉴：《民法物权》（通则·所有权），中国政法大学出版社 2001 年版，前序。

（三）所有权在整个社会制度中的功能

"所有权远不只是一种财产权的形式，它具有十分丰富的经济内涵和政治内涵。"[1]所有权在整个社会制度中起着十分重要的作用，突出表现在以下几个方面：

1. 所有权在经济制度中的作用。所有权制度，尤其是不动产所有权制度，体现了一个国家的经济制度的本质特征。私有财产制度是市场经济的基础，私人拥有不动产、动产并自由使用，从事生产或者消费，该行为由市场进行调节，通过私人的生产、经营和消费活动，提高生产效率、增加个人财富积累的同时，实现了社会和国家财富的增加。对于动产所有权制度，各国的法律制度没有实质性的差异，但是对于不动产的所有权制度，不同国家存在实质性的差别，不动产尤其是土地所有权制度决定了一个国家对重要社会资源的态度。我国对以土地为代表的重要不动产资源实行国家所有和集体所有，我国的经济体制改革的一个重要方面就是在保证土地、草原等重要不动产为国家所有的前提下对土地使用权制度进行改革，通过土地所有权和使用权分离的方式（建设用地使用权制度和土地承包经营权制度），鼓励使用权人通过利用他人之物来实现自己的利益，从而实现土地效益的最大化。

2. 所有权在政治制度中的作用。所有权制度不仅是一个经济制度问题，也是一个国家政权关注的重要问题。人类社会发展过程中，随着剩余产品的出现，一部分人开始据公物为己有，并且要将这种占有合法化，于是保护这种财产占有的形式——国家和政权应运而生。任何所有权都需要受到政权的保护，任何政权都要以一定财产的所有权为基础而存续。中国历史上的革命或者农民暴动的最初动机往往是对现存的所有权制度不满，其目的也是想改变这种所有权制度，确立一种对自己更有利的所有权制度。[2]所以说，政权问题实质上是围绕所有权展开的，国家的政治制度是以所有权制度为基础的，所有权是政治制度的内核，政治制度又是保障所有权制度的有力手段，是所有权的外壳。

3. 所有权在社会秩序中的作用。所有权制度也是社会秩序的基础。土地、房屋等财产的拥有决定了一个社会的基本结构，财产的私有有助于增进社会财富的流动。但是，当法人力量过于膨胀形成"法人专横"并造成市场垄断和剥削时，当因土地、房屋取得困难使得许多人成为"无壳蜗牛"[3]时，当社会贫富差距过大等因素影响到社会安定时，需要政府采取必要的政策，抑制土地投机牟利，防范垄断企业侵害其他竞争者和消费者的利益，建立公平竞争秩序，促进劳资磋商，强化对消费者的保护，以缩小贫富差距，合理分配社会财富，保障社会和谐和稳定的发展。

---

[1] [德]罗伯特·霍恩、海因·科茨、汉斯·G. 莱塞：《德国民商法导论》，楚建译，中国大百科全书出版社1996年版，第189页。

[2] 杨振山教授2001年在中国政法大学研究生院"《物权法》讲座"上的有关观点。

[3] 王泽鉴：《民法物权》（通则·所有权），中国政法大学出版社2001年版，第153页。

第二节　所有权的权能和限制

一、所有权的权能

权能意味着行使权利的各种可能性。所有权作为完全性支配权,这种支配是通过一定的支配方式表现的,支配方式即构成了所有权的内容,所有权的权能就是通过这些内容体现出来的。所有权的权能有时被概括地描述为"随意处分",有时又明确地划分为占有、使用、收益和处分四个方面。对所有人来说,当财产完全处于自己的实际控制之下时,所有权权能的明确划分是没有多少实际意义的。正是由于权能与所有权的分离,才使得权能的划分以及各项权能的具体内容的界定成为必要。所有权的权能按照所有权人的意思分离出去之后,便产生了各种他物权和合同债权。其中符合法律关于物权规定的产生了物权,其他依当事人意思自治产生了债权。

所有权的权能可分为积极权能和消极权能。积极权能是保证所有权人对其财产行使所有支配行为的权能。积极权能主要分为使用权能和处分权能,前者保证所有权人可以依其意愿采取各种合理方式占有或者使用其物,并可由此获得利益,还可以通过消灭或改变标的物的方式获得某种利益满足;后者是指所有权人可以实施任何决定所有物命运的合法行为,如抛弃、让渡所有物或者在该物上设立他物权等。消极权能则是所有权人禁止他人对该财产为一定积极行为的权能,如排除非法妨害的权能。

所有权的全面支配性的特性决定了所有权本身应具有排除他人非法干涉之功能,对于这一点,大陆法系大多数国家的民法典作出了规定。[1]

我国《物权法》第39条规定:"所有权人对自己的不动产或者动产,依法享有占有、使用、收益和处分的权利。"该规定只是表明了所有权最主要、最常见的积极权能。我国民法中对消极权能的规定主要体现在我国《物权法》第三章关于物权保护的规定中。

（一）积极权能

如上所述,所有权的积极权能主要指所有权人依据法律规定对其标的物享有占有、使用、收益和处分的权能。

1. 占有权能。占有是指民事主体对物的实际控制的状态。占有是所有权最基本的一项权能,它总是表现为一种持续的状态,而这种持续的状态通常被认为是拥

---

〔1〕《德国民法典》第903条规定,所有权为"以不违反法律和第三人的权利为限""随意处分其物,并排除他人的任何干涉"的权利;《法国民法典》第544条规定,"所有权是对于物有绝对无限制地使用、收益及处分的权利,但法律所禁止的使用不在此限";我国台湾地区"民法"第765条规定,所有人,于法令限制范围内,得自由使用、收益和处分其所有物并排除他人之干涉。

有所有权最明显的证据。所有权人在行使任何一项权能时，均无法脱离占有，对于所有人来说，占有本身并不是最终目的，它是权利人行使对财产其他权能的前提。没有占有，一些权能便无法实现，因此，占有对于所有权其他权能的实现具有重要的意义，所有权在法律上本身就包含了以实际控制或者管理为特征的占有权能。随着所有权的观念化，此项权能的地位也在发生变化，所有人基于对物的管领的占有逐渐减少。尽管如此，占有权能作为所有权的基本权能的存在价值仍然无法彻底否认。当占有与所有权人发生分离时，占有本身作为一种事实状态仍会受到法律的保护。[1]

因此说，所有权人的占有与一般意义上的占有含义不同，前者是基于所有权本权的有权占有，为所有权权能的一种；而后者是一种事实状态，与所有权无关。

占有的方式可以分为所有人的占有和非所有人的占有两种方式：①所有人的占有——所有人在事实上控制属于自己所有的物。这是所有权人直接行使占有权的表现，该种占有依法律规定或者第三人的权利受到限制。此种占有权受到侵害时适用所有权保护的法律规定。②非所有人的占有——非所有人占有他人所有之物。这种占有除了真正所有人或者权利人可以依法排除外，占有本身不管是否合法，作为一种事实状态仍受到法律的保护。

占有作为动产物权变动的公示方式，在动产物权的权利变动中具有重要的意义。通过法律行为发生的动产物权变动原则上以占有的移转即交付为生效要件，[2]善意第三人基于对动产占有人占有状态的合理信赖通过交易取得占有物时，即使占有人非所有权人，善意第三人仍可以根据法律规定取得该物所有权。

2. 使用权能。使用是指依据物的属性，在不毁损物的实体和变更物的性质的前提下对物进行事实上的利用以满足使用者的特定需要。如将房屋用作居住、对土地进行耕作、对车辆进行驾驶等。使用权能的发挥使得物的使用价值得到了实现。所有权的使用权能不仅赋予了权利人的使用行为的合法性，而且赋予其排除他人不法干涉的效力。

使用权能作为所有权的一项权能，在一定的条件下，可以与所有权发生分离，从而产生非所有人的使用。这种使用包括合法使用和非法使用，当他人合法使用时，不仅第三人不得妨害权利人的权利行使，而且所有权人也不得非法干涉；而当非法使用发生时，使用人应当承担返还其因使用而获得的不当利益并承担其他的民事责任。

在近代社会中，由于所有权人行使权利的目的主要是有效使用标的物以满足自身需要，所以使用权能的发挥是所有权的核心体现，使用权能的发挥主要是体现在所有权人对标的物的直接使用。而在商品交易发达的现代社会中，所有权的重心逐

---

[1] 详见《物权法》第五编"占有"的相关规定。
[2] 《物权法》第23条："动产物权的设立和转让，自交付时发生效力，但法律另有规定的除外。"

渐从直接使用转向价值利用，价值利用成为使用权发挥的另一种方式，本身并不改变使用权的性质。[1]

3. 收益权能。收益是指由物的使用或者物的自然规律而产出的经济上的新增利益。这种新增利益主要包括天然孳息或者法定孳息。其中，天然孳息是指按照财产本身的自然规律而孳生出来的新的独立存在的物；法定孳息是指权利人依照法律规定或者双方当事人的约定而向他方收取的费用。收益权能是指收取所有物新增利益的权能，包括收取所有物的天然孳息和法定孳息的权能，前者主要基于自然规则取得，如种树收果、养牛取乳等；后者往往是基于所有权中部分权能的转让而获得，如租屋收租等。

在自然经济条件下所有权的中心是使用，在市场经济，尤其是货币经济和信用经济条件下，所有权的中心正在由使用转向收益。西方学者甚至认为，现代所有权的本质表现为收益权。这一发展走向被称之为从管领到用益。

对于孳息物的归属，按照下列规则确定：天然孳息，由所有权人取得，此即"权利继续原则"，分离的原因如何，在此不问；[2]既有所有权人又有用益物权人的，由用益物权人取得。当事人另有约定的，按照约定。法定孳息，当事人有约定的，按照约定取得；没有约定或者约定不明确的，按照交易习惯取得。[3]

4. 处分权能。处分是指对物的命运加以处置。处分权能是指依法对物进行处置，从而决定物的命运的权能。

处分权能包括事实上的处分权能和法律上的处分权能。前者是指将物的本体进行了变更或者毁损，如将原材料加工成产品、屠宰牛羊加工成肉制品等；后者是指通过一定的法律行为将物进行处置，从而使所有权发生变动的情形，包括转让物的所有权、设定他物权等。

法律上的处分权能与事实上的处分权能的区别主要有下面几个方面：[4]①法律上的处分属于法律行为的范畴，事实上的处分属于事实行为的范畴；②法律上的处分一般均要引起物权的各种变动，而事实上的处分则引起物的形体的变更或消灭；③法律上的处分是对物的交换价值进行利用的行为，处分的目的在于获得一定的货币价值，而事实上的处分则是对物的使用价值进行利用的行为，处分的目的在于满足生产、生活对财产进行消费的实际需要。

处分权能是所有权四项权能的核心，是所有权最基本的一项权能。此项权能是商品生产者和商品经营者处分原材料、进行商品流通和实现商品交换的前提条件，无此权能，商品无法流通，交易亦无法进行。处分权能直接体现了所有人对物的现

---

[1] 王卫国主编：《民法》，中国政法大学出版社2007年版，第237页。

[2] 王泽鉴：《民法物权》（通则·所有权），中国政法大学出版社2001年版，第154页。

[3] 《物权法》第116条规定的内容。

[4] 彭万林主编：《民法学原理》，中国政法大学出版社2002年版，第236页。

实支配，是所有权中最为关键的权能，它的行使可能会直接导致所有权的变更或者消灭，与其他权能相比对于所有权人的影响更为直接和重大。

所有权的上述四种积极权能在所有权的行使中起着不同的作用，每一项权能都从一个侧面表现了所有权最本质的属性，即所有人对于自己所有财产的支配。但是，所有权并不是这四种权能的简单相加，而是一个由它们有机结合所构成的完整的权利。他们之间也常会发生吸收或竞合。当其中一种权能分离出去时，就对所有人的所有权产生一定的限制，这种分离非但不改变所有人的所有权，相反正是所有人追求的目的。但是，如果全部的权能发生分离，所有权就会发生消灭。

权能分离的原因主要有两个方面：①依据所有人的意思发生的分离，如买卖、租赁等；②依法律的特别规定或特殊原因发生的分离，如直接依据法律规定（如国有土地所有权和建设用地使用权的分离、集体土地所有权和承包经营权的分离）、根据司法机关的强制措施（如扣押等）发生的分离、由于特殊的原因（如丢失、被盗等）发生的分离。

（二）消极权能——排除他人非法干涉

任何权利只能存在于合法限制的范围之内。所有权虽然为一项全面的权利，但是对所有权，绝非不存在任何限制，相反，各国法律都规定：所有权人的权限，只能存在于不违反法律或者不损害第三人权利的范围之内。[1]

《物权法》第 39 条在规定所有权的权能时，并没有列举出所有权的排除他人干涉的权能，但是根据我国《物权法》第 33 ~ 37 条的规定，对于他人的不当干涉，所有人有权依侵权行为规定主张损害赔偿请求权，并可以依照《物权法》的规定主张排除妨害、返还原物或者停止侵害等请求权。[2]此外，依所有权的排他性本质，所有权应当具有此项权能。排除非法干涉权能是在所有权人行使所有权积极权能受到妨害时延伸出来的权能。它暗含在所有权中，在所有权正常行使时一般不会产生，只有在权利行使遭到妨害或有妨害之虞时该权能方能体现出来。

该权能主要包括"权利确认请求权""返还原物请求权""排除妨害请求权""消除危险请求权""恢复原状等物权性质的请求权"和"损害赔偿请求权"的债权效力请求权。由于此种权能只在受到他人的不法干涉时才能显现，否则将隐而不彰，所以被称为所有权的消极权能。[3]

所有权人在行使此种权能时，不仅应当受到法律、公共利益和社会公德等方面

---

〔1〕《法国民法典》第 544 条规定："所有权为最可以绝对的方法而利用、处分之客体之权利。"《德国民法典》第 903 条规定："物之所有人于不抵触法律或第三人权利之范围，得自由处分其物。"《瑞士民法典》第 641 条规定："于法规之范围内得自由处分其物；"《日本民法典》第 207 条规定："于法令之限制内。"台湾地区"民法"第 765 条规定："于法令限制之范围。"转引自史尚宽：《物权法论》，中国政法大学出版社 2000 年版，第 67 页。

〔2〕《物权法》第三章"物权的保护"相关内容对此作出了规定。

〔3〕梁慧星、陈华彬：《物权法》，法律出版社 2003 年版，第 119 页。

的限制，而且还应受到习惯上的限制。例如，田野所有人不得禁止他人进入其田野采摘杂草、土地所有人不得禁止他人在其土地上空无害飞行等。

排除他人非法干涉的权能作为所有权的消极权能，与所有权的积极权能在性质上存在一定的区别。积极权能的行使表现为所有人积极利用所有物的主动行为，无需具备其他的法律条件。而消极权能的行使则表现为在他人的非法干涉或者妨害的情况下，为了维护所有权而采取救济措施的行为，须以他人非法的干涉、妨害行为的存在为前提，欠缺此前提，此项权能则处于停止状态。所以，此种权能本质上是一种救济性的权能。

二、所有权的限制

任何权利只能存在于合法限制的范围之内。所有权虽然为一项全面的权利，但是对所有权，绝非不存在任何限制，相反，各国法律都规定：所有权人的权限，只能存在于不违反法律或者不损害第三人权利的范围之内。[1]我国《物权法》也规定，所有权人对自己的不动产或者动产，依法享有占有、使用、收益和处分的权利。上述规定均体现了法律对所有权的限制，即禁止或者限制作为所有权积极权能或消极权能的一面或者数面，从而使所有人因此受一定的拘束，并负一定的义务。[2]这说明：自由与限制相伴而成，共同构成了所有权的内容。法律之所以要对所有权进行限制，其理由主要有两个方面：①保护个人权利的最大化。人类在共同生活中，各自决定自己的事务和分别行使自己的权利客观上存在权利冲突的可能性，为了避免彼此之间权利的冲撞，需要制定一系列的规则对个人权利进行合理的限制，尽可能保护所有个人利益的最大化。②保护社会整体利益最大化。由于个人所有权的行使将造成分散决定，分散决定带来缺乏对整个社会总体经济目标的考虑以及法律价值的总体考虑。

通说认为，对所有权进行限制，以调整个体利益之间、个体利益与整体利益之间的平衡，仅仅依靠权利个体本身或者市场本身都是不够的，还需要依靠法令。大多数国家解决这一问题的主要方式就是通过法令对所有权进行限制。"所谓法令，是指法律和行政机关所颁布的命令，无法律上根据的命令，不得对所有权进行限制。同时，法令对所有权的限制不得违反宪法保障财产权的意旨。"[3]所有权人应负何种义务，由法令内容确定。现代各国对所有权的限制业已形成公法上的限制和私法上的限制并重的双轨制限制体系。相对而言，私法对所有权的限制主要的目的

---

[1] 《法国民法典》第 544 条规定：所有权为最可以绝对的方法而利用、处分之客体之权利；《德国民法典》第 903 条规定：物之所有人于不抵触法律或第三人权利之范围，得自由处分其物；《瑞士民法典》第 641 条规定：于法规之范围内得自由处分其物；《日本民法典》第 207 条规定：于法令之限制内；台湾地区"民法"第 765 条规定：于法令限制之范围。转引自史尚宽：《物权法论》，中国政法大学出版社 2000 年版，第 67 页。

[2] 梁慧星、陈华彬：《物权法》，法律出版社 2003 年版，第 119 页。

[3] 王泽鉴：《民法物权》（通则·所有权），中国政法大学出版社 2001 年版，第 156 页。

在于保障个人的私益；而公法对所有权的限制，大多以保障国家的公共利益和社会的共同生活为目的，因此属于行政法规的限制[1]。

（一）私法上的限制

所有权在私法上的限制主要体现在民法中基本原则的适用以及有关规定对所有权行使的限制。限制的手段主要有：权利滥用的禁止、诚实信用原则、自力救济（包括正当防卫、紧急避险和自助行为三种）、相邻关系和他物权等制度。

如民法的禁止权利滥用原则和诚实信用原则的适用以及自力救济制度、他物权和合同债权的约束等构成了所有权限制的主要法律依据。

1. 禁止权利滥用原则和诚实信用原则。禁止权利滥用是指权利主体在行使权利时，不得违反公共利益或者以损害他人为主要目的。依现代民法理念，一切私权皆有社会性，其行使须依诚实和信用的方法为之，否则将构成权利滥用。所有权作为现代社会最重要的一种私权，对其滥用行为进行禁止，实属天经地义[2]。是否以损害他人为主要目的，应就权利人因权利行使所能取得之利益与他人及社会因该权利行使所受之损失比较衡量。若权利之行使导致自己所得利益极少而他人及社会所受损失甚大，即为以损害他人为目的的权利行使[3]。19 世纪随着法国科玛尔法院"嫉妒建筑"案件的判决，许多国家在自己的民法典中设立了相关权利滥用的禁止性规定[4]，我国《民法通则》也规定了这一原则[5]。但是作为一个抽象的法律概念，权利滥用的认定标准在各国并不一致，学者将其概括为恶意损害他人的滥用行为、违背权利目的的滥用行为、于己无益的滥用行为、损害大于所受利益的行为、与所引起信用相违背的滥用行为和损害超过忍受限度的滥用行为六种情形[6]。这种类型化认定的方式对于禁止权利滥用原则在司法实践中的运用具有重要的适用价值。

诚信原则作为民法的基本原则，要求权利人不仅在行使债权、履行债务时遵守，而且在所有权行使时也应遵守。这一原则作为现代民法的一项基本理念在各国的民法典中得到了充分的体现。我国《民法通则》对此也作了明确的规定[7]。依据该规定，当事人在行使包括所有权在内的所有民事权利时，如果违反了诚信原则则属于违法行为，由此给他人造成损害的，应当承担民事责任。

---

[1] 梁慧星、陈华彬：《物权法》，法律出版社 2003 年版，第 119 页。
[2] 梁慧星、陈华彬：《物权法》，法律出版社 2003 年版，第 119 页。
[3] 王泽鉴：《民法物权》（通则·所有权），中国政法大学出版社 2001 年版，第 157 页。
[4] 《德国民法典》第 226 条、《瑞士民法典》第 2 条第 2 项、《日本民法典》第 1 条第 3 项等，均为权利滥用禁止的明文规定。
[5] 《民法通则》第 7 条规定："民事活动应当尊重社会公德，不得损害社会公共利益，扰乱社会经济秩序。"
[6] 汪渊智："论禁止权利滥用原则"，载《法学研究》1995 年第 5 期。
[7] 《民法通则》第 4 条规定："民事活动应当遵守自愿、公平、等价有偿、诚实信用的原则。"

2. 自力救济。自力救济在民法上包括正当防卫、紧急避险和自助行为。法律关于上述制度的规定对所有权的行使构成了限制。如为保证自己的财产被正在进行的不法侵害行为损害而对侵权人进行反击或者押收其财物等行为。作为保护民事主体私权的法律制度，该制度自罗马法以来就在私法上得到了确认。

3. 相邻关系。相邻关系制度通过限制相邻一方行使其所有权的绝对自由从而保障相邻他方的正当权利。作为一种限制所有权人行使其不动产所有权的制度，大陆法系各国民法典在其所有权制度中均对相邻关系作了明确的规定。

4. 他物权或者债权等其他方面的限制。他物权制度对所有权的约束主要体现在当所有人在自己物上为第三人设立用益物权或者担保物权时，自己对该物的使用或者处分权能即由此而受到一定的限制，如所有人在自己物上为他人设定质权后，其对该物的占有、使用和收益权能受到相应的限制。合同债权的约束是指所有权人就所有物设定债权契约时，其对该物的使用、收益或者处分权能即受到债法上的限制，如所有人将自己之物通过借用合同借于他人时，其占有、使用权能受到限制。合同债权的限制与他物权的限制区别主要在于：债权对所有权处分的限制不能对抗第三人，而他物权对所有权的限制可以对抗第三人。

（二）公法上的限制

公法为了保护社会公共利益而对所有权进行限制，此类规范多属行政法规，如环境保护法、土地管理法、文物保护法等相关规范。就受限制的标的物而言，既有不动产，也有动产；就限制的范围而言，既有所有权的取得和行使，又有所有权的转移和处分；就所有人的限制方式而言，既有作为的义务，也有不作为的义务和忍受的义务；就违反义务的法律后果而言，既有法律行为的无效和撤销导致的损害赔偿等民事责任的承担，也有行政责任和刑事责任的处罚。公法上的限制呈现出种类多、范围广并且日益增多的趋势。

公法对所有权的限制中，有一种特殊的情形需要强调，即所谓"公用地役关系"，如某条实际上供公众通行数十年的道路使用，应当认为已有公用地役关系存在，土地所有人即不得违反供公众通行之目的而为自由使用收益。[1]当然，因公益而牺牲他人财产上利益时，政府应当依照有关法律规定办理征收，并予以补偿。

我国《宪法》和《物权法》规定的征收和征用就是通过公法的手段对所有权进行的限制。

1. 征收。征收主要是通过取消所有权使它在民法上不复存在，也可以是强制性的所有权转移，通常转移给公法权利主体。在后一种情况下所有权为新的权利人

---

[1] 王泽鉴：《民法物权》（通则·所有权），中国政法大学出版社 2001 年版，第 161 页。

继续拥有，在民法上也仍然具有意义。根据我国《宪法》和《物权法》[1]的规定，征收必须符合下列条件：①为了公共利益的需要；②须根据法律规定的权限进行；③必须符合法律规定的程序；④规定赔偿的种类和范围。

2. 征用。征用主要是基于特殊性的需要而强制性地使用私人之物，使用完毕后即可将物返还的行为。《物权法》第44条规定："因抢险、救灾等紧急需要，依照法律规定的权限和程序可以征用单位、个人的不动产或者动产。被征用的不动产或者动产使用后，应当返还被征用人。单位、个人的不动产或者动产被征用或者征用后毁损、灭失的，应当给予补偿。"

第三节　所有权的种类

不同性质的所有权在其取得和移转上适用不同的法律规则，所以对所有权进行类型化的研究十分必要。所有权按照不同的标准可以有不同的分类，我国《物权法》依所有权的主体性质将所有权分为国家所有权、集体所有权和私人所有权；[2]依其客体可将所有权分为动产所有权和不动产所有权；依其人数可将所有权分为单一所有权和多数人所有权；依多数人之间享有的权利义务不同，可将多数人所有权分为按份共有和共同共有。

一、国家所有权、集体所有权和私人所有权

（一）国家所有权

1. 概念。国家所有即全民所有。国家所有权是指国家以民事主体的身份对国有财产享有的所有权。

2. 国家所有权的客体。国家所有权的客体是国有财产，国有财产是由法律明确规定属于国家所有的财产，根据我国相关法律的规定[3]，主要包括：①矿藏、水流、海域；[4]②城市的土地和法律规定属于国家所有的农村和城市郊区的土地；[5]③森林、山岭、草原、荒地、滩涂等自然资源，但法律规定属于集体所有的除外；[6]④法

---

[1] 《物权法》第42条规定："为了公共利益的需要，依照法律规定的权限和程序可以征收集体所有的土地和单位、个人的房屋及其他不动产。……征收单位、个人的房屋及其他不动产，应当依法给予拆迁补偿……"

[2] 《民法通则》对所有权的分类采取了此种分类方式，《物权法》再次重复了此种分类。《物权法》第五章规定了"国家所有权和集体所有权、私人所有权"，对每一种所有权的内容进行了详尽的规定（详见《物权法》第45~69条规定）。

[3] 我国对国有财产的法律规定，除了民法通则和物权法之外，还有宪法、土地管理法、矿产资源法等相关法律。

[4] 《物权法》第46条。

[5] 《物权法》第47条。

[6] 《物权法》第48条。

律规定属于国家所有的野生动物资源;[1]⑤无线电频谱资源;[2]⑥法律规定属于国家所有的文物;[3]⑦国防资产、依照法律规定为国家所有的铁路、公路、电力设施、电信设施和油气管道等基础设施;[4]⑧国家机关、国家举办的事业单位、国家出资的企业的不动产或者动产。[5]

3. 权利行使。除法律另有规定之外,国有财产由国务院代表国家行使所有权。[6]

4. 国家所有权的保护。我国法律通过对履行国有财产管理、监督职责的机构及其工作人员的义务和法律责任的规定,对国有财产的保护作了专门的规定,防止国有财产的流失。[7]

(二) 集体所有权

1. 概念。集体所有也称集体成员集体所有。[8]集体所有权是指集体成员对于依法属于集体所有的财产享有的所有权。

2. 集体所有权的客体。集体所有权的客体是集体所有的财产,主要包括:[9]①法律规定属于集体所有的土地和森林、山岭、草原、荒地、滩涂;②集体所有的建筑物、生产设施、农田水利设施;③集体所有的教育、科学、文化、卫生、体育等设施;④集体所有的其他不动产和动产。

3. 权利行使。集体所有权按照不同的事项和财产的性质分别由集体成员、农村集体经济组织、村民委员会或者村民小组、乡镇集体经济组织行使。其中,由集体成员行使权利的事项主要有:[10]①土地承包方案以及将土地发包给本集体以外的单位或者个人承包;②个别土地承包经营权人之间承包地的调整;③土地补偿费等费用的使用、分配办法;④集体出资的企业的所有权变动等事项;⑤法律规定的其他事项。

---

[1] 《物权法》第49条。
[2] 《物权法》第50条。
[3] 《物权法》第51条。
[4] 《物权法》第52条。
[5] 《物权法》第53~55条。
[6] 《物权法》第45条第2款。
[7] 《物权法》第56条规定:"国家所有的财产受法律保护,禁止任何单位和个人侵占、哄抢、私分、截留、破坏。"《物权法》第57条规定:"履行国有财产管理、监督职责的机构及其工作人员,应当依法加强对国有财产的管理、监督,促进国有财产保值增值,防止国有财产损失;滥用职权,玩忽职守,造成国有资产损失的,应当依法承担法律责任。违反国有财产管理规定,在企业改制、合并分立、关联交易等过程中,低价转让、合谋私分、擅自担保或者以其他方式造成国有财产损失的,应当依法承担法律责任。"
[8] 《物权法》第59条第1款。
[9] 《物权法》第58条。
[10] 《物权法》第59条。

　　集体所有的土地和森林、山岭、草原、荒地、滩涂等，依照下列规定行使所有权：[1] ①属于村农民集体所有的，由村集体经济组织或者村民委员会代表集体行使所有权；②分别属于村内两个以上农民集体所有的，由村内各该集体经济组织或者村民小组代表集体行使所有权；③属于乡镇农民集体所有的，由乡镇集体经济组织代表集体行使所有权。

　　城镇集体所有的不动产和动产，依照法律、行政法规的规定由本集体享有占有、使用、收益和处分的权利。[2]

　　4. 集体所有权的保护。为了保护集体所有的财产，同时维护集体成员的利益，《物权法》作出了一系列规定，如法律禁止任何单位和个人侵占、哄抢、私分、破坏集体财产。集体经济组织或者村民委员会的管理人作出的决定侵害集体成员合法权益的，该集体成员有权请求人民法院予以撤销。此外，为了防范有关组织侵害农民的权利，要求集体经济组织或者村民委员会、村民小组依照法律、行政法规、章程、村规民约向本集体成员公布集体财产的状况。[3]

　　（三）私人所有权

　　从《物权法》第五章的体例来看，私人是相对于国家、集体而言的独立的民事主体。[4]

　　1. 概念。私人所有权是指国家、集体之外的民事主体对其财产所享有的所有权。"私人所有权"中的"私人"一语，在物权法中是否等于"个人"，实有疑问。从相关规定的内容来看，私人所有权应当包括个人所有权、法人所有权和社会团体所有权三种类型。

　　2. 私人所有权的内容。在私人所有权的有关内容中，物权法根据不同的主体规定了私人所有权范围和保护的方法，主要有个人所有权、法人所有权和社会团体所有权。

　　个人所有权即自然人所有权，是指自然人对其个人财产依法享有的所有权，根据《物权法》的有关规定，个人所有权的客体主要包括：①合法收入；②房屋；③生活用品；④生产工具；⑤原材料等不动产和动产；⑥个人合法的储蓄、投资及其收益；⑦个人的财产继承权及其他合法权益。[5]

---

〔1〕《物权法》第60条。

〔2〕《物权法》第61条。

〔3〕《物权法》第62～63条。

〔4〕以上结论是从《物权法》第五章的标题和内容的关联逻辑上推理出来的。但是，《物权法》第五章第64～66条规定中，先后反复出现了"私人所有权"的概念和规定，与第68～69条规定的"法人所有权"和"社会团体所有权"相区别。这里的私人所有权似乎又与法人所有权和社会团体所有权相并列，这种立法上的相互矛盾造成了对私人所有权范围认定上的困难。基于以上原因，作者将具体规定中的"私人所有权"改为"个人所有权"，即自然人所有权，特此说明。

〔5〕其中，第①～⑤项为《物权法》第64条之规定，第⑥、⑦项为《物权法》第65条之规定。

法人所有权包括企业法人的所有权和其他法人的所有权。企业法人所有权是指企业法人对其不动产和动产依照法律和章程享有占有、使用、收益和处分的权利；企业法人以外的法人，对其不动产和动产的权利，适用有关法律、行政法规和章程的规定。[1]

社会团体所有权指社会团体对其所有的不动产和动产享有的占有、使用、收益和处分的权利。

3. 私人所有权的保护。为了保护私人财产的所有权，《物权法》明确规定："私人的合法财产受法律保护，禁止任何单位和个人侵占、哄抢、破坏。"[2]

我国《物权法》上的国家所有权、集体所有权和私人所有权的分类方式实质上就是不同所有制在民法上的表现形式。此种所有权的分类最重要的意义在于明确不同主体的所有权客体的范围不同（《物权法》对于是国家所有权和集体所有权的客体进行了明确的列举式的规定），从而形成了特定物的专属所有权制度，如土地、矿产资源等不动产所有权的专属性所有权制度。对于这三种不同类型的所有权，《物权法》遵循了民法的平等理念，特别规定对国家所有权、集体所有权和私人所有权实行平等保护的原则[3]。

二、动产所有权与不动产所有权

按照标的物的种类可将所有权划分为动产所有权与不动产所有权。

（一）动产所有权

动产所有权是指权利主体对其动产享有的所有权。

动产所有权的客体具有多样性和广泛性；动产所有权的主体既可以是国家、集体，也可以是自然人、法人等民事主体；动产所有权可以基于先占、拾得遗失物、发现埋藏物和隐藏物、善意取得等原始方式取得，也可以通过买卖、赠与、互易等继受方式取得；主体行使权利的方式主要是占有和使用；除法律另有规定外，动产所有权变动的公示方式为交付，交付一般情况下是现实交付，但是在当事人不违反法律规定的情况下也可以采取简易交付、指示交付和占有改定的方式。[4]作为动产所有权变动的公示方式，现实交付自然无疑，观念交付中的简易交付和指示交付原则上也符合公示的要求，但是占有改定能否作为动产所有权变动的公示方式、是否符合物权法的公示公信原则、此种物权变动后果能否产生对抗第三人的公信力等一系列问题值得商榷。最高法院在《物权法司法解释（一）》第 18 条第 2 款规定中明确规定，当事人以《物权法》第 25 条规定的方式交付动产的，转让动产法律行

---

〔1〕《物权法》第 68 条。

〔2〕《物权法》第 66 条。

〔3〕《物权法》第 4 条规定：国家、集体、私人的物权和其他权利人的物权受法律保护，任何单位和个人不得侵犯。

〔4〕《物权法》第 25 条、第 26 条和第 27 条。

为生效时为动产交付之时；当事人以《物权法》第 26 条规定的方式交付动产的，转让人与受让人之间有关转让返还原物请求权的协议生效时为动产交付之时。从而肯定了简易交付和指示交付的公示公信效力，但是按照逻辑学上的反向解释，该条实际上否定了占有改定的公信效力。[1]

（二）不动产所有权

不动产所有权是权利主体对不动产享有的所有权。不动产所有权的取得主要方式为创造、添附、买卖等；主体行使权利的方式除自己占有、使用外，更多的是通过设立他物权（如建设用地使用权、抵押权等）来实现不动产的收益；不动产所有权的变动公示方式为登记。相对于动产来说，不动产客体的种类较少，主要有土地、河流、桥梁、道路、房屋等。在我国不动产所有权主要有土地所有权、房屋所有权以及与土地相关的不动产资源所有权等几种形式。不动产所有权除房屋外，大多由法律明确规定了所有权的主体，我国目前房屋以外的不动产大多属于国家和集体所有。不动产所有权变动公示方式除法律有特殊规定外为登记。

不动产所有权主要体现为下列三种形式：

1. 土地所有权。土地所有权是指以土地为客体的所有权，权利的内容主要包括主体对土地的地表、地上空间和地下空间的所有权。

土地作为人类社会最基本的生产资料，其稀缺性和不可再生性决定了土地的归属和利用对于国家的经济制度和政治制度具有决定性的作用。作为一种自然资源，土地是人类最基本、最重要的生存条件，合理利用和保护土地资源是一个人类社会面临的重要的问题，科学地界定和调整土地所有权关系是社会稳定和发展的必然要求。作为世界上人口第一的大国，土地对于我国的重要性不言而喻。我国实行土地公有制度，土地所有权专属于国家或集体所有，不允许私人所有。

我国土地所有权的特点可以归纳为下列四个方面：①主体的特定性。土地只能为国家或集体所有，其他民事主体不能成为土地所有人。②交易的限制性。土地所有权不能以任何形式交易，土地所有权的买卖、赠与、互易和以土地所有权作为投资，均属非法，在民法上属于违反强制性规范的行为，其法律后果无效。③权属的稳定性。由于主体的特定性和交易的限制性，我国的土地所有权处于高度稳定的状态。除了国家依据法律规定对集体土地实施征收以外，土地所有权的归属状态原则上不能改变。④权能的分离性。在土地所有权高度稳定的情况下，为实现土地资源的有效利用，法律需要将土地使用权从土地所有权中分离出来，使之成为一种相对

---

[1] 第 18 条规定：《物权法》第 106 条第 1 款第 1 项所称的"受让人受让该不动产或者动产时"，是指依法完成不动产物权转移登记或者动产交付之时。当事人以《物权法》第 25 条规定的方式交付动产的，转让动产法律行为生效时为动产交付之时；当事人以《物权法》第 26 条规定的方式交付动产的，转让人与受让人之间有关转让返还原物请求权的协议生效时为动产交付之时。该条款通过明确了简易交付和指示交付作为善意取得的受让人动产交付的方式，使得受让人据此方式取得的物权能否对抗真实权利人，从逻辑学的反向解释看，占有改定被排除在外。

独立的物权形态并且能够交易。因此，土地使用权制度在我国的不动产所有权制度和用益物权制度中具有十分重要的地位。[1]

对于土地之外的其他不动产的所有权，除法律有特别规定外，原则上无此限制，这一点成为土地所有权与其他不动产所有权的本质区别。

2. 房屋所有权。房屋所有权是指居住者对其居住的建筑物的空间部分享有所有权。房屋所有可以是单独所有，也可以是共有和区分所有。依据我国《物权法》的规定，不同类型的房屋所有权的法律依据不同。其中，单独所有的房屋所有权的行使依据《物权法》关于不动产所有权的一般规定；共有房屋所有权的行使除了要遵守不动产所有权的一般规则外，还要遵守《物权法》关于共有的规则；区分所有的房屋所有权的权利行使除了遵守不动产所有权的一般规则外，还要遵守《物权法》关于建筑物区分所有权的规定。

由于房屋客观上与土地不可分离，房屋所有权与土地权利就存在不可分割的关系。而我国的土地实行公有制，由国家所有和集体所有。因此，房屋所有权人对其房屋所附着的土地享有的权利只能是使用权而非所有权。根据我国《物权法》和《土地管理法》等相关法律规定，城市房屋的所有权人对其房屋所占用的土地享有的是建设用地使用权；农村房屋的所有权人对其房屋所附着的土地享有宅基地使用权；农村的其他建筑物权利人对土地享有集体建设用地使用权。

由于房屋所有权和土地的不可分离，为了确保房屋所有权在法律上作为完全物权的属性，我国《物权法》规定，在房屋转让时适用"地随房走"的原则。

3. 其他不动产资源的所有权。其主要包括河流、矿藏等所有权。我国对这些不动产资源的所有权除了《物权法》规定外，对上述不动产资源的开发、利用等有关问题，主要是通过一些单行法（如《矿产资源法》《水法》等）进行规定。

三、单一所有权与多数人所有权

依所有权主体的人数可将所有权划分为单一所有权与多数人所有权。

单一所有权是指所有权的主体为单一的民事主体，该主体对一物单独享有的所有权。此种类型的所有权是所有权的普通状态，适用《物权法》关于所有权的一般性规定。

多数人所有权指同一所有权由两个或两个以上的人共同享有。多数人所有权又可分为共有和建筑物区分所有权中的共有等类型。其中，共有是指两个以上的主体对同一所有权的享有，有按份共有和共同共有两种类型；建筑物区分所有权中的共有是指全体权利主体对建筑物及建筑区划内的共有部分的共有权。关于共有和建筑物区分所有权所适用的法律规则，《物权法》中作了特别规定。

---

[1] 王卫国主编：《民法》，中国政法大学出版社 2007 年版，第 247 页。

第四节　所有权的取得与消灭

一、所有权取得的分类

所有权取得是指民事主体基于一定法律事实取得所有权的情形。根据不同的标准可将所有权取得做出不同的分类。通说上，所有权取得主要有下列三种分类：

（一）不动产所有权取得与动产所有权取得

根据所有权取得客体的不同，可以分为不动产所有权的取得与动产所有权的取得。二者的主要区别在于取得对象、取得方式和适用的法律规则不同：前者是以不动产为取得对象，后者以动产为取得对象；前者主要是基于继受取得，而后者除继受取得外，也可基于原始取得；在基于法律行为取得所有权的情况下，前者适用登记生效要件，而后者除法律另有规定或者当事人另有约定外，原则上以交付为生效要件。

（二）原始取得与继受取得

根据所有权取得前的状态，可以将所有权取得分为原始取得和继受取得。前者是指权利人取得的所有权原来不存在或与原权利人没有继受法律关系的所有权取得方式，主要包括先占、生产、建造、遗失物、埋藏物、添附、善意取得等取得所有权的方式。后者是指权利人基于一定法律关系或事实从其他主体手中取得所有权的方式，对于新的权利人来说即是继受了原权利人的所有权，所以被称为继受取得。此种取得所有权的方式主要包括买卖、赠与、互易、继承等几种类型。

（三）基于法律行为的取得与基于其他法律事实的取得

根据所有权取得的原因可以分为基于法律行为的取得和基于其他法律事实的取得。前者是指当事人通过法律行为取得所有权的方式，如当事人之间通过买卖合同、赠与合同等转移所有权的合同，使得标的物所有权通过交付或者登记由出卖人移转于买受人，买受人由此取得了该物的所有权。该种取得方式主要是继受取得。后者是指当事人通过事实行为或法律事件而取得所有权的方式。该种取得方式主要有生产、建造、添附等几种类型，主要属于原始取得方式。

二、所有权取得的方式

学理上对所有权取得方式主要是分为基于法律行为的取得、基于事实行为的取得，以及基于其他法定原因的取得三种类型。

（一）基于法律行为的取得

基于法律行为的取得是指当事人通过法律行为而取得所有权的方式。现实社会生活中的所有权取得大多属于此种取得方式，此种方式的所有权取得通常是当事人之间通过订立买卖合同等法律行为的方式发生物的所有权移转，标的物的所有权由出卖人移转于买受人，对于买受人而言即为基于法律行为的所有权取得。按照我国《物权法》的有关规定，所有权取得以标的物的交付或登记为生效要件，只有在法律另有特别规定时除外。

(二) 基于事实行为的取得

基于事实行为的取得是指权利主体基于事实行为而取得所有权的情形。通说认为，事实行为取得方式主要有先占取得，生产和建造取得，遗失物、埋藏物，漂流物的取得，添附取得，善意取得以及取得时效等几种方式。其中前四种取得方式在第三章"动产所有权"中进行了详细论述，此处仅作简要介绍。善意取得和取得时效由于既涉及动产所有权取得，又涉及动产所有权取得，所以在此进行较为详细的论述。

1. 先占。其主要是对于无主物，依法律规定在一定条件下可以由最初占有的人取得所有权。我国法律对于无主物规定原则上属于国家所有，使得先占制度的适用范围大为缩减。

2. 生产和建造。民事主体在生活或者生产中，基于自己的劳动创造产生的物的所有权当然归属于创造者所有。创造构成社会财富的主要来源，也是所有权的原始取得的主要方式之一。

3. 遗失物、埋藏物、漂流物的取得。遗失物是指他人遗失之物。拾得遗失物是指发现他人的遗失物之人在符合一定条件时取得所有权的法律事实。大多数国家和地区的法律规定，对拾得遗失物，失主在招领期内没有认领，拾得人即可取得遗失物的所有权。但我国《物权法》规定在法定期间内无人认领的遗失物归国家所有，不能作为拾得人所有权的取得方式。

埋藏物是指埋藏和隐藏于他物之中，其所有权归属不明的动产。被发现的埋藏物所有人明确的，返还给所有人或者有领取权的人（如所有人的继承人等）；所有人不明时，大多数国家规定归发现人所有，而我国《物权法》则规定上缴国家。

漂流物是指随河流漂流而至的所有人不明之物。对漂流物的法律归属原则上与埋藏物相同。

4. 添附取得。添附是附合、混合及加工在学理上的总称，主要指不同的动产或不动产之间通过某种方式结合而形成不可分割的混合物或新的性质的物，从而导致原物灭失或难以区分而形成所有权的得丧变更的情形。

(三) 善意取得

1. 善意取得的概念和制度渊源。善意取得也称即时取得，是指动产（我国包括不动产，下同）物权的让与人并无处分权而以所有权转移或者其他物权设定为目的将该动产出让给第三人或者为第三人设定他物权，善意受让该动产的占有者取得该动产所有权或其他物权（如质权、留置权等）的法律制度。

善意取得的前提是出让人的无权处分行为。对于无权处分，民法的一般理念是，任何人均无权处分他人之物，否则，受让人虽然可以取得物的占有，但是所有人可以基于所有权的追及力对占有人行使返还请求权。现今多数国家法律规定：无权处分人处分他人之物，应当取得所有权人的同意或者事后征得其承认始生效力；

反之该行为无效，所有权人有权要求占有人返还。这是近代民法对罗马法所有权绝对原则相关制度的延伸。罗马法规定"无论何人，不得以大于其所有之权利给与他人"及"发现我物之处，我取回之"的原则，近代民法的所有权绝对原则和追及力正是罗马法上述原则的延伸。根据该原则，非所有人转让他人财产是非法的，受让人是从占有人处取得的非法转让的动产，由于所有权的追及力，受让人不得取得物权。为了对受让人的权利进行救济，罗马法规定，非所有人转让后，受让人可通过占有时效而取得所有权（1 年），即只要所有权人没有在 1 年内追及，受让人基于占有时效即可取得该物的所有权。但是，该动产 1 年短期取得时效的机能并不在于对动产交易安全的保护。[1]

一般认为，近现代各国民法中的善意取得制度是以日耳曼法的"以手护手"为其发端的。[2]这一结论值得探讨。因为日耳曼法对于无权处分的原则是：权利人任意将自己的动产交付给他人时，只能向其相对人即占有人请求损害赔偿或其他权利，不得向第三人请求返还。这一原则的基础是日耳曼法上的占有与权利合一的观念。占有其物者即有权利（占有为权利的外衣），而有权利者也须占有其物，故受让占有者可能取得其权利，而有权利者（原所有权人）未占有其物时，其权利的效力也就因之减弱。动产所有人即是依据自己意思将动产托付于他人而丧失对其物的占有，权利效力减弱，则于该他人将物让与第三人时无从对该第三人请求返还。因此说，日耳曼法中的"以手护手"原则的基础在于所有权的效力减弱理论，而非对于善意第三人或交易安全的保护。有学者对此进行了分析并得出结论：虽然善意取得制度与日耳曼法确有渊源，但在法律结构与意义上却大异其趣。日耳曼法"以手护手"原则采取限制所有权追及力的结构，即限制原所有权人的回复请求权，使其因丧失占有而导致所有权效力减弱。而第三人之所以取得所有权，一则因为原所有人对第三人不得请求返还的反射效果，受让人取得所有权并非该原则存在的根本旨趣；二则因为"以手护手"的作用，占有即为权利外衣，故占有人虽未必有真实权利，但并非完全无权利，自占有人取得此种占有，只需移转行为有效，即非无权利，故受让人可谓系从弱的权力转化为强的（完全的）权利。善意取得制度采取的则是使新所有人（受让人或第三人）取得所有权的结构，其根本旨趣在于积极地使受让人取得所有权，而非仅仅消极地限制原所有人的回复请求权。亦言之，原所有人之所以无回复请求权是因为其根本丧失了其所有权之故，又受让人取得权利的基础乃是基于占有的公信力，亦即因让与人占有标的物而认为其有权利的善意信赖，故因此与之为交易行为者，纵使让与人实际上无权利，受让人仍取得权利，之所以如此，乃是由完全无权利转化为完全之权利。从此项法律结构与存在

---

〔1〕　[日] 川岛武宜编集：《注释民法》(7)，有斐阁 1967 年版，第 82 页。转引自：梁慧星、陈华彬：《物权法》，法律出版社 2003 年版，第 204 页。
〔2〕　姚瑞光：《民法物权论》，海宇文化实业有限公司 1995 年版，第 104 页。

的根本旨趣，亦可窥知善意取得制度的现代意义[1]。

法国法受上述日耳曼法的"以手护手"原则的影响，亦认为"对动产无追及权"，而且，第三人是否善意，并不受此原则的影响。

善意取得制度虽然限制了所有权的追及力，从而在一定程度上牺牲了所有人的利益，但是它在促进交易的安全和稳定方面发挥了重要的作用。正是基于该制度的巨大功用，在近现代民法上，这一制度得到了各个国家和地区在立法上的普遍确认。[2]

2. 善意取得的条件。

（1）善意取得的标的物一般为动产，我国《物权法》规定也包括不动产。有学者认为，由于不动产交易的第三人可直接根据不动产登记去保护自己的信赖利益，物权法赋予不动产登记公信力的效力，就可达到特殊保护不动产交易的善意第三人的政策的目的，无需善意取得制度的保护。因此，善意取得制度的标的物应当主要适用于动产。[3]一般情形下，该动产为无处分权人合法占有的委托物，如基于租赁、保管等合同原因占有他人的动产。如果该动产属于下列情形之一的，则不得作为善意取得的标的物：

第一，脱离物（非基于权利人的意思而占有之物，如遗失物、盗窃物等），一般情况下也不适用善意取得。

第二，记名证券。由于必须经过法律背书才可转让，所以不得作为善意取得的标的物。

第三，债权不属于动产，也不得作为善意取得的标的物。

第四，法律禁止流通的动产（如枪支、毒品等），由于不具备可让与性，也不得作为善意取得的标的物。

第五，法律规定的其他不得作为善意取得的标的物的情形。

（2）让与人须为标的物的占有人和无处分权人。正是基于让与人的占有构成受让人可资信赖的特征，才可发生受让人善意取得的法律后果。所以，让与人的占有是受让人善意取得的前提条件。

无权处分人是指既非所有人也非法律上的处分权人。如果让与人为所有人或者所有人的经纪人、代理人或者失踪人的财产代管人、遗产的执行人等，则不发生善意取得的后果。善意取得的让与人虽无处分权但因其占有财产才会使得受让人产生误信从而发生善意取得。

---

〔1〕 谢在全：《民法物权论》（上），中国政法大学出版社1999年版，第219～220页。

〔2〕 《法国民法典》第二十编"时效与占有"第五章"时效期间"的第四节"若干特别时效"中规定了善意取得制度；《德国民法典》第三编"物权法"第三章"所有权"的第三节"动产所有权的取得和丧失"中规定了善意取得制度；《日本民法典》将善意取得规定在"占有权"一章中。

〔3〕 梁慧星："物权法草案（第二次审议稿）若干条文的解释与批判"，载《民商法学》2005年第1期。

　　需要注意的是，如果无权处分合同被认定为无效或者由于法定原因被撤销，受让人即使符合其他条件，也不得主张善意取得。[1]

　　（3）受让人须通过有偿行为取得。我国《物权法》规定"以合理的价格转让"的条件，据此规定，通过赠与等无偿行为以及"价格过低"的交易行为等取得标的物均不发生善意取得。

　　至于价格是否合理，应当根据转让标的物的性质、数量以及付款方式等具体情况，参考转让时交易地市场价格以及交易习惯等因素综合认定。[2]

　　（4）受让人已经完成取得权利所必需的公示行为。法律规定应当登记的已经登记，不需要登记的已经交付给受让人。[3]

　　需要注意的是：根据最高人民法院的司法解释，当事人以《物权法》第25条规定的方式交付动产的，转让动产法律行为生效时为动产交付之时；当事人以《物权法》第26条规定的方式交付动产的，转让人与受让人之间有关转让返还原物请求权的协议生效时为动产交付之时。[4]依据上述规定可以得出下列结论：动产的善意取得中，受让人取得方式既可以是现实交付，也可以是简易交付（《物权法》第25条）和指示交付（《物权法》第26条），但是不得是占有改定的方式，换言之，受让人不得通过占有改定的方式主张善意取得。司法实践中，如果转让人将《物权法》第24条规定的船舶、航空器和机动车等交付给受让人的，应当认定符合《物权法》第106条第1款第3项规定的善意取得的条件。[5]

　　（5）受让人取得标的物时必须是善意的。善意是指受让人受让时不知道或不应当知道出让人无处分权的事实。司法实践中认定受让人的善意的标准是：受让人受让不动产或者动产时，不知道转让人无处分权，且无重大过失。如果真实权利人对受让人的善意存在异议，则由其承担举证责任，受让人不承担对自己"善意"问题的举证责任[6]。

　　如有下列情形之一的，则应当认定不动产受让人知道转让人无处分权，因而不得主张善意取得：①登记簿上存在有效的异议登记；②预告登记有效期内，未经预告登记的权利人同意；③登记簿上已经记载司法机关或者行政机关依法裁定、决定查封或者以其他形式限制不动产权利的有关事项；④受让人知道登记簿上记载的权

---

[1] 《物权法司法解释（一）》第21条规定，具有下列情形之一，受让人主张根据物权法第106条规定取得所有权的，不予支持：①转让合同因违反合同法第52条规定被认定无效；②转让合同因受让人存在欺诈、胁迫或者乘人之危等法定事由被撤销。

[2] 《物权法司法解释（一）》第19条规定。

[3] 《物权法司法解释（一）》第18条规定：物权法第106条第1款第1项所称的"受让人受让该不动产或者动产时"，是指依法完成不动产物权转移登记或者动产交付之时。

[4] 《物权法司法解释（一）》第18条第2款规定。

[5] 《物权法司法解释（一）》第21条规定。

[6] 《物权法司法解释（一）》第15条规定。

利主体错误；⑤受让人知道他人已经依法享有不动产物权。[1] 关于"重大过失"的认定，应当根据受让人受让动产时，交易的对象、场所或者时机等是否符合交易习惯进行认定。[2] 真实权利人有证据证明不动产受让人应当知道转让人无处分权的，应当认定受让人具有重大过失。[3] 法律对不动产、动产物权的设立另有规定的，应当按照法律规定的时间认定权利人是否善意。[4]

此项要件仅就受让人在受让时而言。至于让与人是否出于善意，在所不问；受让人在其后知道该物为无权处分之物，也不影响对其善意的认定。"受让时"一般是指受让人取得占有而言。

对于遗失物和盗窃物是否适用善意取得问题，在多数国家的立法中作为例外情形进行了规定，赋予原所有权人在一定期限内的追及权，[5] 超过该期限，受让人即可取得所有权，以此来平衡原所有权人与受让人之间的利益。我国《物权法》也采相同做法，规定遗失物的所有权人或者其他权利人对于已经通过转让被第三人占有的遗失物，在知道或者应当知道之日起2年内有权向受让人请求返还。超过该期限，受让人可永久性取得该物的所有权。[6]

依据我国法律的相关规定，无主物、盗窃物、遗失物、埋藏物、隐藏物等原则上不适用善意取得，继承、遗赠、赠与也不适用善意取得。[7]

3. 善意取得的理论依据。善意第三人何以能够取得所有权？学理上存在几种观点：

（1）即时时效说，也称瞬间时效或者取得时效说。即第三人因特别时效的经过而取得所有权。《法国民法典》第2297条第1项规定：关于动产，占有有权源之效力。然此系基于其固有法上所谓"动产不许追及"之原则，而善意取得与时间的经过无关，所以这一学说与现代意义上的善意取得制度不符。

（2）公示原则说或权利外像说。即善意取得的依据在于占有的公信力，依公示主义，应推定占有人为所有人。《日本民法》将善意取得规定于占有权效力之第192条，即是受此见解影响。

（3）法律赋权说。即善意取得是由于法律赋予无权处分人以处分他人所有权

---

〔1〕《物权法司法解释（一）》第16条第1款规定。

〔2〕《物权法司法解释（一）》第17条规定。

〔3〕《物权法司法解释（一）》第16条第2款规定。

〔4〕《物权法司法解释（一）》第18条第3款规定。最高人民法院、最高人民检察院、公安部和国家工商行政管理局《关于依法查处盗窃、抢劫机动车案件的规定》第12条；《拍卖法》第58条；最高人民法院《关于适用〈中华人民共和国担保法〉若干问题的解释》第84条。

〔5〕各国对善意取得均有例外的规定。参见《法国民法典》第2279条第2款，《日本民法典》第193条、第194条，《德国民法典》第935条，《瑞士民法典》第934条，《日本民法典》第186条规定。

〔6〕《物权法》第107条。

〔7〕参见《物权法》第109~116条规定。

的权利。

（4）占有时效说。此说认为善意第三人是具有占有的效力而为善意取得。

（5）法律特别规定说。即善意取得的依据在于法律的特别规定。

上述观点中，第五种观点更具说服力。因为近代善意取得制度的法律构造与存在旨趣具有特别意义，因此不能从其旧有渊源中探寻，而应在现代社会的作用中去探讨其理论基础。现代社会中，保障交易安全和便利的要求以及占有的公信力使得受让人与让与人就商品从事交易活动时，无需调查其处分权的有无，所以通过法律特别规定实现这一目的。可见，善意取得制度主要是建立在交易安全与便利的保证上，而占有的公信力为其不可欠缺的基础。[1]

4. 善意取得的法律后果。善意取得制度具有保护善意第三人和交易安全的重要价值，与物权和债权制度均有重要联系。一般认为，善意第三人基于对于交易相对人（无权处分人）拥有所有权或处分权的合理信赖，自从交易相对人（无权处分人）处获得动产占有时，即使该交易相对人对于该动产没有所有权或处分权，善意第三人仍可以基于法律规定原始取得该动产所有权或他物权，而原所有权人不得主张对该物的所有权，只能向出让人主张损害赔偿的债权请求权。具体而言，善意取得的法律后果体现在：

（1）受让人与原所有人之间。受让人取得受让物的所有权。受让人的行为符合善意取得条件的，依《物权法》第106条的规定取得受让物的所有权，由于受让人取得是依据法律规定，此种取得对原所有人而言系有法律上的原因，所以无不当得利可言，即使受让人因此获利，原所有人也不得以不当得利规定请求受让人返还所获利益。至于取得行为的性质是属于原始取得还是属于继受取得，学者之间虽然存在争议，但通说认为属于原始取得。[2]

在善意受让人对原权利状况无所知晓的情况下，其依法取得完全的所有权，原所有权上如果存在权利负担，该权利负担消灭。但是，善意受让人在受让时知道或者应当知道该权利的除外。[3]

受让人如果是无偿取得，通说认为：由于该取得行为显失公平，原所有权人基于不当得利之规定，有权向受让人请求返还所受的利益。

（2）原所有人与让与人之间。原所有人由于丧失了所有权，可向让与人主张损害赔偿等权利。具体而言，原所有人可以选择下列权利行使：

第一，双方之间原来存在债权关系的，如租赁、借贷、保管合同的，原所有人

---

〔1〕　谢在全：《民法物权论》（上），中国政法大学出版社1999年版，第220页。

〔2〕　姚瑞光、史尚宽、谢在全等均持此观点。参见谢在全：《民法物权论》（上），中国政法大学出版社1999年版，第230页。

〔3〕　《物权法》第108条规定：善意受让人取得动产后，该动产上的原有权利消灭，但善意受让人在受让时知道或者应当知道该权利的除外。

可以依据债务不履行之规定，向让与人请求损害赔偿。

第二，双方之间没有合同关系，原所有人可依侵权行为法向让与人请求损害赔偿。

第三，让与人如为有偿处分，由于所获得的利益为原所有人丧失所有权的代价，原则上应当归为原所有人。原所有人有权请求返还。但是，假如让与的价格超过了动产本身的价格，就"超过的部分价值归谁所有"存在争议。如果归为原所有人，其获得的利益又构成了不当得利之嫌；如果归于让与人，其获得利益也没有法律依据，因此有人主张依据无因管理归为原所有人。[1]

第四，让与人嗣后又取得该标的物的，不论该取得原因是偶然还是让与人恶意为之，抑或是让与人善意购回，该标的物所有权自动恢复为原所有人所有，让与人的取得不得适用善意取得。

（3）让与人与受让人之间。让与人与受让人之间的关系适用债法的有关规定。受让人在依法取得标的物所有权的同时，应当依据受让时的条件承担相应的义务，不得以善意取得为由拒绝负担义务。如果该债权行为无效或者后被撤销，原所有人或者让与人有权要求受让人返还所取得的标的物。

（四）取得时效

1. 取得时效的概念。大陆法系自罗马法以来就有时效制度。它包括了取得时效和消灭时效两种。

所谓取得时效，一般是指非所有权人以所有的意思公开、和平、持续、善意占有他人之物达到法律规定的期间，从而取得该物所有权的制度。所有权之外的其他财产权，准用所有权取得时效的规定。由于取得时效既涉及动产所有权也涉及不动产所有权，因此，在物权法民法的体系中一般被置于所有权取得方式中。[2] 在取得时效中，对他人的财产或财产权利的占有或准占有，与法定期间的经过结合起来，是一种法律事实，财产所有权或其他财产权的取得，即是由这种法律事实引起的法律后果。[3]

我国《物权法》及民法的其他相关法律规范中没有规定取得时效，因此在我国不能适用取得时效取得所有权。我国目前虽然不承认取得时效制度，但是学界对取得时效制度存废问题的讨论却一直没有停止，绝大多数学者主张我国应当在将来的立法中确立取得时效制度。我国正在编纂的民法典也将面临这一选择，有必要对该制度进行系统的探讨。

---

[1] 王泽鉴："无权处分与不当得利"，载《民法学说与判例研究》（2），中国政法大学出版社1998年版，第104页。

[2] 史尚宽：《物权法论》，中国政法大学出版社2000年版，第69页；谢在全：《民法物权论》（上），中国政法大学出版社1999年版，第146页；王泽鉴：《民法物权》（通则·所有权），中国政法大学出版社2001年版，第185页；梁慧星、陈华彬：《物权法》，法律出版社2003年版，第127页。

[3] 彭万林主编：《民法学》，中国政法大学出版社2002年版，第370页。

　　法律的目的应当是保护社会生活中真正的权利关系。如果发生了与真正的权利关系不一致的情况，法律应当将这种状态除去。[1]但是，在一些特殊情况下，为了尊重客观的事实状态，法律会做出与保护真正权利关系相反的选择，取得时效即是一例。法律之所以做出这样的选择，其原因主要是：

　　（1）社会秩序维持的需要。一方面，由于占有人是以所有的意思公然、善意、和平地占有他人的财产，这种长期占有的事实足以造成第三人相信其有所有权，即相信其占有与其真正的权利相符，并且会基于这种信任与占有人建立各种法律关系。倘若将这些已经建立起来的法律关系推翻，则势必造成社会经济与法律秩序的混乱，违背法律维持人类共同生活和平秩序的目的。[2]另一方面，长久的占有与行使权利的事实状态从概率上来说，通常与真实的权利关系大体一致，长期一定事实状态之存在作为权利存在的证据，更能符合社会之需求。[3]

　　（2）当事人利益衡量的结果。一方是所有权等权利人长期地不行使权利，另一方是占有人无权利却积极地长期行使权利。比较二者的利害，得出结论：与其保护财产权利人的利益，不如保护财产实际支配人的利益，更能发挥财产的社会经济利益。[4]

　　（3）发挥物尽其用的社会功能。取得时效使得长期继续占有他人的物的占有人能取得占有物的所有权，对于物本身来说，这种制度客观上具有促进物尽其用的社会功能。[5]正是基于这一点，各国在物权法上将其与附合、混合和加工等制度一起确定为法律直接规定的一个取得他人财产所有权制度的重要原因。

　　（4）排除举证困难。罗马法以来各国民法的取得时效制度，其作用主要在于维持因事实状态达一定期间而形成的财产关系的新秩序，能够迅速确定当事人之间的法律关系，排除因岁月流逝而发生的举证困难。所以对于标的物的占有，一般推定为以所有的意思，和平、善意地占有，给予权利存在之盖然性，虽不中亦不远矣，法律遂使长期一定事实状态变为权利关系。占有物的利害关系人如主张占有人的占有存在瑕疵，需对自己的主张负举证责任。将善意、公开、和平、持续的占有推定为所有权的规定本质上就属于立法就社会财产的归属和分配所作的一种强制性的物权配置。[6]取得时效较重于谋求社会之安定，而消灭时效则较重于证据代替之作用。[7]

　　2. 取得时效的类型。取得时效包括动产所有权的取得时效和不动产所有权的

〔1〕　梁慧星、陈华彬：《物权法》，法律出版社2003年版，第128页。
〔2〕　郑玉波：《民法物权》，三民书局1995年版，第65~66页。
〔3〕　谢在全：《民法物权论》（上），中国政法大学出版社1999年版，第147页。
〔4〕　梁慧星、陈华彬：《物权法》，法律出版社2003年版，第128页。
〔5〕　梁慧星、陈华彬：《物权法》，法律出版社2003年版，第137页。
〔6〕　梁慧星、陈华彬：《物权法》，法律出版社2003年版，第129页。
〔7〕　谢在全：《民法物权论》（上），中国政法大学出版社1999年版，第147页。

取得时效两种类型。

动产所有权的取得时效，主要指占有取得，即动产的占有人自主、和平、公开、持续、善意占有动产达一定期间，便取得该动产所有权。

不动产的取得时效，可分为"登记取得时效"和"占有取得时效"。前者指登记为不动产的权利人，在未取得不动产的实际占有时，经过一定期间可以主张取得标的物实际占有的取得时效；后者指非登记的实际占有不动产的人，经过一定期间可以主张涂销登记权利，而将自己作为所有权人纳入登记的取得时效。[1]

3. 取得时效的要件。由于取得时效的类型并不相同，所以各自的要件也存在一定的区别：

（1）动产所有权的取得时效要件。对于动产所有权的取得时效，各国立法例一般确定三个要件：

第一，取得时效的客体是他人之动产。取得时效的占有人所占有的标的物必须是他人的动产，既非自己的动产，也非无主动产。占有人对于自己的动产的占有，属于所有权人的占有，不发生取得时效问题；对于无主动产，除法律规定外，适用先占取得所有权，也无必要适用取得时效；对于公共财产或者国家财产，一般规定不得适用取得时效；对于禁止流通物，一般也不能适用取得时效。共有人对共有财产的占有是否适用取得时效，需要区分对待：如果一共有人以自己单独所有之意思公开占有共有物，则可适用时效取得；反之如果一共有人的占有是受全体所有权人委托保管，本身并无所有之意思而为的占有，不得适用取得时效，至于按份共有或者共同共有，在所不问。[2]

第二，占有人的占有须是以所有的意思，和平、公然地占有，即自主占有、和平占有和善意占有。自主占有是指占有人以所有的意思占有动产。自主占有仅要求占有人以所有的意思而为占有，并不要求占有人具备法律行为的效果意思，也不需要占有人为取得所有权之意思，仅需要为自己占有其物，且事实上对于占有物具有与所有人相同支配之地位即足矣。至于占有人在占有时是不知无所有权而为占有，还是误信有所有权而为占有，均非法律所问。

和平占有是指占有人非以暴力或胁迫手段取得或维持的占有。此处所称的和平占有，仅对标的物的所有人而言而非对他人而言，即使对他人存在胁迫或者暴力，只要没有对所有人存在上述行为，仍属于和平占有。如乙以所有的意思和平占有甲的所有物，后被丙强行占有，此时丙的行为对乙构成强暴手段，但是对于甲仍属和平占有。此外，取得占有时虽然出于强暴，但保持占有如果属于和平者，自强迫情形终止时起，仍为和平占有；反之，如果取得占有时属于和平，但维持占有时属于

---

〔1〕 孙宪忠：《中国物权法总论》，法律出版社 2003 年版，第 203 页。

〔2〕 谢在全：《民法物权论》（上），中国政法大学出版社 1999 年版，第 150 页；王泽鉴：《民法物权》（通则·所有权），中国政法大学出版社 2001 年版，第 190 页。

强迫，则变为非和平占有。[1]占有人的和平占有属于法律的一种推定，占有人无需举证，除非他人有反证证明。

公然占有是指占有人不带隐秘瑕疵地占有。即占有人将对标的物的占有事实公开，不加隐瞒的行为。是否属于公然占有应当依照一般社会观念进行认定，占有人法律上被推定为公然占有。一般而言，凡是无特意使他人不知占有事实者，推定为公然占有。公然占有的状态与和平占有相同，也可发生转变。

关于占有之始是否必须为善意，各国和各地区立法例上有肯定与否定主义两种意见：①肯定主义：要求占有人对标的物的占有须为善意，否则不发生取得时效的效力。以德国、法国、瑞士为代表。②否定主义：未设类似规定，占有之始不管是否善意，均可发生取得时效效力。如果占有之始为善意并无过失，占有人取得动产的时效期间更短；反之则更长。以日本、我国台湾地区为代表。

第三，经过一定期间。一定期间的经过是取得时效的一个重要的条件和基础，非达一定期间取得时效不能完成。对于动产所有权的取得期间，不同国家和地区对此规定不尽相同。例如，德国规定动产取得时效为 10 年；我国台湾地区和瑞士是 5 年；日本对于善意的无过失的规定是 10 年，反之为 20 年。

（2）不动产所有权的取得时效要件：

第一，占有人占有的标的物为他人未经登记的不动产。不动产所有权的取得时效，首先必须为占有他人之物，此点与动产所有权相同，可参照动产所有权取得时效的相关规定。但是，对于不动产所有权的取得时效而言，除此之外，是否还必须限于他人未经登记的不动产？此点关系到各国的立法政策问题，为此，各国和地区规定的并不相同，主要有两种立法例：①仅限于未经登记的不动产。采此种立法例的代表有：《瑞士民法典》、《奥地利民法典》、我国台湾地区"民法"等。[2]②不以未经登记的不动产为条件。采此种立法例的主要有：《日本民法典》等。[3]所谓未登记之不动产，是指自始未经登记机关就其所有权之归属登记于土地登记簿的不动产。按照有关法律规定无需登记的不动产，如雪山、沙漠等不动产，不得作为取得时效之客体。

我国土地为国家所有和集体所有，对于国家所有权和集体所有权的土地而言无需登记，也不能作为不动产取得时效的客体。

第二，占有人以所有的意思公开、和平、善意地占有。此点与动产所有权的时效取得相同。

---

[1] 谢在全：《民法物权论》（上），中国政法大学出版社 1999 年版，第 148～149 页；王泽鉴：《民法物权》（通则·所有权），中国政法大学出版社 2001 年版，第 189 页；史尚宽：《物权法论》，中国政法大学出版社 2000 年版，第 74 页。
[2] 《瑞士民法典》第 622 条；《奥地利民法典》第 1468、1470 条。
[3] 《日本民法典》第 162 条。

　　第三，经过一定期间。对于不动产所有权的取得时效期间，不同国家和地区对此规定不尽相同。例如德国规定不动产为 30 年；我国台湾地区、瑞士规定是 20 年；日本规定如果占有人是善意、无过失的取得时效是 10 年，反之则为 20 年。

　　（3）其他财产权的取得时效要件。大多国家法律规定，对于所有权以外的财产权的取得，准用所有权取得时效的规定，一般应当具备三个条件：

　　第一，以他人之物或者权利为客体。各国立法及学说一般确定下列权利不得作为取得时效的客体：①人格权和身份权。②依法律直接规定而成立的权利，如留置权、优先权等。③一次行使即归消灭的权利，如撤销权、解除权、买回权、选择权等形成权。④基于身份关系发生的专属财产权，如抚养请求权、受领退休金权利等。⑤需支付一定对价才能成立的权利，如租赁权、农地使用权等。⑥在行使权利前，无从行使或者表现于他人之物或者权利上之权利，如抵押权等。⑦法律特别规定的权利，如建设用地使用权、渔业权、采矿权等；依相关法律规定，如果权利人在一定期间内不行使权利，有关主管机关就可以撤销该权利，而撤销权利的期间一般均比取得时效的期间短，因此就无从适用取得时效。⑧其他，如不继续的地役权等。

　　第二，权利是以所有的意思公然、和平、持续地行使。此点与动产和不动产的所有权取得时效制度相同。

　　第三，法定期间的经过。具体的法定期间涉及各国的立法政策，可以参照相关的法律规定确定。

　　财产权的取得时效要件究竟是准用动产所有权取得时效要件，还是准用不动产所有权取得时效要件？对此，学者认为，应当依各财产权变动是否以登记为生效要件确定。如果必须以登记为权利变动的生效要件的，如建设用地使用权等，准用不动产所有权取得时效的规定；如果不需登记即能生效的权利变动，如著作权等，准用动产所有权取得时效的规定。以登记为对抗要件的财产权利，如土地承包经营权等，也准用动产所有权取得时效的规定。[1]

　　4. 取得时效的法律效果。取得时效的发生后，在所有人、占有人之间发生下列法律效果：

　　（1）动产占有人取得了动产的所有权。对于动产占有人而言，在取得时效届满后，直接发生物权变动的法律后果。非所有人的占有人直接取得了该动产的所有权。

　　（2）对于不动产占有人，一般认为，不动产占有人有权请求有关机关进行登记，将自己登记为所有人。但是，不动产占有人不能当然取得不动产所有权，只有登记完毕才能取得所有权。如果在占有人登记之前，原所有权人进行了登记，由于取得时效是以未经登记的不动产为要件，占有人就不能请求登记，也就无从取得不

---

〔1〕　谢在全：《民法物权论》（上），中国政法大学出版社 1999 年版，第 166 页。

动产的所有权。

（3）对于原所有权人，一旦占有人按照取得时效取得了物的所有权，原所有权人的所有权自然消灭，即取得时效发生物权变动的法律效果。依据现代各国的立法，该取得性质为原始取得，原来存在于该财产上的一切负担消灭。因此，原所有人无权要求占有人返还所有物或者占有物，也不能以不当得利为由请求利益返还。

5. 取得时效的中断。取得时效的中断是指在取得时效的期间内，发生了与取得时效要件相反的事实，从而使经过的期间归于无效的情形。由于取得时效是以一定的占有事实的持续达到一定的期间为条件，在时效进行的过程中，一旦发生与上述事实不一致的情况，取得时效就无法继续进行而必须中断。从大多数国家的法律规定来看，取得时效中断的原因主要有：①占有人自行中止占有；②占有人占有意思的变更；③占有被他人侵夺而未依法恢复；④占有性质的变更，如公然性、和平性丧失等；⑤法定中断的事由，如起诉、向占有人提出请求、占有人承认权利人的权利等。

取得时效中断发生与诉讼时效中断相同的法律效果：已经经过的期间无效，时效期间重新计算。

（五）其他特殊原因

除上述原因外，国家为了特殊需要或者保护社会秩序的稳定等原因而设立的一些特殊的制度规范物的所有权归属。这些方式主要有：

1. 政府指令。政府为了公共利益或者社会管理的需要，在特定的情况下按照法律规定的条件和程序采取行政指令的方式可以取得其他主体的不动产所有权。政府指令取得所有权的主要表现方式是征收制度。征收是指为了公共利益的需要，政府按照法律规定的权限和程序将集体所有或者个人所有的财产强制性地转归国有并且给予合理补偿的制度。如为了公共环境保护或者公共建设征收个人房屋等不动产。依我国《物权法》的有关规定，为了公共利益的需要，依照法律规定的权限和程序可以征收集体所有的土地和单位、个人的房屋及其他不动产。对于因征收而产生的补偿问题，《物权法》规定，征收集体所有的土地，应当足额支付土地补偿费、安置补助费、地上附着物和青苗的补偿费等费用，安排被征地农民的社会保障费用，保障被征地农民的生活，维护被征地农民的合法权益；征收单位、个人的房屋及其他不动产，应当依法给予拆迁补偿，维护被征收人的合法权益；征收个人住宅的，还应当保障被征收人的居住条件。[1]

2. 法定专属。国家基于特殊需要通过法律明确规定一些关系到国家重大利益的物（如土地、矿藏等自然资源）专属于国家所有。我国《物权法》对专属于国家所有的财产进行了列举式规定，主要包括：矿藏、水流、海域；城市的土地、法律规定属于国家所有的农村和城市郊区的土地；法律规定不属于集体所有的森林、

---

[1] 《物权法》第42条规定。

山岭、草原、荒地、滩涂等自然资源；法律规定属于国家所有的野生动物资源；无线电频谱资源；国家所有的文物；国防资产；法律规定属于国家所有的铁路、公路、电力设施、电信设施和油气管道等基础设施等。[1]对于上述之物，任何人不得主张享有所有权。[2]

3. 法院判决。依《民事诉讼法》的规定，人民法院生效的判决具有强制执行的效力，法院判决中涉及所有权确认的判决和裁定，具有所有权取得的效力。

依我国《物权法》的有关规定，上述所有权的取得方式中，对于因法律行为而取得所有权的原则上应当符合物权变动的公示方式才能取得所有权；而对于非因法律行为的所有权取得，如继承等，不需公示也可产生所有权取得的法律效力。但是，未经公示的不动产取得不得进行法律上的处分。

三、所有权的消灭

所有权的消灭是指所有人丧失了某物的所有权。所有权的消灭分为两种类型：①所有权的绝对消灭，是指所有权的标的物因灭失或者毁损而导致所有人彻底、永久性地丧失了所有权；②所有权的相对消灭，是指所有权在不同的主体之间发生了移转，即所有权的标的物从一个民事主体移转到另一个民事主体，对前者而言即构成了所有权的相对消灭，对后者而言则是所有权的取得。从所有权本身来说，所有权仍然存在，只是从一个权利主体转移到另一权利主体，是所有权的主体变更。

---

〔1〕《物权法》第46~52条规定。

〔2〕《物权法》第41条规定："法律规定专属于国家所有的不动产和动产，任何单位和个人不能取得所有权。"

第七章　不动产所有权

第一节　不动产所有权概述

一、不动产所有权的概念和特征

（一）不动产含义的界定

将物划分为动产和不动产始于罗马法，罗马法上的动产与不动产是以"能否移动和移动后是否变更其性质，损害其价值"来分类的，这一分类奠定了二者泾渭分明的界限。此种划分的重要意义在于："整个经济—社会制度都以它为基点，由于其特有的经济功能，它不是单一地设计这个或那个法律关系，而是关系到整个法律机制。"[1]动产与不动产也成为大陆法系民法对于物的最主要分类。大陆法系民法一般采取列举式方法确定不动产类型，将不动产之外的财产称之为动产。多数国家以此为基础构建自己的所有权分类模式。但是对具体的不动产概念，各国的规定并不相同。主要有两种：

1. 不动产是指不能被移动或者移动后必然损害其经济价值的物，如土地、建筑物、不能与土地分离的物（如土地的出产物、果实、树木、种子等）。采此种立法例的国家主要有德国、日本、意大利。

2. 不动产是指按照其性质不能移动、按照其用途不能移动、其权利客体不能移动、法律规定不能移动的财产，如土地及建筑物、土地及建筑物上的物、土地上不可与土地分离的物（如土地上尚未收割的庄稼、树上的果实）不动产的使用收益权等。采此种立法例的国家主要是法国。

我国民法中对不动产和动产的划分是在经济体制改革之后，此前的计划经济体制时期，不动产主要是国家和集体所有权的客体，由国家和集体作为所有人统一使用和经营，不能自由流通，所以我国民法未划分不动产所有权和动产所有权。经济体制改革后，我国实行城市国有土地使用权出让和转让制度，农村实行了土地家庭承包经营制度，房屋所有权可以流通（农村房屋所有权流通中受一定限制），不动产和动产所有权的基本制度在我国立法中得以确定。我国《担保法》第 92 条规定，不动产是指土地以及房屋、林木等地上定着物。土地上的定着物又可分为建筑

---

[1]　[意]彼德罗·彭梵得：《罗马法教科书》，黄风译，中国政法大学出版社 1992 年版，第 190～191 页。

物和构筑物，前者是指房屋；后者主要指道路、桥梁、地下隧道、人造广场等。土地上的定着物由于具有与土地的物理结合的特征，因此适用不动产的规定。添附于土地上的与土地尚未分离的物，在学理上也被视为土地的组成部分，故亦适用不动产的规定。

（二）不动产所有权的概念和特征

不动产所有权是指权利人对其所属的不动产依法享有的完全物权。从各国的相关法律制度来看，不动产所有权制度是以土地所有权为基础并且围绕着土地所有权制度展开的，各国对不动产所有权范围的界定也大体相同，主要包括土地所有权和建筑物所有权以及与此相关的内容。

相对于动产所有权而言，不动产所有权具有下列法律特征：

1. 客体的不能移动性。不动产所有权的客体是不动产。不动产的主要特点是自然性质上的不可移动性，移动后将损害其经济效用。相对动产，不动产具有固定性和恒久性，以及流通性上的特殊性等特点。不动产所有权是以土地为中心确立的所有权，该所有权具有与土地不可分离而产生客体不能移动的特性。

2. 所有权的变动以登记为公示方式。登记制度在不动产所有权变动中具有重要的作用。对于登记的效力，大陆法系有登记生效要件主义和登记对抗要件主义两种立法例。尽管不同的立法例对于登记的效力规定不同，但在不动产所有权变动的公示方式上，不动产所有权的变动均以登记为其权利公示方式，这已成为当代世界各国通行的惯例，登记作为不动产权利表彰方式已无异议。我国《物权法》也确认了这一公示方式。[1]

3. 权利在行使时受到更多的法律限制。在民法理论上，所有权是权利人按照其意志对所有物享有的排他性支配权，但在立法上，这种权利并非绝对不受限制的所有权。相反，任何所有权在行使时必须受到一定的限制，这一点已为近代以来多数国家的民法所确认。相对于动产所有权的行使而言，对不动产所有权的限制更为严格，这一点早在罗马法中就已经有了关于所有权行使的限制。罗马法对所有权的限制主要有因相邻利益的限制、公共或社会利益的限制、宗教方面利益的限制、人道主义和道德方面的限制等；[2]《法国民法典》尽管继受了罗马法上的绝对性，并在其法典的第 544 条规定了"所有权是对于物有绝对无限制地使用、收益及处分的权利"，但是，对权利的绝对行使却增加了"但法令所禁止的使用不在此限"的限制性规定；《德国民法典》第 903 条在所有权的概念中明确增加了"以不违反法律或第三人的权利为限"的限制。不仅如此，德国法院在司法实践中还对不动产所

---

〔1〕《物权法》第 9 条第 1 款规定："不动产物权的设立、变更、转让和消灭，经依法登记，发生效力；未经登记，不发生效力，但法律另有规定的除外。"

〔2〕 周枏：《罗马法原论》（上），商务印书馆 1994 年版，第 325～328 页。

有权的行使创立了"情势限制理论",[1]由于每一块不动产都和它的位置、状况、地理环境、风景、大自然等因素紧密地联系在一起,所以不动产所有权人在行使其权利时必须考虑到这些情势,须遵守因情势限制而产生的社会性义务,并只能在其特定情势下从土地取得收益和处分。一个理智的人总会根据其不动产的位置与公共利益的关系作出如何正确行使其权利的判断。[2]

对不动产所有权进行限制除了上述有关私法限制的手段外,公法对不动产所有权的限制是不动产所有权限制手段中不可忽略的一种手段,如:土地开发利用中必须遵守耕地保护政策;建筑规划必须符合城镇建设总体规划;不动产所有人的权利在面对基于社会公共利益的需要所进行的征收、征用时的限制等。

4. 不动产所有权是用益物权的基础和前提。不动产所有权是以土地所有权为核心的制度,在土地所有权的基础上形成用益物权和担保物权中的相关制度(由于各国的质权制度不同,不动产作为质权客体并没有为所有国家的法律承认)。其中,用益物权制度是建立在土地所有权制度的基础上,不同的不动产所有权制度构建了不同的用益物权制度。我国的二元化的土地公有制度(国家所有和集体所有)以及土地上承载的特殊使命(农民的住宅和生活保障等)构建了我国特殊的用益物权制度,土地承包经营权和宅基地使用权充分彰显了我国不动产所有权制度下的用益物权制度的特殊性。

二、不动产所有权的类型

根据不同的标准可以将不动产所有权划分为不同的类型。

1. 以不动产所有权的人数是单一主体还是多数人主体为标准,可将不动产所有权划分为单一不动产所有权和多数人不动产所有权。其中单一不动产所有权是指不动产所有权的主体为单数的所有权。如我国对城市和农村的土地所有权分为国家所有权和集体所有权,此种所有权均为单一的所有权。多数人所有权是指两个或者两个以上的民事主体对同一项不动产共同享有所有权,如夫妻对共有房屋的所有权等,此种不动产所有权依共有分类方式可分为按份共有和共同共有不动产所有权,有关法律规则适用按份共有和共同共有的法律规定。

2. 根据不动产所有权的客体种类的不同,不动产所有权可分为土地所有权、建筑物所有权、林木所有权、自然资源所有权等。由于不同类型的所有权适用的法律规则不同,上述不动产所有权的法律规则不仅涉及民法的规定,而且在我国多数还涉及特别法的规定,因此作为不动产所有权的共同规则的归纳在实践中并无实际价值,只能在具体类型中确定各自所适用的法律规则。

三、不动产所有权的立法例

由于不动产所有权对于国家的政治制度和经济制度的决定性作用,不同的经济

---

[1] 江平主编:《民法学》,法律出版社 2009 年版,第 144 页。
[2] 孙宪忠:《德国当代物权法》,法律出版社 1997 年版,第 190 页。

制度和政治制度决定了一个国家的不动产所有权尤其是土地所有权的法律制度。因此在近代以前的奴隶社会和封建社会，中外各国的土地所有权制度存在本质的相同之处，即土地所有权均属于个别人或少数人所有。

近代以后，随着资产阶级革命之后建立的资本主义的经济制度和现代以来资本主义制度和社会主义制度在世界范围内的并存，产生了不同的土地所有权制度。这些不同国家的不动产所有权制度的区别主要体现在两个方面，即对于不动产所有权尤其是土地所有权归属和对于不动产的范围界定。

（一）土地权利归属

对于土地所有权的归属有两种立法例：

1. 以法国、德国等为代表的土地所有权的多元主体制度。资产阶级在尊崇个人独立和自由意志的基础上，通过宪法确了私有财产神圣的法律精神，在法律上确立了个人对不动产所有权。《法国民法典》规定个人作为独立主体与国家享有平等的不动产所有权，只有在因为公共利益的需要并经法定程序及事前公正补偿时，个人所有权才能让位于国家所有权。之后，《德国民法典》也承认私人对不动产，包括对土地的所有权。之后的大陆法系国家大多在民法上确定了土地所有权多元化制度。

2. 土地所有权的单一主体制度。20 世纪初，世界上出现了与上述资本主义国家在意识形态和经济制度均完全不同国家——社会主义苏联。在完成社会主义改造后，苏联采用了公有制模式，将私人土地收归国家所有，从而取消了个人对土地的所有权，建立了世界上第一个国家土地所有权制度。之后出现的社会主义国家借鉴了苏联的公有制模式，废除了原来的个人对土地的所有权，建立了土地的公有制。新中国成立之后，根据自己的国情，借鉴了苏联的土地公有制度，建立了我国的土地公有制制度——国家所有和集体所有的土地所有权制度。我国《物权法》规定，土地属于国家或集体所有，个人对土地仅享有使用权，不能享有所有权。

需要提及的是，在 20 世纪 90 年代后期，随着苏联解体和之后的俄罗斯经济体制改革，俄罗斯新的民法典恢复了土地私有权制度。

（二）不动产范围界定

大陆法系国家原则上以物理性标准将不动产界定为土地及其附着物或定着物。但是对于上述财产之外的其他财产是否属于不动产则存在差异。如罗马法中的不动产不仅包括土地及其附着物、定着物，附着于不动产的动产，地上权、永租权、地役权和不移动占有的不动产抵押权等也被规定为不动产。[1]《法国民法典》继受了罗马法的立法观念，受法律权利拟定化的影响，在罗马法上规定的不动产之外，还

---

〔1〕 周枏：《罗马法原论》（上），商务印书馆 1994 年版，第 306 页。

将设定在不动产上的所有权和涉及不动产债权的给付义务也作为不动产;[1]德国民法中的不动产没有将设定于不动产上的权利作为不动产, 而是在继受物理性标准同时将因临时目的附着于土地或者建筑物的物排除在不动产之外。[2]俄罗斯民法在不动产范围的认定上, 除传统民法上的不动产之外, 还将应进行国家登记的航空器、海洋船舶、内河航运船舶、航天器等财产的综合体规定为不动产。[3]我国民法中仅规定土地、附着于土地的建筑物及其他定着物、建筑物的固定附属设备等为不动产的基本类型,[4]对其他方面如自然资源、权利等是否属于不动产没有作出明确界定。

四、不动产所有权变动的公示

不动产所有权在存续期间如果因某种事由发生变动时, 如何彰显权利变动的事实以保证权利变动的安全有效和交易秩序? 各国对此采取的做法基本相同——不动产登记制度。即在法律上规定不动产变动以登记为生效或对抗要件, 从而确立了大陆法系两种不同物权变动模式: 物权公示生效主义和物权公示对抗主义。其中前者是指基于当事人合意发生物权变动时, 非经登记不发生物权变动的法律效力;后者是指物权变动仅需当事人之间的合意即可生效, 但是未经登记不得对抗第三人。

我国《物权法》第 9 条第 1 款规定:"不动产物权的设立、变更、转让和消灭, 经依法登记, 发生效力;未经登记, 不发生效力, 但法律另有规定的除外。"根据民法的有关规定, 我国对于不动产所有权的变动原则上采登记生效主义。但是, 在法律有特别规定时, 适用公示对抗主义, 如地役权的变动等。

---

[1] 《法国民法典》规定, 土地及其定着物、附着物为不动产, 亦即不动产包括土地及其一切定着于土地的建筑物、植物等或 "渗入" 土地的物。而对于权利而言, 其继受了罗马法的立法观念, 即所有权根据其权利标的物是动产或不动产而具有相应的性质, 他物权只能设定于不动产的也视为不动产, 例如地役权、抵押权、用益权、居住权等。债权的性质同样假定于其客体物给付义务涉及的是不动产时, 该义务也具有不动产性质。参见尹田: 《法国物权法》, 法律出版社 1998 年版, 第 69~71 页。

[2] 包括土地、建筑物以及添附于不动产而在法律上不能与土地或者建筑物相分离的动产, 如已经播撒于土地的种子, 附加于建筑物的建筑材料和装饰物等, 特地将因临时的目的附着于土地或者建筑物的物排除在不动产之外。参见孙宪忠: 《德国当代物权法》, 法律出版社 1997 年版, 第 9 页。

[3] 俄罗斯民法认为, 不动产包括三类: ①土地、地下矿藏的地段、独立的水体和所有与土地牢固地吸附在一起的物, 其中包括森林、多年生植物、建筑物和构筑物等;②应进行国家登记的航空器、海洋船舶、内河航运船舶、航天器等;③财产的综合体, 即相互有联系的为了统一的目的而使用的动产和不动产的集合物。例如企业和有同一基础结构的不动产综合体。我国大陆一般认为, 不动产指性质上不能移动或虽然可以移动但移动会损害其价值的物。参见江平主编: 《物权法》, 法律出版社 2009 年版, 第 146 页。

[4] 《最高人民法院关于贯彻执行〈中华人民共和国民法通则〉若干问题的意见》第 186 条规定:"土地、附着于土地的建筑物及其他定着物、建筑物的固定附属设备为不动产。"

第二节　土地所有权

我国现行法律中并没有对土地进行法律意义上的明确界定，一般认为，法律意义上的土地是指"以地籍块方式进行测量与标记的，并在土地登记簿中以'土地'进行登记的（如建立专门的土地登记簿簿页或在共同登记簿簿页中置于专门的号码之下）地球表面的一部分"[1]。

土地作为重要的生产资料和有限资源，其所有权问题在各国的法律中都有明确的规定。尽管土地所有权是民事权利的一种，但是土地所有权问题并不限于法律领域，对土地所有权的概念界定也不仅限于法律领域，土地所有权的概念和问题更多的是在经济学领域和社会学等其他领域被学者广泛的研究和论证。即使在法律领域，土地所有权问题的规范也主要存在于公法领域而非私法领域。我国国家或集体对土地具有独占和垄断性，对土地所有权问题的规定主要见于《宪法》《土地管理法》《草原法》《森林法》等法律规定。作为私法领域的物权法对土地所有权规定的主要内容在于土地权利的利用上，如通过建设用地使用权实现对国有土地的利用；通过土地承包经营权和宅基地使用权实现对农村土地的利用等。

一、土地所有权的范围

罗马法对土地所有权的原则是："土地所有权，上达天空，下达地心"，[2]土地所有权不受到任何限制。在农业社会和以手工业为主的工业社会中，受土地开发技术的限制，尽管法律意义上的土地所有权包含了地上和地下空间的意义，但是人们对土地的利用主要集中在土地表面，很少及于土地上下空间的开发和利用。

随着土地资源的日益紧缺和土地开发技术的发展，受罗马法土地所有权的原则的影响，《法国民法典》在法律上明确了土地所有权的范围包含地上空间和地下空间，并且规定了所有权人在土地上下空间的建筑权和发掘权。[3]《德国民法典》在此基础上明确规定了土地所有权扩及于表面上的空间和表面下的地层，但是特别强调了对土地所有权的限制。[4]《德国民法典》之后，各国不仅规定了土地所有权的范

---

〔1〕　［德］鲍尔、施蒂尔纳：《德国物权法》（上），张双根译，法律出版社2004年版，第285页。

〔2〕　谢在全：《民法物权论》（上），中国政法大学出版社1999年版，第168页。

〔3〕　《法国民法典》第552条规定："土地所有权并包含该土地上空和地下的所有权。所有人得在地上从事其认为适当的种植或建筑。但役权或地役权章规定的例外，不在此限。所有人得在地下从事其认为适当的建筑或发掘，并采取掘获的产物，但矿山法规及警察法规所定的限制，不在此限。"《法国民法典》，李浩培、吴传颐、孙鸣岗译，商务印书馆1997年版，第73页。

〔4〕　《德国民法典》第905条规定："土地所有人的权利扩及于表面上的空间和表面下的地层。但所有人不得禁止在其对排除干涉不具有利益的高度或深度范围内进行的干涉。"《德国民法典》，郑冲、贾红梅译，法律出版社2001年版，第222页。

围及于地上和地下的一定空间，而且在对土地所有权的范围均进行了限制[1][2]与此同时，空间权概念和理论也应运而生。

19 世纪随着欧洲工业革命的出现，欧洲一些国家的工业迅猛发展，随之出现了城市化进程加快并由此导致城市土地资源紧缺，加之建筑技术的进步，土地的利用方式发生了前所未有的发展，原来的以平面利用为主的土地使用方式逐渐被立体利用方式所取代。空间作为客观存在的资源可以被人们占有和利用，因而具有一定的经济价值。由此带来的是传统的土地所有权理论受到冲击，土地利用的空间权理论受到关注。

空间权是指以土地地表上下一定范围内的空间为标的物成立的权利。随着土地利用的立体化，一些国家先后通过立法和判例将空间权确定为一种财产权，每一独立空间均可成为法律上的权利标的。当事人可以通过两种途径取得空间权：①通过创设物权性质的利用权而取得地上空间权，具体包括通过设定区分地上权而取得地上空间权和通过设定空间役权而取得地上空间权；②通过创设债权性质的利用权而取得地上空间权，具体包括通过设立空间租赁权和设立空间使用借贷权而取得地上空间权。[3]空间权是土地利用方式的变革，即土地由平面利用转变为立体利用，传统"上达天空，下达地心"的单一土地所有权被分割为多层独立的所有权。它与传统土地所有权的最主要区别为二者标的物的范围不同，空间权是传统土地所有权的分割，其土地表面，地上及地下作为独立的空间均可成立单独的所有权[4]。但是该所有权与传统土地所有权在权利的性质、行使等方面并无实质的不同。

我国《物权法》确定了建设用地使用权可以分别在土地的地表、地上或者地下设立。[5]

二、土地所有权的类型

依各国法律的相关规定，土地所有权主要分为两种类型：单独所有和共同所有。

（一）单独所有

土地的单独所有是指由一个主体享有的土地所有权。从法理上来说，单独所有的主体可以是自然人，也可以是法人或者其他主体。但是，根据我国有关土地所有权的法律规定，国家对城市市区的土地享有所有权，集体经济组织对城市郊区和农村的土地享有所有权，法律另有规定的除外。我国土地所有权的主体只有两种：国家和集体，其他的民事主体不能对土地享有所有权。上述两种土地所有权在一般情

---

[1] 我国台湾地区"民法"第 773 条规定："土地所有权，除法令有限制外，于其行使有利益范围内，及于土地之上下。如他人之干涉，无碍其所有权之行使者，不得排除之。"

[2] 谢在全：《民法物权论》（上），中国政法大学出版社 1999 年版，第 167~168 页。

[3] 参见梁慧星、陈华彬：《物权法》，法律出版社 2003 年版，第 156 页。

[4] 江平主编：《民法学》，法律出版社 2009 年版，第 149 页。

[5] 《物权法》第 136 条。

况下都是单独所有。

(二) 共同所有

共同所有是指两个以上主体共同享有对土地的所有权。由于我国对土地实行国家所有和集体所有，所以发生土地共同所有的情形较为少见。而在承认土地私有化的国家，土地共同共有则属普通情形，适用有关共同共有的法律规定。[1]

从各国的有关规定来看，土地共同所有的主要类型有:

1. 总有。土地总有是日耳曼法中规定的，村落共同体对于土地（耕地、山林、水面等）的管理与分配权及其成员的用益权的总称。其法律构造为:村落住民对土地（总有地）仅有使用和收益的经济权能，而无管理和处分的支配权能；村落住民对总有地无应有部分，同时也无权请求分割。村落共同体对土地的支配权能与村落住民对土地的经济权能是交互作用、彼此叠合的关系。各村落住民在取得住民资格时便当然取得土地使用和收益的经济权能，丧失村落住民资格时，该经济权能当然丧失。因此，村落住民对土地的经济权能与作为村落成员的住民资格之间具有不可分的关系。[2]

2. 合有。土地合有也称土地的共同共有或合手的共有，是位于共有与总有之间的共同关系，是日耳曼法中的一种特殊的所有权类型，与总有一起构成了日耳曼法的两种特有的土地所有权形式，后为德国民法所承认。

合有是指数人基于共同关系享有一土地所有权。它是以日耳曼家族共同体为基础发展起来的一种土地共有形态。[3]在日耳曼法中，遗产作为整体归所有继承人全体所有，家长死后，遗产不得分割，继承人应共同生活，各继承人基于其继承人身份，对整个遗产虽有应继份，但不得请求分割；共有财产的处分和管理须经全体共有人的同意。这种共有制度后来扩及于婚姻关系中的夫妻共同财产制，再后来扩大到所有的无身份关系的人之间，即现代意义上的合伙关系。

3. 土地共有。广义的土地共有包括上述的合有和总有，狭义的土地共有是指土地的按份共有或分别共有。此处的土地共有是指狭义土地共有，该共有是指各共有人对于共有的土地各有其应有部分，并可以请求自由处分或者分割。该制度起源于罗马法的共同所有形态，其实质是土地所有权的量的分割。现在，此种共有人可以随意分割土地的土地共有方式在大多数国家已逐步受到特别法的限制。

我国现行法律中所确认的土地所有权是国家所有权和集体所有权两种基本类型。[4]

---

[1] 详见《物权法》"共有"一章的内容。
[2] 温丰文:《现代社会与土地所有权理论之发展》，五南图书出版有限公司 1984 年版，第 61 页。转引自梁慧星、陈华彬:《物权法》，法律出版社 2003 年版，第 141 页。
[3] 梁慧星、陈华彬:《物权法》，法律出版社 2003 年版，第 142 页。
[4] 详见"我国所有权体系"一节内容。

三、土地所有权的限制

土地所有权在现代大多数国家的法律规定中进行了限制。即土地所有权横向范围为与他人土地交界处，纵向范围原则上及于土地的地表和地下，但法律另有规定的除外。这种限制一般体现为三个方面：

（一）法律上的限制

法律上的限制如公共利益等方面的限制，限制主要是基于所有权社会化的要求所产生的，此种所有权的限制在我国主要体现为对集体土地所有权的征收制度。

根据我国我国《宪法》《土地管理法》和《物权法》的有关规定，[1]我国土地征收需要具备下列要件：

1. 征收的目的必须是公共利益。公共利益应是社会全体成员能够享受的利益，如修建公路、公共图书馆、学校和医院等。土地征收作为国家公权力直接强制剥夺集体土地所有权的手段，必须以公共利益的需要为前提。

2. 征收必须依照法定程序进行。土地征收是国家公权力行为，必须依照法定程序进行。土地征收的程序和步骤如下：①申请定点，即建设单位向国家土地管理机关提出用地申请，由国家土地管理机关初步同意定点征地；②拟定征地费用包干方案，即建设用地数量确定后，县、市土地管理机关组织建设单位和被征地单位有关部门共同拟定征地补偿和安置费用包干方案；③核定批准，即土地管理机关对用地单位正式申报的建设用地面积予以核定，并报法律授权的县、市人民政府或者上级人民政府审查批准，这是征收土地的决定性阶段；④拨付发证，即被征收土地所在地的县、市土地管理机关按照建设计划分期、分批将被征收土地给予用地单位，并向其发放土地所有权证。[2]

3. 征收必须进行合理补偿。征收是在公共利益和被征收的个人利益在发生冲突时的一种利益选择。征收并非没收，不能无偿取得。由于土地征收是国家强制剥夺他人土地所有权的行为，即使是基于公共利益的需要并且依法定程序进行，国家仍应当向被征收方支付合理的补偿。我国《物权法》对征收的补偿问题作了明确规定，[3]确定了征收时要补偿被征地农民的利益。

（二）上下高深之限制

罗马法的"土地所有权，上达天空，下达地心"的理念已经被现代的所有权

---

[1] 《宪法》第10条第3款规定："国家为了公共利益的需要，可以依照法律规定对土地实行征收或者征用并给予补偿。"《土地管理法》第2条第4款规定："国家为了公共利益的需要，可以依法对土地实行征收或者征用并给予补偿。"《物权法》第42条第1款规定："为了公共利益的需要，依照法律规定的权限和程序可以征收集体所有的土地和单位、个人的房屋及其他不动产。"

[2] 梁慧星、陈华彬：《物权法》，法律出版社2003年版，第146页。

[3] 《物权法》第42条第2款规定，征收集体所有的土地，应当依法足额支付土地补偿费、安置补助费、地上附着物和青苗的补偿费等费用，安排被征地农民的社会保障费用，保障被征地农民的生活，维护被征地农民的合法权益。

社会化所取代。现代一些国家出现了"分层所有权"的规则确定土地所有权的范围。

(三)他人的合理干涉

在不影响所有权人的权利行使情况下,所有权人不得排除他人的合理使用,如他人之鸟飞越所有权人的土地上空、他人放飞的气球飞越土地的上空等。具体情形在实践中认定。

四、我国的土地所有权制度

政治制度和经济制度对于不动产资源的分配具有决定性的作用。我国的社会主义制度决定了土地所有权的公有。《宪法》和《物权法》对于土地的所有权均作了明确规定:城市市区的土地,属于国家所有;农村和城市郊区的土地,除法律规定属于国家所有外属于集体所有。国家和集体作为土地所有权的二元化主体,二者之间的所有权也存在明显的区别。

(一)主体不同

国家土地所有权的客体具有唯一性——国家。由于国家主要是作为政治主体行使其相关职能,在民事活动中,国家不可能亲自实施相关的行为,而是将有关的职能通过相关的政府机关代为行使。根据《民法通则》和《土地管理法》相关规定,国家行使土地所有权的途径主要是国务院和县级以上的人民政府。而集体土地所有权的主体依据我国《土地管理法》的规定主要分为三种:①村农民集体;[1]②农村集体经济组织的农民集体;[2]③乡(镇)农民集体。[3]由此可知,我国集体土地所有权的主体基本上是沿袭人民公社时期的所有权形态。由于权利主体不明晰而导致集体土地所有权在行使时尤其在被征收时,农民的利益难以得到有效的保障。

(二)客体不同

除法律另有规定外,国家所有权的客体主要是城市市区的土地和其他依法属于国家所有的土地,客体范围具有多样性。根据我国《宪法》《物权法》《土地管理法》《土地管理法实施细则》等法律法规的规定,我国国家所有土地包括:①城市市区的土地;②农村和城市郊区中已经依法没收、征收、征购为国有的土地;③国家依法征用的土地;④依法不属于集体所有的林地、草地、荒地、滩涂及其他土地;⑤农村集体经济组织全部成员转为城镇居民的,原属于其成员集体所有的土地;⑥因国家组织移民、自然灾害等原因,农民成建制地集体迁移后不再使用的原属于迁移农民集体所有的土地。而集体所有权的客体主要是城市郊区和农村的土

---

[1]《土地管理法》第10条第1项规定:"农民集体所有的土地依法属于村农民集体所有的,由村集体经济组织或者村民委员会经营、管理。"

[2]《土地管理法》第10条第2项规定:"已经分别属于村内两个以上农村集体经济组织的农民集体所有的,由村内各该农村集体经济组织或者村民小组经营、管理。"

[3]《土地管理法》第10条第3项规定:"已经属于乡(镇)农民集体所有的,由乡(镇)农村集体经济组织经营、管理。"

地。集体土地所有权客体也具有多样性，主要包括：①除由法律规定属于国家所有的以外的农村和城市郊区的土地；②集体所有的宅基地和自留地、自留山；③集体所有的森林、草地、荒地、滩涂等土地。

（三）内容不同

虽然在法律性质上都是所有权，但是在客观上，国家土地所有权相对于集体土地所有权具有明显的强势地位，突出表现在我国土地所有权的征收制度，基于征收的土地所有权流转只能是从集体向国家单项流转，而不是双向的互相流转。所以我国法律上性质相同（均是土地公有的表现方式）的两种所有权在客观上却存在本质性的区别。

（四）土地所有权行使的方式不同

依据我国《土地管理法》的有关规定，国有土地所有权由国务院代表国家行使。我国国有土地所有权的具体实现方式主要采划拨、出让和出租几种方式：①划拨。是指经县级以上人民政府依法批准，在土地使用者缴纳补偿、安置等费用后将该土地交付使用，或者将土地使用权无偿交付给土地使用者使用的行为。此类土地使用权适用的对象主要是国家机关、军事，城市基础设施和公益事业，国家重点扶持的能源、交通、水利等基础设施等用地。[1]除法律、法规另有规定外，通过划拨取得的土地使用权原则上没有使用年限的限制，不能自由流转的，如果因房屋流转涉及划拨土地使用权的流转时，应当经人民政府批准，依照国家有关规定缴纳土地使用权出让金。②土地使用权的出让。是指国家以土地所有者身份与土地使用者订立土地使用权出让合同，在土地使用者缴纳土地使用权出让金后将一定年限内的土地使用权让与使用者的行为。③出租。是指国家将其享有所有权的土地依法出租承包给单位或个人，收取租金的行为，其适用范围主要是农村土地、林地、草地、荒地、滩涂等。[2]

集体土地所有权的行使方式主要是集体经济组织作为所有人通过土地承包合同方式将土地使用权承包给村民进行经营或者按照规划将一定范围内的土地划拨给村民作为宅基地。主要方式包括：①土地承包经营。根据我国相关法律规定，对于集体所有和国家所有由农民集体使用的耕地、林地、草地以及其他用于农业的土地，依法实行土地承包经营制。[3]②划拨给农村村民的宅基地。依据我国《土地管理法》的有关

---

[1] 《土地管理法》第54条规定："建设单位使用国有土地，应当以出让等有偿使用方式取得；但是，下列建设用地，经县级以上人民政府依法批准，可以以划拨方式取得：①国家机关用地和军事用地；②城市基础设施用地和公益事业用地；③国家重点扶持的能源、交通、水利等基础设施用地；④法律、行政法规规定的其他用地。"

[2] 《土地管理法》第15条第1款规定："国有土地可以由单位或者个人承包经营，从事种植业、林业、畜牧业、渔业生产……"

[3] 我国《农村土地承包法》第3条规定："国家实行农村土地承包经营制度。农村土地承包采取农村集体经济组织内部的家庭承包方式，不宜采取家庭承包方式的荒山、荒沟、荒丘、荒滩等农村土地，可以采取招标、拍卖、公开协商等方式承包。"

规定，农村集体应当按照有关规定在其所有的土地范围内对本集体村民划分住宅用地即宅基地，具体面积和标准由各地方根据本地区的情况确定执行。[1]上述土地使用权是以村民的资格作为条件的，土地使用权的流通性受到严格的限制（只能在村民之间进行转让）。集体土地如果要进入市场流转，必须先由国家征收然后以国有土地使用权进行出让。[2]所以说，集体土地所有权的流转具有单向性，只能由集体单向流转给国家。

第三节　建筑物区分所有权

建筑物是指定着于土地上或地面下具有顶盖、墙垣，足以避风雨供人起居出入的构造物。[3]建筑物有广义和狭义之分，广义的建筑物是指利用一定的空间面积，在地上或者地下所建筑的物，包括房屋和构筑物，如公路、铁路、桥梁、隧道、广场等；狭义的建筑物则仅指房屋。广义的建筑物所有权，是指权利人对建筑物、构筑物及建筑物的附着物等享有的不动产所有权；而狭义的建筑物所有权仅指权利主体对房屋的所有权。本节的建筑物所有权是在指狭义上的建筑物所有权即房屋所有权。

传统民法中的房屋所有权是普通所有权，一个独立的房屋就可成立一个独立的房屋所有权。随着城市的发展和建筑技术的提高，高层建筑物随之出现并由此在传统的房屋所有权之外出现了一种新型的所有权类型——建筑物区分所有权。由此，形成了房屋所有权的两种形态：一般房屋所有权（即房屋所有权）和建筑物区分所有权。其中建筑物区分所有权属于一种特殊的房屋所有权，适用法律的特别规定。

一、房屋所有权

房屋所有权是指权利人对具有独立性和封闭性的房屋享有的所有权，也称单独房屋所有权或一般房屋所有权。除建筑物区分所有权外的所有房屋所有权均属此种所有权。在现代建筑物区分所有权出现前，一般房屋所有权为所有权的普通形态，权利人享有所有权的一般权能。在我国，城市单独院落、别墅和农村院落内的房屋

---

〔1〕《土地管理法》第62条规定："农村村民一户只能拥有一处宅基地，其宅基地的面积不得超过省、自治区、直辖市规定的标准。农村村民建住宅，应当符合乡（镇）土地利用总体规划，并尽量使用原有的宅基地和村内空闲地。农村村民住宅用地，经乡（镇）人民政府审核，由县级人民政府批准；其中，涉及占用农用地的，依照本法第44条的规定办理审批手续。农村村民出卖、出租住房后，再申请宅基地的，不予批准。"

〔2〕《土地管理法》第63条："农民集体所有的土地的使用权不得出让、转让或者出租用于非农业建设；但是，符合土地利用总体规划并依法取得建设用地的企业，因破产、兼并等情形致使土地使用权依法发生转移的除外。"

〔3〕谢在全：《民法物权论》（上），中国政法大学出版社1999年版，第346页。

等即属此种房屋所有权。作为一种普通状态的房屋所有权类型，一般房屋所有权具有以下特征：

1. 客体具有相对独立性。相对于建筑物区分所有权中单独所有、共同所有的同时存在同一个房屋的情形，单独所有权的客体作为独立建筑物仅承载一个所有权。单独房屋所有权的客体主要表现为同一所有权的城市单独院落、别墅，或者农村家庭房屋等，该建筑物作为完整的所有权客体具有独立性。

2. 权利内容具有完整性。单独房屋所有权具有所有权的一般特征，其权利内容与一般所有权的内容相同，即权利人在法律限制范围内依其意志行使占有、使用、收益及处分的权利，权利的行使适用所有权的一般规定。在数人对同一房屋享有共有权时，适用民法关于共有的规定。

需要注意的是，由于国家禁止宅基地自由转让，限制了农村房屋的自由买卖。[1]因此，农村房屋所有权的处分权在行使时受到法律的限制。

二、建筑物区分所有权

二次世界大战后，随着大多数国家经济的复苏和快速发展，开始出现了人口向都市集中并由此带来了都市地价的急剧上涨，这一现象导致了大都市中心的高层建筑大量出现，高层建筑中区分所有权的问题随之被提出。将一栋独立的建筑物划分开来归不同的人所有，是大多数国家民法确认的制度。立法者的考虑是：依据此项规定能够处理"西洋式房屋每一层的所有人不同"和"日本式的长条形房子中的住户有各自的所有权"的情况。[2]

（一）概念和特征

建筑物区分所有权，简称区分所有权，是指多数人共同拥有同一建筑物时，各区分所有人对建筑物内有独立用途的部分享有的所有权和共有部分的共同所有权以及与共有和专有部分不能分离所产生的共同所有人的成员权的总称。

一栋建筑物在结构上可以被划分为若干相对独立的部分，可供不同的人分别使用，各个独立的部分作为专有部分成为区分所有的对象，专有部分之外的部分作为建筑物的公用部分供全体所有人使用。所谓"区分"，即区分开的意思，建筑物区分所有，就是区分建筑物的各部分，对区分后的各部分确定归属。数人区分一建筑物的方式，有横的区分，系将一栋楼房分层横切者，例如四层楼房建筑分为一至四层而各有一层之所有权；有纵的区分，系将一栋平排之建筑物纵切为数户者，例如一排房屋分为四户，而各有一户之所有权；亦有纵横区分者，例如一栋房屋横切后，于各层再纵分为数间或套，俗称套房即是。无论其区分方法如何，均属于建筑物之区分所有。[3]

---

〔1〕《土地管理法》第 62 条第 4 款："农村村民出卖、出租住房后，再申请宅基地的，不予批准。"
〔2〕［日］田山辉明：《物权法》，陆庆胜译，法律出版社 2001 年版，第 191 页。
〔3〕谢在全：《民法物权论》（上），中国政法大学出版社 1999 年版，第 204 页。

建筑物区分所有权是日本和我国台湾地区"民法"所使用的概念。世界各国和各地区的立法例对此界定的概念各不相同。如：法国的"区分各阶层不动产的共有"和"住宅分层所有权"、德国和奥地利的"住宅所有权"、意大利和英国的"公寓所有权"、瑞士的"楼层所有权"、日本〔1〕和我国台湾地区的"区分所有权"或"建筑物区分所有权"等。〔2〕我国大陆沿用了日本的称谓，称之为"业主的建筑物区分所有权"。〔3〕

建筑物区分所有权的特征主要有以下几个方面：

1. 区分所有的建筑物须为有必要共同设施的建筑物并以公用物的用益物权为前提。区分所有本质上，须以整个建筑物公用设施的用益物权为前提。如楼房的使用，离不开电梯、楼梯、用水等共同设施。该设施必须共同使用，区分所有人对于公用设施有使用、管理的权利和义务。

2. 区分所有权的建筑物须为含有独立用途部分的建筑物。就该建筑物的各个具有独立部分可以成立所有权，但不能成立完全独立的所有权。这种并非完全独立的所有权，称为"区分所有权"。如果建筑物不含有独立用途的部分，而是只有作为一个完整的整体才有独立的使用价值，就无从成立区分所有，如只有一间房屋的建筑物。

3. 区分所有权权利的组合性和主体身份的多重性。建筑物区分所有权是由专有所有权、共同所有权和共同部分的管理权三部分构成的，相应地区分所有权主体的身份也具有多重性，就专有部分而言，区分所有权人是专有所有权人。除此之外，在特定的情况下，民事主体即使没有办理所有权登记，但是，如果基于与建设单位之间的商品房买卖民事法律行为，已经合法占有建筑物专有部分，仍可以认定为区分所有权人，并享有相关的权利。〔4〕

就共同部分而言，区分所有权人是共有人；就共同部分的管理权而言，区分所有权人是管理人。

4. 权利内容的不可分性。建筑物区分所有权的三部分内容相互联系、不可分割。根据《物权法》的有关规定，建筑物区分所有权的专有权、共有权与成员权

---

〔1〕 日本以土地为中心的"平面相邻关系"规定在民法典中，而"立体相邻关系即区分所有建筑物相邻关系"则规定在《建筑物区分所有法》中。参见〔日〕松板佐一：《民法提要》（物权法），有斐阁1980年版，第147页。

〔2〕 梁慧星、陈华彬：《物权法》，法律出版社2003年版，第157页。

〔3〕 《物权法》第六章的有关规定。

〔4〕 《最高人民法院关于审理建筑物区分所有权纠纷案件具体应用法律若干问题的解释》第1条第2款规定："基于与建设单位之间的商品房买卖民事法律行为，已经合法占有建筑物专有部分，但尚未依法办理所有权登记的人，可以认定为物权法第六章所称的业主。"

在转让时只能一并转让，不可分割。[1]处分权的不可分性主要体现在下列几个方面：

第一，区分所有人（业主）死亡时，继承人或接受遗赠的人在继承遗产时，对共有部分的权利和义务以及成员权也同时作为遗产归属于继承人或接受遗赠人，尽管成员权具有身份性质，但建筑物区分所有权是一体的，不可分。

第二，区分所有权人将房屋设定抵押权时，应视为其他共有部分连同房屋所有权以及相应的土地使用权份额一并抵押。

第三，由于共有部分与专有部分所有权是一体的，不可分割，因此，区分所有权人在出售房屋时，不存在其他区分所有权人的优先购买权问题。

5. 共有权部分的义务具有不得放弃性。根据我国《物权法》的规定，建筑物区分所有权人对建筑物专有部分以外的共有部分享有共有权的同时必须承担相应的义务，不得以放弃权利为由拒绝履行义务。[2]

（二）性质

对于建筑物区分所有权的性质的立法例和观点主要有：一元说、二元说和三元说。

1. 一元说。该说又分为两种：①专有权说。区分所有权是指区分所有人对建筑物的专有部分享有的所有权，即专有所有权，区分所有不包括共有部分。此说为法国民法典首创，后被日本民法典继受。[3]②共有权说。该说将区分所有建筑物整体视为由全体区分所有权人共同所有。该说是由法国学者普鲁东和拉贝在解释《法国民法典》原第 664 条时针对法国学者的专有权说而提出的主张。[4]

2. 二元说。建筑物区分所有权是指根据使用功能，将一栋建筑物在结构上区分为由各个所有人独自使用的专有权和由多个所有人共同使用的共有部分时，每一个所有人所享有的对其专用部分的专有权与对共有部分的共有权的结合。该学说是由法国学者针对一元说而提出的反对观点，后为法国 1965 年的《住宅分层所有权法》和我国台湾地区"民法"所采用。[5]

3. 三元说。区分所有权应有专有部分所有权、共有部分所有权以及因共同关

---

[1] 《物权法》第 72 条第 2 款规定："业主转让建筑物内的住宅、经营性用房，其对共有部分享有的共有和共同管理的权利一并转让。"

[2] 《物权法》第 72 条第 1 款："业主对建筑物专有部分以外的共有部分，享有权利，承担义务；不得以放弃权利不履行义务。"

[3] 《法国民法典》原第 664 条规定："建筑物的各楼层属于不同的所有人。"该条后被废止。《日本建筑物区分所有权法》第 2 条规定："本法所称的区分所有权，指以建筑物的专有部分为标的而设立的所有权。"

[4] 梁慧星、陈华彬：《物权法》，法律出版社 2003 年版，第 158 页。

[5] 我国台湾地区"民法"第 799 条规定："数人区分一建筑物，而各有其一部分者，该建筑物及其附属之共同部分，推定为各所有人之共有，其修缮费及其他负担，由各所有人，按其所有部分之价值分担之。"

系所产生的成员权三要素组成。又称"广义的区分所有权说"。该学说由德国学者贝尔曼所倡，为德国现行的《住宅所有权法》所采用。[1]

我国采取了三元说的立法例。《物权法》第70条规定："业主对建筑物内的住宅、经营性用房等专有部分享有所有权，对专有部分以外的共有部分享有共有和共同管理的权利。"根据上述规定，建筑物区分所有权由三部分构成：房屋专有部分所有权、共用部分共有权和对建筑物共同管理的成员权。

（三）权利内容

如上所述，建筑物区分所有权主要包括专有所有权、共同所有权和共同部分的管理权三个方面的内容。

1. 专有所有权。

（1）概念和特征。专有所有权是指区分所有权人对其建筑物专有部分享有的所有权（《物权法》第71条）。学者称此权利为"在供居住或其他用途（尤其供营业或办公用途）的建筑物空间上成立的空间所有权"。[2]专有所有权的性质属于空间权。

根据《最高人民法院关于审理建筑物区分所有权纠纷案件具体应用法律若干问题的解释》第2条的规定，结合专有所有权的特殊属性，专有所有权的特征主要包括下面几个方面：[3]

第一，构造上具有独立性，能够明确区分。为了使结构上的独立性得到法律上的认可，专有部分必须有同其他部分隔离开来的设施。为了使使用上的独立性得到认可，必须使这一部分作为独立的经济性交易单位得到认可，而且必须能从其他的专有部分中独立出来使用。[4]

第二，利用上具有独立性，可以排他使用。区分所有的建筑物专有部分与一般单独所有权的建筑物相同，具有相对独立的使用功能，能够独立使用满足权利人的

---

〔1〕 按照德国《住宅所有权法》规定，区分所有权是由三项要素构成：专有所有权、共用部分持分权和成员权。由该三要素构成的区分所有权是一种特别的权利，而且它可以作为处分或者继承的标的，不过应将三者视为一体为之。区分所有人不得保留专有部分所有权而抵押其共有部分，也不得保留成员权而转让专有部分所有权和共用部分持分权。与此相应，受让区分所有权时，受让人也同时取得专有所有权、共用部分持分权和成员权三项权利。参见陈华彬：《现代建筑物区分所有权制度研究》，法律出版社1995年版，第66~76页。

〔2〕 ［德］贝耳曼："德国住宅所有权法"，戴东雄译，载《法学论丛》1983年第1期。

〔3〕 《最高人民法院关于审理建筑物区分所有权纠纷案件具体应用法律若干问题的解释》第2条：建筑区划内符合下列条件的房屋，以及车位、摊位等特定空间，应当认定为物权法第六章所称的专有部分：①具有构造上的独立性，能够明确区分；②具有利用上的独立性，可以排他使用；③能够登记成为特定业主所有权的客体。规划上专属于特定房屋，且建设单位销售时已经根据规划列入该特定房屋买卖合同中的露台等，应当认定为物权法第六章所称专有部分的组成部分。本条第1款所称房屋，包括整栋建筑物。

〔4〕 ［日］田山辉明：《物权法》，陆庆胜译，法律出版社2001年版，第192页。

一般需要。该专有部分具有独立的出入门户或者该专有部分的利用与单独房屋所有权的利用具有同等的效用，一般表现为楼宇中的独立住宅或经营性用房。

第三，能够登记成为特定业主所有权的客体。由于区分所有权的前提是房屋所有权，作为不动产所有权，其取得和变动必须遵守法律的相关规定，专有所有权只有能够登记为特定主体所有的，才能成为专有所有权的客体。

第四，共同墙壁的双重性。区分所有权人的单独所有权范围，仅为区分所有人所取得的空间，最多也不过及于用以间隔专有部分之墙壁表面而已。但是这与法律中所确认的数人区分一建筑物而各有其一部分的观念相矛盾。因此在解释上学者主张区分所有权间的共同墙壁具有双重或两面性质，即在相邻区分所有人间，基于维持和管理的关系，应当认定共同墙壁或者楼板为区分所有人所共有。在对第三人的其他关系上，认定属于区分所有人独有，这样才能与区分所有权的意义相符合。[1]

第五，各区分所有人之间的相互制约性。由于共有一建筑物，各专有部分在物理上相互连接，使得区分所有人之间具有共同的利益，在使用上也相互制约，各所有人就自己专有部分行使所有权时，不得危及建筑物的安全，不得损害其他共有人的权利。[2]

（2）范围。通说认为，建筑物专有所有权的范围由两个方面确定：

第一，专有所有权涉及对共有人之外的第三人的关系，如买卖、保险等涉及交易事务的关系时，专有所有权的范围包含壁、柱、地板及天花板等境界部分厚度的中心。学者将此种界定方式称为"中心说"或者"壁心说"。[3]"中心说"的范围认定虽然有利于各区分所有权人充分行使其分割境界的权利，但是由于建筑物本身的复杂性和安全性，这种做法对建筑物整体的维持和管理明显不利。

第二，针对"中心说"的缺陷，有学者提出了"最后粉刷表层说"：在区分所有人之间，尤其是有关建筑物的维持和管理等关系上，专有部分仅限于壁、柱、地板和天花板等境界部分表层所粉刷的部分。即境界壁与其他境界的本体属于共用部分，但境界壁上最后粉刷的表层部分则属于专有部分。[4]

目前，建筑物专有部分范围结合了上述两个方面的内容，以"壁心说和最后粉刷表层说"即"中央部分属于共用部分，表面属于专有部分说"为通说。[5]无论采何种学说，专有权人实际利用专有部分的范围并不会受到影响。区分所有人在行使其专有权时不得损害其他区分所有人的利益，这一点各国的民法典均进行了规

---

〔1〕 谢在全：《民法物权论》（上），中国政法大学出版社 1999 年版，第 208 页。

〔2〕 《物权法》第 71 条。

〔3〕 ［日］山田幸二："专有部分的一部分：共有部分墙壁的疑义"，载 ［日］玉田弘毅、森泉章、半田正夫编：《建筑物区分所有权法》（资料），第 105 ~ 106 页。转引梁慧星、陈华彬：《物权法》，法律出版社 2010 年版，第 168 页。

〔4〕 ［日］玉田弘毅："建筑物区分所有权法逐条研究（3）"，载《判例时报》第 342 号。

〔5〕 梁慧星、陈华彬：《物权法》，法律出版社 2003 年版，第 163 页。

定，我国《物权法》对此也进行了肯定。[1]

2. 共有所有权。

（1）概念和特征。共有所有权是指建筑物区分所有人对于其建筑物专有以外的共用部分所享有的占有、使用和收益并随专有部分的处分一并处分的权利。与一般共有相比，其特征主要有以下几个方面：

第一，共有部分与专有部分不能分割，并于专有部分所有权转移时一同转移。[2]学说上称此共同部分的共有为"互有"，表明其特殊性。

第二，各区分所有人对共有部分，有权按照经济目的正当使用。

第三，共有部分的建筑物及其附属设施的费用分摊、收益分配等事项，有约定的，按照约定；没有约定或者约定不明确的，按照共有人专有部分占建筑物总面积的比例确定。[3]建筑物及其附属设施的维修资金，属于全体共有人共有，经共有人决定，可以用于电梯、水箱等共有部分的维修。[4]

（2）范围。根据《物权法》和《最高人民法院关于审理建筑物区分所有权纠纷案件具体应用法律若干问题的解释》的相关规定，[5]共有所有权主要包括三个部分：①建筑物的基本构造部分，如支柱、楼顶、外墙、承重墙、基础工作间等。②建筑物共用部分和附属物，如楼梯间、走廊、电梯、消防设备、水塔、水管、燃气管道等。建筑区划内的道路、绿地等公共场所，以及占用共有的道路或其他场所

---

[1] 《物权法》第71条规定："业主对其建筑物专有部分享有占有、使用、收益和处分的权利。业主行使权利不得危及建筑物的安全，不得损害其他业主的合法权益。"

[2] 《物权法》第72条："业主对建筑物专有部分以外的共有部分，享有权利，承担义务；不得以放弃权利不履行义务。业主转让建筑物内的住宅、经营性用房，其对共有部分享有的共有和共同管理的权利一并转让。"

[3] 《物权法》第80条。

[4] 《物权法》第79条。

[5] 《最高人民法院关于审理建筑物区分所有权纠纷案件具体应用法律若干问题的解释》第3条规定，除法律、行政法规规定的共有部分外，建筑区划内的以下部分，也应当认定为物权法第六章所称的共有部分：①建筑物的基础、承重结构、外墙、屋顶等基本结构部分，通道、楼梯、大堂等公共通行部分，消防、公共照明等附属设施、设备，避难层、设备层或者设备间等结构部分；②其他不属于业主专有部分，也不属于市政公用部分或者其他权利人所有的场所及设施等，建筑区划内的土地，依法由业主共同享有建设用地使用权，但属于业主专有的整栋建筑物的规划占地或者城镇公共道路、绿地占地除外。《物权法》第73条："建筑区划内的道路，属于业主共有，但属于城镇公共道路的除外。建筑区划内的绿地，属于业主共有，但属于城镇公共绿地或者明示属于个人的除外。建筑区划内的其他公共场所、公用设施和物业服务用房，属于业主共有。"第74条第3款："占用业主共有的道路或者其他场地用于停放汽车的车位，属于业主共有。"

停放汽车的车位等，除法律另有规定外，均属于区分共有人共有。[1]此等部分，或因建筑物之特性而当然存在，例如楼梯、公寓之大门；或因建筑物区分所有人之共同约定而使其成为共有部分，例如将一专有部分共同约定作为大厦管理人员之管理室或转达室等。此二者原则上为全体区分所有人所共有，但亦有一部分仅为部分区分所有人所共有之部分。例如，各层楼间之楼板，仅属于相邻部分区分所有人所共有。[2]③其他不属于业主专有部分，也不属于市政公用部分或者其他权利人所有的场所及设施等，以及建筑区划内的土地，依法由业主共同享有建设用地使用权，但属于业主专有的整栋建筑物的规划占地或者城镇公共道路、绿地占地除外。除此之外，协议共用部分，如公用会议室、会客室等也属于共有范围。

（3）共有人的权利和义务。共有人的权利主要包括：

第一，共有部分的使用和收益权。区分所有人应当按照使用对象的性质和相关的管理规约共同使用或者轮流使用共有物；共有人可以通过约定将其共有部分予以经营或以其他方式获取利益，各共有人可以按约定或所占份额比例获取收益。

第二，共有部分的处分权。经过共有人会议决议同意，共有人可以对建筑物或其附属设施进行改建、重建等，也可以基于专有部分的处分而使共有部分权利随之发生变动，如区分所有人转让其专有部分，则共有部分同时转让。

第三，共有部分的修缮权。共有部分属于全部或部分区分所有人共同所有，在符合业主规约的前提下，并且不影响其他区分所有人的利益时，区分所有人可以对共有部分进行一定范围内的修缮。

第四，对相关事务的知情权。根据《最高人民法院关于审理建筑物区分所有权纠纷案件具体应用法律若干问题的解释》第13条的规定，业主有权请求物业服务者或者业主委员会公布、查阅下列应当向业主公开的情况和资料的：①建筑物及其附属设施的维修资金的筹集、使用情况；②管理规约、业主大会议事规则，以及业主大会或者业主委员会的决定及会议记录；③物业服务合同、共有部分的使用和收益情况；④建筑区划内规划用于停放汽车的车位、车库的处分情况；⑤其他应当向业主公开的情况和资料。

---

[1] 《最高人民法院关于审理建筑物区分所有权纠纷案件具体应用法律若干问题的解释》第3条规定，除法律、行政法规规定的共有部分外，建筑区划内的以下部分，也应当认定为物权法第六章所称的共有部分：①建筑物的基础、承重结构、外墙、屋顶等基本结构部分，通道、楼梯、大堂等公共通行部分，消防、公共照明等附属设施、设备，避难层、设备层或者设备间等结构部分；②其他不属于业主专有部分，也不属于市政公用部分或者其他权利人所有的场所及设施等。建筑区划内的土地，依法由业主共同享有建设用地使用权，但属于业主专有的整栋建筑物的规划占地或者城镇公共道路、绿地占地除外。《物权法》第73条："建筑区划内的道路，属于业主共有，但属于城镇公共道路的除外。建筑区划内的绿地，属于业主共有，但属于城镇公共绿地或者明示属于个人的除外。建筑区划内的其他公共场所、公用设施和物业服务用房，属于业主共有。"第74条第3款："占用业主共有的道路或者其他场地用于停放汽车的车位，属于业主共有。"

[2] 谢在全：《民法物权论》（上），中国政法大学出版社1999年版，第209页。

第五，排除对建筑物安全造成妨害的权利。依所有权的排除妨害性，作为区分所有权人对由于建设单位或者其他行为人的行为造成建筑物安全的妨害或者危险等行为，有权通过请求排除妨害、恢复原状等手段救济其权利。[1]

建筑物区分所有人对共有部分的义务主要有：

第一，分担相关的费用。《物权法》第80条规定："建筑物及其附属设施的费用分摊、收益分配等事项，有约定的，按照约定；没有约定或者约定不明确的，按照业主专有部分占建筑物总面积的比例确定。"具体计算方法依照《最高人民法院关于审理建筑物区分所有权纠纷案件具体应用法律若干问题的解释》规定进行。[2]

第二，在使用共有部分时的注意义务。区分所有人在使用共有部分时，应按照其固有用途和合理方式进行使用，其使用不得违反相关法律法规，例如，不得在消防通道堆放杂物等、不得损害共有物品、不得损害公共利益和相邻他方的利益。

3. 区分所有人的成员权——共有部分的管理权。对建筑物的公用部分及其附属设施等进行管理，以保护全体建筑物所有人的利益，是区分所有权制度中的一个重要问题。

（1）行使管理权的主体。我国《物权法》确定了行使管理权的主体主要是业主大会和业主委员会，并且规定了业主大会和业主委员会的职责和行使权利的程序

---

[1] 《最高人民法院关于审理建筑物区分所有权纠纷案件具体应用法律若干问题的解释》第14条：建设单位或者其他行为人擅自占用、处分业主共有部分、改变其使用功能或者进行经营性活动，权利人请求排除妨害、恢复原状、确认处分行为无效或者赔偿损失的，人民法院应予支持。属于前款所称擅自进行经营性活动的情形，权利人请求行为人将扣除合理成本之后的收益用于补充专项维修资金或者业主共同决定的其他用途的，人民法院应予支持。行为人对成本的支出及其合理性承担举证责任。第15条：业主或者其他行为人违反法律、法规、国家相关强制性标准、管理规约，或者违反业主大会、业主委员会依法作出的决定，实施下列行为的，可以认定为《物权法》第83条第2款所称的其他"损害他人合法权益的行为"：①损害房屋承重结构，损害或者违章使用电力、燃气、消防设施，在建筑物内放置危险、放射性物品等危及建筑物安全或者妨碍建筑物正常使用；②违反规定破坏、改变建筑物外墙面的形状、颜色等损害建筑物外观；③违反规定进行房屋装饰装修；④违章加建、改建，侵占、挖掘公共通道、道路、场地或者其他共有部分。

[2] 《最高人民法院关于审理建筑物区分所有权纠纷案件具体应用法律若干问题的解释》第8条：《物权法》第76条第2款和第80条规定的专有部分面积和建筑物总面积，可以按照下列方法认定：①专有部分面积，按照不动产登记簿记载的面积计算；尚未进行物权登记的，暂按测绘机构的实测面积计算；尚未进行实测的，暂按房屋买卖合同记载的面积计算；②建筑物总面积，按照前项的统计总和计算。

规则（经业主大会委托，也可以由物业服务机构或者其他管理人管理）。[1]业主大会或者业主委员会具有独立的法律地位，可以按照规约的规定代替全体业主（即区分所有人，下同）充当原告或者被告。[2]当其代替全体业主同第三人进行交易时，该法律效果归全体业主，原则上由业主按照其专有部分的居住面积的比例来分担。但是对于业主大会和业主委员会是否具有法人地位，我国法律中则没有明确的规定，有些国家将管理机构规定为法人，但由于该"法人"通常没有特有财产，为了保障交易安全，这些国家的法律又规定由各区分所有人按其专有部分的居住面积的比例分担责任。

（2）管理方式和管理费用。区分所有人可以自行管理建筑物及其附属设施，也可以通过业主大会或者业主委员会委托物业服务机构或者其他管理人管理；对建设单位聘请的物业服务企业或者其他管理人，区分所有人通过业主大会表决依法有权更换；物业服务企业或者其他管理人根据区分所有人的委托管理建筑区划内的建筑物及其附属设施，并接受其监督。[3]

业主大会或者业主委员会在管理和维护建筑物时，为了全体区分所有人的利益，有权对不遵守法律法规或者管理规约的人按照管理规约的规定采取一定的措施。如业主大会或业主委员会对任意弃置垃圾、排放污染物或者噪声、违反规定饲养动物、违章搭建、侵占通道、拒付物业费等损害他人合法权益的行为，有权依照法律、法规以及管理规约，要求行为人停止侵害、消除危险、排除妨害、赔偿损失。但是，对于具有上述行为的区分所有人，由于其严重的不遵守有关法律和管理规约规定，导致难以维持区分所有人的共同生活时，业主大会或者业主委员会是否有权按照管理规约的规定，提起禁止该行为人使用其专有部分或者要求将该行为人的区分所有权拍卖的诉讼，我国《物权法》中没有规定，对此情形可以参照其他国家的相关规定进行补充和完善。

---

[1] 《物权法》第75条规定："业主可以设立业主大会，选举业主委员会。地方人民政府有关部门应当对设立业主大会和选举业主委员会给予指导和协助。"第76条规定："下列事项由业主共同决定：①制定和修改业主大会议事规则；②制定和修改建筑物及其附属设施的管理规约；③选举业主委员会或者更换业主委员会成员；④选聘和解聘物业服务企业或者其他管理人；⑤筹集和使用建筑物及其附属设施的维修资金；⑥改建、重建建筑物及其附属设施；⑦有关共有和共同管理权利的其他重大事项。决定前款第⑤项和第⑥项规定的事项，应当经专有部分占建筑物总面积2/3以上的业主且占总人数2/3以上的业主同意。决定前款其他事项，应当经专有部分占建筑物总面积过半数的业主且占总人数过半数的业主同意。"

[2] 《物权法》第83条第2款规定："业主大会和业主委员会，对任意弃置垃圾、排放污染物或者噪声、违反规定饲养动物、违章搭建、侵占通道、拒付物业费等损害他人合法权益的行为，有权依照法律、法规以及管理规约，要求行为人停止侵害、消除危险、排除妨害、赔偿损失……"

[3] 《物权法》第70条规定："业主对建筑物内的住宅、经营性用房等专有部分享有所有权，对专有部分以外的共有部分享有共有和共同管理的权利。"第81条第1款规定："业主可以自行管理建筑物及其附属设施，也可以委托物业服务企业或者其他管理人管理。"

区分所有建筑物的管理费用原则上由所有业主共同承担，按照我国《物权法》第 80 条的规定，业主承担比例可以在管理规约中约定，没有约定的按照每一业主专有部分在建筑物中的面积比例予以分摊。[1]

（3）管理规章。对区分所有建筑物的管理主要通过业主之间订立业主公约或者管理规约来进行。管理规约是指建筑物各区分所有人为了保护共同利益，经业主大会决议而成立的共同遵守的约定。业主的管理规约属于共同行为，根据私法自治原则，规约内容在不得违反法律强制性规定和违背社会公共秩序、善良风俗的条件下由全体区分所有人自由决定，[2]对所有业主具有约束力。[3]

（四）专有部分和土地使用权之间的关系

在建筑物区分所有权制度中，如何处理专有部分的所有权行使和土地使用权之间的关系？对此，通说认为：以专有部分为中心的，将专有部分作为主物、土地使用权作为从物的前提下，把从物随主物的处分而处分的原则具体化了。[4]我国法律上规定的"地随房走"的原则含义与此相同，即土地使用权随房屋所有权的转移而转移，当房屋所有权专有部分发生转移时，该房屋的土地使用权一并随之转移。

第四节　其他不动产所有权

按照各国民法关于不动产所有权的规定，不动产所有权除了土地所有权和建筑物所有权两种典型的不动产所有权之外，尚未与土地分离的林木、水体、矿藏等自然资源也属于不动产所有权的类型。我国《担保法》第 92 条第 1 款规定："本法所称不动产是指土地以及房屋、林木等地上定着物。"由此可知，我国原则上也承认上述不动产所有权，但是我国对此类不动产所有权的问题主要规定在特别法中，在此简要介绍。

一、林木所有权

林木所有权是指在土地上生长而未与土地相分离的森林、竹木等不动产的所有权。我国对林木所有权规定的法律主要是《森林法》。

根据我国《森林法》的规定，森林属于国家和集体所有，单位和个人可以承

---

[1]《物权法》第 80 条规定："建筑物及其附属设施的费用分摊、收益分配等事项，有约定的，按照约定；没有约定或者约定不明确的，按照业主专有部分占建筑物总面积的比例确定。"

[2] 王泽鉴：《民法物权》（通则·所有权），中国政法大学出版社 2001 年版，第 263 页。

[3]《物业管理条例》第 17 条规定："管理规约应当对有关物业的使用、维护、管理，业主的共同利益，业主应当履行的义务，违反管理规约应当承担的责任等事项依法作出约定。管理规约应当尊重社会公德，不得违反法律、法规或者损害社会公共利益。管理规约对全体业主具有约束力。"

[4] ［日］田山辉明：《物权法》，陆庆胜译，法律出版社 2001 年版，第 194 页。

租土地种植林木。[1]因此，林木所有权的主体可以是国家、集体，也可以是单位或者个人。

林木所有权作为不动产所有权的一种，其所有权也须经有关部门进行登记，登记部门为县级以上地方人民政府或国务院林业主管部门。

对于林木所有权的行使，我国《森林法》规定，除农村个人采伐其自留地和房前屋后个人所有的零星林木外，其他单位和个人采伐林木必须经有关主管部门同意并发放采伐许可证，权利人必须按照采伐许可证的规定进行合理采伐。

对侵犯林木所有权的行为，《森林法》规定的法律责任不仅包括民事责任，而且还包括行政责任和刑事责任。[2]

二、矿藏所有权

由于矿产与土地分离前属于土地的一部分，所以一般将其作为不动产看待。但是按照我国《土地管理法》和《矿产资源法》的规定，矿藏的归属与土地所有权的归属并非完全一致。土地所有权有国家所有和集体所有两种类型，而我国领域内的所有矿藏均归国家所有，不受其所存在土地所有权归属的影响。[3]

按照我国《矿产资源法》的规定，个人或单位在勘查或者开采矿产资源时，必须向国家有关行政主管部门申请，取得勘查或开采许可证，方可对矿产资源进行勘查或者开采利用。开采矿产资源必须按照国家有关规定缴纳资源税和资源补偿费。

三、水体所有权

水体包括地上水和地下水两部分。作为不动产所有权客体的水体为固定水体，

---

[1] 《森林法》第3条规定："森林资源属于国家所有，由法律规定属于集体所有的除外。国家所有的和集体所有的森林、林木和林地，个人所有的林木和使用的林地，由县级以上地方人民政府登记造册，发放证书，确认所有权或者使用权。国务院可以授权国务院林业主管部门，对国务院确定的国家所有的重点林区的森林、林木和林地登记造册，发放证书，并通知有关地方人民政府。森林、林木、林地的所有者和使用者的合法权益，受法律保护，任何单位和个人不得侵犯。"第27条规定："国有企业事业单位、机关、团体、部队营造的林木，由营造单位经营并按照国家规定支配林木收益。集体所有制单位营造的林木，归该单位所有。农村居民在房前屋后、自留地、自留山种植的林木，归个人所有。城镇居民和职工在自有房屋的庭院内种植的林木，归个人所有。集体或个人承包国家所有和集体所有的宜林荒山荒地造林的，承包后种植的林木归承包的集体或者个人所有；承包合同另有规定的，按照承包合同的规定执行。"

[2] 《森林法》第39条规定："盗伐森林或者其他林木的，依法赔偿损失；由林业主管部门责令补种盗伐株数十倍的树木，没收盗伐的林木或者变卖所得，并处盗伐林木价值3倍以上10倍以下的罚款。滥伐森林或者其他林木，由林业主管部门责令补种滥伐株数5倍的树木，并处滥伐林木价值2倍以上5倍以下的罚款。拒不补种树木或者补种不符合国家有关规定的，由林业主管部门代为补种，所需费用由违法者支付。盗伐、滥伐森林或者其他林木，构成犯罪的，依法追究刑事责任。"

[3] 《矿产资源法》第3条规定："矿产资源属于国家所有……地表或者地下的矿产资源的国家所有权，不因其所依附的土地的所有权或者使用权的不同而改变……"

主要是指湖泊、水库及内河等里面的水体，而外河、海洋则不属于此不动产的范围。固定水体一旦被分离出来，即变为动产。

由于水资源与土地的不可分离性，水体所有权作为不动产所有权的一种，多数国家的法律对此进行了规定。我国对水体的所有权在《宪法》《物权法》和《水法》上规定属于国家所有，国家是水体所有权唯一的主体，除此之外，有关水体的使用和归属的规定是《水法》。

我国水资源归国家所有，国家对水资源利用采取行政许可和有偿使用的原则，由国务院水行政主管部门负责全国取水许可制度和水资源有偿使用制度的组织实施，县级以上地方人民政府水行政主管部门按照规定的权限，负责本行政区域内水资源的统一管理和监督工作。

第五节　不动产相邻权

一、相邻权的概念和特征

（一）概念

相邻权也称相邻关系，是法律为调和相邻不动产的利用，而就其所有人或使用人间权利义务关系的确定。相邻关系中，两个以上的相邻不动产的所有人或使用人（占有人），一方在对自己的不动产行使所有权或使用权与他方的权利发生冲突时，为协调冲突、谋求各方共同利益，由法律直接赋予各自权利和义务。

相邻权是随着土地所有权的产生而产生的，然而并不以土地为限，建筑物也可发生相邻权。在大陆法系国家的有关立法中，大多数国家并没有相邻权或者相邻关系的概念，涉及相邻权或者相邻关系概念的主要是两个国家：一个是瑞士，另一个是原东德（德意志民主共和国）。[1]但是，各国却有许多关于此方面的规定。古代罗马法中关于相邻关系的规定最早见于《十二铜表法》，其第七表对相邻地界、通行权、树枝越界、果实拾取、水流等均予以规定；《法学阶梯》中相邻权的有关内容更为具体，有调整地权、私人建筑物与所有权的法定限制等，其中土地通行权又涉及需要在他人土地上收拾的果实及其他物；奥古斯都时期就产生了对房屋最高的限制，以防其倒塌对邻居造成损害或影响邻居的阳光；《法国民法典》中关于相邻关系的内容安排在第二卷第四篇"役权或地役权"制度中；《德国民法典》第906~924条分别规定了相邻权中的不可量物侵害制度、危险工作物设置与保持的禁止、危险预防、越界建筑等有关制度；《瑞士民法典》第684~701条分别规定了不可量物侵害、水流、管道的安设、邻地的通行、危险损害之防免、越界树木根枝及果实等有

---

[1]《瑞士民法典》第685条第2项规定："违反相邻权规定的建筑物，适用有关突出建筑物的规定。"《德意志民主共和国民法典》中特设一章"地产使用人的相邻关系"（第316~322条）。参见梅夏英：《物权法·所有权》，中国法制出版社2005年版，第348~349页。

关相邻关系的制度;《日本民法典》在其所有权一章中不仅规定了上述有关内容,而且还在其《建筑物区分所有法》中规定了"立体相邻关系"即"区分所有建筑物相邻关系",并通过判例与学说在 20 世纪六七十年代形成了"日照妨害"制度及"忍受限度论"理论;[1] 我国的《秦律》和《唐律》中,也有关于相邻关系的规定。

设立相邻关系的目的是为相邻关系的双方提供一个理智界限,该理智的界限就是相邻人之间相互享有的权利和义务,使得享有权利的人能够正当地行使权利,并在行使权利的同时不妨碍他人享有和行使权利,对于义务人而言,则在法定范围内负有"容忍的义务"。因此,相邻关系,从权利人角度而言,享有的是相邻权,该权利是对不动产所有权或使用权内容的扩张与利用;对于义务人而言,是相邻义务,该义务是对其不动产所有权或使用权的限制与约束。《物权法》第 84 条规定:"不动产的相邻权利人应当按照有利生产、方便生活、团结互助、公平合理的原则,正确处理相邻关系。"可见,相邻关系的立法目的是对不动产所有权行使的约束和限制,尽可能地确保相邻人之间的和睦关系。

所以说相邻权是所有权的限制或者扩大。然而,此种限制并非强行规定,相邻人之间如果订立与此相异的债权契约,自然受此契约拘束。[2]

(二)特征

1. 相邻权的主体是两个以上不动产的所有人或使用人,可以是自然人,也可以是法人或其他主体。

2. 相邻权主体间的不动产必须是相邻的。相邻是指地理位置上的相邻,相邻不动产既包括相邻接的不动产,也包括相邻近的不动产。

3. 相邻权的内容因相邻权的种类而不同。其一般包括两个方面:①相邻一方有权要求他方提供必要的便利,他方应当提供。所谓必要的便利,是指非从相邻方得到便利,不能正常行使其所有权或使用权。②相邻各方行使权利,不得损害他方的合法权利。

4. 相邻关系的客体。对相邻关系的客体,有三种学说:①不动产。②行使不动产权利所体现出来的利益。③相邻各方所实施的行为。

由于相邻关系的种类十分复杂,大多数相邻关系的客体是行使不动产的所有权或使用权所体现的财产利益和其他利益。相邻各方在行使权利时,既要实现自己的利益,又要为邻人提供方便,并尊重他人的利益,所以,相邻关系的客体主要是行使不动产物权所体现出来的利益,至于相邻各方的行为,应视为相邻关系的内容而非客体。

---

[1] 梅夏英:《物权法·所有权》,中国法制出版社 2005 年版,第 348~353 页。

[2] 史尚宽:《物权法论》,中国政法大学出版社 2000 年版,第 87 页。

二、相邻权的性质

相邻关系的性质是所有权内容的限制或扩张。相邻关系实为所有权社会化的具体体现，其基本理论在于利用利益衡量之原理，使权利行使间相互调和。调和的方法有二：①所有权内容的扩张或限制；②权利人相互间的补偿请求权。[1]

由于相邻权本身并没有超越所有权或者使用权的范围，相邻权似乎是一种物权。但是，与其他的物权相比，相邻权又具有特殊性，它不是一种独立的权利，而是法律为了谋求人们共同生活的和谐对于双方所有权的权能加以限制，通过禁止一方在不动产上为一定行为或者要求邻人容忍他方为一定行为来平衡各方的利益。据此，学者认为相邻权的性质为所有权的法律上的限制。[2]

三、相邻权的类型

相邻关系类型复杂，主要包括：

（一）邻地利用权

邻地利用权是指不动产权利人因通行、建造、修缮建筑物以及铺设电线等必须利用相邻土地、建筑物时，对于该土地、建筑物的权利人有请求其容忍使用其土地或者建筑物的权利。权利人使用他人不动产的方式不同，邻地利用权类型也不相同，其共同特点是：确有必要使用邻人土地；选择损害最小处使用；给予邻人一定补偿；邻人接受限制（应当允许使用）。

邻地利用权在古罗马的《十二铜表法》第七表中明确规定了相邻地界、通行权等有关内容，《法学阶梯》中进一步规定了土地通行权等内容。该种使用权在大陆法系大多数国家的法律或者判例中得到了确认。[3]邻地利用权对于地价高昂的现代都市的发展具有十分重要的意义，如果不设邻地使用权，任何人不能利用邻人土地，势必导致邻人间自疆界线附近应预留相当空间以便各自的使用权行使，极不利于发挥土地的使用效率。各国民法在衡量利弊的基础上，规定当具备一定条件时，邻地权利人有容忍他人使用其土地的义务，从而赋予了土地使用人在特定条件下的邻地利用权。

邻地利用权主要表现为邻地通行权、邻地管线安装权、污染防治权等。

1. 邻地通行权。不动产权利人对相邻权利人因通行等必须利用该土地的，相邻权利人应当提供必要的便利。

2. 邻地管线安装权。不动产权利人因建造、修缮建筑物以及铺设电线、电缆、水管、暖气和燃气管线等必须利用相邻土地、建筑物的，该土地、建筑物的权利人

---

〔1〕 谢在全：《民法物权论》（上），中国政法大学出版社1999年版，第172页。

〔2〕 史尚宽：《物权法论》，中国政法大学出版社2000年版，第87~88页。

〔3〕 《意大利民法典》第592条、《日本民法典》第209条、我国台湾地区"民法"第792条均对此作了明确规定；《德国民法典》虽然没有明确规定，但是学说和判例均予承认。参见史尚宽：《物权法论》，中国政法大学出版社2000年版，第107页。

应当提供必要的便利。

3. 污染防治权。相邻一方排放工业废水、废渣等污染土地、影响土地的使用质量时，相邻的受害人有权要求停止侵害、恢复原状、赔偿损失。《德国民法典》和《瑞士民法典》规定了相同的"不可量物侵害"制度。所谓不可量物侵害，是指煤气、蒸汽、臭气、烟气、煤烟、热气、噪声、振动及其他来自邻人的土地的类似物质的侵入。[1]日本在后来的司法判例和学理上发展出了"日照妨害"制度和"忍受限度论"理论。英美法系国家有"安居妨害（Nuisance）"制度。[2]我国对此也明确规定：建造建筑物，不得违反国家有关工程建设标准，妨碍相邻建筑物的通风、采光和日照；[3]不动产权利人不得违反国家规定排放大气污染物、水污染物、固体废物以及噪声、光、电磁波辐射等有害物质。[4]

（二）安全防险权

土地所有人或者使用权人在开掘土地或者进行建筑施工时，不得使相邻他方的地基发生动摇等危险或者使邻地工作物受到损害。相邻一方在其土地上挖掘沟池、营造建筑物危及对方土地或者建筑物的正常使用时，对方有权请求排除险情、恢复原状以及赔偿损失；如果所有人的建筑物或者堆放的物品存在倾倒危险，使邻地有受损害之虞，邻地所有人或者使用人有权请求必要的预防。[5]对此，我国《物权法》作了明确的规定。[6]

（三）用水、排水权

水为人类生活不可缺少之物，涉及水流的相邻关系主要体现为水的利用和排放两个方面。水流相邻权在大陆法系各国的民法典中均有详细的规定。从罗马《法学阶梯》中所规定的"雨水及排放雨水"之诉，到《法国民法典》的"流水地役权"，从《日本民法典》中的"流水相邻关系"到《瑞士民法典》的"水的相邻关系"，均规定了有关水流相邻权的制度。从各国规定来看，水流相邻权的内容主要表现为以下几个方面：

1. 水流利用权。水流分为地上水和地下水。

（1）对于地上水，相邻各方共用同一自然水流时，应当尊重自然形成的流向，按照由近而远、由高至低的原则依次使用。任何一方不得为自身利益擅自改变流向

---

〔1〕 梅夏英：《物权法·所有权》，中国法制出版社 2005 年版，第 351 页。

〔2〕 梅夏英：《物权法·所有权》，中国法制出版社 2005 年版，第 363 页。

〔3〕 《物权法》第 89 条。

〔4〕 《物权法》第 90 条。

〔5〕 《德国民法典》第 908 条、《瑞士债务法》第 59 条、我国台湾地区"民法"第 795 条均规定了这一点。转引自史尚宽：《物权法论》，中国政法大学出版社 2000 年版，第 91 页。

〔6〕 《物权法》第 91 条规定："不动产权利人挖掘土地、建造建筑物、铺设管线以及安装设备等，不得危及相邻不动产的安全。"

或堵截水源，影响他方正常的生产和生活。[1]

（2）地下水一般认为是构成土地的部分，为土地所有权支配的标的。对于地下水，相邻各方共用一水源时，水流使用人虽可自由使用水源，但不能因此影响相邻他方的用水。不得滥钻井眼挖掘地下水造成邻人的井泉干枯。

2. 水流排放权。

（1）自然流水的排放应当尊重自然流向，遵从由高至低原则进行排放。水有就下之性，高地自然流至之水，低地所有人有容忍的义务，低地所有人不得妨碍自然流至之水。

（2）人工排水原则上无使用邻地的权利，土地所有人不得设置屋檐或其他工作物（如沟渠等），使雨水等直注于相邻之不动产。[2]土地因蓄水、排水等可能对相邻他方土地造成损害时，所有人应当采取修缮、疏通或者预防等措施并且承担此项费用，另有习惯者，从其习惯。高地所有人需要排水时，应当选择对低地权利人损害最少之处并采取必要的措施保护低地权利人的安全，并就因排水对低地权利人造成的损害予以赔偿。

四、相邻关系的处理

我国《物权法》第84条规定："不动产的相邻权利人应当按照有利生产、方便生活、团结互助、公平合理的原则，正确处理相邻关系。"

第六节 学理上和习惯法中存在的其他不动产所有权

根据所有权的排他性，土地所有人有权禁止他人进入自己的土地，不论进入者的意图为何，也不论该土地是否设有围障，但是按照地方习惯或者法律规定允许他人入内的例外。这是所有权排除不法干涉权能的体现。但是，对于他人入内樵采、放牧，以及他人取回逸失物等行为，所有权人应当予以容忍。下述几种制度分别在一些国家和地区的法律中作了规定，我国《物权法》对此虽无明确规定，但在学理上和习惯中认可此类权利存在。此类权利主要体现为樵牧权、逸失物取回权、越界建筑的邻地使用权、越界竹木枝根刈除权和越界自落果实取得权几种类型。

一、樵牧权

樵牧权是指依地方习惯或者法律规定，土地所有权人之外的人，对于一定范围内的山林原野或者牧场，有刈取杂草、采取落叶枯枝和野生物或者放牧牲畜的

---

[1] 《物权法》第86条："不动产权利人应当为相邻权利人用水、排水提供必要的便利。对自然流水的利用，应当在不动产的相邻权利人之间合理分配。对自然流水的排放，应当尊重自然流向。"

[2] 《意大利民法典》第591条、《法国民法典》第681条、《日本民法典》第218条。转引自史尚宽：《物权法论》，中国政法大学出版社2000年版，第96页。

权利。

我国台湾地区"民法"中规定此种权利为樵牧权。《瑞士民法典》规定了"踏进权"。根据《瑞士民法典》的规定，牧场及森林，因土地踏进权而供限定的私目的之共同使用。日本与此相似的是"入会权"，是指依照地方习惯，在一定区域内的住民，在一定的山林原野，为共同受益的权利。其入会的地盘，为入会部落的所有权时，入会权具有共有的性质，实为共同共有。除依地方习惯外，适用共有的规定。入会地盘属于入会部落以外的所有权时，入会权具有地役权的性质，准用地役权的规定。所谓共同收益，主要是刈取杂草、采取落叶枯枝、制炭材料、野生菌类、建筑等材料的采取等。[1]

从有关国家和地区的相关规定来看，樵牧权的成立一般应满足下列条件：

1. 樵牧权的客体一般为牧场或山林。《瑞士民法典》规定以牧场、森林为限；我国台湾地区"民法"规定则兼顾了田地，实务上将湖泊也包含在内。[2]

2. 樵牧权是否以"设有围障"为限。所谓"围障"，是指墙垣、篱笆或其他目的在于禁止侵入所设立的围绕土地之物。对于设有围障的条件，各国和各地区的态度并不一致，《瑞士民法典》对此在所不问；而我国台湾地区"民法"规定在兼顾了田地的基础上，以"未设围障"为限。对于习惯上本可入内樵牧，所有人之后可否设立围障阻止他人樵牧？对此大多数国家和地区没有规定，学者见解不一：有认为所有权人本身就具有禁止他人侵入的权利，且他人入内樵牧，也非相邻关系所绝对必要，所以肯定所有权人设立围障的权利；也有学者认为应当依照地方习惯决定，反对所有权人在上述情况下设立围障阻止他人樵牧。[3]

3. 樵牧权的范围一般以刈取杂草、采取枯枝枯干、采集野生物或者放牧牲畜为限。除此之外，均非所有人忍受的范围。具体内容在遵循地方习惯的基础上，遵守相关法律的规定，如不得违反动物保护法、森林法等相关规定。

4. 樵牧权建立在地方习惯的基础上。地方习惯于有关法律规定前已经成立，按照各国和各地区民法的公序良俗原则一般予以认可和尊重，承认其效力。涉及樵牧权的客体以及有关的内容，除了法律的有关规定外，一般依地方习惯决定。

二、逸失物取回权

逸失物取回权是指因一定原因，权利人的物或者家畜等动物移至或者进入他人土地时，权利人可以进入他人土地搜索并取回的权利，也称巡查取回权。这一权利实质上是对土地所有权人设立了容忍的义务。在上述情况下，土地所有权人应当负有许可他人进入的义务，此种权利在大陆法系的各国的民法典中均有规定。只是此种巡查范围仅限于土地，而不及于房屋。从有关国家的相关规定来看，逸失物取回

---

〔1〕　史尚宽：《物权法论》，中国政法大学出版社 2000 年版，第 119 页。
〔2〕　谢在全：《民法物权论》（上），中国政法大学出版社 1999 年版，第 193 页。
〔3〕　谢在全：《民法物权论》（上），中国政法大学出版社 1999 年版，第 193～194 页。

权的行使一般应当符合下列条件：

1. 取回权权利人须为物品或动物的权利人。该权利人既可为所有人，也可为占有人；可以为相邻人，也可为非相邻人。

2. 取回权的义务人一般是土地的所有人，也可为土地使用权人或者土地的占有权人。对于他人的动物或者物品的巡查取回，上述人员应当负有容许进入搜寻并取回的义务。

3. 取回的标的物须为偶至之物，即因偶然事件或者自然力发生等进入土地所有人或者使用人土地范围内的物品或动物，至于具体原因，均非法律所问。

4. 取回权人在行使该权利导致土地权利人受到损害时，不管主观上是否存在故意或者过失，均应当对土地权利人承担赔偿责任；土地所有人或者使用人对取回权人的上述损害，按照侵权行为法主张损害赔偿权，并可以在损害未受赔偿前就取回的物品或者动物主张法定留置权。

三、越界建筑的邻地使用权

越界建筑物是指土地所有人逾越疆界而建造的房屋。

对于越界建筑的房屋，建筑人有无所有权？对此许多国家规定，如果邻地所有人知道土地所有人建筑时越界而不及时提出异议的，不得请求移去或变更房屋，换言之，土地所有人对于善意建造的逾越疆界的房屋，在邻地所有人知其越界而不及时提出异议时取得对邻地的使用权。

根据罗马法的地上物属于土地的原则，对于任何越界建筑，土地所有人有权请求除去。但是按照这一原则，将会导致建筑物整体价值的毁损。后来一些国家在立法时考虑经济效益的原则，在法律上规定，对于符合一定条件的越界建筑，应当尽量予以维持，即越界建筑的邻地之人对符合一定条件的越界建筑物有忍受的义务。[1]我国《物权法》对这一问题未作明确规定，根据其他法律的相关规定，该建筑物为非法建筑，原则上应当除去。

越界建筑的邻地使用权一般应符合下列条件：

（1）使用权的主体须为土地所有人。使用权人如地上权人等在符合相关规定的条件时可以准用土地所有人的规定。

（2）越界建筑的客体须为房屋的一部分而非全部。即房屋的一部分建于土地所有人自己的土地之上，另一部分越界建造在他人土地上方为越界建筑，如果全部建筑均建造在他人土地之上，则属违法建筑，不得适用越界建筑的规定，不能产生对邻地的使用权。至于该建筑到底是否以超过"一半"为条件，各国和各地区的法律原则上无详尽规定，学者主张如果仅约一半在自己土地上时，与越界建筑情形

---

[1] 《德国民法典》第912～916条确定了邻地人的忍受义务，对于不依建造之建筑物，尽量予以维持。《瑞士民法典》第674条也作了相似的规定。参见史尚宽：《物权法论》，中国政法大学出版社2000年版，第109页。

不符难以适用该项规定。[1]

越界建筑须为房屋而非其他建筑物，如果越界建筑为其他建筑物而非房屋，如围墙、栅栏、活动之屋等，属于缺乏永久性或者移去变更并无妨碍之物，即可责令建筑者予以拆除，不得适用越界建筑相关规定为建筑人设立邻地使用权。

（3）邻地所有人知道越界事实而没有及时提出异议。邻地所有人事实上知悉越界建筑，在相当长时间内能够提出异议而没有提出的，不得请求移去或者变更建筑物。关于邻人是否"知道"，一般以邻人可认知为条件来推定。邻地的使用人、承租人等提出异议问题，可以准用邻地所有人的规定。

（4）越界建筑的土地所有人主观上应当为善意。对此要件，各国和各地区的规定并不相同。《德国民法典》第912条规定，以土地所有人越界建筑非出于故意或者重大过失为其受保护的条件；而我国台湾地区"民法"则无此限制。

越界建筑出现之后，在原土地所有人和邻地所有人之间发生下列的法律后果：

（1）邻地所有人的容忍义务。对于越界建筑，邻地所有人不得以土地所有权为由请求拆除越界房屋或者交还占有的土地，而是有义务容忍建筑物所有人使用其土地，此项义务只有在越界部分的建筑物灭失时才能消灭。

（2）邻地所有人的土地购买请求权和损害赔偿请求权。邻地所有人必须容忍土地所有人使用其土地所带来的负担，同时，为了平衡双方的利益，一些国家和地区的法律规定，邻地所有人有权请求土地所有人以相当的价格购买越界部分的土地，对此土地所有人不得拒绝；邻地所有人如有损害，有权请求对方予以赔偿。

如果越界建筑不符合上述要件，则不能发生上述效力，邻地所有人有权行使妨害排除权，要求土地所有人拆除越界部分的建筑物，恢复原状并且有权要求赔偿损失。

四、越界竹木枝根刈除权和越界自落果实取得权

1. 土地所有人对于邻人的越界竹木或者树木枝根，如果妨害到自己的权利则有权请求竹木、树木枝根所有人在一定期间内刈除，如后者拒绝，土地所有人有权自行除去。我国《物权法》中对此虽无明确规定，但是依第91条之规定，推定为肯定这一权利。[2]

土地所有人对于越界枝根的刈除权属于所有权的内容之一，为非独立性的权利，又因该权利可以直接由土地所有人行使，故该权利在性质上为非独立的形成权。此权利主体一般为土地所有人，特殊情况下，土地的地上权人等也可为权利人。[3]

---

〔1〕 谢在全：《民法物权论》（上），中国政法大学出版社1999年版，第196页。

〔2〕《物权法》第91条规定："不动产权利人挖掘土地、建造建筑物、铺设管线以及安装设备等，不得危及相邻不动产的安全。"

〔3〕 史尚宽：《物权法论》，中国政法大学出版社2000年版，第87~88页、第115页。

2. 越界自落果实取得权是指邻地所有人对于自行落于自己土地的他人果实有拾取的权利。对于自落果实的所有权问题，大多数国家均有规定，虽然有关规定稍有不同,[1]但是有几点是共同的：①自落的果实属于越界树木上的果实；②果实为自落邻地，自落的原因可以是风吹、成熟或者被他人摇落，但不能是邻地所有人的人工所为，否则构成侵权；③果实归邻地所有人取得。[2]我国《物权法》对此无明确规定，推定适用孳息所有权取得的规定，由原物所有权人取得。

若果实落于公用之地，如公路、公园等公共场所，该果实仍然属于原所有权人所有，作为树木的孳息由树木的所有权人取得。他人若拾取该果实，则应当返还给所有权人，否则构成侵权。

---

[1] 《十二铜表法》规定，果实自落于邻地的，3 日以内所有人可以自由拾取，3 日之后则归邻地所有。这一立法例为德国普通法继受。《德国民法典》第 911 条规定：越界自落果实归坠落地（邻地）所有人或者使用人享有，但是邻地为公用地的，则归果树所有人所有。《瑞士民法典》第 687 条第 2 项规定：土地所有人平常有容忍邻人树枝侵害的情形的，对于自落的果实享有取得权。《法国民法典》第 673 条第 1 项规定："相邻人的树木、树丛或小灌木的树枝伸展至他方相邻人的土地之上时，他方相邻人可要求所有人砍去；从这些树枝上自然掉落在他方相邻人土地上的果实，属于该地方相邻人。"我国台湾地区"民法"第 798 条规定："果实自落于邻地者，视为属于邻地……"参见梁慧星、陈华彬：《物权法》，法律出版社 2003 年版，第 193 页。

[2] 参见上注《瑞士民法典》第 687 条第 2 项、《法国民法典》第 673 条第 1 项、《德国民法典》第 911 条的规定。转引自史尚宽：《物权法论》，中国政法大学出版社 2000 年版，第 116~117 页。

第八章 动产所有权

相对于不动产的所有权而言，动产所有权的问题主要集中在动产所有权的变动原因上，依罗马法以来近现代各国物权法的规定，动产所有权变动的原因除了其作为动产物权取得的一般情形外，主要有善意取得、先占、拾得遗失物、发现埋藏物和添附几种特殊情形。我国《物权法》第九章"所有权取得的特别规定"中确定了善意取得、拾得遗失物、拾得漂流物、发现埋藏物或者隐藏物、从物和孳息五种类型。但是由于《物权法》中的善意取得制度既包括动产的善意取得，也包括不动产的善意取得，如将其仅置于"动产所有权取得"中在逻辑上稍有不妥，故将其置于"所有权概述"一章的第四节"所有权取得"中进行了论述。先占和添附虽未在《物权法》中明确规定，但是，学理上和判例中均承认其可作为动产所有权取得的一种方式，故将二者作为本章内容进行论述。

第一节 先 占

一、概念

先占，也称无主物的先占，是指占有人依所有的意思对无主动产进行事实管领支配，从而取得该动产所有权的方式。通过对动产的占有而取得所有权是原始社会所有权取得的惟一方法。但在现代社会，由于绝大多数财产的所有权已有归属，所以先占作为所有权取得的情形十分有限。

先占是先占人取得对无主物的所有权，其取得方式与善意取得相同，亦为原始取得。

先占的立法例主要有两种：一为先占自由主义，即不分动产或不动产，均允许基于自由先占而取得其所有权，罗马法采此种立法例；二为先占权主义，即对于不动产只有政府才有先占权，对于动产只有法律许可的才能基于先占取得所有权，日耳曼法采此种立法例。

我国在《物权法》中没有明确规定先占的所有权取得。但是，我国法律规定不动产变动以登记为要件，所以对于不动产原则上无适用先占的可能；对于动产，理论上和实务中仍然认可对于法律有特别规定之外的无主动产可以适用先占取得所有权，如对于他人抛弃之动产所有权的取得等，原则上属于第二种立法例。

二、性质

关于先占的法律性质，理论上有不同认识，归纳起来，主要有三种观点：

1. 法律行为说。其认为民法既然规定占有必须以所有的意思为要件，而该意思即为取得所有权之效果意思，因而应认为先占为法律行为。

2. 准法律行为说。其认为先占乃以意思为要素之准法律行为中之非表现行为，因先占非达成私法自治目的之制度，乃法律对于一定之意思行为，承认其具有取得所有权效果之制度。

3. 事实行为说。此说认为先占为法律基于占有之事实行为而赋予先占人取得所有权之效果，因而属于事实行为。

现在大陆法系的多数学者采第三种观点，主张先占系基于事实行为的取得方式，认为先占是法律对于以所有的意思占有无主动产的事实赋予取得所有权的效果。凡有意思能力，对物有管领力者，均为有效的先占，不以具有行为能力为必要。[1]

三、构成要件

依多数国家的法律规定和通说，先占一般应当符合下列条件：

1. 先占的客体必须是无主物。无主物是现在不属于任何人所有之物。至于该物以前是否曾经归属他人所有，以及因何原因形成无主之状态则非所问。

无主物以非属国家特殊保护的动植物较为常见。如山中的野花、野草、非属国家保护的野生动物等均属于无主物。在法律许可的范围内，先行采摘者或者捕获者基于先占取得花草或者猎物的所有权，如果该猎物经捕获占有后又逃走或者走失，该猎物作为先占者的所有物，对后来取得者或者捕获者适用遗失物的规定处理。另外，经所有人抛弃之物等也属无主物，均可适用先占取得。

但是，对于所发现的埋藏物和隐藏物，即使属于无主之物，由于我国法律有特别规定，所以不得适用先占取得；[2]对于遗失物，由于该物非为无主物，所以也不得适用先占取得。

2. 此无主物必须是法律允许先占之动产。对于不动产的取得，我国法律有明确规定，不能适用先占取得。对于动产作为先占取得的客体时，则必须要符合法律的有关规定。一般认为，下列几种情况不得适用先占：

（1）法律禁止流通的物不得作为先占的客体。如枪支、毒品等。

（2）尸体。只有在符合善良风俗的情况下，由亲属保存和处理，不得作为先占的客体。

---

〔1〕 谢在全：《民法物权论》（上），中国政法大学出版社 1999 年版，第 233 页；史尚宽：《物权法论》，中国政法大学出版社 2000 年版，第 124 页；王泽鉴：《民法物权》（通则·所有权），中国政法大学出版社 2001 年版，第 278 页。

〔2〕《物权法》第 114 条规定："拾得漂流物、发现埋藏物或者隐藏物的，参照拾得遗失物的有关规定。文物保护法等法律另有规定的，依照其规定。"

（3）国家保护的文物和野生动植物。根据我国《文物保护法》和《野生动物保护法》等有关法律的规定，上述物不得作为先占之客体。

（4）土地、水流、矿藏等专属于国家所有的财产。根据我国《矿产资源法》等相关法律的规定，城市的土地，法律规定属于国家所有的农村和城市郊区的土地、水流、矿藏等属于国家所有，不得作为先占之客体。

（5）其他不得作为先占客体的情形。

3. 占有人的占有必须以所有意思而占有。这里的"以所有意思"，是就有将占有的动产归于自己管领支配的意思而言，即事实上欲与所有人立于同一支配地位的意思而言。由于先占在性质上属于事实行为，所以先占只需有占有事实和支配物的能力已足，以意思能力为必要，而不以完全行为能力为必要。[1]

4. 占有人无须具有行为能力。由于先占在性质上属于事实行为，而事实行为不以意思表示为要素，因而无须行为人具有行为能力。[2]

四、法律后果

先占人具备上述条件后，即可取得该动产的所有权。先占的取得，与善意取得相同，均非基于他人既存权利，所以均属原始取得。先占人取得该动产的所有权后，该动产上原有的负担均归于消灭。无主物先占多发生于他人抛弃动产所有权的情形。如果该动产上存在第三人的其他物权（如动产质权），该动产所有权人非经该第三人的同意，不得抛弃动产所有权。[3]

第二节　拾得遗失物

一、概念

拾得遗失物，是发现他人的遗失物而占有之人，在符合一定条件时取得该物所有权的法律事实。

拾得遗失物能否成为取得所有权的原因，取决于相应国家和地区的立法政策。现今大多数国家和地区都采取所有权取得主义，德、法、日、瑞等国和我国台湾地区都规定，拾得遗失物后，拾得人有通知遗失人或所有人的义务或者报告主管官署，并有保管和返还遗失物的义务，同时拾得人享有保管费用偿还请求权和报酬请求权。如果失主在招领期内没有认领，拾得人即可取得遗失物的所有权。

我国《物权法》没有采取这一立法政策，而是规定拾得遗失物应交还失主，

---

〔1〕　谢在全：《民法物权论》（上），中国政法大学出版社1999年版，第234页；王泽鉴：《民法物权》（通则·所有权），中国政法大学出版社2001年版，第279页。

〔2〕　张俊浩主编：《民法学原理（上）》，中国政法大学出版社2000年版，第223页。

〔3〕　王泽鉴：《民法物权》（通则·所有权），中国政法大学出版社2001年版，第280页。

在法定期间内无人认领的遗失物，归国家所有。[1]这一规定的不足之处在于：对拾得人提出了过高的道德要求，欠缺法律的理性思想，有把道德追求和法律规定混淆之嫌，客观上也不利于法律的执行，某种程度上反而有损法律的权威。

二、构成要件

（一）拾得遗失物的客体须为遗失物

遗失物是指非基于占有人的意思而丧失占有，现又无人占有且非为无主之动产。遗失物必须包括几个条件：

1. 原权利人丧失占有。遗失物是所有人遗忘于某处或者不慎丢失从而在客观上丧失占有的物。是否丧失占有，应当按照一般社会观念和客观情况进行认定。如占有之物品或者动物偶至他人之地界或者住所，一般不认为属遗失物，权利人有权取回。

2. 遗失物为无人占有的动产且非为无主物。[2]不动产性质上不存在遗失的问题，作为遗失物，在各国法律上均限定于动产。而且遗失物不是无主物，系有人所有而无人占有，而非不属于任何人所有的无主物。对于无主物适用先占，对于遗失物，则不得适用先占取得所有权。

3. 遗失物处于无人占有的状态。作为原来的占有人丧失了占有，而又没有新的占有人的方可认定为遗失物。如果存在新的占有人，则不得认定为遗失物。所以对于盗赃物（因犯罪行为产生占有，属于盗赃物而非遗失物）、误占物（因错误而占有他人之物，如公共场所错取他人之物，后发觉却无法找到所有人的情形）、遗忘物（所有人或占有人遗忘于他人之处的物，如被主人遗忘于饭店的行李等）一般不认定为遗失物。

4. 占有人丧失占有非基于占有人本意。占有人作为所有人，如果丧失占有出于占有人本意时，如抛弃物等，该物则构成了无主物，而非遗失物。如果占有人为无权占有，该占有人抛弃之物，对所有人而言不构成遗失物。

（二）须有拾得行为

拾得行为是指行为人发现他人遗失物而为占有的事实行为。该行为应当具备两个要素：

1. 发现遗失物。发现是指行为人认识遗失物的所在。

2. 占有遗失物。是行为人对遗失物在事实上进行了支配管领。

发现和占有共同构成了拾得行为。其中占有是拾得行为的主要因素，如果行为人仅发现而没有占有事实不能构成拾得行为。

（三）拾得人不受行为能力的限制

拾得行为与先占相同，属于事实行为而非法律行为，行为人的行为能力不受限

---

〔1〕《物权法》第109～113条。

〔2〕 谢在全：《民法物权论》（上），中国政法大学出版社1999年版，第239页。

制。因此拾得人只需具备上述两个要件即可构成拾得遗失物的行为。

三、性质

拾得遗失物在法律性质上为事实行为，而非法律行为。因此，拾得行为对其主体的行为能力没有要求，限制民事行为和无民事行为能力人只要有拾得遗失物行为且对遗失物有占有意思即可产生拾得遗失物的法律后果。通常情况下，拾得人拾得遗失物的行为属于无因管理行为。诚实拾得人以为他人管理的意思而为管理者，构成无因管理。不诚实的拾得人以为自己管理的意思而为管理者，构成准无因管理。民法就拾得人的权利义务并没有使用无因管理的规定，而是另设特别规定。但是，关于无因管理的规定仍可补充适用。[1]

四、法律后果

拾得遗失物后，拾得人必须履行一定的行为，才能享有法律规定的相应的权利。

（一）拾得人的义务

1. 返还和通知义务。拾得遗失物之人，应当将所拾得的遗失物返还给所有权人或者其他有受领权的权利人，或者通知其领取遗失物。[2]

2. 保管义务。在遗失物被权利人领取或者送交有关部门之前，拾得人居于无因管理地位，应负有妥善保管遗失物的义务，拾得人因故意或者重大过失致使遗失物被毁损、灭失时，应当承担民事责任。[3]

3. 报告和上缴义务。拾得人不知所有人或者所有人所在不明而无法返还或者通知时，可以发出招领公告或者将遗失物送交给公安机关等有关部门。有关部门收到遗失物后，知道权利人的，通知其领取；不知道的，及时发布招领公告。[4]

（二）拾得人的权利

1. 必要费用的偿还请求权。权利人领取遗失物时，应当向拾得人或者有关部门支付保管遗失物等支出的必要费用。[5]这些费用包括保管费、公告费、动物饲养费等。这些费用受到偿还后，拾得人应将遗失物返还。

2. 报酬请求权。此处的报酬请求权的适用在我国《物权法》中仅限于权利人悬赏寻找遗失物的情况。权利人如果发出悬赏广告寻找遗失物的，在领取遗失物时应当按照承诺向拾得人支付报酬。[6]

拾得人侵占遗失物的，无权请求保管遗失物等支出的费用，也无权请求权利人按照承诺履行义务。

---

[1] 史尚宽：《物权法论》，中国政法大学出版社2000年版，第130页。
[2] 《物权法》第109条。
[3] 《物权法》第111条。
[4] 《物权法》第110条。
[5] 《物权法》第112条第1款。
[6] 《物权法》第112条第2款。

（三）法定期间内无人认领的遗失物，失主永久性丧失所有权

失主丧失所有权后，该遗失物所有权的归属问题我国与其他国家和地区的法律规定不同。我国《物权法》规定，遗失物自发布招领公告之日起 6 个月内无人认领的，归国家所有。[1]而大多数国家和地区的法律规定，此种情形下，遗失物归拾得人所有。

第三节　发现埋藏物

一、概念和构成要件

（一）埋藏物的概念和构成要件

虽然各国在法律或者学理上对埋藏物的界定不完全相同，[2]但是，通说认为：埋藏物是指埋藏和隐藏于他物之中，其所有权归属不明的动产。我国法律将上述埋藏物分为狭义埋藏物和隐藏物。前者是指埋藏之物，后者是指隐藏之物。此种分类不影响具体行为的认定和法律后果，所以在此一并称之为埋藏物（下同）。

埋藏物的构成要件如下：

1. 须为埋藏之物。埋藏是指被包藏于他物之中，不宜由外部目睹之状态。埋藏物的状态是处于被隐藏或者埋没于他物之中，一般不易被人从外部发觉。例如因火山喷发而被埋没的珠宝、墙壁或者屋顶中的隐藏之物等均属埋藏物，至于被埋藏的原因和埋藏人的目的，在所不问。

2. 埋藏物须为动产。埋藏物在各国的法律上一般被规定为动产，如金银珠宝、陶器玉石等，对于因意外事件（如火山、地震等）造成的房屋、城堡等被埋于地下的，该类不动产不作为埋藏物。

3. 埋藏物的所有人不明。埋藏物不是无主物，只是由于各种原因，难以确定或者不知属于何人所有。如果确认了所有人，发现人应将财产返还给所有人（或其继承人）。如果属于无主物，如化石等，则适用先占原则或者依法律特殊规定处理。埋藏物也不是遗失物，而是埋藏和隐藏于他物之中，不是显而易见的。如果埋藏物和隐藏物暴露在外，被他人拾得，则为遗失物。

（二）发现埋藏物的概念和构成要件

发现是指认识埋藏物之存在。埋藏物的发现除具备该"发现"要素外，是否还应包括发现者对埋藏物的占有的要件？此点在各国的法律规定中并不相同。德国

---

[1] 《物权法》第 113 条。

[2] 《法国民法典》第 716 条第 2 款规定："一切埋藏或隐匿的物件，任何人不能证明其所有权，且其发现纯出偶然者，称为埋藏物。"德国、瑞士民法虽没有明文规定埋藏物的概念，但是从其立法理由书中可以推知：埋藏物是指因长期埋藏而不能查明其所有人的物。转引自梁慧星、陈华彬：《物权法》，法律出版社 2003 年版，第 221 页。

民法规定，发现埋藏物不仅包括发现行为，而且必须依其发现结果而发生物被占有的事实。而法国、瑞士、日本等国家则规定仅以发现埋藏物为要件，不以占有的取得为必要。[1]因此，发现埋藏物的构成要件主要包括：

1. 发现人发现之物必须为埋藏物或者隐藏物。如为显性之物，如遗失物等的发现则不适用该项规定。

2. 发现人有发现埋藏物的行为。如没有发现人的发现行为，埋藏物将一直处于隐蔽状态，其所有权的问题客观上无法受到关注。

3. 该埋藏物非属发现人所有之物。虽然客观上无法确定具体的所有人，但是可以确定的是，埋藏物属于发现人之外的第三人所有，如发现人自埋之物遗忘后又被自己发现，则不适用埋藏物之规定。

4. 发现人实际占有了埋藏物。我国《物权法》对发现埋藏物和隐藏物的权利归属参照拾得遗失物的规定处理，而遗失物的拾得以占有为条件，由此可知，我国对发现埋藏物的构成要件中，除上述要件外，还应包括对埋藏物的占有。如果行为人仅仅发现了埋藏物而没有加以占有，不能成为法律上的发现人。如果埋藏物是经过他人的指示发现的，则指示人一般为发现人，但应以指示人有取得占有的意思方可，否则发现人为其后的占有人。需要说明的是，这里的"取得占有意思"并非法律行为的意思表示，而是法律判别指示人是否已经"间接"占有的标准，是一个认定发现人的客观依据。指示人所做的指示，必须是授意挖掘或寻找埋藏物的指示。如果雇主授意雇工指示进行正常的施工时意外发现埋藏物，发现人为雇工而非雇主。[2]

二、性质

发现埋藏物与拾得遗失物相同，均构成所有权的原始取得，在性质上属于事实行为而非法律行为。因此，发现埋藏物行为对行为主体（发现人）的行为能力没有限制，也不适用代理。

三、法律后果

（一）立法例

各国和各地区对发现埋藏物的所有权归属有三种立法例：

1. 发现人所有权主义。此种立法例规定，埋藏物被土地所有人发现时全部归其所有，若由他人发现，则半数属于发现人，半数属于土地所有人或者隐藏物的所有人。采取此种立法例的主要有法国、德国、日本等国家。[3]

---

[1] 《法国民法典》第716条、《瑞士民法典》第723条、《日本民法典》第241条。转引自史尚宽：《物权法论》，中国政法大学出版社2000年版，第139页。

[2] 参见梅夏英：《物权法·所有权》，中国法制出版社2005年版，第260页。

[3] 《法国民法典》第716条、《德国民法典》第984条、《日本民法典》第241条、我国台湾地区"民法"第808条均规定了这一点。参见史尚宽：《物权法论》，中国政法大学出版社2000年版，第137页。

2. 公有主义。对于供学术、艺术或者考古用资料的埋藏物，一些国家和地区在法律上规定属于国库。例如，《瑞士民法典》第 724 条、我国台湾地区"民法"第 809 条都作如此规定。

3. 报酬主义。埋藏物归属于被发现之土地或动产所有权人所有，发现人并不取得埋藏物的所有权，仅在不超过埋藏物价格半数的范围内，对被发现之土地或动产所有权人享有报酬请求权。如《瑞士民法典》第 723 条的规定。

（二）我国法律的规定

我国《物权法》规定发现埋藏物参照拾得遗失物的规定，[1]因此，发现人不能取得埋藏物的所有权，也不能取得报酬请求权，仅有必要费用的请求权。在发现埋藏物时，所有人明确的；返还给所有人或者有领取权的人（如所有人的继承人等），所有人不明时，上缴国家。此规定之利弊与拾得遗失物制度相同。

第四节 添 附

一、概念

添附是附合、混合及加工在学理上的总称，主要指不同的动产或不动产之间通过某种方式结合而形成不可分割的混合物或新的性质的物，从而导致原物灭失或难以区分而形成所有权的得丧变更情形。一般认为，添附主要包括三种形式：附合、混合、加工。

民法规定的添附制度，具有利用物权之归属规定实现公共政策的目的（鼓励创造或者回复经济价值），再用债权之补偿方法以实现当事人之间对等正义之功能，是物权法与债权法的绝妙配合。[2]

需要说明的是，我国《物权法》没有规定添附制度，涉及添附的有关规则仅在最高法院《民通意见》第 86 条作了简单规定，非产权人在使用他人的财产上增添附属物，财产所有人同意增添，并就财产返还时附属物如何处理有约定的，按约定办理；没有约定又协商不成，能够拆除的，可以责令拆除；不能拆除的，也可以折价归财产所有人，造成财产所有人损失的，应当负赔偿责任。上述规定实际上是仅就添附中的附和制度进行了规定，并未就混合与加工进行规定，因此说，添附制度在我国将来的民法典中需要进一步完善。

二、特征

作为附合、混合和加工的添附方式具有下列共同特征：

1. 所有权的单一性。在添附制度中，不同的所有人所有之物发生了结合。这

---

〔1〕《物权法》第 114 条规定："拾得漂流物、发现埋藏物或者隐藏物的，参照拾得遗失物的有关规定。文物保护法等法律另有规定的，依照其规定。"

〔2〕谢在全：《民法物权论》（上），中国政法大学出版社 1999 年版，第 239 页。

种结合之物在法律性质上只能成为一物而不能作为数物，因此法律上只能表现为单一的所有权。此为法律的强制性规定，当事人之间不得请求恢复原状或者请求分离从而变更此种性质。

2. 添附物所有权的归属性。添附物的所有权虽然单一化，但是这一所有权是由一人享有还是由所有的关系人共同享有？此问题涉及各国的立法政策。在各国法律规定和学理上，一般认为如果不动产与动产附合，则新物归不动产所有人所有；其他可分为主物或从物的，新物所有权归主物人所有，否则以价值为标准，价值相当的归原所有人共有。

3. 关系人利益的协调性。添附物归于一人取得是出于立法技术的考虑，而非肯定取得人独占添附物所有权的所有利益。按照公平对等原则，因添附而丧失了所有权或者利益之人，法律上可依不当得利的规定通过请求给付赔偿金等方式行使债权请求权。我国最高法院《民通意见》第86条中所规定的"不能拆除的，也可以折价归财产所有人"的规定，正是法律协调因添附而发生的当事人之间的利益失衡问题的体现。

三、添附的主要类型和法律后果

（一）附合

附合是指两个以上的有形物相互结合形成一种新的物或者一物附着于他物并构成其重要成分，非毁损不能分离或者分离费用过巨，法律上认为其附合物失去了交易上的独立性的情形。附合在理论上可以分为动产与动产附合、动产与不动产附合以及不动产与不动产附合三种类型。最后者一般在不动产所有权中进行探讨。这里主要涉及前两种类型的附合及法律后果。

1. 动产与不动产附合是指动产附合于不动产上成为不动产的组成部分。该动产在发生附合后丧失了独立性，成为不动产的一部分，原来两个所有权变为一个不动产所有权。如在他人土地上施肥、在他人建筑物上粉刷涂料等均可构成此项附合。依一般国家之规定，此种附合发生后，不动产所有人取得附合物的所有权，动产所有人丧失了原动产的所有权。此种取得是依法律的直接规定，属于原始取得。丧失权利而受到利益损害的原动产所有权人，有权依不当得利之规定请求取得附合物的权利人予以补偿。

2. 动产与动产附合是指所有权各异的两个动产相互结合非经毁损不能分离或者分离费用过大而发生所有权变动的情形。附合之后形成之物称为合成物，对于此物所有权归属，一般各动产所有权人按照动产附合时的价值共有，各共有人的份额按照附合时各自动产的价值比例确定。如果附合后存在主物的，如油漆被附合于椅子上，一般将椅子作为主物看待，油漆则为从物，附合物的所有权归于主物所有人，从物所有权人丧失所有权，由取得权利人给予适当的补偿。

（二）混合

混合是指所有人各异的动产混合后不能识别或者识别费用过大而发生所有权变

动的情形。例如，甲的大米与乙的大米被混合在一起无法区别，甲的糖块被误放进乙的咖啡中溶化等。因混合而形成的物称为混合物。

混合事实发生后，各动产所有人按其动产混合时的价值共有混合物，如果混合后存在主物的，由主物所有人取得所有权。其他参照动产附合的相关规则。

（三）加工

加工是指一个人的劳力与另一人的物的结合形成一种新的物。如甲的价值 500 元的衣料被乙盗走，由丙加工成西服，价值达 2000 元。大多数国家的法律规定加工的标的物一般仅限于动产；加工的材料为加工人之外的他人所有；加工人通过加工行为产生了一个新的物。加工行为属于事实行为，是工作与动产的结合，通常出于人为，这与附合和混合有时出于自然事件发生的情况存在区别。如果加工后没有形成新物，所有权则不会发生变动，仍归原所有人所有。

近代各国对于加工物的所有权归属问题，采取了不同的做法：或以材料所有人主义为原则，以加工人所有主义为例外，如法国和意大利、日本等；或以加工人所有主义为原则，材料所有人主义为例外，如德国等。

但是此种区别仅为立法体例的差异，两种立法例均认为加工人以加工行为大幅增值超过材料价值时能够取得加工物的所有权。可见，现代各国在立法上均以鼓励经济价值的创造为其立法宗旨。[1]

上述几种情形是动产所有权取得的主要几种特殊方式。上述五种动产所有权取得的情形均属于非依法律行为发生的物权变动，对于此问题，一般认为权利人虽然根据法律规定取得所有权，但未经公示，不得进行处分。我国《物权法》对此也予以明确规定。[2]

---

[1] 加工行为其他方面参照附合的相关规则。另参见谢在全：《民法物权论》（上），中国政法大学出版社 1999 年版，第 269 页。
[2] 《物权法》第 31 条。

第九章 共 有 权

第一节 概 述

一、共有和共有权

一般所有（也称单独所有）是社会生活的常态。但是，由于社会生活的特殊需要，两人以上同时共同享有一物所有权的状态也会存在，此所谓共有。共有权是指两个以上的民事主体共同对某一项财产享有所有权，即一个所有权由两人以上共同享有。[1]其中，该民事主体称为共有人，该财产称为共有财产，共有人在共有财产上形成的权利义务关系称为共有关系。

共有的法律特征：

1. 共有的主体是两个以上的人。共有关系可以发生在任何民事主体之间，但主体人数至少为两个以上，具体人数法律上没有限制。

2. 共有关系的客体是同一项财产。共有的客体可以是不动产，也可以是动产。[2]

3. 共有关系的内容是共有人按照法律规定或者共有人之间的约定享有权利和承担义务。当事人可以通过约定确定按份共有，或者按照法律规定确定共同共有。

二、共有关系的形成原因

共有关系成立的原因主要有两个方面：①当事人的合意。如合伙人基于合伙协议形成的对合伙财产的共有。②法律的规定。如基于婚姻关系的存续而形成夫妻财产的共有，因共同劳动形成的家庭成员的共有，因共同接受赠与或遗赠而形成对赠与物或者遗赠物的共有等。

三、共有的种类

共有主要有按份共有和共同共有两种：

（一）按份共有

按份共有是指共有人对其共有的不动产或者动产按照其份额享有所有权。[3]按份共有也称分别共有，在罗马法中已经得到了确认。

---

〔1〕 谢在全：《民法物权论》（上），中国政法大学出版社 1999 年版，第 274 页。
〔2〕 《物权法》第 93 条。
〔3〕 《物权法》第 94 条。

（二）共同共有

共同共有是指共有人对共有的不动产或者动产共同享有所有权。[1]共同共有，也称"公同共有"或者"合有"，是一种基于共同关系所生的共有形态。

另外，两个以上共有人对于所有权之外的其他财产权的共有，适用按份共有和共同共有的相关规定，[2]此种共有学者称之为"准共有"。

我国《物权法》在所有权一章中设立了共有制度，规定了按份共有和共同共有两种类型，这一点与大陆法系的大多数国家规定的类型不同。以瑞士为代表的大多数国家将共有分为共有与公同共有两种类型。另外，我国《物权法》中所规定的共有的类型相对较少，没有总有、合有等共有类型。

第二节　按份共有

一、概念和特征

按份共有，也称分别共有或者通常共有，是指数人按照确定的份额对于同一项财产享有所有权的形态。例如，甲、乙、丙三人每人出资 10 万元，共 30 万元购买了一辆卡车从事运输经营活动。三人对卡车按照每人 1/3 比例共同享有所有权。按份共有的特征主要包括：

1. 按份共有的人数在两人以上，该共有人称为按份共有人。如前例中的甲、乙、丙三人。

2. 按份共有是所有权在量上抽象的份额划分，而非对标的物的实际比例划分，按份共有的所有权是一个而不是数个。前例中甲、乙、丙三人对卡车各自享有的所有权按照 1/3 的比例确定，就卡车本身的所有权来说，只有一个而非三个所有权。

3. 各共有人按照确定的份额享有权利、承担义务。前例中甲、乙、丙三人对卡车各自享有的权利和承担的义务为 1/3 的份额。

4. 共有为所有权的联合，而非一种独立的所有权形式。按照我国相关的法律规定，共有是一种民事主体之间的所有权的联合，[3]如个人之间、法人之间、法人和个人之间的共有。

二、性质

按份共有是一种抽象的所有权在量上的分割。共有人对各自应有份额的权利及于共有物的全部而非特定的部分。虽然份额有限，但是其内容、性质及效力与所有权无异。仅在其行使所有权时受到其应有份额的限制。

---

〔1〕《物权法》第 95 条。
〔2〕《物权法》第 105 条。
〔3〕 梁慧星、陈华彬：《物权法》，法律出版社 2003 年版，第 142 页。

三、应有份额的确定

按份共有人应有份额的多少通常按照共有发生的原因来确定：

1. 基于当事人合意发生的共有，共有人的份额按照当事人的约定确定。如前例中三人约定各自的应有份额为 1/3。

2. 当事人之间没有约定具体份额或者约定不明确时，按照出资额确定；不能确定出资额的，视为等额享有。[1]

共有物若是动产，共有人各自的份额应当在协议中注明；共有物若是不动产，在办理所有权登记时应当在相关的证明文件（产权证书等）中记载各共有人的应有部分比例，共有人的份额以登记的证明文件为准。

四、法律效力

所有权的实质内容主要包括标的物的管理和用益两种权能。前者是指保存、改良以及处分标的物的权能；后者是指对标的物进行使用或者收取利益的权能。在单独所有的情况下，两种权能同归一人，没有区分必要；但是共有情况下，由于所有权人为数人，所有权上述两种权能十分明显地被区分开来，各所有权人如何行使权利需要对共有的法律效力进行区分，将其分为共有人之间的内部效力和共有人与第三人之间的外部效力两个方面。

（一）按份共有的内部效力

1. 对共有物的管理和改良。按份共有人应当按照约定管理共有物，没有约定或者约定不明时，各共有人都有管理的权利；[2]处分共有物或者对共有物进行改良（在不改变共有物性质的前提下，对共有物进行加工或修理，以增加共有物的效用和价值）等行为时，除当事人之间另有约定外，应当经占份额 2/3 以上的按份共有人同意。[3]

对共有物的管理费用以及其他负担，有约定的按照约定；没有约定或者约定不明确的，按份共有人按照其份额负担。[4]

2. 处分共有份额。按份共有人有权自由处分其享有的共有物的份额。按份共有人之所以有权自由处分其应有份额，一则因为共有人的应有份额乃是各共有人对于共有物所有权之比例，既然法律允许所有权人在法律规定的范围内有权自由处分其所有权，[5]按份共有人对于其应有部分自然可以自由处分；二则因为共有人处分自己的份额并不影响其他共有人的权利，其他共有人的份额仍然存在，所以法律也无理由禁止共有人自由处分其份额，这也正是按份共有的本质。此项处分权能，与

---

〔1〕《物权法》第 104 条。
〔2〕《物权法》第 96 条。
〔3〕《物权法》第 97 条。
〔4〕《物权法》第 98 条。
〔5〕《物权法》第 39 条。

所有权相同，在行使时受到法律的限制。

依据法律规定，按份共有人在行使处分份额的权利时，其他共有人在同等条件下享有优先购买权。[1]司法实践中，对于"同等条件"的认定，在具体的案件中应当综合共有份额的转让价格、价款履行方式及期限等因素确定[2]。

优先购买权的行使条件原则上是按份共有人向共有人之外的人转让份额时，其他按份共有人在同等条件下才能主张；如果是按份共有人之间转让共有份额，其他按份共有人不得主张根据《物权法》第101条的规定优先购买。[3]此外，共有份额的权利主体因继承、遗赠等原因发生变化时，其他按份共有人原则上也不得主张优先购买权。[4]上述两种情况下在按份共有人之间另有约定时除外。但是，如果两个以上按份共有人主张优先购买且协商不成时，请求按照转让时各自份额比例行使优先购买权的，人民法院应予支持[5]。

按份共有人在主张优先购买权时，如有下列情形之一的，不能得到人民法院的支持：①未在《物权法司法解释（一）》第11条规定的期间内主张优先购买，或者虽主张优先购买，但提出减少转让价款、增加转让人负担等实质性变更要求；②以其优先购买权受到侵害为由，仅请求撤销共有份额转让合同或者认定该合同无效。[6]。

如果两个以上按份共有人主张优先购买且协商不成时，应当按照转让时各自份额比例确定行使优先购买权。[7]。

关于优先购买权的行使期间，原则上按照按份共有人之间的约定处理；没有约定或者约定不明的，按照下列情形确定：①转让人向其他按份共有人发出的包含同等条件内容的通知中载明行使期间的，以该期间为准；②通知中未载明行使期间，或者载明的期间短于通知送达之日起15日的，为15日；③转让人未通知的，为其他按份共有人知道或者应当知道最终确定的同等条件之日起15日；④转让人未通知，且无法确定其他按份共有人知道或者应当知道最终确定的同等条件的，为共有份额权属转移之日起6个月。[8]。

如果共有人之间对处分应有份额有相反约定，共有人违反该约定处分了自己份额时，其他共有人能否依此约定对抗第三人而主张处分行为无效？学者认为在此情形下，如果不动产经过登记，动产经过交付，则该约定对受让应有份额的第三人不

---

[1] 《物权法》第101条。
[2] 《物权法司法解释（一）》第10条。
[3] 《物权法司法解释（一）》第13条。
[4] 《物权法司法解释（一）》第9条。
[5] 《物权法司法解释（一）》第14条。
[6] 《物权法司法解释（一）》第12条。
[7] 《物权法司法解释（一）》第14条。
[8] 《物权法司法解释（一）》第11条。

能生效，不得对抗善意第三人。[1]我国《物权法》对此没有规定。

共有人在不损害社会利益和他人利益的条件下，可以抛弃其应有份额。这是共有人行使处分权的表现。共有人抛弃其应有份额后，这些份额能否由其他共有人取得？对此各国规定不同，学者观点也不相同。[2]

第一种观点：否定说。该说认为，所有权的弹性是指所有权上有他物权的负担，在他物权消灭时，所有权回复其原来圆满状态而言。而按份共有人的应有份额是对共有物所有权的比例而言，既不是他物权对所有权的限制，也不是应有份额相互间的限制，共有人抛弃其份额，其应有份额不能当然由其他共有人享有。学者认为，对于抛弃应有份额，在动产，除法律另有规定外，其他按份共有人可因先占而取得；对于不动产，除法律另有规定外，应属于公有。[3]

第二种观点：肯定说。该说认为，所有权具有弹性，其应有份额也应具有弹性，一部分应有份额的消灭，其他的应有份额应随之扩张，因而共有人之一抛弃其应有份额后，被抛弃的份额应归属于其他共有人。如《日本民法典》第255条规定："共有人之一人，抛弃其应有部分时，或无人继承而死亡时，其应有部分归属于其他共有人。"[4]

我国《物权法》中无此规定。从共有人抛弃后的份额来看，应属无主财产，由于其他共有人的权利基于共有物的全部，是依先占原理，被抛弃的份额可由其他共有人取得？还是依据无主物的规定，归为国家所有？前者似乎较为合理。同理，按份共有人的份额在共有人死亡时，应当作为遗产由其继承人继承。如果无人继承，可以考虑适用先占原则由其他共有人共有。[5]

国家机关、国有企业和事业单位等作为按份共有人时，按照《物权法》的规定，原则上不得抛弃其在共有关系中的份额。[6]

3. 对共有物的使用和收益。共有人按照自己应有份额对于共有物全部行使使用和收益的权利。按份共有人在对共有物行使用益权能时，并非按照比例对共有物的一部分行使权利，而是对共有物的全部进行使用和收益。在行使该权利时，各共有人应依照共有物的性质，在不妨碍其他共有人的权利限度内，按照应有份额行使

---

[1] 史尚宽：《物权法论》，中国政法大学出版社2000年版，第162页。

[2] 谢在全：《民法物权论》（上），中国政法大学出版社1999年版，第283~284页。

[3] 谢在全：《民法物权论》（上），中国政法大学出版社1999年版，第284页。

[4] 转引自谢在全：《民法物权论》（上），中国政法大学出版社1999年版，第284页。

[5] 我国《继承法》规定无人继承的财产属于国家所有，但在共有关系中适用这一规则，显然不尽合理，并且难以操作。

[6] 《物权法》第57条规定："履行国有财产管理、监督职责的机构及其工作人员，应当依法加强对国有财产的管理、监督，促进国有财产保值增值，防止国有财产损失；滥用职权，玩忽职守，造成国有财产损失的，应当依法承担法律责任。违反国有财产管理规定，在企业改制、合并分立、关联交易等过程中，低价转让、合谋私分、擅自担保或者以其他方式造成国有财产损失的，应当依法承担法律责任。"

用益权。至于具体的行使方法，则须按照共有人之间的协议进行。共有人之间如果因使用权问题发生争议或者其权利遭到其他共有人的侵害，可以依据共有协议提起诉讼。

4. 分割和处分共有物的限制。按份共有人约定不得分割共有的不动产或者动产以维持共有关系的，应当按照约定；但共有人有重大理由需要分割的，可以请求分割；没有约定或者约定不明确的，按份共有人可以随时请求分割，因分割对其他共有人造成损害的，应当给予赔偿。[1]对于处分共有物，《物权法》没有明确规定，在一般情形下应当按照约定处理，没有约定或者约定不明确的，任何共有人单方处分共有物均构成无权处分，属于效力未定行为，其行为的法律效力应当由其他共有人决定。但是第三人取得如果符合善意取得的条件，则可适用善意取得之规定取得该共有物的所有权，擅自处分共有物的共有人对其他共有人造成损害的应当赔偿。

（二）按份共有的外部效力

按份共有的外部效力是指各共有人就共有物所产生的对第三人的权利义务关系。

共有人之间因共有物产生的债权债务，在对外关系上，共有人享有连带债权，承担连带债务，但法律另有规定或者第三人知道共有人不具有连带债权债务关系的除外。[2]按份共有的外部效力主要体现在两个方面：

1. 共有人对第三人的权利。按份共有人的份额虽然是及于所有权的量的部分，但其应有部分是及于共有物的全部而非部分。因此，对于第三人的债权，各共有人可以为全体共有人的利益独立行使债权请求权。在涉及对第三人的物权请求权时，各按份共有人均可就共有物的全部，单独行使基于所有权的请求权，包括所有物返还请求权、除去妨害请求权和预防妨害请求权。但是，如果法律另有规定或者第三人知道共有人不具有连带债权债务关系时，则不适用上述规则，而由各共有人按照各自的份额向第三人行使权利。

2. 共有人对第三人的义务。按份共有人与第三人发生民事法律关系时，各共有人对第三人承担的义务为连带债务。每个共有人均有义务向第三人偿还所有的债务，偿还债务超过自己应当承担份额的按份共有人，有权向其他共有人追偿。但是，如果法律另有规定或者第三人知道共有人不具有连带债权债务关系的则不适用该规则，由各共有人分别按照自己的份额向第三人承担义务。

五、共有物的分割

共有财产基于共有关系的存在而存在，共有作为所有权的一种方式，具有所有权的处分权能，因此，在共有关系存续期间，各共有人有权随时请求分割共有物，

---

〔1〕《物权法》第99条。
〔2〕《物权法》第102条。

以终止共有关系。对于按份共有来说，各共有人有权随时自由处分其应有份额，以脱离按份共有关系；对于共同共有来说，各共有人在不违反法律规定或者约定的情况下也有权请求分割共有物，以消灭共同共有关系。但是上述规则对于建筑物区分所有人来说，则不适用。

（一）分割请求权的性质

在共有关系存续期间，各共有人有权随时请求分割共有物，此种权利即分割请求权。共有人的分割请求权是各共有人随时以一方的意思表示请求其他共有人终止共有关系的权利。此项权利，名为请求权，但实质上是形成权。[1]因为，此请求并非请求其他共有人同意分割行为，而是使得其他共有人负有与之协议分割方法之义务，如果其他共有人反对，权利人可通过诉讼请求分割，即共有人一方的意思表示，足以使共有人间发生依一定方法分割共有物的法律关系，所以该权利为形成权。此项权利与共有关系相依存，在共有关系存续中随时存在。[2]

（二）共有物分割的限制

虽然共有人可以通过行使分割请求权将共有物进行分割，但是，一般认为，在下列情况下，共有人不得请求分割共有物：

1. 共有人之间在协议中约定不可分割的。共有人之间可以通过协议约定禁止对共有物进行分割，此禁止分割之协议，约定的共有人必须遵守，非经全体共有人的同意不得提前进行分割，但是，如果共有人有重大理由需要分割的，则可允许请求变更协议，进行分割。[3]《物权法》中对于约定中不得分割的期限没有限制，可能导致无期限地禁止分割共有物的情形发生，这对发挥物的效益来说是不利的，所以一些国家和地区对不可分割的期限进行了限制，不许共有人约定永久不为分割，限定最长期间为5年。[4]

2. 因物的性质或者特定的使用目的不能分割，或者分割后影响物的效用的。共有物继续供他物使用并且为他物不可缺，或者为某一权利之行使不可缺，如界墙、区分所有建筑物的共有基地、共有的道路、围墙、共同买卖的契约文书等，一经分割，共有物便失去了效用而无法达到使用目的或者事实上分割实有困难。[5]在分割时，主张分割的共有人由于分割行为对其他共有人造成损害的，应当承担赔偿责任。[6]

---

〔1〕 史尚宽：《物权法论》，中国政法大学出版社2000年版，第162页。

〔2〕 谢在全：《民法物权论》（上），中国政法大学出版社1999年版，第305页。

〔3〕《物权法》第99条。

〔4〕《日本民法典》第251条、《法国民法典》第815条、我国台湾地区"民法"第823条。参见史尚宽：《物权法论》，中国政法大学出版社2000年版，第167页。

〔5〕 史尚宽：《物权法论》，中国政法大学出版社2000年版，第166页。

〔6〕《物权法》第99条。

（三）共有物分割的方式

根据共有物的属性是否为可分物确定其分割的方式：

1. 原物分割（也称实物分割），主要适用于共有物可以分割并且不会因分割减损价值的情形。

2. 价金分割也称变价分割。即变卖共有物而分割其价金，于出卖同时以各共有人分割价金债权而取得为原则。如将共有物拍卖或者变卖后共有人分割价金。

3. 以价格补偿分割，也称折价补偿。即共有人中的一人或数人取得共有物，其他共有人取得价格债权而实行的应有部分买卖。[1]

价金分割和以价格赔偿分割的分割方式主要适用于共有物难以分割或者因分割会减损价值的情形。[2]

第三节　共同共有

一、概念和特征

（一）概念

共同共有也称公同共有，是指数人之间依照法律的规定或者基于法律行为成立共同关系，并且基于共同关系而共享一物所有权，即共有人对共有物共同享有的所有权。[3]其中，享有权利的数人为共同共有人，如夫妻关系中的夫和妻等。

（二）特征

1. 共同共有以共有人的共同关系为前提。所谓共同关系，是指两人以上因共同目的而结合所成立的、足以成为共同共有基础的法律关系。共同关系的存在应当具备两个要素：一是共同关系的成立具有一定的共同目的，如夫妻共同财产是为处理夫妻关系中产生的财产关系、合伙共同财产是为经营一定的合伙事业等。二是共同共有是在共同关系上成立，各共同共有人间有人的结合关系存在，在共有关系终止前，各共有人不得处分其应有部分，也不得请求分割共有物。[4]

一般认为，共同关系的产生原因主要有两种：

（1）根据法律的规定而产生。如对于夫妻财产，如果当事人没有特殊约定，依据《婚姻法》第17条的规定，夫妻婚后取得的财产原则上认定为共同共有。但

---

[1]　史尚宽：《物权法论》，中国政法大学出版社2000年版，第168页。

[2]　《物权法》第100条第1款。

[3]　《物权法》第95条。

[4]　谢在全：《民法物权论》（上），中国政法大学出版社1999年版，第324页。

是对于房屋除外。[1]

此外,在继承关系中,如果被继承人没有遗嘱,在继承人实际取得遗产之前,各继承人对遗产也属共同共有。

(2)依当事人的约定。如依据合伙协议约定而产生的合伙人对合伙财产的共同共有。

除此之外,有学者认为,对于一些特殊财产,如祭田、祭产、祀田、神明会、同乡会馆等也属于共同共有。

2. 共同共有的共有人,对共有财产的全部享有平等的权利、承担平等的义务,没有份额之分。

3. 共有人没有约定或者约定不明确时,只有在共有关系终止、共有基础丧失或者有重大理由需要分割时,共同共有人才能主张分割共有物。[2]

二、共同共有成立的原因

共同共有是以共同关系存在为前提的,共同关系的产生原因主要有两种:①根据法律规定而产生。如对于夫妻财产,如果当事人没有特殊约定,按照法律规定属于共同共有的财产;继承关系中,如果被继承人没有遗嘱,在继承人实际取得遗产之前,各继承人对遗产也属共同共有。②依当事人的约定。如依据合伙协议而产生的合伙人对合伙财产的共同共有。

除此之外,有学者认为,对于一些特殊财产,如祭田、祭产、祀田、神明会、同乡会馆等也属于共同共有。

三、共同共有的法律效力

共同共有的效力分为对内效力和对外效力两个方面:

(一)对内效力

其主要表现为三个方面:

1. 各共有人的权利均及于共有物的全部。除当事人另有约定外,共有人应当按照约定行使权利;没有约定或者约定不明时,各共有人对共有物都有管理的权利和义务,共有人在处分共有物或者对共有物进行重大修缮时,应征得全体共有人的同意。[3]

(1)共同共有人不得对共有物的特定部分主张单独的所有权,不得单独处分

---

[1] 《最高法院关于〈中华人民共和国婚姻法〉司法解释(三)》第7条第2款规定,由双方父母出资购买的不动产,所有权登记在一方子女名下的,除当事人另有约定外,该不动产可认定为双方按照各自父母的出资份额按份共有。该款规定导致夫妻共同财产在当事人没有约定时,《解释》直接按照"出资"而非上述的"法律规定"认定为共同共有的财产,从而创造了在法律规则之外的另一个特殊的标准,这一标准与我国物权法的相关规则和婚姻法的相关规定均存在冲突,导致法律规范之间的适用问题。

[2] 《物权法》第99条。

[3] 《物权法》第95~97条。

共有物的特定部分，否则对其他共有人不发生法律效力。

（2）除共有人另有约定外，任何共同共有人处分共有物或者对共有物进行重大修缮时，应当征得全体共有人的一致同意。其他共有人的同意无论是明示还是默示，无论是事前同意还是事后追认，均无不可。

2. 共有人对共有物的管理费用以及其他负担，有约定的，按照约定；没有约定或者约定不明确的，共同共有人共同负担。[1]

（1）共同共有人之间的负担和义务，应当首先依照共有人之间的约定确定。例如夫妻共同财产的共有依照夫妻之间的约定。如果共有关系是遗嘱或者习惯引起的，则按照遗嘱或者习惯确定。如继承人的财产共有，依照被继承人的遗嘱指定；祭祀公业的财产共有，依照习惯确定。

（2）没有上述约定或者习惯时，原则上由共有人共同负担。

3. 在共有关系存续中，共有人约定不得分割共有的不动产或者动产，以维持共有关系的，应当按照约定，但共有人有重大理由需要分割的，可以请求分割；没有约定或者约定不明确的，共同共有人在共有的基础丧失或者有重大理由需要分割时可以请求分割。因分割对其他共有人造成损害的，应当给予赔偿。[2]

（二）对外效力

因共有物产生的对第三人的债权债务，除法律另有规定或者第三人知道共有人不具有连带债权债务关系外，共有人享有连带债权，承担连带债务。[3]因此，共同共有人因经营共有财产对外发生的财产义务或者造成的第三人的损害，全体共有人均应对此承担连带责任。

四、共有关系的消灭和共有物的分割

共同共有消灭除了基于一般物权消灭的原因外，主要基于下列两个方面的原因：

（一）共同关系的终止

共同共有基于共同关系的成立和存续而存在，共同关系一旦终止，共同共有自然消灭。如合伙解散导致合伙财产的共有关系消灭，夫妻一方死亡、离婚等导致夫妻共同财产的共有关系消灭。

共同关系终止后，共同共有关系归于消灭，共有人可对共有物进行分割，此时，共同共有将因此成为按份共有，这种转化属于物权内容的变更，[4]按照按份共有物的分割方法对共有物进行分割。

虽然共同关系的终止是共同共有终止的原因，但是并非该原因一经发生即刻发

---

[1] 《物权法》第 98 条。

[2] 《物权法》第 99 条。

[3] 《物权法》第 102 条。

[4] 谢在全：《民法物权论》（上），中国政法大学出版社 1999 年版，第 339 页。

生共同共有关系终止的法律效力，共同共有关系实际上并不因共同关系消灭的事实发生而即刻消灭。[1]通常情况下，共同共有关系的消灭还需要经过清算程序，清算程序完结，共有物分割完毕，共同共有关系始能消灭。例如，合伙解散时，需经财产清算程序，非经清算，合伙关系不能谓之消灭，合伙人之间的共同共有关系自当存在。

（二）共同共有物的让与或者分割

共同共有物被让与第三人后，共有人丧失了对该标的物的所有权，共同共有关系自然消灭。该让与行为若是有偿行为，如买卖、互易等，共同共有将继续存在于该物让与后的对价上；[2]若是无偿行为，如赠与等，共同共有当然消灭。

共同共有人对共有物的分割的具体方式参照按份共有的共有物分割规则进行。

五、共同共有和按份共有的区别

1. 成立原因不同。共同共有的成立须以共同关系的存在为前提；按份共有则无此限制。共同共有是以共有人的结合关系而存在，而按份共有则无此关系。

2. 权利的享有和行使方式不同。共同共有人的权利及于共有物的全部，所以共有人对共有物进行使用收益原则上需全体共有人同意；按份共有人按照份额享有所有权，即按照份额对于共有物行使使用收益权。

3. 处分应有部分不同。按份共有人在共有关系存续期间，对共有财产处分时，应当协商取得一致意见，意见不一致的，应当经占份额2/3以上的共有人同意；共同共有在共有关系终止前，共有人处分共有物，除共有人另有约定外，必须经过全体共有人的一致同意。

4. 分割共有物的限制不同。如果共有人就共有物的分割问题没有约定或者约定不明确时，按份共有人可以随时请求分割；共同共有人在共有关系存续期间，除当事人另有约定外，原则上不得请求分割共有物，只有在共有的基础丧失或者有重大理由需要分割时除外。

5. 优先购买权适用条件不同。按份共有人可以随时出让自己的份额，其他共有人在同等条件下有优先购买权。共同共有关系存续期间，各共有人不能分出自己的份额，当然也不能出售自己的份额，更不存在优先购买权。但是共同共有财产分割之后，原共有人出卖自己分得的财产，如果出卖的财产与其他共有人分得的财产属于一个整体或者配套使用的，其他原共有人可以主张优先购买权。

6. 标的物不同。按份共有的标的物通常为单一物或少数物；共同共有的标的物通常为多数物，除物以外，还有以权利为标的物的情形。

7. 存续期间不同。按份共有本质上为暂时性关系，其存续期间一般较短；共同共有通常有共同目的，故通常情况下其存续期间较长。

---

[1]　史尚宽:《物权法论》，中国政法大学出版社2000年版，第167页。
[2]　谢在全:《民法物权论》（上），中国政法大学出版社1999年版，第340页。

第四节 共有的特殊类型

一、准共有

一般共有是数人共享一物的所有权，除所有权之外，数人共享一物的用益物权、担保物权的情形也大量存在，例如，建设用地使用权、土地承包经营权、地役权、抵押权等权利由两个以上的人共同享有。对此情形，我国与大多数国家的法律规定相似，准用共有的相关规定。[1]学者将此种数人对一物共同享有所有权以外财产权的情形称为"准共有"。

相对于一般的共有，准共有具有下列特征：

1. 准共有的标的物，以所有权之外的财产权为限。我国明确规定准共有的标的物为用益物权和担保物权。因此，人格权、身份权不得适用准共有；占有也不得适用准共有（按照《物权法》的规定，占有为一种事实而非权利）；对于著作权、专利权等无体财产权和债权能否适用准共有，我国法律没有规定，学者认为此类权利更有准用之必要。[2]

2. 准共有在法律适用上准用共有的法律规定。具体适用按份共有还是共同共有，需要视准共有的具体情况而定。一般而言，若准共有人之间共有财产权是基于共同关系形成的，准用共同共有的规定，如合伙、夫妻、继承等共同财产中涉及的用益物权和担保物权的共有；除此之外，均属于适用按份共有的情形。

3. 准共有虽然原则上适用共有的法律规定，但是，如果法律有特别规定的，应当优先适用该特别规定。

准共有的类型主要有：地上权的准共有、抵押权的准共有、著作权的准共有、债权的准共有和租赁权的准共有等。[3]。

二、总有

总有是日耳曼法中规定的，村落共同体对于土地（耕地、山林、水面等）的管理与分配权及其成员的用益权的总称。此种村落共同体为尚未形成法律人格之共同体，以团体组织成员之资格而所有之状态。[4]其法律构造为：村落住民对土地（总有地）仅有使用和收益的经济权能，而无管理和处分的支配权能；村落住民对总有地无应有部分，同时也无权请求分割。村落共同体对土地的支配权能与村落住民对土地的经济权能是交互作用、彼此叠合的协力关系。各村落住民在取得住民资格时便当然取

---

〔1〕 《德国民法典》第741条、《日本民法典》第264条、我国台湾地区"民法"第831条均规定了这一点。详细内容参见史尚宽：《物权法论》，中国政法大学出版社2000年版，第185页。我国《物权法》第105条规定："两个以上单位、个人共同享有用益物权、担保物权的，参照本章规定。"

〔2〕 史尚宽：《物权法论》，中国政法大学出版社2000年版，第185页。

〔3〕 王泽鉴：《民法物权》（通则·所有权），中国政法大学出版社2001年版，第390～394页。

〔4〕 谢在全：《民法物权论》（上），中国政法大学出版社1999年版，第274页。

得土地使用和收益的经济权能，丧失村落住民资格时，该经济权能也就当然丧失。因此，村落住民对土地的经济权能与作为村落成员的住民资格之间具有不可分的关系。[1]

土地总有具有以下特征：

1. 共同体享有管理权与分配权。所有权的管理权能属于村落共同体，其内容只限于管理、服务和分配，不包括使用和收益，并且其管理或处分应当经过成员会议的全体同意或者按照共同体的规约由多数成员表决决定。

2. 总有为所有权的质的分割。总有不是所有权量上的分割，不是将一个所有权分成几个等份由成员分别享有，而是所有权权能在质上的分割。即管理权和处分权由共同体享有，而直接占有权、使用权与收益权则由成员享有。质的分割是总有的突出特色。

3. 成员虽然享有用益权，但是对所有权没有应有部分存在，不能请求分割。

在总有制度中，所有权的用益权能分属于团体组织中的成员，即村落住民。总有制度侧重于物的用益权能的发挥，抽象的支配意义相对淡薄。为更好地发挥土地的经济效用，由成员直接占有、使用和收益，但是成员却无权处分或者分割；共同体行使管理和处分权，却不直接占有、使用和收益。

4. 成员的权利以成员资格为前提。成员的权利须以作为共同体的成员为前提。其得丧变更与成员资格同命运。成员权利的用益性体现为共同体成员的福利，该福利具有身份性。因此，共同体须以成员的变动而调整个别成员所占有的土地。

总有制度的价值在于总有是农耕经济的产物。总有制度对于如何发挥土地作为经济资源的效益十分重视，相形之下，对于土地的抽象管领和概括支配却不太看重。从而与罗马法的所有权观念（重抽象的管领与支配）形成了鲜明的对比。

但是总有作为团体主义法制的共同所有形态，共有人之间的结合状态最强，由于其所有权的管理权能与收益权能分属于村落团体和村民，它是所有权质的分割，因此与近代所有权为完全支配权在实质上完全异趣。[2]我国农村土地制度与总有制度存在某些相似之处，总有制度对我国农村土地承包经营权制度的完善具有重要的借鉴意义。

三、合有

合有又称土地的共同共有或者合手的共有，指数人基于共同关系享有一物所有权。它是一种以日耳曼家族共同体为基础发展起来的土地共有形态。[3]在日耳曼法中，遗产作为整体归所有继承人所有，家长死后，遗产不得分割，继承人应共同生活，各继承人基于其继承人身份，对整个遗产虽有应继份，但不得请求分割；共有财产的处分和管理须经全体共有人的同意。这种共有制度后来扩及于婚姻关系中的

---

〔1〕 温丰文：《现代社会与土地所有权理论之发展》，五南图书出版公司 1984 年版，第 61 页。转引自梁慧星、陈华彬：《物权法》，法律出版社 2003 年版，第 141 页。

〔2〕 谢在全：《民法物权论》（上），中国政法大学出版社 1999 年版，第 274～275 页。

〔3〕 梁慧星、陈华彬：《物权法》，法律出版社 2003 年版，第 142 页。

夫妻共同财产制，再后来扩大到所有的无身份关系的人之间，即现代意义上的合伙关系。近代以来的德国民法中规定了合伙财产、共同继承财产以及夫妻共同财产属于此种所有权的形态。合有制度导源于日耳曼法的总有，为较富团体色彩的共同所有形态。各共有人之间因共同目的而成立共同关系。合有的标的物通常为多数财产所组成，与一般共有的标的物通常为一物相区别。

合有的特征主要体现为：

1. 它是位于总有和按份共有之间的一种共同所有形态，其形态属于共同共有。

2. 共有人有管理权能和处分权能，但是此种权能受到共同关系成立时的共同目的的拘束，因此原则上应当经全体共有人同意。

3. 共有人有收益权能，各共有人虽有应有部分（学者称此种应有部分为潜在的应有部分），[1]但是受到共同目的和共同关系的拘束，各共有人没有自由处分的权利。在共同关系终止前，各共有人不得请求对共有物进行分割。

四、互有

互有是指依共有物的性质，共有人对共有物无分割请求权的共有形态，主要体现在建筑物区分所有中的建筑物共有部分。对于共同的墙壁、楼顶等建筑物共同部分以及水、电、燃气线路等共同部分，推定为全体共有人共有。此种共有关系的标的物在性质上应当永久维持，如果对之进行分割，将会造成对各共有人均为不利的后果。近代以来，自互有出现后，基于建筑物区分所有的特性，各区分所有人即互有的共有人之间，已逐渐受到团体的拘束，渗入了团体主义的色彩，以确保各共有人间权利义务的安定性。[2]我国《物权法》在规定建筑物区分所有人对于共有部分的权利时也确认了这一原则。[3]

在德国普通法上，疆界上之物，如界限、墙壁及沟渠等，均被推定为共有。法国、奥地利、瑞士、日本等国的规定与此相同。德国 1951 年的《居住所有权和继续居住权法》（Gesetz ueber das Wohnungseigentum und das Dauerwohnrecht）中所确认的居住所有权的共有关系，原则上不得解除，各居住所有人不得请求分割。但有重大违反共有义务的共有人，可由其他共有人诉请判令其居住权之让与。此种居住所有权的共有关系，其性质与互有相当。[4]

互有仅就不得请求分割方面有其特性，其他方面仍旧适用关于共有的规定。[5]

---

〔1〕 谢在全：《民法物权论》（上），中国政法大学出版社 1999 年版，第 276 页。

〔2〕 谢在全：《民法物权论》（上），中国政法大学出版社 1999 年版，第 275 页。

〔3〕 《物权法》第 72 条规定："业主对建筑物专有部分以外的共有部分，享有权利，承担义务；不得以放弃权利不履行义务。业主转让建筑物内的住宅、经营性用房，其对共有部分享有的共有和共同管理的权利一并转让。"

〔4〕 《法国民法典》第 653、666 条；《奥地利民法典》第 854 条；《瑞士民法典》第 670 条；《日本民法典》第 229 条。参见史尚宽：《物权法论》，中国政法大学出版社 2000 年版，第 173 ~ 174 页。

〔5〕 史尚宽：《物权法论》，中国政法大学出版社 2000 年版，第 173 页。

第三编 限制物权——用益物权

第十章 用益物权概述

用益物权制度是一个古老的法律制度。因系以对他人所有物的使用收益为基本内容，所以，用益物权是伴随所有权而生的一种物权。人们对物的权利要求最典型的当然是被称为完全物权的所有权，对所有权这种以"静态归属"为客观表现的物权的规范自然也成为法律规范的重要内容，但是，对物所有的价值最终应以对物的利用来实现，现代物权法有所谓"从归属到利用"的观点，说明所有与利用在物权法中的地位的变化。物的"利用"价值体现在两方面：一是物自身的使用价值；二是因物的使用价值而产生的交换价值。所有权即为权利主体对此两种价值全面支配的物权。所有权人可以自己"利用"物的价值，也可以将此两种价值提供给他人享受以获取相应利益。其中，将物的交换价值提供给他人以换取信用，他人取得仅以交换价值为支配的权利即是担保物权如抵押权、质权、留置权等；将物的使用价值提供于他人以收取对价，则可以形成如借用、租赁等债权，也可以形成他人于使用收益范围的支配权利即用益物权。对借用、租赁等适用《合同法》相关规定，而所有人以外的人对物在使用收益范围内的支配较之于所有人自己的支配更具有复杂性，我国《物权法》特设独立一编对其加以规制，即第三编"用益物权"。

第一节 用益物权的含义

一、用益物权的概念

用益物权是指权利人对他人所有物享有的以使用收益为目的的定限物权。目前，国内法学界对用益物权的定义有多种观点。有从用益物权的内容出发，强调用益物权是权利人对他人所有的物享有的以使用收益为内容的物权；[1]有从用益物权的目的出发，强调用益物权是权利人对他人所有物享有的以使用收益为目的的物

---

[1] 江平主编：《民法学》，中国政法大学出版社 2000 年版，第 394 页；谢在全：《民法物权论》（下），法律出版社 1998 年版，第 50 页。

权;[1]还有强调使用收益为其客体或标的的;[2]更有概括地说用益物权是对他人所有物在一定范围的占有、使用、收益、处分的他物权的。[3]（当然，也有学者根据《物权法》的规定并从用益物权的权能角度分析用益物权概念，但不认为"处分"是其权能的，如崔建远在其《物权法》中认为，用益物权是权利人对他人所有的物依法享有占有、使用和收益的定限物权。中国人民大学出版社，2011 年版，第245 页。）我国《物权法》第 117 条规定："用益物权人对他人所有的不动产或者动产，依法享有占有、使用和收益的权利。"仔细分析可以发现，学者或立法上对用益物权的认识并无本质差异，只是在表述方式和侧重点上有所区别而已。因用益物权是对几种物权形态共性的概括，所以，不同角度的定义出现些许差异是可以理解的，但就规范性而言，使用逻辑上最常见的"最邻近的属加种差"定义规则，用益物权的定义应体现它与所有权，特别是与担保物权的种差，并表明它属于他物权。因此，将用益物权概括为"对他人所有物享有的以使用收益为目的的定限物权"是较准确的。

二、用益物权的特征

1. 用益物权的客体是物。用益物权系物权，自然也具有物权的直接支配标的物的特性。所谓直接支配是指依权利人自己的意思享受物的利益，而无需他人协助。如果说担保物权中还有权利担保的话，用益物权则均为对物的支配。有人以我国建设用地使用权人和土地承包权人以其承包的土地为他人设置地役权为理由，认为用益物权人以其权利为第三人设定用益物权是完全可能的，[4]恐是对用益物权的误读。

用益物权的客体是否包括动产问题是由我国《物权法》第 117 条规定引起的，依据该条规定："用益物权人对他人所有的不动产或者动产，依法享有占有、使用和收益的权利。"但是，根据《物权法》第 5 条的规定，物权法定系基本原则，其中的主要内容之一即是物权的种类法定，而根据《物权法》第三编内容以及其他法律规定的用益物权种类，则只有涉及不动产的用益物权，没有涉及动产的用益物权，所以至少在目前，我们只能说用益物权的客体只包括不动产。实践中，对于他人动产的占有、使用、收益是通过租赁、借用等债权制度来实现的。

2. 用益物权是对他人之物享有的权利。与所有权相比较，用益物权是在他人所有的物上设定的物权。在传统民法中，该权利是非所有人根据法律规定或当事人约定对他人所有的物享有的使用、收益的权利。自物权人对自己已经享有全面支配

---

[1] 梁慧星主编：《中国物权法研究》，法律出版社 1998 年版，第 582 页；史尚宽：《物权法论》，中国政法大学出版社 2000 年版，第 15 页。

[2] 温世扬：《物权法要论》，武汉大学出版社 1997 年版，第 129 页。

[3] 魏振瀛主编：《民法》，北京大学出版社 2000 年版，第 256 页。

[4] 尹飞：《物权法·用益物权》，中国法制出版社 2005 年版，第 14 页。

权的物，无须再行设立一个限定物权。至于德国、瑞士等国的所谓"所有权人地役权""所有权人地上权"[1]等，也只有在丧失所有权的情况下才有意义，本质上仍是对他人所有物的支配。既是对他人的物享有的权利，因此，用益物权的权利主体应为所有权人以外的人。但是，对"他人之物"并不能仅从字面上理解，不能仅理解为"他人所有之物"。这里的"他人之物"应包括他人所有物和他人使用物，即他人所有物和他人使用物均可成为用益物权的客体。例如，我国的建设用地使用权人和土地承包经营权人，可以在自己使用的国家或集体的土地上为他人设置通行地役权等。即为对他人之物享有的权利，其权利范围一定是受到限制的，因此，用益物权属于他物权，即为限制物权。

3. 用益物权以他人物的使用价值为支配内容。如前所述，民法上的物具有交换价值和使用价值，与反映其交换价值的担保物权相比较，用益物权是所有权人以外的主体对物的使用价值的支配。支配的内容包括：占有、使用、收益。其中，使用、收益内容被人们普遍接受，占有作为支配的内容是否有意义，尚有异议。从逻辑上讲，丧失了对特定物的占有，也就无从对使用和收益进行探讨，所以，对标的物的实际占有是用益物权的前提条件，此点也是用益物权与担保物权的区别之一。在担保物权中，抵押权的设定无需转移占有，抵押人在抵押权设定后仍可占有、使用、收益抵押物；留置权和质权虽然得占有担保物，但是不得使用担保物。除此之外，人们对处分能否包括于用益物权中的"支配"更有不同观点，这里需要区分对物的处分和对权利的处分，即在用益物权中，不包括对标的物的处分，如果说用益物权包括处分权能，也仅指对用益物权自身予以处分。

第二节　用益物权的类型

物权法在民法的各项制度中最具有民族性、地域性，其中用益物权最具有代表性，用益物权的类型即反映这一特点。不同国家用益物权的类型因经济体制和社会发展而有很大差别。

一、外国法中的用益物权

（一）罗马法上的用益物权

用益物权制度发源于罗马法。罗马法上的用益物权包括役权、地上权和永租权。役权是为特定土地或特定人的便利和收益而利用他人之物的权利，为所有权的一种负担。[2]役权包括地役权和人役权两种。地役权是为自己土地便利而利用他人特定土地的权利，如耕作地役权、通行地役权等。人役权指为特定人的利益而利用他人之物的权利。人役权与特定的人密切联系，权利人死亡，人役权即消灭。罗马

---

[1]　[德] M. 沃尔夫：《物权法》，吴越、李大雪译，法律出版社 2004 年版，第 414～415 页。
[2]　周枏：《罗马法原论》（上），商务印书馆 1994 年版，第 360 页。

法中的人役权又分为用益权、使用权、居住权和奴畜使用权四种。罗马法上役权的设定须用要式买卖、拟诉弃权、时效取得、遗嘱和分割裁判等方式。[1]永租权指支付租金，长期或永久使用、收益他人的不动产的权利。最初永租权仅适用于土地，称为永佃权，后因扩大至房屋而称永租权。罗马法上的地上权与现代物权法上的地上权内涵一致，指支付地租，利用他人土地建筑房屋而使用的权利。罗马法上的地上权和永租权均可因契约、遗嘱和裁判而取得。[2]

（二）法国法上的用益物权

《法国民法典》上并无"用益物权"概念，其用益物权的内容规定在第2卷"财产以及所有权的各种变更"中，在解释上后者"与我们所称的用益物权并无区别"。[3]其中，典型的用益物权是人役权，而其地役权主要适用于相邻权的规定，与意大利法的规定一样，法国有所谓"法定地役权"。法国的人役权除废除了奴畜使用权外，基本承受了罗马法中的人役权。

（三）德国法上的用益物权

《德国民法典》规定了独立的物权编，对物权类型作了科学严密的划分，其用益物权包括地上权、役权和土地负担。其中役权比较复杂，包括地役权、限制人役权和用益权。德国用益物权种类繁多，这主要是因德国民法制定于德国统一之后，必须要顾及并承认各地习惯。[4]其中，除限制人役权外，其他权利为我国法学所熟悉。限制人役权，指为特定人设定的物权性质的不动产使用权。与地役权不同，限制人役权强调该权利为某特定人利益而设定；与用益权不同，限制人役权只能由权利人自己行使和享有，不能继承，也不能转让。该项权利是为某些特殊的人终生使用不动产的需要提供法律根据。如为离婚妇女设置一项居住权等。

（四）瑞士法上的用益物权

瑞士民法上的用益物权包括役权和土地负担，其中役权包括地役权、用益权、居住权、建筑权、对泉水的权利和其他役权。其中，对泉水的权利指对他人土地上泉水得要求负担先占和导引的役权，其他役权主要指地上权。[5]其含义与一般理解的地上权一致。

（五）日本法上的用益物权

日本民法上的用益物权受德国民法影响，其法典规定的用益物权包括地上权、永佃权、地役权和入会权。其中的入会权指一定区域的居民，基于习惯而共同利用并管理一定山林、原野的权利。入会权实为共同共有，是与用益权极为类似的用益

---

〔1〕 周枏：《罗马法原论》（上），商务印书馆1994年版，第376页。

〔2〕 周枏：《罗马法原论》（上），商务印书馆1994年版，第386页。

〔3〕 尹田：《法国物权法》，法律出版社1998年版，第335页。

〔4〕 王泽鉴：《民法物权》（用益物权·占有），中国政法大学出版社2001年版，第4页。

〔5〕 王泽鉴：《民法物权》（用益物权·占有），中国政法大学出版社2001年版，第4页。

物权类型。有学者将其翻译为"共用权"似乎欠当。[1][2]

二、我国法上的用益物权

我国历史上独立的用益物权体系始建于清朝末年的《大清民律草案》,其中规定了地上权、永佃权、地役权三种用益物权。

南京国民政府时期制定的《民法典》中规定了地上权、永佃权、地役权和典权。

新中国成立后,我国废除了包括《民法典》在内的国民党政府时期制定的《六法全书》,用益物权体系也被打破。因长期没有民法典,加上后来的生产资料的国有化,设置用益物权的土地被国有或集体所有,用益物权基本消失。[3]

在《物权法》立法及其理论证成的过程中,学术界关于我国用益物权体系的建构的观点可谓是异彩纷呈,对于用益物权的类型选择意见分歧颇大,有关是否应当包括作为我国传统制度存在的"典权"制度,以及是否应当引入域外"居住权"制度等问题更是争论激烈。其中,以梁慧星教授为负责人的课题组提出的《中国民法典草案建议稿》(物权编),对用益物权的类型的规定最具特色,认为我国民法典的用益物权应包括基地使用权、农地使用权、邻地利用权和典权。[4]然而,2007年3月16日第十届全国人大第五次会议通过的《物权法》将永佃权、典权以及人役权排除在外,而将地役权这一传统的用益物权单独作为一章加以规定。这样,我国就形成了以土地承包经营权、建设用地使用权、宅基地使用权和地役权为主体,以其他法律规定的采矿权、探矿权、取水权、海域使用权、水产养殖和捕捞权为补充的用益物权体系。需要注意的是正如前所述,《物权法》第117条虽然规定用益物权是"对他人所有的不动产或者动产",依法享有的权利,但是从具体规定看,并无动产用益物权类型。[5]依据物权法定原则,是否存在动产用益物权仍有待明确规定。

对于上述用益物权类型还可以根据不同标准给予不同类型的划分,如根据是否为典型物权分为典型的用益物权与准物权。土地承包经营权、建设用地使用权、宅基地使用权以及地役权为《物权法》明确规定的权利类型,是典型的用益物权;而采矿权、探矿权、取水权、养殖权、捕捞权等则属于准物权;用益物权多为主权利,而地役权则有被认为系从权利,所以,也有将用益物权分为有从属性的用益物权和无从属性的用益物权。这种划分类型虽不能说没有任何意义,但实践中意义确实不大。

〔1〕 [日]田山辉明:《物权法》,陆庆胜译,法律出版社2001年版,第210页。
〔2〕 屈茂辉:《用益物权制度研究》,中国方正出版社2005年版,第93页。
〔3〕 有关情况可参阅梁慧星主编:《中国物权法研究》(下),法律出版社1998年版,第594~597页。
〔4〕 参见梁慧星主编:《中国民法典草案建议稿附理由》(物权编),法律出版社2004年版第209、249、275、294页。
〔5〕 在中外法制史上,用益物权的范围很广,《法国民法典》和《瑞士民法典》中就规定了在动产上可以设定用益物权。

第三节 用益物权的功能

用益物权的功能指其作用，包括两方面：就其社会功能而言，主要有调剂资源配置，解决所有与利用之间的矛盾，实现物尽其用；就其规范功能而言，用益物权使物权法体系完善，使非所有人对物的利用效力提高。用益物权是《物权法》的重要组成部分。

一、用益物权的社会功能

人类生存所需物质资料具有稀缺性，尤其是不可再生的土地资源，不可能满足所有主体的一切需要，这就必然出现物的所有与利用的矛盾。为解决此矛盾，就必须运用一定的制度，在不损害所有人利益的前提下，合理调剂资源配置，使非所有人能够利用他人土地等不动产，进而实现物尽其用的功效。用益物权制度使非所有人能够利用他人之物，在所有人与利用人之间调剂资源配置，妥善解决了物质资料为部分人所有，并由另一部分人使用的问题。如我国的土地为国家和集体所有，但通过土地承包经营权、建设用地使用权、宅基地使用权和地役权的设置，使非所有权人能够利用土地，解决了土地上的所有与利用的矛盾。

法律确认人们享有所有权的目的，并非仅仅是为消极地享受该权利带来的利益，更重要的是使所有物能够充分发挥其效益，以促进整个社会财富的不断增加。在市场经济条件下，追求效益最大化，实现有限资源的最大价值，是人们追求的目标。在《物权法》中，这一目标的实现就是通过各种手段，使资源配置合理，他物权制度的设计无疑是最好的体现。在仅有自物权的情况下，一部分人拥有大量的物质资料，而无法充分利用，造成浪费。如果将富余的物质资料交与他人使用，一可以免除自己利用所有物的负担，二可以充分发挥物的完整效益，同时，也可以解决无所有权的人生存利益问题。可以说，用益物权制度在实际生活中发挥着重要的社会作用。

二、用益物权的规范功能

（一）完善《物权法》体系

物权是民法中的重要权利类型，就权利体系而言物权包括自物权和他物权，他物权又包括用益物权和担保物权。用益物权是《物权法》的重要组成部分。有学者提出《物权法》的二元结构，即所谓"所有"和"占有"，试图以占有权代替用益物权。[1]但占有权的内容无法涵盖用益物权，也不能准确表达用益物权的功能；无法与其他国家的物权体系对应；还造成整个民法权利体系的混乱。[2]因此，《物

---

[1] 孟勤国：《物权二元结构论——中国物权制度的理论重构》，人民法院出版社2004年版，第61~79页。

[2] 房绍坤：《用益物权基本问题研究》，北京大学出版社2006年版，第29页。

权法》中如果缺少了用益物权将是一个体系不完备的《物权法》。

（二）强化对他人物的利用效力

法律上规定人们可以通过借用、租赁等方式对他人的物进行利用，但是，借用、租赁等毕竟属于债权性质，当事人的法律关系较脆弱；而用益物权的出现使对他人物的利用具有物权的效力。用益物权在法律结构上不同于债权，在效力上不仅可以对抗第三人，还可以对抗所有权人，其对物的利用效力明显增强。

第四节　用益物权与其他权利之比较

一、用益物权与所有权

用益物权是对他人所有物的使用和收益的权利，属于他物权的一种，而所有权则属于自物权；从效力范围上讲，所有权是完全物权，而他物权是不完全物权。所以，从逻辑上讲，二者是对立的概念，但是，从用益物权的产生角度看，所有权与用益物权有密切联系：

1. 用益物权以所有权为基础。没有他人对物的确定的所有，就不可能有稳定的用益物权。正如彼德罗·彭梵得所说："一切其他物权均从属于所有权，并且可以说它们体现所有权。一切其他物权，至少在其产生时，均以所有权的存在为前提条件。"[1]所以，理论上认为用益物权是所有权派生的权利。当然，并不能因此认为，用益物权是所有权的从权利。用益物权一旦产生即具有独立的品格，在其存续期间得对抗所有权人。

对用益物权是以所有权为基础而产生，有学者表示了不同意见，认为在罗马法上，他物权的出现早于所有权。至少"所有权与役权自始是一对互相依存的概念"。[2]也有人认为所有权的形成是地役权和用益权产生的结果。实际上，在罗马法上，地役权和用益权的出现也是以所有权为基础的，只不过这种所有权不是完全私法意义上的所有权。罗马最早的耕作地役权是土地公有制之土地使用规则演变的结果。古代罗马土地属于村社公有，分给各父权制大家庭耕作后，各土地使用者为耕种便利和其他需要，对已分割的土地，在使用时仍保持未分割状态。早期罗马法地役权与所有权并没有明显划分，但地役权是在所有权基础上产生的这一点确实是毫无疑问的。[3]罗马法学家朱塞佩·格罗索认为："早期的乡村地役权是从早期的所有权——主权原型中产生出来的。"[4]

另一方面，在用益物权受到侵害时，可以通过对所有权的救济达到保护用益物

---

〔1〕　[意] 彼得罗·彭梵得：《罗马法教科书》，黄风译，中国政法大学出版社1992年版，第194页。

〔2〕　梅夏英：《财产权构造的基础分析》，人民法院出版社2002年版，第12页。

〔3〕　房绍坤：《用益物权基本问题研究》，北京大学出版社2006年版，第39页。

〔4〕　[意] 朱塞佩·格罗索：《罗马法史》，黄风译，中国政法大学出版社1994年版，第114页。

权的效果。如在他人不法侵占供役地，造成地役权人无法行使地役权时，仅靠地役权本身可能无法救济，而如果由所有权人行使所有权中的返还原物请求权或排除妨碍请求权，则会使地役权的行使恢复正常。

还有学者认为所有权与他物权是平等的，物权是独立的，任一物权都是根据法律的规定或当事人的约定而产生，与另一物权没有任何权利转化的渊源关系，所有权不是他物权的母权。[1]各物权一经产生即具有平等性的观点是正确的，但以所有权和他物权都是因法律规定或当事人约定而产生来否定他物权以所有权为基础则显然没有根据。承认他物权是对他人所有物的支配本身就说明没有所有权就没有他物权，不以他人所有物为基础而产生的对物的支配，实质上是所有权。用益物权一旦产生即对所有权的效力产生限制性影响，但不能脱离所有权而存在。

2. 用益物权是所有权实现的一种方式。用益物权的存在以对物的利用为前提，而对所有物的利用方式包括自己利用和允许他人利用。自己利用是所有权人直接就物的性能的利用以及通过变卖等方式处分物获得物质上的利益，或通过赠与等处分方式获得精神利益等。在许多情况下，所有物的充分利用，则是通过设置用益物权或担保物权由他人使用而实现的。即通过在自己的物上设置权利负担（限制物权）而获得其他利益，进而实现对物的利用。需要说明的是不能将用益物权的产生理解为是所有权的部分权能与所有权分离的结果，从本质上讲，所有权的权能与所有权是一个有机的整体，而不是整体与部分的关系。所以，所有权不等于占有、使用、收益和处分之和。作为独立的物权，用益物权应有自己的权能，即占有、使用、收益权能。

3. 用益物权对所有权具有限制作用。用益物权既是对他人物的排他性支配，自然也会使所有权人对物的利用受到限制。在用益物权存续期间，所有人不得干涉用益物权人对物的占有、使用和收益。所以，对所有权人而言，用益物权的实际意义不仅是可以给其带来利益，与该利益形成对价的是，他还须承受由此在自己物上设置的负担。因此，对限制物权的理解，一方面指他物权人只能在一定范围内对物的支配，另一方面，对所有权人而言，其对物的支配也受到限制。用益物权对所有权的限制主要体现在以下几方面：①对依法成立的用益物权，所有权人不得随意取消；②所有权人对用益物权的行使要容忍；③所有权人不得随意变更用益物权内容。

二、用益物权与担保物权

用益物权与担保物权虽同为定限物权，是对物一定范围的支配权，但是，二者存在多方面差异，体现了二者属性的不同。具体区别表现在以下几方面：

1. 权利内容不同。用益物权以对物的使用价值为其内容，权利人注重物本身

---

[1] 孟勤国：《物权二元结构论——中国物权制度的理论重构》，人民法院出版社 2004 年版，第 53 ~ 54 页。转引自房绍坤：《用益物权基本问题研究》，北京大学出版社 2006 年版，第 39 页。

的使用功能；而担保物权以获得物的交换价值为内容，权利人注重物的变价功能。所以，对一个具体的物而言，用益物权人并不关心其交换价值，而只关心物的可使用性，而担保物权人关心的则是该物将来能变价几何。

2. 对物的支配形式不同。既然用益物权旨在对物使用和收益，从而享受物的使用价值，因此，权利人就必须实际占有标的物；而担保物权设置的目的是取得物的交换价值，此价值不会因为占有人的不同而有所区别，所以，并非必须由权利人实际占有该物。质权与留置权的占有必要，非是担心物的价值降低，而是基于权利安全的考虑或因其是权利效力发生的基础，并非为物的使用。

3. 客体范围有所不同。用益物权的客体以不动产为限，不包括动产，更不包括权利（我国《物权法》第 117 条和第 121 条虽然规定，用益物权的客体包括动产，但在具体用益物权的规定中，却没有针对动产用益物权的规定）；而担保物权的客体范围广泛，包括动产、不动产，也包括权利。可以说凡是具有交换价值又不违反强制法律规定的财产都可以作为担保物权的客体。

4. 权利实现的时间不同。用益物权的权利享有和实现与权利的取得是同步的，二者不存在时间上的间隔；而担保物权的实现则并非在权利成立时，而是在具备一定条件（债务人不履行债务）后才能具体实现，权利的成立和实际享有在时间上不是同步的。[1]

5. 权利消灭的原因不同。作为物权的一种，用益物权和担保物权当然会因物权消灭的一般原因而消灭，但有时二者消灭的原因不同。例如在标的物灭失后，用益物权一定消灭，而在有保险或有赔偿责任人时，担保物权具有物上代位性，并不随物的形态变化而消灭，保险金和赔偿金仍应作为担保物，保证主债权的实现。

三、用益物权与物的债权利用权

由物的稀缺性决定，物的所有与物的利用之间会产生矛盾，解决矛盾的方式是建立一种只转移物的使用权和一定的收益权而不转移所有权的关系。在法律制度的设置上，此种关系的建立除用益物权外，还可以通过租赁和借用等制度，此制度即为债权利用制度，此所谓土地利用的"二元体系"。虽然租赁权在现代民法中呈现物权化特点，如"买卖不破租赁"规则的适用等，但是，毕竟在性质上，租赁权属于债权，而用益物权属于物权。以租赁权为例，用益物权与债权利用权的具体区别包括以下几方面：

1. 在权利的设立和变动要件上，用益物权适用不动产物权变动规则，一般以登记为要件。而租赁权的设立和变动，依《合同法》的规定，"依法成立的合同，自成立时生效"，租赁权当然自合同生效时设立。虽然《城市房地产管理法》第 54 条规定，房屋租赁双方应当签订书面租赁合同，并向房产管理部门登记备案。但此处"备案"只是一种行政管理手段，而非权利设立要件。

---

[1] 房绍坤：《用益物权基本问题研究》，北京大学出版社 2006 年版，第 55 页。

2. 在权利的客体上，用益物权的客体一般为不动产，而且是在权利设定时就已存在的物；而租赁权的客体是债务人的给付。

3. 在权利处分上，用益物权除地役权外均为独立物权，除法律有特别规定或当事人有约定的情况外，权利人有权处分用益物权，其转让或出租等无需所有权人同意；而租赁权中对租赁权的转让通常应被禁止，其转租应经过出租人的同意，否则，出租人可以解除合同。

4. 在权利的效力上，用益物权的设定"使物的利用关系物权化，巩固当事人间法律关系，得对抗第三人"，王泽鉴先生称此为"用益物权在法律结构上异于债权的特色"。[1]具体效力的不同表现在：用益物权除地役权外都具有排他性，在一个物上设立了一个用益物权就排除了另一人也享有此项权利。租赁合同就无此效力，对同一标的物的多个租赁合同都是有效的，只是只有一个能够实现而已。

另外，从权利的期限上看，用益物权具有长期性、稳定性，而对租赁权《合同法》明确规定"不得超过 20 年。超过 20 年的，超过部分无效"。[2]

第五节　用益物权的发展

因社会经济的发展和法律传统的不同，各国用益物权的发展状况是不同的。但总体而言，用益物权呈现下列发展趋势：

一、在物权法中的地位日益重要

物权制度中，罗马法物权体系贯彻"个人主义"思想，奉行私人所有权绝对观念，物权法以所有权为中心，因强调物的"所有"而非"利用"，用益物权不具有独立法律地位。这与资本主义初期的经济发展相适应。日耳曼法的物权体系贯彻"团体主义"思想，从物的实际价值出发，强调所有权的本质不在于对物的抽象支配，而在于对物的具体利用，形成了以物的利用为中心的物权法体系。

随着科技的进步，人们对财产的控制和利用能力日益提高，资源尤其是如土地等不可再生的资源短缺的矛盾突出。为充分利用资源，解决所有与利用之间的矛盾，各国在物权法上贯彻"利用"中心观念，用益物权自然成为现代物权法的核心制度。但是，这种地位的变化并不意味着要以用益物权代替所有权制度。

二、用益物权随社会经济的变迁而变动

从用益物权的发展史看，用益物权是在不断地变化发展和完善的。随着人们对财产的控制和利用程度的提高，新的用益物权类型出现了，如采矿权、取水权，德国还出现了土地负担等。我国的用益物权也随着改革开放的深入发展，出现了建设用地使用权和农村土地承包经营权等类型。另外，随着社会经济的发展和变化，有

---

〔1〕 王泽鉴：《民法物权》（用益物权·占有），中国政法大学出版社 2001 年版，第 10 页。

〔2〕 《合同法》第 214 条。

些用益物权逐渐失去了存在的基础，被新的用益物权所代替，从而从物权法中消失了，如永佃权、典权等。我国台湾地区拟对用益物权进行的调整即很好地说明用益物权与社会经济发展的联系。

三、用益物权的权能在逐渐扩大

除新的用益物权种类的出现外，传统的用益物权的权能范围呈扩大趋势。典型者如地上权，过去地上权人只是享有在他人土地上营造建筑物的权利，现代社会中，地上权人不仅可以利用地表，对地上、地下均可以利用，对土地的利用已呈立体化趋势。地役权也由土地扩展到房屋等不动产，甚至出现了空间地役权概念。

第十一章　传统民法中的用益物权

如前所述，在我国《物权法》制定过程中，对用益物权类型的讨论非常热烈。有主张采用传统民法中的用益物权者，也有提出新的物权名称者。物权法定的重要内容是物权的类型法定，而不同的法律传统、现存的政治制度和经济制度等因素对物权类型的影响巨大，各国的用益物权类型和内容有很大的区别，我国《物权法》规定的用益物权如建设用地使用权、土地承包经营权、宅基地使用权等与其他国家相比就极具"中国特色"。从法律发展趋势看，这些不同的物权制度也没有表现出趋同的倾向。[1]而且，即便是在一个国家，用益物权（当然不仅限于此）也会因时代的变迁而有所不同，如我国的典权，作为我国传统独具创造性的物权种类，《物权法》制定过程中虽几经反复，但最终没有出现在颁布的立法中。《德国民法典》制定时则以地上权对永佃权的替代等。鉴于理论上的争论和对传统的尊重，本章简要介绍传统民法中的用益物权。

第一节　地上权

一、地上权的概念和特征

（一）地上权的概念

地上权是指以在他人土地上建造建筑物或其他工作物，或者种植竹木为目的而使用该土地的权利。

地上权为一种用益物权，起源于罗马法。依罗马法的附合原理，"地上物属于土地"，在承租的土地上建筑的房屋所有权属于土地所有人，要购买房屋也须同时购买土地。这种状况阻碍了经济的发展。在共和国末期，法官为适应社会经济生活需要，加强对承租人的保护，例外地承认只要支付地租即享有在他人土地上的建筑物的所有权，而不适用附合原则。这种对土地使用的权利即是地上权。可见，罗马法上的地上权是为阻止添附制度的适用而创设的一种用益物权，是适用添附制度原则的例外。地上权后为大多数大陆法国家接受。《德国民法典》对地上权原规定的极为简单，不能适应在大都市蓬勃盛行的地上权之适用，故德国在1919年1月15日另行制定地上权条例，除丰富地上权内容外，加强了对地上权人的保护，增加了

---

[1]　孙宪忠：《争议与思考》，中国人民大学出版社2006年版，第14页。

地上物的融通性。[1]

我国在清朝末年修律运动中，从日本引进地上权概念，在此之前"租地造屋，拆屋还基"的民间习惯被普遍接受。1926 年北洋政府的《中华民国民律草案》和1930 年的《中华民国民法典》都规定了地上权。新中国成立后，我国的民事基本法或单行法都没有使用地上权概念，《物权法》将传统地上权分解为建设用地使用权和宅基地使用权。而且，《物权法》并没有将在他人土地上种植竹木作为地上权的一种，如果利用他人土地种植竹木等应以土地承包经营权制度规范。除此之外，将我国的宅基地使用权等同地上权，是有缺陷的，因为宅基地使用权主要指农村村民在集体所有的土地上建造住宅的权利，而村民又是集体组织的成员。从我国的实际情况看，宅基地使用权具有福利性质，大多数地区宅基地使用权的取得是无偿的，实践中虽然采取"一户一宅"的原则，但每位集体组织成员都有此项权利，而且，宅基地使用权在流转方面有严格的限制，所以，它与地上权是有所区别的。根据《物权法》第 135 条的规定，我国所确定的建设用地使用权也仅针对国有土地，而有关集体所有的土地作为建设用地的，根据第 151 条的规定："……应当依照土地管理法等法理规定办理。"就此而言，我国现有法律上的物权类型不能与严格意义上的地上权概念对接。

（二）地上权的特征

1. 地上权是存在于他人土地上的物权。地上权本质上为利用他人土地的权利，其标的物当然限于土地，土地以外的物，即便是在不动产的房屋上也不成立地上权。也有学者认为现代社会对土地的利用呈立体化，所以，在他人建筑物上以建筑为目的而使用其建筑物者，应承认得设定一类似于地上权之权利之必要。[2] 关于"地上"的含义需注意以下几点：①并非仅限于土地的地表之上设定用益物权，在土地的上空和地下也可以设定地上权。例如在土地上空建设高架道路，在地下建造地下停车场等，均可称为地上权。这种对于土地分层设定的递上去，被称为区分地上权。有学者提出"空间利用权"概念，实际上，所谓的空间利用仍应以地表的所有或使用为基础。我国《物权法》第 136 条就规定"建设用地使用权可以在土地的地表、地上或者地下分别设立"。②地上权人对土地利用的范围，依原设定土地的范围为准，而不能以建筑物或其他工作物本身所占土地面积为限。例如宅基地使用权，应以批准的实际面积为地上权范围，住房、庭院等都是地上权的范围。在庭院种植树木、花草甚至蔬菜等都是地上权的行使。

2. 地上权以取得土地上的建筑物、其他工作物或竹木的所有权为目的。地上权是利用他人土地建造建筑物或种植竹木，其目的并非为在土地上添附，而是添附

---

[1]　谢在全：《民法物权论》（上），中国政法大学出版社 1999 年版，第 349 页。

[2]　此观点为姚瑞光和我妻荣所主张。转引自谢在全：《民法物权论》（上），中国政法大学出版社1999 年版，第 345 页。

原则的例外，其突出的特点是排除了土地所有人依添附原则取得建筑物等所有权的可能，而是由地上权人取得地上物的所有权。需要注意的是，地上权的目的中，以种植竹木为目的对他人土地的使用，并非所有国家都视为地上权。德国等仅以建筑为目的，我国台湾地区"民法"在修订时，也将"竹木"予以删除。日本民法有相关规定。传统上，如果是以耕作为目的而在他人土地上种植稻谷等粮食，以及茶、果树等，不被称为地上权，而是被称为永佃权。我国《物权法》没有规定永佃权，而规定了土地承包经营权，对利用他人土地建造建筑物等，则设置了建设用地使用权和宅基地使用权。

3. 地上权为使用他人土地的物权。地上权系在他人土地上有建筑物或其他工作物或竹木为目的而设定。所以，对他人土地的"使用"是地上权的着眼点和本质。[1]由此引申，土地上是否有建筑物存在，不影响地上权的成立；地上物消灭后，地上权并不当然丧失；地上权人将土地交与他人使用，也应允许，因为，由谁使用土地与地上权之存续无关。根据我国《物权法》第144条的规定，建设用地使用权可以通过转让、互换、出资、赠与或抵押方式流转。因该条规定通过上述方式流转的建设用地使用权使用期限"不得超过建设用地使用权的剩余期限"，所以，可以理解为：在使用权存续的期间内，具体谁人使用该建设用地，对地上权而言并不重要。

二、地上权的内容

地上权的内容即是地上权人的权利和义务。

（一）地上权人的权利

由地上权的设立目的可知，地上权的权利内容包括：对土地的使用收益权；对建筑物或其他工作物的所有权；对地上权的处分权等。

1. 对土地的使用收益权。对土地的使用是地上权的首要权利。其使用权的范围应依权利设定时确定的范围，即以权利登记时确定的范围为准。国外有认可以时效取得地上权者，其范围应依原使用目的确定。权利人如超范围使用，所有权人可以以所有权受侵害为由，请求除去侵害；造成损害的，还可要求赔偿损失。我国《土地管理法》第56条规定："建设单位使用国有土地的，应当按照土地使用权出让等有偿使用合同的约定或者土地使用权划拨批准文件的规定使用土地；确需改变该幅土地建设用途的，应当经有关人民政府土地行政主管部门同意，报原批准用地的人民政府批准……"

地上权人的收益权实际上与使用权是密不可分、内容上有重叠的权利，在广义上使用包括收益。收益包括收取竹木的天然孳息，也包括地上权人将地上物连同土地出租他人以收取租金。

2. 对建筑物或其他工作物的所有权。地上权既为利用他人土地建造建筑物或

---

[1] 谢在全：《民法物权论》（上），中国政法大学出版社1999年版，第348页。

种植竹木，对建筑物或竹木享有所有权是地上权人的基本权利。虽然建筑物不能脱离土地而存在，但建筑物所有权与地上权毕竟是分别独立的物权种类。地上权存续期间，权利人对土地上的建筑物有所有权，地上权消灭后，建筑物所有权也并非当然丧失。

3. 对地上权的处分。地上权既为财产权之一种，地上权人原则上得自由处分其权利。处分的基本类型包括转让、设置抵押和抛弃。

（二）地上权人的主要义务

地上权人的主要义务包括支付地租和恢复土地原状两项。在有偿利用他人土地时，地上权人须按时、足额支付租金。此项义务在地上权转让时，如果为登记内容之一部分，则随同地上权而转移，如未做登记，则应仍为原地上权人的义务。

（三）地上权的期限

传统民法上的地上权并无期限上的限定。地上权或因法律行为或因法律行为以外事实而取得。关于地上权的期限，以法律行为取得者，依意思自治原则，由当事人协商确定。当事人可以设定有期限的地上权，也可以设定无期限的地上权，但是，因地上权本身性质决定，设定有期限的地上权，其期限不能太短，否则，设定地上权的目的无法实现；当事人没有约定期限的，也不能理解为土地所有人可以随时终止地上权，而应以地上权设定目的确定合理期限，当然，是否得设定永久地上权问题，理论上虽有争论，但基于使所有权会成为虚幻权利的惮忌，多数人持否定态度。因法律行为以外事实取得时，则应视具体情况而定。例如，依继承事实取得有期限之地上权时，该地上权自然也是有期限的。

我国因土地采取公有制度，法律上对以出让方式取得的国有土地使用权采取最高期限限制。根据《城镇国有土地使用权出让和转让暂行条例》第 12 条的规定，以用途不同，土地使用权的期限分别为：居住用地 70 年；工业用地 50 年；教育、科技、文化、卫生、体育用地 50 年；商业、旅游、娱乐用地 40 年；综合或其他用地 50 年。而对以划拨方式取得的土地使用权，一般没有期限限制。对农村土地建设用地应类推适用国有土地使用期限，而对宅基地使用权则采取无期限限制的制度。

三、地上权的消灭

地上权属于不动产物权，自然适用不动产消灭的一般原因，如标的物的灭失、混同、国家征收等。同时，地上权也有特殊的消灭原因，主要包括：

（一）地上权存续期间届满

在规定有期限的地上权的期限届满时，地上权自然归于消灭，所有权人即可除去权利负担，恢复对土地的全面支配状态。我国《物权法》第 149 条对我国的建设用地使用期限届满后的效果状态有明确的规定："住宅建设用地使用权期间届满的，自动续期。非住宅建设用地使用权期间届满后的续期，依照法律规定办理……"

（二）地上权的抛弃

地上权既为财产权，自可以由权利人做包括抛弃在内的自由处分。但是，地上权的抛弃对土地所有人的地租等利益影响巨大，对设置了抵押的地上权的抛弃，对抵押权人也有巨大影响。所以，权利人的抛弃行为应以弥补所有权人地租损失为前提，有抵押时，还需征得抵押权人同意，否则对抵押权人无效。

（三）地上权的撤销

在地上权人违反约定，不支付或不按照约定支付地租，或者违反土地保护和合理利用义务时，土地所有人可依法定程序，申请撤销地上权。地上权被撤销后即归于消灭。

除以上原因外，地上权还可以因约定消灭的事由出现而消灭。例如在设定时约定如建筑物灭失，地上权消灭。当建筑物倒塌时，条件具备，地上权也自然消灭。地上权消灭后，应将土地归还给土地所有权人。

第二节 永佃权

一、永佃权的概念

永佃权是以支付佃租为对价而永久在他人土地上进行耕作或放牧的权利。其规范功能是调和土地的所有与利用之间的矛盾。永佃权以权利人与土地所有人签订永佃契约而产生。

永佃权在罗马后期就出现了。在东罗马皇帝芝诺（公元 474～491 年执政）执政期间，将"赋税田"的出租认定为永佃契约；优士丁尼又结合希腊永佃权的文献，创立了永佃权的制度。但是，后世欧陆国家没有继受永佃权。永佃权是中国的固有制度，早在秦汉时期"以'假田'形式向农民出租公田，即允许农民永久占用公田，向政府缴纳'假税'可以看作是永佃权"。经过唐宋到明代，制度的设置使永佃户将土地视为"己业""永也"。清朝时，永佃权制度进一步发展，各地永佃权的名称各异，如长耕、永耕、长租、永佃等，但基本内容都是支付"押租银"而长期耕种他人土地。清朝末年的《大清民律草案》借鉴《日本民法典》的"永小作权"以法律形式确认了永佃权，规定永佃权者，支付佃租而于他人土地上为耕作或牧畜、利用他人土地之物权。1925 年到 1926 年制定的《中华民国民律草案》和 1930 年完成的《中华民国民法典》也都专列一章规定永佃权。

永佃权的立法目的是解决土地的所有和利用问题。历史上，永佃权是地主对农民进行剥削的重要方式。因永佃权制度本身的缺陷，如使所有权人与土地使用权永久分离，所有权人除收取固定佃租外，其他权能永久不能恢复，造成所有权的空置，所以，现代社会中，随着社会经济和法制的发展，正如王泽鉴先生的说法，永佃权在台湾地区"式微消失"，在台湾地区的实务上已无案例，"'民法'物权编修正草案已决定删除永佃权"，"改弦更张"为"农用权"。日本的永佃权虽法律并未废除，但实际设定件数和面积都已少得可怜。

新中国成立后，我国废除了永佃权概念，现行的土地承包经营权制度与永佃权有些类似，只是为减轻农民负担，承包人不再支付相当于地租的各种税费，以及设定了明确的承包期限而已。我国《物权法》未使用永佃权概念。

二、永佃权的法律特征

1. 永久使用他人土地。首先，永佃权以土地为标的物，属于土地上的权利，在其他财产上不存在永佃权；其次，永佃权是永久地使用他人土地的权利，如果当事人在设立永佃权时定有期限，应视为租赁关系。

2. 永佃权以支付佃租为要件。永佃权以支付佃租为其成立要件，是一种有偿使用他人土地的权利。所有权人当然可以在永佃权成立后，免除永佃权人的佃租义务，此为权利抛弃问题，而非永佃权的本质。

3. 永佃权以耕种或牧畜为目的。所谓耕种指在土地上为农业目的而实施的劳动及投资行为。以各种粮食、蔬菜作物为典型，以获取果实而种植果树等也属于耕作。如果以造林为目的而种植树木等则属于地上权内容。

就用益的方式而言，永佃权与地上权互为补充，因此，应区别永佃权与地上权中的种植竹木权利。其标准自然不在于作物为草本或木本，而在于是否以定期收获为目的而栽培植物。仅以在他人土地上有竹木而使用他人之土地为目的者，称为地上权；若其目的在于定期收获，而施人工于他人土地以栽培植物，则属耕作，是永佃权内容。实际生活中，为改善生活环境而种植花卉树苗以供出售者，也不失为农作物，以支付地租为对价，长期使用他人土地种植花卉等也属于永佃权。

所谓牧畜，是指以养殖为目的而对家畜、家禽的饲养行为。就广义而言还包括利用水田饲养鱼虾等。

另外，永佃权人对土地的利用具有直接性。所以，在他人土地上狩猎或捕鱼等与永佃权的本旨相违背。

三、永佃权的内容

永佃权的内容即永佃权人的权利义务。

（一）永佃权人的权利

1. 对他人土地的占有、使用和收益权。永佃权既以在他人土地上耕作或牧畜为内容，在耕作或牧畜的范围内自有占有、使用土地的权利，对该土地上所生孳息也自然享有收取的权利，此为支付佃租的对价。

2. 权利处分权。永佃权一经设立，即为独立物权，若他人侵害，权利人即享有物上请求权，同时，永佃权人也有权将权利让与他人或作为遗产处分。因其财产性，永佃权人也可以将该权利设定抵押，以为债务担保。

3. 工作物及竹木取回权。永佃权消灭时，权利人对土地上的农作物及附属的工作物、竹木等有取回的权利。

（二）永佃权人的义务

佃租为永佃权成立的要件，所以支付佃租是永佃权人的基本义务。佃租的种类，数额，支付的方式、时间、地点等依永佃权设立时的合同而定。对佃租的数额，我国台湾地区有最高限额规定，不得超过主要作物正产品全年收获总量的37.5%，超过该限制的部分无效。

除此之外，依据永佃权本身的特性，永佃权人还应负有依权利目的使用土地以及在永佃权消灭时恢复土地原状的义务。

四、永佃权的消灭

作为物权，永佃权当然可以因物权消灭的共通原因如标的物的灭失等而消灭，同时，永佃权还可因所有权人的撤佃和永佃权人的抛弃而消灭。

永佃权虽是独立物权，但它毕竟属于限制物权，而非对物有完全的权利，当出现法定原因时，所有权人可以撤销永佃权。依我国台湾地区"民法"第846、847条规定，永佃权人将土地出租他人或累计欠地租达2年之总额且无习惯时，所有权人有权撤销永佃权。日本也有类似的规定，除拖欠地租外，永佃权人破产时，所有权人也可以要求消灭永佃权。

永佃权作为一项财产权利，永佃权人当然可以予以抛弃，永佃权经抛弃而消灭。但是，如果允许当事人任意抛弃必定会损害所有权人的利益，所以，对抛弃行为应做一定限制才为公平。

第三节　役　权

一、役权概述

役权指为特定的土地或特定人的便利和收益而利用他人之物的权利。"役"在汉语中为服务、服役、供人役使等意。役权在本质上属于所有权的一种负担。役权分为地役权和人役权两种。地役权指为特定土地利用之便利而使用他人土地的权利。例如为通行便利而通过他人土地的通行地役权，为取水便利而通过他人土地建筑引水管道的权利等。人役权是指为特定人之便利而设置的权利。例如为特定人设置的居住他人房屋的居住权。从历史上看，人役权的出现晚于地役权。

役权概念早在罗马法时期就出现了。罗马最早产生的役权是耕作地役，[1]属于地役权。在优士丁尼法中，役权从总体上是指对他人物的最古老的古典权利。[2]罗马法的役权内容广泛，凡利用他人之物的物权均得设立役权，而且就地役权而言，还因役权所处的社会环境而分为"乡村地役权"和"城市地役权"。前者指在乡村设定的通行权和用水权，也称之为"田野地役权"；后者指建筑物地役权，如眺

---

〔1〕 周枏：《罗马法原论》（上），商务印书馆1996年版，第360页。

〔2〕 ［意］彼得罗·彭梵得：《罗马法教科书》，黄风译，中国政法大学出版社1992年版，第251页。

望、采光等，也称之为"街市地役权"。罗马法时期，役权发达，但随着地上权、永佃权的出现，役权的作用和内容逐渐减少，又因役权对所有权影响巨大，所以，现代大陆法系国家民法虽然继受罗马法，役权也分为地役权和人役权，但内容已大受限制。我国《物权法》规定了地役权，在《物权法》制定过程中，是否规定属于人役权的居住权有过激烈争论，几个《物权法》草案也有反复，法律委员会最终在第六次审议时以"居住权适用面很窄"为由予以放弃。有关地役权的内容将在本书第三章的第四节中专门阐述。

二、居住权

人役权是为特定人的利益而利用他人所有物的权利。人役权类型丰富，在法国和意大利包括用益权、使用权和居住权，在德国主要是包括居住权在内的限制人役权。日本和韩国民法并无人役权规定，日本的入会权和《韩国民法典》第 302 条规定的特殊地役权具有相同的内容，是指由较稳定的成员对一定范围的土地、山林使用、收益的权利，对此准用地役权的有关规定，而不属于人役权。我国历史上也不存在人役权制度。在《物权法》的制定过程中，对是否规定居住权问题有过激烈争论，虽然最终《物权法》并未规定居住权，但有关居住权的理论研讨并未停止。

居住权是非所有人居住他人房屋的一种用益物权。理解居住权应注意以下几点：

1. 居住权是在他人房屋上设立的物权，对自己的房屋可以为全面支配，无需设立居住权而为居住。居住权的设立，也是所有权人处分财产的一种方式。

2. 居住权是为特定人的生活需要而设立的物权。居住权是为解决特定人的居住条件而设立的制度，因此，居住权只能为生活目的而使用，不得用于生产或投资。

3. 居住权具有人身性。居住权是为特定人设立的权利，其他人无权享有。居住权不得转让，也不能成为继承的标的，权利人死亡后，居住权消灭。

4. 居住权一般具有无偿性。因为居住权是为解决权利人生活而设立，属于恩惠行为，因此权利人的居住一般为无偿，如有对价支付，在性质上即为租赁。

居住权的制度功能是为特定的人提供生活保障。而生活保障在西方是由社会解决的，所以设置居住权是有意义的。而在东方传统中，生活保障是在家庭中解决的，所以，法律上无需专门设置居住权。这也是在日本、韩国和中国法律中为什么没有居住权的原因之一。当然，此所谓家庭中解决生活保障的人是指在法律上有权利义务关系的人，在法律上无权利义务关系的人，一般应由社会解决其生活保障。如叔侄之间没有法定权利义务关系，此时如要解决一方居住问题，其实就可以通过设立居住权满足其利用他人不动产的需要。

因此，有些学者提出的居住权所要解决的是父母居住问题，离婚后女方居住问题以及保姆居住问题的观点是值得商榷的。因为，父母居住问题完全可以从法定赡养义务角度解决；离婚后女方居住问题存在的基础是单位分配房屋问题，现在这个基础已不存在了；保姆居住问题是雇工合同中的当然内容，也无需居住权制度解决。居住权所要解决的是在不存在法律上权利义务关系的前提下，利用某种社会关系、解决某一特定人的居住问题。我国《物权法》是否应规定居住权，要看该制度是否具有独立价值，从逻辑上讲还取决于我国法律是否承认人役权和地役权的划分。

第四节　典　权

一、典权概述

（一）典权的概念

典权是指支付典价，占有他人不动产而为使用收益的权利。典是一方当事人将自己的不动产交对方占有、使用和收益，而从对方取得一定金钱，到一定期限向对方返还金钱，赎回不动产，或者不返还金钱而放弃该不动产所有权的法律行为。其中，不动产所有人叫出典人；占有、使用不动产并收益但未出资的人叫承典人或典权人；不动产被称为出典物；承典人交出典人使用的金钱叫典价。

典权是中国特有的制度。但在我国大陆立法上并无典权规定，只是在实务上承认典权，所以典权属于习惯法内容。据学者分析，典权的出现与我国的人文传统密切相关。因我国传统上重视祖宗遗留财产尤其是不动产，出卖祖宗遗留的不动产称为败家，这样的人称为败家子，而实际生活中确实存在急需资金的问题，为此产生了折中办法，即"典"。一方面，不动产物权人为解决急需而将不动产出典于人，获得一定的金钱，并在日后又可以原价赎回，避免出卖祖产的恶名。另一方面，典权人则可以支付低于买价的金钱，而取得使用收益的权利，并且以后还有取得财产所有权的可能。这样对双方是两全其美，所以典权在我国流传至今。典权的概念在我国台湾地区"民法"中有明确规定，其第911条规定，称典权者，谓支付典价，占有他人之不动产，而为使用及收益之权。

（二）典权与韩国的传贳权的区别

与我国的典权类似的制度是韩国的传贳权，我国也有学者将传贳权直接翻译成典权。传贳权是韩国特有的法律制度，《韩国民法典》第303条规定，传贳权者支付传贳金，占有他人的不动产，按照不动产的用途使用收益。对不动产的后顺位的权利人有优先取得传贳金的权利。该制度起源于近代汉城（首尔）地区房屋租赁的民间习惯，并被1958年制定的《韩国民法典》予以确认。在制度设计上，韩国的立法认为传贳权人处于类似于承租人的地位，是交易上的弱者，因此，在保护上应给予适度倾斜。关于传贳权的性质，主流的观点认为传贳权是具有用益物权和担保物权双重性质的特殊物权，这从传贳权在民法典中处于用益物权与担保物权之间也能看出些许端倪。

　　比较韩国的传贳权与我国的典权可以清楚二制度的异同。从相同方面看，传贳权与典权都是为调节不动产利用关系，以及增加融资渠道而设立的制度；在权利义务方面有多方面重合；在权利性质上，都强调其用益物权性。

　　传贳权与典权的区别主要表现在以下几方面：

　　1. 在法律性质方面，根据《韩国民法典》第 303 条第 1 款以及第 318 条的规定，传贳权人对标的物变卖所得价金有优先受偿和参加竞买的权利，而典权则没有此内容。但是，典权人有留买权，而且在出典人到期不回赎的情况下，典权人可以当然取得出典物的所有权。所以，传贳权除具有用益物权性质外，还有担保物权性质，而典权则只有用益物权性质，出典物不具有担保作用。

　　2. 传贳金和典价的性质不同。传贳金具有借贷之债的性质，在期间届满时应返还传贳金，因此，传贳权也具有担保物权特征；而在典权关系中，虽然出典人在回赎时必须以原典价回赎，但出典人也可以不回赎而将出典物绝卖于典权人。

　　3. 标的物有所不同。传统民法中的典权主要针对土地出典，以房屋出典数量较少；而传贳权的标的物主要是房屋，《韩国民法典》规定耕地不得作为传贳权的标的物。

　　4. 标的物意外灭失的风险负担不同。出典物因意外而灭失，其后果由出典人和典权人共同分担；而传贳权标的物的灭失责任则由传贳权的设定者自己承担。

（三）典权在我国民法中地位的争论

　　典权虽然没有规定于我国的《物权法》中，但作为中国的固有制度，典权是否应该规定在我国将来的民法典中，历来是理论界和立法部门关注的焦点问题之一。肯定与否定的主要理由如下：

　　主张保留典权的主要理由包括：①典权是我国固有的物权制度，具有中国特色，为保持中国传统应规定典权；②典权是一种独特的融资方式，它能同时满足典权人占有、使用、收益不动产的需要和出典人对于资金的需要，它与抵押、租赁、保留所有权买卖均有不同，即便实际生活中极少存在，也可以作为备用制度；③新中国成立以来，典权关系一直由政策和判例调整，从物权法定角度讲，应当在《物权法》中予以规定，以使财产关系稳定。有学者也从保留典权的现实意义角度，对保留典权持肯定态度。

　　主张废除典权的主要理由包括：①典权产生的基础和功能已发生变化，变卖祖产即为败家的观念已不复存在；②从经济全球化发展趋势看，典权只有我国存在，规定典权与国际化趋势不符；③我国实行土地国家所有和劳动群众集体所有，以土地设定典权已无可能，而以房屋设定典权者，实例极少，故保留典权价值不大。还有学者从典权本身存在的弊端如对出典人保护过度等说明废除典权制度的合理性。

　　在《物权法》立法过程中，是否规定典权制度的问题在立法机关、学者之间的争论很大，最终在第六次审议稿中确定不再恢复典权的规定。杨景宇在代表法律委员会向全国人民代表大会常务委员会做报告时指出，这样做的理由为原草案规定典权的主要目的是融资。依据《合同法》和《担保法》等法律的规定，房产可以通过抵押、出租、约定买回等多种渠道融资，再规定典权的实际作用不大。由此可以看出，典权是否应在我国民法典中规定，应该考虑的是该制度本身是否有价值，其价值应从法律上考虑，而不一定要考虑所谓保持中华文化特质。如果社会中有需要，典权制度有自己的特质，其他制度无法替代，则应予以规定，否则，就应废除。另外，可以从另一角度思考该问题：如果在立法上规定了典权是否会有什么不利后果？

（四）典权的特征

与其他物权相比较，典权具有以下主要特征：

1. 典权须支付典价后才能取得，典价与典物有密切联系，此与担保物权不同，与其他用益物权也不同。

2. 典权须转移典物的占有，此与抵押权不同。

3. 典权人对出典物有权使用和收益。在典期内典权人的使用为无偿使用，典权人可以自己使用，也可以进行转典或者出租。此与质权不同。

4. 出典人有回赎权和绝卖权。出典人在典期届满时，有权交换典价回赎出典物，重新取得占有。如果出典人不想回赎可以不作为，此为绝卖。

5. 典权的标的物为不动产。典权中的出典物传统上主要是土地，后延伸至房屋，此与质权不同。[1]我国的实际生活中常有"典当"行为，有典当的经营者——典当行，商务部、公安部也出台有《典当管理办法》。就传统观点，典当属于动产质权，但是，从我国的现实情况看，根据《典当管理办法》的规定，房屋甚至土地使用权都可以"典当"，实质上，此时的典当是抵押。所以，现在应将典当理解为质押和抵押的混合行为。

二、典权的性质

典权究竟属于何种他物权，不管是在我国大陆还是在我国台湾地区，学者一直有不同观点，概括而言主要有三种学说：

1. 担保物权说。该说从三方面说明典权的担保物权性质：①从典权在我国台湾地区"民法"的位置看，典权一章在担保物权的质权和抵押权之间，从体例上只能将其视为担保物权；②典与质在本质上并无严格区别，原来都具有担保作用，如果认为典权属于用益物权，就无法解释典物回赎时出典人返还典价的性质；③典权系出典人向典权人借款，并以典物为借款保证的法律关系，典权实际上就是不动产质权。我国台湾地区的余戟门持此观点。

2. 用益物权说。持此观点者主要从我国台湾地区"民法"第 911 条规定的内

---

〔1〕 日本、法国、意大利等国民法中有所谓"不动产质权"，指债务人或第三人为担保所负债务，将不动产交付债权人，于债务完全清偿前，得留置该不动产，就质物卖得的价金优先受偿（日本），或享有收取质物所生孳息的权利（法国、意大利）。作为担保物权，不动产质权与典权有明显的不同。

容分析，认为典权是用益物权的一种。典权是支付典价，占有而为使用、收益他人不动产的权利，符合用益物权的本质特征；"典"本身的含义是典当和典卖。典当已发展成质权，"典卖"即"卖"，并无担保含义。持此观点的代表人物包括郑玉波、梅仲协、姚瑞光等，我国内地学者也多持此观点。

3. 特种物权说。该说认为典权兼具担保物权和用益物权性质，是一种特别物权。因为典权虽有使用收益的功能，但传统上典权人设置典权的目的为取得标的物的所有权，而不在于使用收益。另外，就清偿债务的保证而言，典权确有担保的性质。所以，典权不是纯粹的用益物权，也不是纯粹的担保物权，而是一种特种物权。持此观点的代表人物是史尚宽、黄佑昌。

事实上决定典权性质的标准是设立典权的目的，一般情况下，典权人设立典权的目的主要在于用益而不在于担保，虽然存在回赎权，但并不影响其用益物权的性质。

三、典权的内容

（一）典权人的权利和义务

1. 占有、使用和收益权。典权既为用益物权，典权人自应对出典物有占有、使用和收益的权利，这也是典权人的基本权利。对出典物的从物或从权利也同样具有占有、使用和收益的权利，对出典物的孳息物有收取的权利。

2. 留买权。当出典人将典物出卖于他人时，典权人可以以相同价格提出留买，出典人一般不得拒绝。所以，留买权其实是一种优先权。

3. 转典、出租权。在典权存续期间，典权人将典物向他人出典的行为称为转典，转典是法律所认可的行为，因转典而产生转典权。依我国台湾地区"民法"规定，转典的期限不得超过原典权的期限，典价也不得超过原典价。

典权存续期间，除契约另有约定或另有习惯者外，典权人也有权将典物出租于他人，并收取租金。只是将典物出租于他人受到很多限制。例如，租赁期间不得超过原典权期限；在原典权未约定期限时，租赁不得设定期限。

4. 典物取得权。在有期限的典权中，期限届满的一定时期（我国台湾地区法律规定为2年）出典人不回赎典物，典权人即取得典物所有权。在未约定期限的典权中，经过一定时期（一般为30年）出典人不回赎，典权人也可以取得典物的所有权。这种情况在出典人被称为"绝卖"，在典权人为所有权的取得。

除以上主要权利外，典权人还可以将典权转让给他人以使自己退出典权关系。我国台湾地区的"民法"也规定，典权可以抵押，所以典权人还享有将典物抵押的权利。

典权人的义务主要包括：支付典价；妥善保管典物；在出典人回赎时返还典物；典物在因意外而灭失时，与出典人分担风险等。在我国台湾地区土地的捐税缴纳义务也应由典权人负担。

（二）出典人的权利和义务

1. 让与典物所有权的权利。典权的设定并非所有权转移，所以，出典人仍可对典物进行处分。该处分在典权制度看，实际上是典权关系的当事人的变更，受让人取得与出典人相同的法律地位。

2. 典价的取得权。典权的设定属于有偿行为，典权设定的目的，就出典人而言是获得一定金钱，所以，典价取得权是出典人的基本权利。典价的多少，由当事人约定，一般接近于买受价。

3. 担保物权设定权。标的物被出典后，基于物权的排他性，出典人不得在其上设定其他用益物权，但是出典人对标的物仍然享有所有权，可以设定与用益无冲突的担保物权，如抵押权。担保物权的设定以不妨害典权的行使为限。就效力而言，依我国台湾地区的审判实践，应以登记之先后决定优先效力之次序。[1]

4. 回赎权。对典物的回赎是出典人的主要权利之一。在典权约定的期限届满时，或者在未定期限的任何时间，出典人均可以原典价回赎典物。

与典权人的权利相对应，出典人的义务主要包括：交付符合约定的典物（质量瑕疵担保义务）；分担典物的意外灭失风险。

四、典权的消灭

典权系物权，一般物权的消灭原因发生后，典权自然消灭，如标的物的灭失、被征收、混同或抛弃等。除此之外，典权还因下列原因而消灭：①回赎，即出典人于典权期限届满后，将原典价返还与典权人并赎回典物，消灭典权的行为。②找贴，即在典权关系存续中，出典人表示将典物所有权让与典权人，而由典权人支付典物时高出典价部分的差额，以取得典物所有权的制度。其效力是使典权人取得典物所有权，消灭典权。③期限届满。约定期限的典权，出典人未在期限届满后的一定时期内行使回赎权的，典权因期限届满而消灭。按我国台湾的"民法"规定，约定期限不满15年的，出典人未在期限届满后的2年内回赎的，典权消灭；约定期限超过15年并附有到期不赎即作绝卖条款的，出典人未在期限届满后即时回赎的，典权消灭；约定期限超过30年的，出典人未在30年期满后的2年内回赎的，典权消灭。未约定期限的，出典人未在出典后的30年内回赎的，典权因30年期满而消灭。

---

[1] 谢在全：《民法物权论》（下），中国政法大学出版社1999年版，第506页。

第十二章　我国《物权法》中的用益物权

第一节　建设用地使用权

一、建设用地使用权概述

（一）建设用地使用权的概念

建设用地使用权是指民事主体在国家或者集体的土地上建造建筑物、构筑物及其附属设施而对该土地享有的占有、使用和收益的一种用益物权。根据住房和城乡建设部 2009 年 5 月 13 日颁布的《民用建筑设计术语标准》第 2.1.4 和 2.1.5 条的规定，建筑物是指用建筑材料构筑的空间和实体，供人们居住和进行各种活动的场所；构筑物是指为某种使用目的而建造的人们一般不直接在其内部进行生产和生活的工程实体或附属建筑设施。据此，建筑物主要指居住用房、生产用房、办公用房等设施，而构筑物则主要指桥梁、隧道、堤坝、水渠、水池、水塔等设施，日常生活使用的地窖、输电、输气、排水等地下管网也属于构筑物。建筑物、构筑物的附属设施，是为发挥建筑物、构筑物作用而建设的设施，如变压器、电线杆、广播通信设备等。

根据主体范围的不同，建设用地使用权可以分为国有土地上的建设用地使用权和集体土地上的建设用地使用权。因宅基地使用权有单独规定，所以，这里的集体土地上的建设用地使用权仅指除宅基地使用权之外的农村土地上的建设用地使用权。依《物权法》第 151 条的规定，集体所有的土地作为建设用地的适用《土地管理法》等法律，所以，《物权法》中所规定的建设用地使用权专指国有土地上的建设用地使用权。

关于宅基地使用权后面有专节讨论。而其他集体土地上的建设用地使用权在民事法律原理下具有特殊性，虽然《物权法》确定了集体土地建设用地使用权，但是对其具体内容显然采取了回避态度，原因在于集体组织是在自己所有的土地上建造建筑物、构筑物等，这与他物权的性质有明显差异，另外，根据现有法律规定，农村集体组织利用土地从事非农业建设的，如为成员建造医院、学校，修筑道路、桥梁等公益事业、公共设施类建设用地使用权，或者建造乡镇企业等而使用土地还须由乡（镇）人民政府审核，向县人民政府申请批准，这种审核、批准性质如何，值得思考。从他物权角度看，集体建设用地使用权只有在非集体组织成员使用集体土地建造建筑物、构筑物及其附属设施时才会产生。根据《土地管理法》第60、61条的规定，目前法律上有明确规定的集体建设用地使用权包括：乡镇企业类集体建设用地使用权、乡镇村公共设施类集体建设用地使用权和乡镇村公益事业类集体建设用地使用权。而在此方面，我国法律有非常多的限制，集体土地建设用地使用权不能进入市场交易，正因如此，集体建设用地使用权制度在立法方面存在很多空白，实践中也出现了很多诸如"小产权房"等问题。

《物权法》出台之前，理论上对是否使用"建设用地使用权"一词有不同观点，有的学者建议使用"基地使用权""土地使用权"和"地上权"等。《物权法》采用"建设用地使用权"主要是因为：我国《土地管理法》将个人、单位因搞建设而使用的土地称为"建设用地"，将为建设而使用土地的用益物权命名为建设用地使用权，符合法律关系的要求；另外，"建设用地使用权"也可以清楚表明土地的利用功能。

我国国有土地建设用地使用权，经历了从无偿到有偿的发展过程。七届全国人大一次会议上，对1982年《宪法》第10条第4款有关土地无偿使用的规定进行了修订，增加了"土地的使用权可以依照法律的规定转让"的内容，随后，《土地管理法》等也做了相应的修改。《物权法》在第十二章专门对国有土地上的建设用地使用权作了规定，至此，我国国有土地上的建设用地使用权制度已趋完善。

（二）建设用地使用权的法律特征

建设用地使用权是对他人土地的利用，是对他人土地使用价值的利用，所以是用益物权的一种，具备用益物权的法律特征，如他物权性、须对标的物实际占有等。同时，建设用地使用权也有独自的法律特征，表现为：

1. 权利内容具有限定性。此处的限定性并非指作为他物权的限定，而是指建设用地使用权人只能在该土地上建造并保有建筑物、构筑物和其他附属设施，而不能用做其他。在不改变土地建设使用目的的前提下，权利人在建设用地上种植竹木、花卉等被视为建设使用的附属行为。

2. 权利本身具有独立性。建设用地使用权以土地的所有权为基础而产生，但是，一经产生即具有独立性，其具有对抗包括所有权人在内的一切人的权能。表现为权利有独立的价值，可以在不改变所有权的条件下独立进入交易市场，成为市场流转客体。

二、建设用地使用权的取得

从权利取得的一般原理分析，建设用地使用权有原始取得，也有继受取得。而从具体法律规定看，我国的建设用地使用权主要通过划拨、出让、转让和继承方式取得。除此之外，根据《物权法》的规定：工业、商业、旅游、娱乐和商品住宅等经营性用地以及同一土地有两个以上意向用地者的，应当采取招标、拍卖等公开竞价的方式出让，以保证公平和国家利益。

（一）划拨

划拨指国家无偿地将一定面积的土地交由权利人占有使用的方式。以行政划拨方式取得建设用地使用权须依据行政命令。因划拨而取得土地使用权的人一般为全民所有制单位或集体所有制单位，使用的目的具有特殊性。《物权法》明确规定了对以划拨方式取得土地使用权受到法律的严格限制。根据《城市房地产管理法》的规定，以划拨方式取得国有土地使用权的，须属于下列用地：国家机关用地，军事用地，城市基础设施用地，公益事业用地，国家重点扶持的能源、交通、水利等项目用地等。从本质上看，划拨是行政机关的单方行为，土地使用权的划拨取得方式是一种土地配给制度，其中少有民事法律关系成分。对营利性土地使用权不适宜采划拨方式取得。

（二）出让

出让是取得国有土地使用权的主要方式。指国家以土地所有者的身份将土地的使用权在一定年限内让与土地使用者，并由土地使用者支付土地出让金的行为。依据《城市房地产管理法》的规定，建设用地使用权的出让人是国家，由市、县人民政府有计划、有步骤地进行，并由市、县人民政府的土地资源管理部门具体办理。土地使用权出让采取书面形式并经登记。土地出让有协议、招标和拍卖三种方式。土地使用权出让应当签订土地使用权合同（实际是土地使用权设立合同）。在理论上，有关建设用地使用权出让合同的性质，有行政合同[1]和民事合同两种观点。不可否认，在我国建设用地使用权的取得、消灭等方面行政因素占有一定地位，出让人还可以对受让人警告、罚款甚至收回土地使用权等，但合同本身是在自愿、平等基础上有偿取得的，由此而产生的纠纷也应该由人民法院的民事审判机构审理，就此而言，建设用地使用权出让合同仍然属于民事合同。一般而言，建设用地使用权出让合同的主要条款应包括：当事人的名称和住所；土地界址、面积；建筑物等占用的空间；土地用途；使用期限；出让金等费用及其支付方式；解决争议的方法。依《物权法》的规定，设立建设用地使用权，应当向登记机构申请登记，权利自登记时设立。

（三）转让

建设用地使用权的转让指土地使用者将土地使用权转移给他人的行为。在使用期限内，当事人可以就建设用地使用权转让签订协议，并经登记后，实现转让目的。转让建设用地使用权需注意下列问题：①转让人须为持有国有土地使用证的使用权人；②转让时除签订书面合同和办理权属变更登记手续外，受让人须同时交纳土地使用转让费；③土地使用权出让合同和登记文件中所载明的权利义务随土地使用权的转让而转让，其地上建筑物等的所有权随之转让并应按规定办理过户手续；④转让价格明显低于当时的市场价格的，市、县人民政府有优先购买权，若转让价

---

[1] 应松年："行政合同不可忽视"，载《法制日报》1997年6月9日，第1版。

格高于买入价的，转让者应缴纳增值税。国有土地使用权转让的方式一般为买卖、赠予或其他合法方式。

（四）继承

在土地使用权的有效期限内，作为权利主体的自然人死亡的，其继承人可以依法取得土地使用权。该方式主要是针对城镇私有房屋的宅基地使用权的。

建设用地使用权除通过继承方式取得以外，根据《物权法》第 139 条的规定，还必须办理建设用地使用权登记手续才能取得该项权利。该条规定："设立建设用地使用权的，应当向登记机构申请建设用地使用权登记。建设用地使用权自登记时设立。登记机构应当向建设用地使用权人发放建设用地使用权证书。"结合《物权法》第 15 条的规定可以看出，建设用地使用权出让、转让合同的签订，只是在双方当事人之间产生债权债务关系，物权的产生、变动还要通过登记才能实现。

三、建设用地使用权的内容

（一）建设用地使用权人的权利

1. 建造和保有建筑物、构筑物及其附属设施的权利。设立建设用地使用权的目的在于通过使用土地建造并保有建筑物、构造物和其他附属设施，这也是使用人的基本权利。

2. 建设用地使用权的转让权。根据我国现有的法律规定，使用权人可以将通过出让方式取得的土地使用权转让给他人。以划拨方式取得的土地使用权一般不得转让。建设用地使用权转让须签订书面合同，并向登记机构申请变更登记。转让的期限由当事人约定，但不得超过建设用地使用权的剩余期限。

3. 建设用地使用权的互换、出资和赠与权。除转让外，使用权人还有权将建设用地使用权与他人交换，或作为出资的资本进行投资，当然也可以无偿地将其赠与他人。

4. 以建设用地使用权设置抵押的权利。根据《城市房地产管理法》《担保法》和《物权法》的规定，建设用地使用权人可以将土地使用权单独或与土地上的建筑物一并设置为抵押标的。在债务人不履行到期债务时，可以通过对土地使用权的折价、变卖、拍卖，从价金中优先受偿。

（二）建设用地使用权的期限

现阶段，国有土地上的建设用地使用权分为有期限的和无期限的两类。以划拨方式取得的使用权一般为无期限的，以其他方式取得的使用权都是有期限的。根据《城镇国有土地使用权出让和转让暂行条例》第 12 条的规定，我国以用地用途为标准，将建设用地使用权的最高期限分为五种：①居住地 70 年；②工业用地 50 年；③教育、科技、文化、卫生、体育用地 50 年；④商业、旅游和娱乐用地 40 年；⑤综合和其他用地为 50 年。土地使用期限届满，经申请可以续期。只不过我国现行法律对土地使用权期间届满续期制度的规定存在很多问题。如根据《城镇国有土地使用权出让和转让暂行条例》第 41 条和《城市房地产管理法》第 21 条的规定，出让土地使用权期限届满，使用权人享有法定的申请续期的权利，除根据社会公共利益需要收回土地的外，续期申请"应当予以批准"，但是，实践中大量存在的是在一宗土地上，建筑物则是区分所有的情形，情况复杂，要求诸多权利个体在土地使用权届满前申请续期并不现实。《物权法》制定过程中，对此有不同意见，最终形成了区分住宅建设用地使用权和非住宅建设用地使用权的续期模式，对住宅建设用地使用权期间届满的，《物权法》第149条第1款规定为自动续期；对于非住宅建设用地使用权的续期，根据现行《城市房地产管理法》第22条的规定，土地使用权人要在期限届满前1年提出申请，并报请原出让建设用地使用权的有关政府土管部门或者有批准权的相关人民政府土管部门批准，当然，对此续期申请非因公共利益需要应当批准，即相关部门有"强制缔约义务"，但至少说明非住宅建设用地使用权期间届满后，并非自动续期。因为"自动续期"不仅无需申请，还因为住宅土地使用权无需再缴纳土地使用费。

四、建设用地使用权的消灭

（一）建设用地使用权消灭的原因

建设用地使用权可以因下列原因而消灭：

1. 土地本身灭失。物权是以物为标的的权利，如果标的不存在，其上的权利自然消灭。所以，我国《城市房地产管理法》明确规定"土地使用权因土地灭失而终止"。这当然适用于建设用地使用权。

2. 使用期限届满未续期。如上所述，建设用地使用权是有期限的，在订立国有土地使用权出让合同时，对使用期限都应加以约定，期限届满，建设用地使用权人的土地使用权消灭，但在该土地上有建筑物、构筑物等时，建筑物、构筑物及附属设施的使用价值仍然存在，对此，依《物权法》第149条的规定，住宅建设用地使用权期间届满的，自动续期。非住宅建设用地使用权期间届满后的续期，依照法律规定办理。该土地上的房屋及其他不动产的归属按照约定办理，没有约定的，也按照相关法律规定办理。对于法律规定的"自动续期"如何理解，在立法时有过争论，比如是否需要申请，谁去申请，一栋住宅楼中有不同意见如何处理，以及是否需要重新缴纳土地使用费等，上述问题都没有在立法中解决。《物权法》制定过程中，在第四次审议稿中，曾经将该条修改为："建设用地使用权续期后，建设用地使用权人应当支付土地使用费。续期的期限、土地使用费的支付标准和办法，由国务院规定。"只不过法律委员会认为此事关系广大群众的切身利益，要慎重对待，当时不宜作规定，所以删除了该条关于土地使用费的规定。其实，在土地使用期限届满后续期以及重新缴纳使用费问题，《城市房地产管理法》第3条明确规定，"国家依法实行国有土地有偿、有限期使用制度"。对此，在取得土地使用权时没有争议的，但是，在期限届满后的续期方式以及缴纳使用费问题上，应该区分建筑物的性质，即区分住宅与非住宅而做出不同的规定，对此，《物权法》第149条已经有所反映。住宅系人民安身立命之所在，土地使用期限届满后，其仍然需要住所，所以，"自动续期"应该理解为无需申请的续期；至于土地使用费问题，个人倾向于无需重新缴纳土地使用费，这不仅因为住宅功能的特殊性，更因为在建筑物区分所有的情况下费用缴纳的复杂性。至于非住宅的土地使用权届满后，《物权法》所规定的"依照相关法律规定办理"，在现行法中，即是按照《城市房地产管理法》第22条的规定，"土地使用权出让合同约定的使用年限届满，土地使用者需要继续使用土地的，应当至迟于届满前1年申请续期，除根据社会公共利益需要收回该幅土地的，应当予以批准。经批准准予续期的，应当重新签订土地使用权出让合同，依照规定支付土地使用权出让金"。该条规定因与《物权法》有关住宅建设用地使用权期间届满后的规定不同，所以，所谓提前1年申请、重新签订土地使用权出让合同，以及支付土地使用权出让金等只适用于非住宅建设用地使用权，而不适用住宅建设用地使用权。

综上，对于非住宅建设用地使用权期间届满使用权人未申请续期的，建设用地使用权消灭；住宅建设用地使用权期间届满，如果建筑物倒塌后未再建，其土地使用权消灭，建筑物未存在，或者经过翻建、修缮而存在，其土地使用权就继续享有。

3. 土地被征用。基于公共利益的需要，国家有权在建设用地使用权期限未到前，对之进行征用，从而使权利消灭。[1]

4. 其他原因。包括建设用地使用权人违法使用土地等情况下，土地使用权可被行政机关依法收回，权利人抛弃使用权或权利人死亡等也都是权利消灭的理由。

（二）建设用地使用权消灭的法律后果

建设用地使用权消灭后，使用权人应当返还土地。而对使用权人而言，不同的消灭原因，法律后果是不同的。在土地被征用时，对地上的建筑物，可以要求补偿；在使用期限届满时，土地使用权消灭，而其上的建筑物归属则应按照约定处理，没有约定的，依《物权法》规定，依照法律法规的规定办理。我国目前并没有具体的规定，因建筑物是原土地使用权人的所有物，它与土地使用权是两个独立的权利类型，所以，期限届满后，只是土地使用权消灭，而非所有物灭失，土地所有人收回土地时，对建筑物能拆除的拆除，不能拆除的应对所有权人进行补偿。

第二节　土地承包经营权

一、土地承包经营权的概述
（一）土地承包经营权的概念

土地承包经营权指农业经营者依法律规定和合同约定对集体经济组织所有的或者国家所有而由集体经济组织使用的土地长期进行种植、养殖或畜牧而为使用收益

---

[1] 尹飞：《物权法·用益物权》，中国法制出版社2005年版，第249页。

的权利。

土地承包经营权是我国土地公有制下的一种特色物权，是 20 世纪 80 年代"对内改革"中农村改革的最重要内容，这种在公有土地上设立的使用权，不仅承载了改革的国家目标，更是我国广大农村村民所有的最大宗财产，是几亿农民生存、发展的希望。我国现行的《宪法》《土地承包法》和《物权法》对土地承包经营权都有规定，从中看出："农村集体经济组织实行家庭承包经营为基础、统分结合的双层经营体制。"当然，必须要看到，我国的土地承包经营权问题一直以来深受国家政策的影响，从 20 世纪 80 年代初开始，中共中央、国务院以及农业部等以"一号文件"或"会议纪要""意见"等形式提出了国家对农村土地承包的宏观或具体问题的政策，这些政策、思想有些已经被立法吸收，有的因为程序问题虽然还没有正式以法律的形式确定，但实践中已经被接受。例如，2014 年 11 月 20 日的中央一号文件（中共中央办公厅、国务院办公厅印发《关于引导农村土地经营权有序流转发展农业适度规模经营的意见》）在原有农村土地两权分离的基础上，提出将经营权从土地承包经营权中分离出来，强调"在落实农村土地集体所有权的基础上，稳定农户承包权、放活土地经营权，允许承包土地的经营权向金融机构抵押融资"。这显然突破了"土地承包经营权"所包含的意义，在国家政策层面认可了土地所有权与土地承包权、土地经营权之间的区分，为农村土地权利的流转提供了依据。依据该政策，"一方面，通过坚持农地集体所有，稳定承包权，维系了农地固有的国家治理和社会保障的公法功能；另一方面，放活经营权，容许经营权抵押，有利于释放农地规模红利，为农业现代化发展提供土地基础和资金支持，满足了市场对于农地经济效用的私法功能追求"[1]。

而在新政策指引下，囿于物权法定原则的限制，如何正确认识土地承包经营权、承包权和经营权则需要理论上和立法上做出调整。从 2014 年的一号文件精神看，经营权的分离主要是为最大限度地发挥土地的经济效用，满足土地权利流转条件。经营权和承包权是在土地承包经营权下的次级分类，承包权是农户享有的承包集体所有的土地的权利，是一种身份性质的权利，属于成员权范畴；经营权则为对集体所有土地占有、使用、收益的权利，是从事农业生产获得经济收益的权利，是典型的用益物权，属于财产性权利。虽是两种独立的权利，但承包权是经营权的基础，经营权是承包权人转让给经营权人的。这种区分意义在于土地的经营权人可以是其他集体经济组织的成员，也可以是非农业人员或组织；为保持承包权的社会保障功能，承包权不能流转，但经营权是财产性权利，可以自由流转，包括转让、抵押等。在承包权与经营权分离的情况下，承包权人的权利是获取流转承包地的收益权，当然也有对承包地利用的监督权、对承包地到期收回权、对经营权人流转承包

---

[1]　郑志峰："当前我国农村土地承包权与经营权再分离的法制框架创新研究——以 2014 年中央一号文件为指导"，载《求实》2014 年第 10 期。

地的优先受让权等；而经营权主要是对承包地的占有、使用、收益和处分（当然要受约定和法定限制）的权利。

我国土地承包主要指农村土地承包。土地承包经营权根据客体性质和取得方式的不同，可以分为耕地承包经营权、林地承包经营权、草地承包经营权、自留地承包经营权和荒地承包经营权。对土地承包经营权的名称，曾有学者建议使用"农地使用权"，[1]也有人认为应使用"永佃权""农用权"等。我们认为：在权利内容没有变化的情况下，应使用人们已经熟悉、其他法律法规等统一使用的名称，无需另创新词；而永佃权与承包经营权差异明显，而且，随着我国对农业税费的取消，它与以支付佃租为特征的永佃权更为不同。另外，因永佃权对所有权影响巨大，在世界范围内，其势渐微。所以，本书认为使用土地承包经营权概念是正确的选择。根据上述中央政策指示，将来的《物权法》以及《农村土地承包法》在用益物权中不仅要规定土地承包经营权，还要确认土地承包权和土地经营权。

（二）土地承包经营权的特征

1. 主体具有特定性。农村土地承包合同的当事人是农村集体经济组织和其成员。根据各地情况不同，作为发包人的集体组织可以是村民小组、村经济组织、村民委员会或乡（镇）农村集体经济组织等。对国家所有、集体使用的农村土地，也由上述组织来发包。除荒地承包外，承包人须为农村集体经济组织的成员，具有特定的身份性。在承包经营权人将经营权转包、互换、转让的情况下，其他人也可以成为土地经营权的主体。根据《农村土地承包法》第三章的相关规定，"四荒"土地承包人并无身份限制，本集体组织成员自然可以承包，其他集体组织的成员以及城镇居民或组织也可以作为承包人。

2. 客体具有广泛性。农村土地承包经营权的客体只能是土地。此处土地包括：耕地、林地、草地以及其他依法用于农业的土地，如被称为"四荒"的荒山、荒沟、荒滩和荒丘，甚至在广义上养殖水面也属于"依法用于农业的土地"。从客体的所属看，包括农村集体经济组织的土地，也包括国家所有而由集体经济组织使用的土地。

从土地承包经营权设置的目的和功能角度分析，土地承包经营权的客体范围应限于土地的地表，解释上应指地面及地上、地下合理空间。如林地承包经营权的地上空间要比一般农作物要高、广很多。

3. 内容具有农用性。农村土地承包经营权是承包人享有的一项以从事农业生产为内容的用益物权。依我国《农业法》的规定，农业是指种植业、林业、畜牧业和渔业等产业。此与建设用地使用权和宅基地使用权的在土地上建造建筑物内容明显不同。

4. 性质具有物权性。农村土地承包经营权属于债权还是属于物权，在立法上

---

〔1〕 梁慧星：《中国物权法草案建议稿》，社会科学文献出版社 2000 年版，第 514 页。

是有反复的，理论界的争论也是激烈的。之所以认为土地承包经营权为债权，是因为其权利的取得、权利的内容不是基于法律规定而是"由承包合同规定"的。长期以来，"土地承包经营的权利和义务，按照承包合同的规定处理，承包人未经发包人同意擅自转包或转让的无效"；承包经营权仅发生在发包人与承包人之间，不具有对抗第三人的效力；司法实践中，对农村土地承包经营权的纠纷，一律依据合同规则来处理。这种现象与物权法定原则明显不符。

2002 年 8 月《农村土地承包法》颁布后，尤其是 2007 年 3 月《物权法》的颁布，在立法上避免了过去飘忽不定的规定。《农村土地承包法》虽没有明确规定承包经营权为物权，但在第 16 条明确规定了承包人享有使用、收益和承包经营权的流转、自主组织生产经营和处置产品，在土地被征收、征用时获得补偿权等各项权利，在第 10、32、34 条等条文中对承包经营权的流转更有具体规定。说明土地承包经营权的法定性和承包人对权利的支配性。《物权法》专列第十一章规定土地承包经营权，其中明确规定："土地承包经营权人依照《农村土地承包法》的规定，有权将土地承包经营权采取转包、互换、转让等方式流转……"；对荒地承包的，还可以入股和抵押；承包期内发包人不得调整更不得收回承包地。从以上规定看，我国法律是将土地承包经营权作为物权而规定的。

立法上的变化实质上反映了社会经济性质的变化，在市场经济条件下，需要强化农民对承包经营权的支配效力，弱化集体组织对承包人的不当干预。将承包经营权定位为物权，使权利效力加强，目的在于"稳定和完善以家庭承包经营为基础、统分结合的双层经营体制，赋予农民长期而有保障的土地使用权"。

从法律角度分析，土地承包经营权究竟是物权还是债权，主要看其效力是否具有对世性，权利实现是否具有自主性。而从我国土地承包经营权的发展历史看，在 20 世纪 80～90 年代，承包经营权具有相对性，发包人对承包人的生产活动干预甚多，实践中出现过很多县、乡和村委会强行铲除承包人的麦苗而要求种植烟叶、大豆等的案件。发包人任意收回承包地的案件也屡屡被报道，那时，显然不能认为土地承包经营权是物权。为解决上述问题，调动农民生产积极性，保护农民的切身利益，《农村土地承包法》和《物权法》将承包经营权按照物权性质来设置，才使其成为物权，所以，土地承包经营权的物权性质实质上是政策调整的结果。

二、土地承包经营权的内容

严格而言，"农村土地承包经营权"包含三种权利：集体组织对土地的所有权、承包土地的农户的承包权、具体从事农业生产经营者的经营权。在多数情况下，土地的承包人与经营人是一体的，但，受经济的发展以及部分承包人长期在城市务工等因素的影响，部分地区土地的经营采取规模化发展模式，有些地区由他人代耕的现象普遍。土地的承包权与经营权逐渐分离。这种分离被前述中央和国务院所认可，当然，经营权的取得是通过合同方式实现的，权利人对权利客体的支配性如何，其性质属于物权还是债权尚有进一步研究的余地，所以，这里的土地承包经营权的内容，主要指承包人的权利和义务。

（一）承包人的权利

根据我国《农村土地承包法》和《物权法》的规定，承包人的权利主要包括：

1. 使用承包地的权利。即实际利用承包地的权利，包括在承包地上从事种植业、林业、畜牧业、渔业等农业生产经营活动。为上述农业活动需要所进行的必要建筑活动，如为灌溉而建的水利设施等属于农业活动的附属，也属于使用承包土地权利的当然内容。

2. 生产经营自主权。承包人有权在承包地上依法自主组织农业生产经营活动，种植何种作物、养殖何种项目、种植多少面积等不受任何人的干预，任何组织或个人都不得强迫承包人从事或不从事某种生产经营活动。尤其要注意，政府部门不得以所谓的棉花产区、烟叶产区、小麦产区或水果产区为由，强制承包人种植某种农作物。

3. 收益和产品处置权。承包人有权收取承包地上的产品以及承包经营权流转所得，承包土地被征收、征用时的补偿费用，对土地生产产品有自主处置的权利。当然，在充分尊重承包人的意愿的条件下，发包方或政府、民间组织通过订单、统一销售合同等方式出售承包人的产品，是被提倡的。

4. 农村土地承包经营权的流转权。土地承包经营权作为一种独立的用益物权，权利人有处分的权利。根据我国法律的规定，承包人可以通过转让、转包、出租、互换、入股、抵押等方式实现权利的流转。

（二）农村土地承包经营权人的义务

农村土地承包经营权人在享受权利的同时，也应承担相应的义务。针对土地承包的特点，承包人的义务主要包括：①维持土地的农业用途，不得将承包土地非法用于非农业建设。我国法律只是强调了严格控制将承包土地用于非农业建设，但并未禁止承包地在种植业、林业、畜牧业和渔业之间用途的改变。从我国《林业法》和《草原法》的规定看，法律禁止通过毁坏森林、草原的方式开垦耕地（现在国家强调"退耕还林、退耕还草"），也不得围湖造田。在实践中，国家将耕地分为基本农田和一般农田，对基本农田不得用于发展林业或改种植果树，更不得用于挖塘养鱼。②保护和合理利用承包地，不得给土地造成永久性损害。该项义务要求承包人在生产经营过程中，应保护承包地的生态环境，防止水土流失和盐碱化。

关于农业税、"三提五统"以及承包人义务的问题，随着国家整体经济水平的提高，《农业法》等所规定的上述义务在家庭承包方式中已被取消。在其他方式的承包中，承包人仍应承担缴纳承包费的义务。

三、土地承包经营权的取得、流转和消灭

（一）土地承包经营权的取得

依据《农村土地承包法》第3条的规定，农村土地承包采取农村集体经济组织内部的家庭承包方式，不宜采取家庭承包方式的荒山、荒沟、荒丘、荒滩等农村土地，可以采取招标、拍卖、公开协商等方式承包。据此，农村土地承包经营权的取得也因家庭承包方式和家庭承包以外的方式而有所不同。

1. 以家庭承包方式进行的承包，是指本集体经济组织成员以家庭为单位，通过与集体组织订立承包合同而取得承包经营权的承包。承包人为集体组织成员，发包人为村集体经济组织或村民小组。承包方案由本集体经济组织成员的村民会议2/3 以上成员或 2/3 以上代表同意。

家庭承包的承包合同自成立之日起生效，土地承包经营权自承包合同生效时取得。至于"县级以上地方人民政府应当向土地承包经营权人发放土地承包经营权证、林权证、草原使用权证，并登记造册，确认土地承包经营权"的法律规定，不应是权利取得的要件，它只是国家管理上的需要。登记是一种公示方式，其目的无非是在财产静的安全上保护权利人的利益，在动的安全上保护第三人的利益。我国农村土地承包因仅限于本集体组织成员，彼此熟识，在承包合同签订后，即便没有登记，在绝大多数情况下第三人也知道土地的权属，无须登记。

因集体经济组织土地的形成具有历史原因，我国土地承包经营权又具有福利性质，所以法律规定集体经济组织具有强制缔约义务，而且发包人不得随意选择承包人；承包人有无偿取得土地承包经营的权利。在具体承包时，采取按人口、劳动力平均分配的方法，确定每一农户的承包地数量，凡是本集体经济组织成员，人人有份。所以，对耕地、林地和草地的承包具有强烈的社会保障功能。

2. 以家庭承包之外的方式取得。土地承包经营权除通过家庭承包方式取得外，还可通过招标、拍卖、公开协商等方式的承包而取得。这些承包方式与家庭承包相比在承包的主体、客体、承包方式和功能上有很大不同：①在主体上，对承包人没有特别限制，集体组织成员或家庭可以承包，集体组织外的人和组织也可以承包。因此种承包主要针对"四荒"土地，需要特别投入，并形成规模才能见效，如果强行平均分给农户，不利于对"四荒"土地的开发利用，有时，对农户还是负担。所以，对"四荒"土地的承包应采取不同的规则，允许集体组织外的人承包，当然，如果本集体组织成员愿意承包的，在同等条件下，其有优先权。②在客体上，主要是不宜采取家庭承包方式的荒山、荒沟、荒丘、荒滩等土地。③承包的方法是通过招标、拍卖或公开协商的方式，由最有经营能力的人承包。发包人按照"效率为主，兼顾公平"的原则，选择具体的承包人，而不是实行人人有份的平均承包。

除此之外，根据《农村土地承包法》第 46 条的规定，集体组织也可以先将"四荒"土地承包经营权折股分给本集体经济组织成员，然后再实行承包经营或股份合作经营。实行承包经营的，本集体经济组织成员以其土地承包经营权的折股，分享承包费等收益；实行股份合作经营的，从经营收益中获得股份分红。这种方式使没有能力承包"四荒"土地的本集体经济组织成员能够通过分红获得一定利益，也避免了集体经济组织以外的人承包时所产生的不必要的纠纷。

农村土地承包经营权是否可以通过继承方式取得的问题，在立法上针对不同客体，法律采取了不同的态度，理论上对该问题的争论也较大。家庭承包属于集体经济组织内部的承包，它以农户为生产经营单位，具有社会保障功能。家庭中某个成员或部分成员死亡的，土地承包经营权不发生继承问题，由其他家庭成员中有承包资格的人在承包期内继续承包；非集体经济组织成员的继承人，不能继承死者的土地承包经营权。当然，死亡承包人依法应当获得的承包收益，属于遗产，由其继承人承受。由于林地和"四荒"地有投资周期长、见效慢的特殊性，依我国《农村土地承包法》第 31 条的规定，对于家庭承包的林地，承包人死亡的，其继承人在承包期内可以继续承包。对"四荒"地的承包经营权的继承问题，应分两种情况：①承包人死亡，其应得的承包收益，依照《继承法》的规定予以继承。此与家庭承包相同。②在承包期间内承包人死亡的，其继承人可以继续承包，直至承包合同到期。

从以上法律规定上看，将承包应得的收益作为继承客体应没有异议，而对承包经营权是否可以作为继承客体，立法上一直回避使用"继承"的概念，只是强调"继承人可以继续承包"。"继续承包"实际上是继承人就被继承人生前承包的土地与发包人重新签订承包合同的意思，只不过该承包合同没有经历一般合同订立的过程而已。家庭承包经营权不适用于继承的理由是：它以农户为承包人，部分家庭成员死亡，其他人仍以农户身份存在，所以不发生继承问题。但稍加分析就会发现，承包经营权是一项财产权，具有合法性，应该属于《继承法》第 3 条规定的遗产范围中的第 7 项"公民的其他合法财产"的内容。另外，承包土地的数量是以人头平均取得的，承包人死亡，其人头项下的承包权利理应作为遗产的组成部分，目前法律规定其只能归具有集体经济组织成员身份的人，是对其他继承人的财产权的剥夺；在没有集体组织成员的情况下，对继承人没有任何补偿就收回承包土地是不公平的。

（二）土地承包经营权的流转

作为一项财产权利，土地承包经营权在法律规定范围内当然可以流转，但是，从历史上看，我国的土地承包经营权流转经历了从禁止、限制，到多种形式流转的发展过程。20 世纪 80 年代初期，作为农村改革的最重要体现的土地承包经营权，在《宪法》中明确禁止流转。[1]1988 年 4 月 12 日的《宪法修正案》在第 2 条规定"任何组织或个人不得侵占、买卖或者以其他形式非法转让土地。土地的使用权可以依照法律的规定转让"。在 1994 年之前，法律及政策只允许土地承包经营权的转包，而禁止其他形式的流转；1995 年 3 月 11 日，中共中央、国务院在《关于做好1995 年农业和农村工作的意见》中明确提出了"要逐步完善土地使用权的流转制

---

[1] 1982 年的《宪法》第 10 条第 4 款："任何组织或个人不得侵占、买卖、出租或者以其他形式非法转让土地。"该禁止性规定虽然针对"土地"，但被普遍理解为涵盖土地承包经营权的流转。

度"，其后国务院在批转农业部"关于稳定和完善土地承包关系意见的通知"中更明确提出：在坚持土地承包所有和不改变土地农业用途的前提下，经发包方同意，允许承包方在承包期内，对承包标的依法转包、转让、互换、入股，其合法权益受法律保护。特别是 2003 年 3 月 1 日实施的《农村土地承包法》，用专章规定了土地承包经营权的流转。四年后通过的《物权法》重申了《农村土地承包法》的内容。而 2014 年 11 月 20 日，中共中央办公厅、国务院办公厅印发《关于引导农村土地经营权有序流转发展农业适度规模经营的意见》从法律规定看，我国的土地承包经营权流转主要包括以下几种方式：

1. 转包。转包指承包方将部分或全部土地承包经营权以一定期限转给本集体经济组织内其他成员从事农业生产经营。转包并不改变原有的承包关系，所以，原承包人需要继续承担对发包人的义务。转包方式运作简便，对于土地资源的优化配置，提高土地的利用率等都有明显效果。转包通常有两种模式：①承包人将土地的承包经营权委托给集体经济组织，集体经济组织再将土地交给有能力和愿望的成员经营；②自行转包，也就是所谓的"代耕"。在区分承包权与经营权的情况下，承包权人通过"转包"的方式，把土地的经营权转让给他人，自己仍然保持承包人地位，这样的制度设计坚持了农村土地的集体所有——土地公有制性质不变；稳定农户的承包权——农民利益不受损；同时放活农村承包土地的经营——真正落实物尽其用目的。

2. 转让。经发包方同意，承包方将自己的土地承包经营权全部或部分转让给其他从事农业生产经营的农户的行为。根据《农村土地承包法》的规定，以转让方式流转的土地承包经营权，可以全部转让，也可以部分转让，受让方也须为从事农业生产经营的农户，而且要与发包人签订新的承包合同，原承包人退出承包关系。为防止转让方盲目转让，法律规定"承包方有稳定的非农业职业或者由稳定的收入来源"的才被许可转让。根据该法第 41 条的规定，转让还须"经发包方同意"，对此，《物权法》颁布之前有不同的观点，一种观点认为，转让后，原承包关系解除，发包人与受让人形成新的承包关系，如果未经发包方同意，土地的承包经营权就转让给他人，发包方的权利可能难以保障；另一种观点认为，作为物权的承包经营权属于绝对权，应当允许权利人自由转让，《土地承包法》的限制性规定，阻碍了土地承包经营权的流转。还有一种观点，以担心出现两极分化，出现大批无地、少地农民，进而造成其他社会问题为由主张禁止农地使用权的转让。[1]

《物权法》中确定了土地承包经营权人有权依照土地承包法的规定流转其土地承包经营权，其条件自然也是"经过发包方同意"。而根据 2014 年"中央一号文件"的精神，土地承包权人将土地的经营权转让他人时，则没有"经过发包人同意"的限制。

---

〔1〕 梁慧星主编：《中国民法典草案建议稿附理由》（物权编），法律出版社 2005 年版，第 263 页。

3. 出租。出租指承包方将部分或全部土地承包经营权以一定期限租赁给本集体经济组织以外的单位或个人从事农业生产经营的行为。出租和转包在实践中极为相似，都是承包人将土地的承包经营活动让与他人的行为。二者的区别主要是：转包是将承包经营权交给本集体经济组织成员的行为，出租则是将承包权交与本集体经济组织以外的人的行为；实践中，出租的费用一般高于转包，在过去惠农措施不多的情况下转包在实践中还有"倒贴"情况出现。

出租与转让土地经营权也是极为相似的流转方式，二者的不同在于承租人只能按照土地的原本用途从事农业生产活动，而不能如同经营权人那样利用土地权利进行出租、投资、设置抵押等。

4. 互换。在双方均为同一集体组织成员时，为耕种方便等原因，经协商一致，承包人可以将自己的承包地与他人的交换。根据《农村土地承包法》的规定，互换的条件包括：地块属于同一集体经济组织；互换的双方当事人均为同一集体经济组织的成员。互换是为弥补原土地承包分配不科学而采取的一种措施。从法律关系角度看，互换包含了三方当事人之间的三个法律关系：发包方与两个承包人之间重新签订的两个承包合同关系；互换双方当事人之间就土地互换的协议。

5. 入股和抵押。依据法律规定，对"荒地"可以通过入股和抵押方式流转，这与此种土地承包经营权的取得方式如拍卖、招标等相适应。对耕地等则不能通过这两种方式流转，这主要是基于对土地的利用和失地农民的利益考虑。

除以上方式外，在实践中，广东、辽宁等地还出现了"反租倒包"的流转方式。即在明确土地所有权，稳定承包权的前提下，集体组织在征得承包人的同意时，把承包人的土地以支付租金为对价承租回来，再把集中后的土地承包给农业公司或种植大户实行规模经营的土地流转方式。"反租倒包"是在允许土地承包经营权出租的前提下，集体组织与"专事"农业的公司或种植大户之间签订承包合同而形成的，其基本法律关系仍属于承包合同。

多种流转方式的存在是在法律的范围内各地承包户根据具体情况进行的选择，这对于土地的充分利用，维护农民利益都是有积极作用的。

（三）土地承包经营权的消灭

土地承包经营权作为一种用益物权，其必然要求不得由发包方单方面解除承包合同，法律规定也不能为将土地招标承包而将家庭承包土地收回，不得为抵顶欠款而收回土地。农村土地承包经营权必须在出现法律规定事由时才予以消灭。具体包括：

1. 承包期限届满。与传统民法上的永佃权不同，农村土地承包是有期限的，其中，根据《物权法》第126条和《土地承包法》第20条的规定，以家庭承包方式取得的耕地承包期为30年，草地的承包期为30～50年，林地的承包期为30～70年，特殊林木的承包期，经林业主管部门同意还可以延长。其他方式的承包期限由承包合同确定。一般而言，有存续期间的权利在期间届满时，权利自然消灭，但是，由农村土地承包经营权的强制缔约性和福利性所决定，对耕地、草地和林地而言，我国《物权法》第 126 条第 2 款规定："……承包期届满，由土地承包经营权人按照国家有关规定继续承包。"而"四荒"地的承包权在期间届满后，就自然消灭。

2. 承包人自愿交回承包土地。土地承包合同是确定发包方与承包方权利义务关系的法律文件，双方都有义务依合同约定内容予以履行，但是，由于承包期限比较长，期间如果发生不适合继续承包的状况，应当允许承包人交回承包土地。这种状况包括：①承包方家庭成员发生重大变化，没有能力继续耕种承包地，又不愿意进行土地承包经营权流转。②承包方家庭和主要劳动力进入非农产业。例如脱离农业转向小城镇和城市，从事乡镇企业或第二、三产业，并获得较稳定的非农业收入。这部分人如愿意放弃在农村的承包土地，转而从事非农业产业，承包人交回的承包地可用于土地调整，解决新增人口与承包土地之间的矛盾。承包人交回承包地后，承包经营权自然消灭。

3. 因土地撂荒而被收回。土地承包经营权是一项用益物权，其设置的目的在于对土地的充分利用。如果承包人长期不做耕种，是对土地资源的浪费。在我国充分利用耕地不仅是承包人的权利，更是一项义务。违反该义务，连续两年对土地弃耕抛荒，按照《土地管理法》第 37 条的规定，就可能被收回承包经营权。有学者以《农村土地承包法》没有规定类似内容为由，认为对撂荒土地的人的承包经营权不得收回。[1]这是不对的，因为：①《农村土地承包法》的实施，并未使《土地管理法》失效。②稳定土地承包关系的目的在于使承包人放心承包，加大对土地的投入，是为了更好地利用耕地。在全国都已取消农业税的情况下，如果承包人任由耕地荒芜，则是与《土地承包法》稳定承包关系的目的相违背的。③土地承包人对耕地的农业目的利用既是其权利，也是其义务，作为权利，承包人可以放弃，但作为义务，承包人应当履行。

第三节　宅基地使用权

一、宅基地使用权的概念和特征

（一）宅基地使用权的概念

宅基地使用权指农村集体组织成员依法对批划给自己建造住宅的土地享有的建造住宅及其附属设施并居住使用的权利。住宅是人们安身立命之场所，是最基本的生活资料，而宅基地使用权则是拥有住宅的基础。所以，在我国，宅基地使用权是非常重要的物权种类，也是人们重要的财产权利。在广义上，宅基地属于建设用地，不仅农村村民享有，城镇居民也应享有，在中华人民共和国成立后的相当长时

---

[1]　尹飞：《物权法·用益物权》，中国法制出版社 2005 年版，第 323 页。

间内，城镇居民由于历史的原因以及根据批准在城镇建设的住宅，其对房屋下的土地拥有使用权甚至所有权，而在 1982 年《宪法》规定下，城市的土地归国家所有后，虽然地上建筑物属于私人，但土地属于国家，为此出现了城镇房屋的宅基地使用权问题，后又更名为国有土地使用权，《物权法》出台后，统一称为建设用地使用权，而农村的住宅用地仍然称为"宅基地"并被独立为一种用益物权——宅基地使用权。所以，由我国土地制度的独有特点，以及农村住宅用地的福利性质所决定，《物权法》规定的宅基地使用权专指在集体所有的土地上当事人所享有的建造住宅及附属设施并为占有使用的权利，而不包括对国家所有的土地所进行的以建造住房为目的的占有使用，也不包括以非农业建设为目的的建设用地使用权。

（二）宅基地使用权的特征

宅基地使用权属于传统民法中的地上权，同时，宅基地使用权也有自己的特点：

1. 宅基地使用权的主体是自然人。法人和非法人团体不能成为宅基地使用权人。另外，在宅基地使用权问题上，法律虽然没有对城市居民和农村村民进行区分，但是 1998 年的《土地管理法》删除了城镇居民在集体土地上建造住宅的相关规定，只规定了农村村民的宅基地问题。所以，在我国，宅基地使用权实际仅指农村集体组织成员对集体所有的土地所享有的利用土地建造住宅及其附属设施的权利。又因我国对宅基地使用权采取限制措施，只有在特定情况下，城镇居民因继承或原来是农村村民并有宅基地使用权后转为城镇居民而继续拥有原住宅的人才可享有宅基地使用权。所以，至少就宅基地的初始取得而言，其权利主体应为农村集体组织成员。

2. 宅基地使用权的内容为依法建造住宅及其附属设施，并为占有、使用、收益和处分。如不为居住目的不得申请宅基地使用权。这里的住宅及其附属设施包括住房、与住房居住生活有关的其他建筑物和设施、庭院。当然，在实际生活中，宅基地使用权并非完全限于居住，小规模、家庭式、无污染、不扰民的生产、经营活动也并没有被禁止。

3. 宅基地使用权的取得需经合法程序。依《土地管理法》的规定，宅基地使用权的取得因使用的土地类型不同其批准程序有所不同，使用原有的宅基地或村内空闲地的，由乡级人民政府批准即可，而如果使用耕地的，则需当事人提出申请后，经乡（镇）人民政府审核，由县级人民政府批准，而且还须先办理农用地转用的审批手续。

4. 宅基地使用权没有期限限制。从我国的法律规定看，因为宅基地使用权是以户为单位申请取得的，家庭某个成员的死亡或因其他原因与家庭分开，并不影响其他成员对宅基地的使用权。因此，宅基地并不存在因使用期限届满而消灭的问题。我国《物权法》规定的宅基地使用权消灭的原因为"宅基地因自然灾害等原因灭失"。

5. 宅基地使用权为无偿取得的用益物权。我国目前施行宅基地使用权无偿取得制度，在《物权法》制定过程中，有意见认为应该采取有偿取得的制度，最终该意见没有被接受，主要原因在于，宅基地性质上是保障村民基本居住需要的利益，其标准各地都有严格限制，对于超过标准的部分可以采取有偿使用制度。

（三）宅基地使用权的性质

宅基地使用权是我国特有的用益物权种类。有关宅基地使用权的性质在我国有许多争论。主要的观点包括：地上权说；独立的用益物权说；建设用地使用权说等。从宅基地使用权的特征分析，它应属于地上权，即在他人土地上营造建筑物或种植竹木而使用他人土地的权利。但由于宅基地本身的特点，以及我国特殊的土地所有制度，使得宅基地使用权与传统一般用益物权中的地上权不同：①它建立于集体土地所有权之上。集体土地承担着集体成员生存和发展的重任，宅基地使用权制度实行"一户一宅"原则，保证每位成员都有宅基地使用权，而且其是通过审批方式无偿获得的，具有福利性质。这与一般地上权为纯粹私权，不限于居住建筑物和采用合同方式取得是有区别的。②宅基地使用权制度主要调整各使用权人之间的关系，而非所有人与使用人之间的关系。农村宅基地使用权制度旨在建立集体成员利用土地的秩序，在不同使用人之间划出界线。

二、宅基地使用权的内容

宅基地使用权的内容指宅基地使用权人的权利和义务。

（一）宅基地使用权人的权利

1. 占有并使用宅基地而建筑房屋及附属设施的权利。宅基地使用权的取得目的是建筑住宅，占有是使用宅基地的前提，建筑房屋并为使用是主体的基本权利。除此之外，为居住生活需要，权利人也有权在宅基地上修建厕所、猪圈、仓房，构筑沼气池等。对此，《物权法》第152条有明确的规定。除居住生活外，在宅基地上或房屋内从事小规模、无污染的生产或经营活动也非法律所禁止。另外，在宅基地上建造的房屋和其他附属设施当然归宅基地使用权人所有。

2. 种植树木、花草等的权利。在不改变宅基地用途的前提下，在宅基地的空闲区域种植树木、花草甚至蔬菜等并为收获也为法律所认可。当然，此种植行为须为居住行为的附属行为，即便在客观上种植的面积大于建筑面积，以及权利人将种植出的产品销售，也应认其为宅基地使用权内容，而非土地承包经营权。

3. 宅基地使用权的转让。作为一项财产权利，宅基地使用权应当包含处分权内容，但是由于宅基地使用权的特殊性，我国对宅基地使用权的转让采取了严格的限制措施。《物权法》对此采取了回避态度，将问题推至《土地管理法》和国家有关规定。从《土地管理法》和《担保法》的相关规定看，单独的宅基地使用权转让是被禁止的。但是，对宅基地上的建筑物等权利人可以转让、抵押、出租，在权利人死亡后，也可被继承等。基于"地随房走"的原则，此时的宅基地使用权也随之转让。当然，宅基地使用权一旦转让，就不得再次申请。

（二）宅基地使用权人的义务

宅基地使用权人的主要义务包括：按照批准的范围和目的占有和使用宅基地，不得擅自变更土地用途，扩大使用范围；不得单独转让或出租宅基地；注意相邻人的权益。

三、宅基地使用权的取得、变更和消灭

（一）宅基地使用权的取得

1. 权利主体须为集体组织成员。我国的宅基地是指被用于建造住宅的集体所有的土地。从 1998 年修订的《土地管理法》的精神看，城镇居民不得再在农村建房而对集体土地享有宅基地使用权，所以，如前所述，至少在宅基地的初始取得上，权利主体只能为本集体组织成员。有些地方政府规定，回乡落户的离、退休人员，复员的军人，回乡定居的华侨，港、澳、台同胞等也可以申请取得宅基地使用权。这些人员应被视为具有本集体组织成员资格的人。

2. 申请、审核、批准。集体组织成员须有合理的住房需求，按照"一户只能拥有一处宅基地"的标准，向集体组织申请，经乡（镇）人民政府审核，由县级人民政府批准；如果占用农用地，其审核批准程序更加严格。将原有住房出卖、出租后再申请的，不予以批准。

这里需要讨论的是，县级人民政府批准的性质。因为宅基地使用权人属于集体组织，是否允许使用该土地以及使用多少等权利内容应由所有权人决定，各级政府的审核、批准是对集体组织合理利用土地的监督，属于行政管理性质，而非私法上的授权。

（二）宅基地使用权的变更

宅基地使用权是一种财产权，具有使用价值和交换价值，但是，由于其所具有的福利性质，以及所有权制度的限制，对宅基地使用权的转让、抵押等变更我国法律历来保守。在《物权法》起草过程中，有关宅基地使用权的转让及抵押问题争议颇多：有学者主张应当允许宅基地使用权转让、抵押，这有利于解决农民贷款难问题，有利于物尽其用，宅基地使用权的转让、抵押也无法理上的障碍；有学者则认为我国农村目前的社会保障体系尚欠完善，宅基地使用权属于无偿取得，允许自由转让、抵押会导致国家土地管理制度执行中的混乱等，建议不放开宅基地使用权的转让和抵押；也有观点认为，为实现物尽其用的目的，经本集体经济组织同意宅基地使用权可以在本集体经济组织内部随着房屋的转让而有条件的转让。《物权法》草案第六次审议稿中还明确规定，禁止城镇居民在农村购置宅基地。对此，《物权法》没有明确，为慎重起见，也为维护现行法理和国家有关宅基地政策，更为今后修正《物权法》留有余地，《物权法》第 153 条规定："宅基地使用权的取得、行使和转让，适用土地管理法等法律和国家有关规定。"而《土地管理法》的相关规定虽无绝对禁止宅基地转让，但限制转让的规定是明确的，《土地管理法》第 62 条第 4 款规定："农村村民出卖、出租住房后，再申请宅基地的，不予批准。"

此虽为对宅基地申请资格限制，同时，也限制了权利人宅基地使用权的转让。从国家土地管理局的相关规定中看，我国禁止单独转让宅基地使用权。但因我国采取"房地一体主义"，基于地随房走的原则，转让房屋，自然也将使宅基地使用权一并转让。因此，应当认为我国并不禁止宅基地使用权的转让。至于《土地管理法》第 63 条"农民集体所有的土地的使用权不得出让、转让或者出租用于非农业建设"的规定，应是指建设用地，而非指住宅用地。《担保法》第 37 条规定的宅基地使用权不得抵押，专指单独以宅基地使用权为抵押，而根据该法第 34 条的规定，房屋在被用于抵押时，宅基地使用权不得抵押的规定的价值就大打折扣了。

限制宅基地使用权流转的主要理由在于担心农民一旦失去该项权利，就会成为不稳定因素。而事实上社会保障主要体现在权利的取得环节，而不在于对所取得权利的利用。一个理性的人应承担自己的行为后果。另一方面，限制农村宅基地使用权转让或抵押，使农民的房屋难以进入市场，这也限制了农民的融资渠道。

综上所述，我国对宅基地使用权问题应在取得上严格把关，而在转让、抵押等问题上应适当放开，使制度设计具有系统性。另外在转让过程中，如果转让的是已登记的宅基地使用权，则须办理变更登记手续，转让行为才能有效。

（三）宅基地使用权的消灭

宅基地使用权因下列原因而灭失：征收、自然灾害和收回。在因征收和自然灾害而使宅基地使用权消灭的情况下，应当重新分配宅基地。对于因自然灾害导致宅基地灭失的情况，我国《物权法》第 154 条有明确规定，根据该规定，在出现因地震、山洪、山体滑坡等自然灾害，造成宅基地本身不存在的情况下，宅基地使用权自然也就消灭，但此时，对没有宅基地或者符合宅基地分配条件的集体组织成员，农村集体经济组织应当重新为其分配宅基地。对于因征收而失去宅基地的情况，《物权法》没有具体规定，但是，根据第 121 条的规定"不动产或者动产被征收、征用致使用益物权消灭或者影响用益物权行使的，用益物权人有权依照本法第 42 条、第 44 条的规定获得相应的补偿"而宅基地涉及农民的基本生活问题，征收单位应给予提供基本保障，重新分配给其宅基地。建筑物的灭失是否导致宅基地使用权的消灭，理论上有争论。应当认为：宅基地使用权与房屋所有权是两个不同的权利类型，宅基地使用权有独立存在的价值，所以，房屋或其他附属设施的灭失并不当然导致宅基地使用权的消灭。

第四节　地役权

一、地役权的概念

地役权是指不动产的所有人或使用权人为提高自己的不动产利用的效益，通过订立合同而利用他人不动产的用益物权。因此，地役权涉及两宗土地，其中为他人不动产提供便利或被他人利用的不动产称为供役地，"自己的不动产"称为需役地。

理解地役权需要注意以下几方面：

1. 地役权的客体是他人的不动产。此处不动产仅指土地，还是包括所有的不动产，在理论和立法实践中有不同观点。从立法上看，《德国民法典》第 1022 条明确规定就建筑物也可设立地役权。这与德国把土地上的建筑物作为土地的构成部分的观念有关。从《法国民法典》第 637 条的规定中也可以推导认为，法国法也允许在建筑物上设立地役权。日本和我国台湾地区的立法和传统理论界普遍认为，地役权仅在土地上设立。但目前理论界许多人主张将地役权客体扩及整个不动产。例如王泽鉴认为："从法律逻辑及发挥地役权的功能言，将供役地扩张及于不动产，土地及其定着物，实有必要。"[1]苏永钦也持此观点。从我国《物权法》第 159 ~ 165 条有关地役权的规定上看，其中仅规定了土地上的地役权，而无建筑物上的地役权，根据物权法定原则，我国的地役权仅在土地上设立。有学者认为地役权的内容具有广泛性，因此，不排斥为自己建筑物利用的便利，而使用他人的建筑物。这种观点有一定道理，但在《物权法》或其他法律没有规定之前，这种利用只能以债权形式出现，而不得设置为地役权。另外，对他人土地的利用并非仅指对地表的利用，还包括对地上和地下的利用，前者如架设电线，后者如埋设管线等。有学者认为《物权法》第 164 ~ 165 条规定的"土地承包经营权、建设用地使用权等转让的，地役权一并转让""土地承包经营权、建设用地使用权等抵押的，在实现抵押权时，地役权一并转让"中，"建设用地使用权等"可以解释为包括建筑物所有权在内。[2]实际上就文义解释而言，从法律条文上是无法将"建设用地使用权"理解为建筑物所有权的，当然，值得注意的是，2008 年 7 月 1 日起实施的《房屋登记办法》中规定了房屋地役权的登记制度，但鉴于该"办法"的性质、位级等，这是否意味着我国的地役权范围已经扩大至建筑物等土地外的不动产还有待讨论。

地役权是他物权，应在他人所有或利用的土地上设定。在比较法上，德国和瑞士民法允许在自己的土地上为属于自己的另一块土地的利益，设定地役权。在实际生活中，不动产所有人因在土地上为他人设置了权利，而使其自己不得任意行使权利的情况多有发生，此时就存在所有权人为自己另一土地的便利而利用本块土地的必要，所以，理论上应允许所有权人或利用权人在自己所有或利用的土地上为自己设定地役权，只不过要解决地役权为他物权的性质问题。理论上分析，从设置地役权的目的看，不在于调节不动产的所有，而在于调节不动产的利用，所以即便非不动产的所有人也可以通过签订协议获得地役权，因此就存在不动产的使用人与不动产所有人签订涉及不动产所有人另一宗土地或者建筑物使用的地役权，当然也存在

〔1〕 王泽鉴：《民法物权》（用益物权·占有），中国政法大学出版社 2001 年版，第 97 页。
〔2〕 戴孟勇："我国物权法中地役权制度的争点及反思"，载王卫国主编：《法大民商经济法评论》（第 6 卷），人民法院出版社 2010 年版，第 42 页。

拥有两宗土地的所有权人,在将其中一宗授权他人使用时,为保留自己使用的一宗土地使用便利而与使用权人签订相关地役权协议。

2. 地役权的主体包括不动产所有权人和使用权人。地役权为调节土地的利用而设置,所以,凡为土地的利用需要者,应认为均可为地役权主体。所以地役权是对物不对人的权利,苏永钦称之为"主体属物",认为:"从法律技术角度看,这个物权(地役权)最特别之处就在于不仅客体属物,而且主体属物,这当然不是说权利主体是物,有权利能力的永远只有人,所谓主体属物,是说地役权主体随土地(所有权)而定,所有权转移它也当然转移,地役权必属于'各时'所有人,一旦与土地所有权分离,就变成了人役权"。[1]在我国因为土地公有的特性,作为土地所有人的国家和集体自然可以为自己土地设定地役权,或为自己土地设立承受供役地的负担,但更多的是在土地的实际使用人之间设立地役权。我国《物权法》规定的地役权主体包括土地所有人、土地承包经营权人、建设用地使用权人和宅基地使用权人等。[2]至于其他土地的使用人如承租人是否得在承租土地上为他人提供需役地,有不同的观点。在理论上,地役权的设定于需役地而言是权利,而对供役地而言则是负担,因此,凡设立地役权者,需对供役地有处分权。土地的所有权人可以为他人土地的需要设置永久期限的地役权,其他权利人则只能在其有使用期限的范围内在供役地上为需役地设置地役权。

3. 地役权的目的在于提高权利人利用不动产的效益。此种效益在传统民法中称为"便利",其内容主要是经济效益,但在现代社会,为提高生活质量而利用他人土地,进而实现精神利益的情况也时有出现,如眺望地役权的设定等。

4. 地役权的设立主要是通过签订地役权合同的方式。这也是地役权与相邻权的主要区别。地役权与相邻权都是为调节在自然位置上有一定联系的不动产所有人或利用人之间利用不动产的关系而设置的制度,二者作用相互补充。我国《物权法》制定过程中,原来没有地役权制度,而是希望通过相邻关系来吸收地役权,以相邻关系达到地役权关系的法律目的。学者建议稿中有将地役权称作邻地利用权的,但相邻权与地役权之间的区别是明显的,主要表现在:①权利产生的方式不同。地役权以当事人签订地役权合同或如国外规定的经由时效取得;而相邻权则是法律直接规定的权利。②权利的性质不同。地役权是典型的用益物权,属于他物权;而相邻权则属于所有权的延伸,属于自物权范畴。③权利的客体范围不同。地役权的客体是土地,所谓供役地;而相邻权的客体除土地外还有房屋等建筑物。④权利的内容有所不同。地役权一般为有期限的和有偿的,而相邻权则为无期限的和无偿的。与地役权相比较,相邻权是法律对不动产相互毗邻的双方之间最低限度的调节。⑤相邻权要求两宗不动产相互毗邻,而地役权虽然通常表现为相邻的两宗

〔1〕 苏永钦:"重建役权制度——以地役权的重建为中心",载《月旦法学》2000年第65期。

〔2〕 《物权法》第162～164条。

不动产，但在在认定时并不以此为必要。地理位置上不相邻的两宗不动产，其权利人也可以设置地役权。如通过地役权解决眺望风景利益等。

二、地役权的特征

地役权属于利用他人土地的用益物权，与其他用益物权比较，地役权具有以下特征：

1. 地役权具有从属性。地役权系从属于需役地的所有权或利用权而存在的权利，与其他用益物权一经设立即具有独立性不同，地役权与需役地同命运。其从属性表现在：①地役权的设立以需役地的存在为前提；②地役权不得与需役地分离而单独让与。例如不得只转让地役权而保留需役地的所有权或利用权，也不得只保留地役权而将土地的所有权或利用权转让，自然也不得将地役权和土地的所有权或利用权分别转让给不同的人。引申言之，地役权也不得单独设置抵押。即需役地让与时，其效力及于地役权。在我国，如果土地承包经营权、建设用地使用权等抵押的，在抵押权实现时，在该土地上设置的地役权一并转让。

2. 地役权具有不可分性。地役权具有整体性，其权利的取得、消灭或享有的效力涉及地役权的全部。不得仅将地役权分成数个部分，或仅有部分存在。在共有状态下，一人取得地役权，他人也相应取得，共有人中一人不得单独以自己的份额为限抛弃地役权；需役地或供役地的分割，不影响地役权以整体内容的存在。

3. 地役权不具有排他性。物权具有排他性，表现为排除他人干涉和内容相同的物权之间具有相互排斥的性质。[1]除所有权外，物权的排他性集中体现于用益物权。用益物权基于对标的物的占有和使用特性，通常情况下，在同一标的物上只能存在一个用益物权，不能同时存在两个用益物权。但与其他用益物权不同的是，地役权不具有排他性，在同一块土地上，可以同时为不同的人设置同一种类的地役权，也可以为同一人设置不同的地役权。

三、地役权的取得

地役权可以因法律行为而取得，也可以因法律行为以外的事实而取得。

1. 因法律行为而取得。这主要包括三种方式：①通过与供役地人签订地役权合同来实现。这是地役权取得的最主要方式，也是通过让与或继承等取得地役权的基础。我国《物权法》第 157 条第 1 款明确规定："设立地役权，当事人应当采取书面形式订立地役权合同。"地役权自地役权合同生效时设立。根据本条规定，地役权的设立行为属于要式的法律行为，这意味着，如果没有按照法律规定签订书面协议，就不能产生地役权设立的法律后果。采取要式法律形式主要还是由地役权法律关系的复杂性所决定。对地役权而言，我国采取登记对抗主义，没有登记虽也可取得地役权，但不得对抗第三人。地役权合同的内容应包括：当事人自然状况；供役地和需役地的位置；利用目的和方式；利用期限；费用负担及支付方式；解决争

---

〔1〕 刘智慧：《民法学》，中国法制出版社 2003 年版，第 246 页。

议的方法等。②通过遗嘱为需役地设立地役权。我国《物权法》对此未作规定，从理论上讲，设立方式不涉及物的内容和种类，法律并未禁止通过遗嘱方式设立地役权，因此，实际生活中，一旦出现土地的利用人用遗嘱方式设立地役权的情况，应当予以认可。③通过受让需役地所有权或利用权的方式，取得原本就存在的地役权。地役权虽不得单独转让，但是可以随同需役地的转让而转让。

2. 因其他法律事实而取得。这主要指通过继承和时效而取得地役权。因继承而取得地役权毋庸赘述，地役权是否得因时效而取得，外国以及我国的台湾地区有肯定的规定，我国《物权法》没有规定，有学者以最高人民法院《关于贯彻执行〈中华人民共和国民法通则〉若干问题的意见（试行）》第101条的规定，认为我国承认了时效取得地役权。这种观点是值得商榷的。

四、地役权的内容

地役权的内容即地役权中的权利义务。需要注意的是，地役权的内容与地役权合同的主要条款虽然有密切的联系，但二者有本质区别，不能混淆。另外，在物权法定原则下，地役权因其产生的意定性，以及当事人的不同需求，无论在类型上还是在具体内容上都难以交由法律具体规定，所以，为最大限度发挥土地的利用价值，在地役权的类型及内容方面，当事人享有相当程度的自治空间。

1. 地役权人的权利义务。地役权人的权利主要是利用供役地和地役权的保护。地役权人有权根据设立的目的和范围利用供役地。利用的具体内容则视设立合同约定的内容而有所不同。设立道路通行权的，即可以开辟道路而为通行；设立了眺望权的，即可以要求供役地人不得建筑一定高度的建筑物等。当地役权受到侵害（包括供役地人和第三人的侵害）时，权利人得要求停止侵害和排除妨碍。

地役权人的义务主要是损害避免和支付费用。地役权人在行使权利时，应采取不损害供役地或造成较小损害的方式。对于有偿利用供役地的，地役权人应按约定的时间、方式，足额支付费用。对于地役权人为实现地役权而建造的设置物，应当允许供役地人使用。

2. 供役地所有人或利用人的权利义务。供役地人的权利主要包括收取费用和请求改变利用方式。在有偿利用供役地的情况下，供役地人有权请求费用支付自不待言。关于供役地人是否有权要求改变利用方式的问题，我国《物权法》并无规定，从实际着眼，在不影响地役权人权利实现的情况下，应认为供役地人有此权利，以促进双方对土地的充分利用。供役地人的义务即为容忍和不作为。

五、地役权的消灭

地役权消灭的原因，除不动产物权消灭的一般原因外，主要包括：

1. 地役权存续期间届满或约定的解除条件成就。地役权在约定的期限届满以及双方约定的解除条件成就时自然消灭。

2. 供役地被征收。此时，因征收土地被国家原始取得，在其上的权利负担除法律规定外都一并解除。

3. 地役权无存续必要。在设立地役权的目的不能实现或无意义时，地役权消灭。例如为引水而设立的地役权，因河水干涸无以汲水，该地役权也就没有存续的必要。再比如，出现供役地与需役地的权利人出现混同时，地役权也无存在必要。

4. 地役权的抛弃。作为一项财产权利，地役权人得抛弃地役权以使其消灭。只是该项权利的行使并不意味着义务的消灭。例如支付费用的义务仍应履行。

5. 地役权的法定撤销。根据我国《物权法》第 168 条规定，供役地权利人在需役地权利人出现下列情况之一的，有权解除地役权合同，撤销给予供役地权利人的地役权：一是违反法律规定或合同约定，滥用地役权；二是在约定的付款期限届满后，未按约定支付费用，在合理期限内经两次催告后仍不支付相关费用。地役权合同一旦解除，地役权自然消灭。

另外，根据《物权法》第 169 条的规定，对于已经登记的地役权，其消灭还需办理注销登记。虽然地役权登记只是具有对抗效力，但是，因为已经登记的地役权具有权利推定的效力，在登记簿上记载的人即推定为权利人，其他善意第三人即有理由相信其有权利，并以此与之为法律行为，该法律行为受到法律保护。所以，不管变更、转让还是消灭地役权，都需到登记部门办理变更或注销登记。

第四编　限制物权——担保物权

第十三章　担保物权的一般概述

第一节　担保物权的概念

一、担保物权的概念

（一）担保物权的定义

所谓担保物权，是指以确保债务的履行为目的而于债务人或第三人的特定物或权利上所设定的一种定限物权。其含义可以从以下几个方面来理解：

1. 担保物权为定限物权。物权分为完全物权和定限物权，在所有的物权类型中，只有所有权是完全物权。担保物权即为一种定限物权，因为它是在一定范围内对物行使权利的物权，而不像所有权那样可以对物进行全面地支配。

2. 担保物权以确保债务的清偿为目的。定限物权分为两类：一为用益物权，另一为担保物权。前者以物的利用、收益为目的，即以取得标的物的利用价值为目的，故也称利用权；而后者并不以标的物的实体的利用价值为目的，而是以其交换价值来确保债务的清偿为目的，故也称价值权。此权利以确保债务的清偿为目的，故其成立原则上应以债权的存在为前提。所谓债权的存在，不仅是指当担保物权成立时存在，即使在担保物权的实行之际也应存在。也就是说，担保物权以债权的存在为前提，并随着债权的消灭而消灭，这也称为担保物权的附随性。

这里需要说明的是，担保物权虽然以债权的存在为其成立的前提，但对于将来成立的债权也可在现在为其设定担保物权。这里所说的以债权为前提，是说明两种权利的主从性。当然，在担保物权设定时，债权可以不是现实的存在，但在担保物权实行时，必须有债权的实际存在并符合担保物权实行的条件。也正是因为如此，许多国家的民法典才规定了最高额抵押，我国1995年《担保法》及2007年《物权法》也规定了这种担保形式。

3. 担保物权是于债务人或第三人之特定物或权利上设定的一种定限物权。这一含义包括两部分内容：

（1）担保物权的标的物须为特定物或权利，因其为确保债权的受偿，故必须特定。若不特定，就无法确定债权人（担保物权人）在行使优先受偿权时的范围，也无法确定标的物价值，无法实现担保物权人的支配范围，从而无法与债权相区别，因为债权恰恰就是对债务人一般财产上的请求权。应当指出的是，担保物权在成立时可不特定，但必须在将来有成为特定的可能。

（2）担保物权的标的物既可以为债务人享有，也可以归第三人享有。因担保物权是对特定物的支配，并优先于债权，故无论该物属于债务人或者第三人，都不影响债权人的支配权。

（二）担保物权的特征

1. 价值性。担保物权所侧重者乃担保标的物的交换价值而非使用价值，无论是抵押权、质权还是留置权都有此特性，但这一特征在抵押权上体现得最为明显，因为抵押物抵押后，仍由抵押人占有并使用、收益，而抵押权人仅仅利用交换价值确保其债权实现。因此，有人将之称为价值权。这也是担保物权与用益物权的重大区别之一。

2. 优先受偿性。优先受偿性是指债务人不履行债务时，债权人享有以法定程序处分标的物而以价金优先受偿的权利。这一权利是担保物权的本质特征，也是担保物权的目的所在。如果这一特征不存在，担保物权也就失去了意义。但是，应当注意的是，这种优先受偿权不是针对特定物本身的，而是针对特定物的价值的优先权。因此，《物权法》第170条规定，担保物权是就担保财产优先受偿的权利。担保权人的优先受偿权不仅可以对抗于标的物上设立担保物权的所有权人，而且可以对抗后来取得该标的物的所有权人。

3. 不可分性。债权人在全部债权受偿前，有权就标的物的全部行使其权利。当担保物的一部分消灭时，其剩余部分仍然担保债权的全部；债权因法律规定的原因而一部分消灭时，债权人仍然有权就担保物的全部行使权利。

4. 附随性。因担保物权以保障债权的履行为目的，故其以债权的存在为前提。当债权因法律规定的原因而消灭时，担保物权也随之而消灭。《物权法》第172条规定，担保合同是主债权债务合同的从合同。

5. 物上代位性。物上代位性是指当担保物权的标的物毁损灭失而有替代物（如赔偿金）时，担保物权仍然存在于替代物（如赔偿的价金）之上。对此，《物权法》第174条规定，担保期间，担保财产毁损、灭失或者被征收等，担保物权人可以就获得的保险金、赔偿金或者补偿金等优先受偿。

二、担保物权与用益物权的区别

1. 对标的物本身的侧重不同：担保物权所侧重者乃担保标的物的交换价值，并不重在利用，而用益物权所侧重者乃物的利用价值而不重价值，商品的使用价值与交换价值的"二重性"正好满足了二者不同的要求。所以，所有权、担保物权与用益物权可以同时存在于一个物上。

2. 实现方式不同：担保物权设立时具有可能性，即是否行使担保物权要看债务是否履行，有可能因债务人主动履行债务而不需要实行担保物权；而用益物权具有现实性，即用益物权一旦设立，就可以使用、收益。

3. 目的不同：担保物权的目的在于保障债务人履行债务；而用益物权的目的则在于实现所有权人之外的人对他人之物的利用、收益。

4. 是否具有物上代位性不同：用益物权因标的物消灭而不再存在，无物上代位性；而担保物权若标的物消灭，仍然可以存在于替代物上。

三、担保物权产生的原因

1. 债权的平等性。一般说来，债务人的财产是保障其债务履行的基础，但是，各个债权人对债务人的请求权是平等的，债权无顺序性，也就是说，债权成立的时间先后与债权的清偿顺序没有必然的联系。在此情况下，如果债务人无限制地负担债务，对债权成立在先的债权人来说，就会受到较大的威胁。特别是在债务人资产不良的情况下，现有的强制执行制度与破产清算制度会使债权人无法获得清偿。因此，在此种威胁下，债权人就极力寻找一种制度，使其债权借助于该制度而有清偿的顺序性，无疑，因物权的顺序性特征，它应是债权借助的最好手段。

2. 债法制度本身无法保障债务的切实履行。债法本身虽然也有内在的制度保障债务的履行，如债权人的撤销权和代位权制度、债务不履行的责任制度等，但这些制度却是建立在债务人财产基础之上的，如果债务人资产不良，这些制度就没有任何意义。而担保物权恰恰是在债务人的特定财产或者第三人的特定财产上以具有排他性的本质来保障债务的履行，使没有顺序性的债权因担保的物权性而获得优先。

3. 法律文明的进步对债务人责任的减轻。在历史上，对不能清偿债务的债务人的惩罚是相当严厉的。例如，在罗马法上，债权人可将债务人变为奴隶，可生杀予夺。《法国民法典》在制定初期，还存在对债务人可以进行私人拘禁的制度（第2059～2070条，后于1867年7月22日予以废除）。随着文明的发展，对债务人的责任仅仅局限于财产责任，即将其责任物质化。在此情况下，债务人从心理上就发生了变化，不再十分顾忌过多地负担债务。这样，对债权人来说，也不利于保障其权利的实现。

4. 物权担保的稳固性。从担保的标的看，担保可分为人的担保和物的担保。人的担保即保证，其具有债权性，即当债务人不能履行债务时，债权人得请求保证人代为履行。它是一种请求权，在对权利的实现上，仍然存在许多的麻烦和危险。为了保障保证的实现，在选择保证人时，就要对其资格进行审查，看他是否有财力保证债务的履行；另外，保证人的财力也可能在保证期间内发生变化，原来很有实力，可后来因经营不善而资不抵债，这样对被保证人也不利。也就是说，保证不具有稳固性。

物的担保，即是以特定的物作为担保债务履行的标的，当债务人不能履行其债务时，债权人直接以担保物的价值获得清偿，比较方便和稳固。

第二节　担保物权的分类

根据不同的标准，可将担保物权分为不同的种类。例如，以担保物权发生的原因为标准，可将之分为法定担保物权和意定担保物权；若以效力为标准，可将其分为留置性担保物权和优先性担保物权；若以标的物为标准，可将之分为不动产担保物权与非不动产担保物权〔动产担保物权、权利性担保物权和于一般或特定财产上的担保物权（优先权）〕；若以其产生的规范基础为标准，可将之分为一般法上的担保物权与特别法上的担保物权；若以是否为传统民法所规定为标准，可将之分为典型的担保物权与非典型的担保物权。

一、法定担保物权和意定担保物权

1. 法定担保物权。法定担保物权是指法律规定的在一定条件下当然发生的担保物权。此种担保物权只需具备法律规定的条件，即当然发生而不问当事人的意思如何。主要有留置权、法定优先权和法定抵押权。

法定担保物权具有保护特定债权的作用，因为，法定担保物权所担保的债权大都是因债权人对标的物施以劳务、技术或者供给材料、保全该标的物或者增加其价值，法律为维护公平特用担保物权予以特别保障。因生活中法定担保物权人常对标的物支出一定的费用，故学理上又称之为"费用性担保物权"。[1]如我国《合同法》第286条规定的承包人就价款对承包工程的优先受偿权，就是因为承包人对承包工程付出了劳动和金钱为对其特别保护而设。[2]

2. 意定担保物权。意定担保物权是指以当事人的意思而设定的担保物权，主要有抵押权、质权、让与担保等。因意定担保物权常具有融资功能，故学者常称之为"融资性担保物权"。

3. 法定担保物权和意定担保物权并存时的效力。一般认为，法定担保物权优先于意定担保物权。例如，《海商法》上规定的对船舶的各种优先权（法定担保物权）优先于约定的抵押权。

---

[1] 谢在全：《民法物权论》（下），中国政法大学出版社1999年版，第539页。
[2] 《合同法》第286条规定："发包人未按照约定支付价款的，承包人可以催告发包人在合理期限内支付价款。发包人逾期不支付的，除按照建设工程的性质不宜折价、拍卖的以外，承包人可以与发包人协议将该工程折价，也可以申请人民法院将该工程依法拍卖。建设工程的价款就该工程折价或者拍卖的价款优先受偿。"

二、留置性担保物权和优先性担保物权

担保物权的效力主要有二：①留置效力；②优先受偿的效力。前者是债权人占有债务人的主观价值较高的物，间接给予债务人以心理上的压力，而使其履行债务。例如，大学毕业证书，其本身对他人来说并无多大的价值，但对债务人来说，则有主观价值。后者是将担保物的使用价值归于债务人，而将物的交换价值归债权人保留，以供将来优先受偿。担保物权偏重于留置性的有之，如留置权；偏重于优先受偿性的有之，如抵押权；兼而有之的有之，如质权。留置性的担保物权使物的使用处于睡眠状态，于物的利用不利，如质权和留置权。

三、不动产担保物权与非不动产担保物权

这是基于担保物权标的物而作的分类。不动产担保物权是指以不动产作为标的的担保物权；非不动产担保物权是指以不动产之外的动产、权利或者特定财产作为标的的担保物权。从大多数国家的民法典之规定看，不动产担保物权为抵押权（我国《担保法》规定动产也可为抵押权的标的）。动产担保物权为留置权和质权。权利担保物权为权利质权。至于一般或特定财产上的担保物权是指各种优先权，它们有的存在于债务人的一般财产之上，如劳动债权；有的存在于债务人的特定财产之上，如《海商法》上的优先权。

四、典型的担保物权与非典型的担保物权

典型的担保物权是指在民法典中有明确规定的担保物权；而非典型的担保物权是指在民法典中没有明文规定，而在现实生活和交易中发展起来的担保物权。[1]

典型的担保物权因各国法律规定不一而难以统一，但一般认为，典型的担保物权为抵押权、质权与留置权；而非典型担保物权则是让与担保、所有权保留、浮动担保、动产抵押（在我国，动产抵押为法律明确规定的典型担保）等。对于这些非典型担保物权，我们将在下面专门讨论。

五、占有担保物权与非占有担保物权

这是以担保标的物是否转移占有为标准而进行的分类。占有担保物权是指以担保标的物转移给债权人占有为要件而成立的担保，如质权与留置权；非占有担保物权是指担保物权的成立不以标的物的转移占有为要件，如抵押权。

第三节　担保物权的其他一般性问题

一、反担保问题

反担保，也是一种担保形式。是指债务人或者第三人对为债务人提供担保的人提供的担保。例如，A 是 B 的债务人，C 为 A 担保其向 B 履行债务。但是，这时候，C 要求 A 提供反担保，以保障其将来追偿权的实现。2007 年《物权法》第 171

---

〔1〕 王利明：《物权法论》，中国政法大学出版社 2003 年版，第 551 页。

条及 1995 年的《担保法》第 4 条都规定了反担保。

反担保的方式，可以是债务人自己提供抵押、质押，也可以由第三人提供抵押、质押。

但是，从担保法的一般原理看，反担保并不是一种独立的担保，其规则并没有超出《物权法》及《担保法》的规定，在法律中根本就没有必要专门规定。

二、关于担保人的资格问题

国家机关和以公益为目的的事业单位、社会团体违反法律规定提供担保的，担保合同无效。因此而给债权人造成损失的，应当根据《物权法》第 172 条第 2 款、《担保法》第 5 条第 2 款的规定承担责任。[1]

三、以禁止流通物与限制流通物作为抵押标的时的效力

1. 以法律、法规规定的禁止流通物或者禁止转让物设定担保的，担保合同无效。

2. 以法律、法规规定的限制流通物设定担保的，在实现债权时，人民法院应当按照有关法律、法规的规定对该财产进行处理。

四、对外担保的效力问题

1. 未经国家有关主管部门批准或者登记对外担保的，无效。

2. 未经国家有关主管部门批准或者登记，为境外机构向境内债权人提供担保的，无效。

3. 为外商投资企业注册资本、外商投资企业中的外方投资部分的债务提供担保的，无效。

4. 无权经营外汇担保业务的金融机构、无外汇收入的非金融性质的企业法人提供外汇担保的，无效。

5. 主合同变更或者债权人将对外担保合同项下的权利转让，未经担保人同意或者国家有关部门批准的，担保人不再承担担保责任。但法律、法规另有规定的除外。

五、主合同或者担保合同无效后的法律后果

1. 主合同有效而担保合同无效。主合同有效而担保合同无效，债权人无过错的，担保人与债务人对主合同债权人的经济损失，承担连带赔偿责任；债权人、担保人有过错的，担保人承担民事责任的部分，不应超过债务人不能清偿部分的 1/2 （《最高人民法院关于适用〈中华人民共和国担保法〉若干问题的解释》第 7 条）。

2. 主合同无效而导致担保合同无效。主合同无效而导致担保合同无效，担保人无过错的，担保人不承担民事责任；担保人有过错的，担保人承担民事责任的部分，不应超过债务人不能清偿部分的 1/3 （《最高人民法院关于适用〈中华人民共

---

[1] 《物权法》第 172 条第 2 款、《担保法》第 5 条第 2 款规定："担保合同被确认无效后，债务人、担保人、债权人有过错的，应当根据其过错各自承担相应的民事责任。"

和国担保法〉若干问题的解释》第 8 条)。

六、主合同解除后担保人的责任

主合同解除后，担保人对债务人应当承担的民事责任仍应承担。但是，担保合同另有约定的除外(《最高人民法院关于适用〈中华人民共和国担保法〉若干问题的解释》第 10 条)。也就是说，只要没有特别约定，就应当承担责任。

七、越权担保问题

法人或者其他组织的法定代表人、负责人超越权限订立的担保合同，除相对人知道或者应当知道其超越权限的以外，该代表行为有效 (《最高人民法院关于适用〈中华人民共和国担保法〉若干问题的解释》第 11 条)。

八、约定担保期间的法律效力

在现实生活中，有些当事人在担保合同中约定了担保期间，或者抵押权登记时登记机关要求写明担保期间的，此类约定是否具有法律效力? 根据《最高人民法院关于适用〈中华人民共和国担保法〉若干问题的解释》第 12 条第 1 款的规定，当事人约定的或者登记部门要求登记的担保期间，对担保物权的存续不具有法律约束力。

最高人民法院的司法解释之所以如此规定，主要是因为物权法定主义原则。物权法定主义原则要求物权的种类、内容、公示方法等应当法定，而担保期间应属于法定。故当事人的约定不应具有效力。但在现实生活中，许多地方的登记机关及当事人常常要求登记担保期间或者约定担保期间。因此，最高人民法院在《担保法》没有明确规定的情况下，根据物权法定主义原则作出了这一规定。

九、担保物权所担保的债权的诉讼时效经过后担保物权的行使

当担保物权所担保的债权因消灭时效，即诉讼时效而消灭时，担保物权人对担保物是否还能行使权利? 我国《担保法》没有规定，但许多国家和地区的民法典都有规定，如我国台湾地区的"民法"第 145 条就规定："以抵押权、质权或者留置权担保的请求权，虽经时效消灭，债权人仍得就抵押物、质物或者留置物取偿。"这是因为在此情况下债权人失去的是诉讼权利而非实体权利，其实体权利仍然存在，只不过是不能请求法院以强制力对债务人要求履行，也就是说，这种债无强制力，但仍有受清偿力。我国有关立法虽然未作明文规定，但从学理上应作相同的解释。我国《最高人民法院关于适用〈中华人民共和国担保法〉若干问题的解释》第 12 条第 2 款规定，担保物权所担保的债权的诉讼时效结束后，担保权人在诉讼时效结束后的 2 年内行使担保物权的，人民法院应当予以支持。

但是，2007 年《物权法》第 202 条规定："抵押权人应当在主债权诉讼时效期间行使抵押权；未行使的，人民法院不予保护。"《物权法》的这一规定实为倒退，是物权与债权不分的结果。

十、"流质契约禁止"规则

所谓"流质契约"是指当事人双方在设立抵押或者质押的契约中约定，债务履行期届满而债务人不履行债务时，担保标的物的所有权转移给债权人所有的契

约。大陆法系历来具有"流质契约禁止"的传统，如《瑞士债务法》第816条有明确的禁止性规定，而《德国民法典》第138条、《日本民法典》第90条则通过"显失公平"来规制之。我国《物权法》第186条及第211条、《担保法》第40条及第66条也规定了这一规则。[1]

法律禁止"流质契约"的目的，在于保护债务人免受债权人的损害。因为，"流质契约"一般发生在意定担保物权中，而这种担保物权往往具有融资功能，而在担保物权设立时，债务人一般处于劣势，债权人往往利用优势地位迫使债务人订立"流质契约"，以较高的担保物担保价值较低的债权，而在债权不能实现时获得担保物的所有权，从而获得暴利而损害债务人的利益。

但是，"流质契约禁止"规则仅仅是禁止在担保物权设立时作出"债务履行期届满而债务人不履行债务时，担保标的物的所有权转移给债权人所有"的约定，而不禁止在担保物权实行时双方约定"担保标的物的所有权转移给债权人所有"。如我国《担保法》第53、63条均有肯定性规定。

十一、物的担保与人的担保并存时的法律效力

对于这一问题，1995年的《担保法》、2000年的《最高人民法院关于适用〈中华人民共和国担保法〉若干问题的解释》及2007年的《物权法》规定各有不同。

1995年的《担保法》第28条第1款规定："同一债权既有保证又有物的担保的，保证人对物的担保以外的债权承担保证责任。"《最高人民法院关于适用〈中华人民共和国担保法〉若干问题的解释》第38条第1款规定："同一债权既有保证又有第三人提供物的担保的，债权人可以请求保证人或者物的担保人承担担保责任。当事人对保证担保的范围或者物的担保的范围没有约定或者约定不明的，承担了担保责任的担保人，可以向债务人追偿，也可以要求其他担保人清偿其应当分担的份额。"2007年《物权法》第176条规定："被担保的债权既有物的担保又有人的担保的，债务人不履行到期债务或者发生当事人约定的实现担保物权的情形，债权人应当按照约定实现债权；没有约定或者约定不明确，债务人自己提供物的担保的，债权人应当先就该物的担保实现债权；第三人提供物的担保的，债权人可以就物的担保实现债权，也可以要求保证人承担保证责任。提供担保的第三人承担担保责任后，有权向债务人追偿。"

按照《物权法》第178条的规定，《担保法》与《物权法》规定不一致的，适用《物权法》。那么，上述问题，应当以《物权法》的规定为准。

---

[1] 《担保法》第40条规定："订立抵押合同时，抵押权人和抵押人在合同中不得约定在债务履行期届满抵押权人未受清偿时，抵押物的所有权转移为债权人所有。"第66条规定："出质人和质权人在合同中不得约定在债务履行期届满质权人未受清偿时，质物的所有权转移为质权人所有。"

第十四章　抵押权

第一节　抵押权概述

一、抵押权的概念

一般来说，抵押权是指债权人对于债务人或者第三人提供的特定财产享有的优先受偿的定限物权。根据我国《担保法》（第33条）的规定，抵押是指债务人或第三人不转移财产的占有而将该财产作为债权的担保。当债务人不履行债务时，债权人有权依照法律的规定以该财产折价或以拍卖、变卖该财产的价款优先受偿。提供财产的债务人或第三人称为抵押人，债权人为抵押权人，抵押财产为抵押物。这一概念可从下面几个方面进行理解：

1. 抵押权是一种物权，具有物权的一切特性。

2. 享有抵押权的债权人具有双重身份：一是债权人，对债务人享有债权请求权；二是物权人，对债务人享有物权支配权，而且，享有物权并不排斥其债权人身份。实际上，具有担保物权的人比一般债权人多了一层身份，也就多了一层保障。其债权可能通过债务人履行债务而满足，也可能通过实行担保物权而满足。

3. 抵押权是在债务人或第三人的财产上所设定的担保物权。作为抵押物的财产，不仅债务人可以提供，第三人也可以提供。因抵押权是对物的权利，而非对人的权利，故由何人提供财产对债权人不产生影响。而且，抵押权一旦有效设定并经登记，即使抵押物转移也能够对抗新的所有权人。

4. 抵押权是不转移标的物占有的担保物权。在担保物权中，有的以转移标的物的占有而成立，如质权；有的不必转移其占有即可成立，抵押权便是其一，它是一种非占有性担保物权，我国《担保法》明确规定抵押权为不转移占有的一种担保物权。这样，既能起到对债权的担保作用，又能使抵押人利用抵押物，有两全其美的收效。

但是，从抵押权产生的历史看，这种不转移占有而仅以其价值担保债务的履行，只是在登记公示制度发达之后才出现的。而在此之前，由于欠缺公示制度的保障，不可能出现今天意义上的抵押制度，而比较流行的是让与担保制度，即先将财产所有权转移给债权人以使其在担保债权的前提下享有支配权。这种制度恰恰是为弥补公示制度的不足而产生的。

5. 抵押权是优先受偿的担保物权。抵押权的优先受偿性体现在两个方面：①抵押权人优先于无抵押权的债权人；②因抵押权具有排他性和顺序性，成立（登记）在先的抵押权优先于成立（登记）在后的抵押权。

二、抵押权的制度价值

抵押权的制度价值体现在其优越性上，而其优越性体现在以下几个方面：

1. 抵押人在设定抵押权后，仍然对标的物进行占有和使用并收益，故对债务人有利。

2. 抵押权人（债权人）无须自己以善良管理人的注意而对抵押物进行占有并保管，避免意外的危险，而仅仅以担保物的价值担保其债权的履行，避免了额外风险与成本。

3. 从社会效益方面来说，只有抵押权制度将物的价值与使用价值的"二重性"完美结合，物尽其用，而质权与留置权仅仅重物的价值而使物的使用价值闲置。因此，抵押权是最理想的担保物权，在担保制度中抵押制度也最发达。

三、我国的抵押权制度

1. 不动产抵押与动产抵押。我国《担保法》所规定的抵押权制度，不仅有不动产抵押，也有动产抵押。

2. 意定抵押与法定抵押（一般法上的抵押与特别法上的抵押）。我国《担保法》仅仅规定了意定抵押，但特别法上也有法定抵押的规定，如《海商法》上规定的对于船舶的各种优先权即是，在第22条规定：①船长和各种工作人员的工资、社会保险等；②在船舶营运中发生的人身伤亡的赔偿请求；③船舶的港务费和其他港口规费；④海难救助的费用请求；⑤船舶在营运中发生的因侵权行为所生的财产赔偿请求。另外，《合同法》第286条规定了建筑承包人对建筑物的法定抵押权。

3. 最高额抵押。我国《物权法》第203～207条、《担保法》第59～62条规定了最高额抵押（下面详细阐述）。

第二节　抵押权的发生

一、基于法律规定而产生的抵押权

（一）法定抵押权的定义

基于法律规定而产生的抵押权称为法定抵押权，其产生乃基于法律的直接规定，而与当事人的意思无关。我国《民法通则》及相关的司法解释均未规定法定抵押权，但《物权法》第182～183条及1995年《担保法》第36条都规定，以依法取得的国有土地上的房屋抵押的，该房屋占用范围内的国有土地使用权同时抵押。以出让方式取得的国有土地使用权抵押的，应当将抵押时该国有土地上的房屋同时抵押。乡（镇）、村企业的土地使用权不得单独抵押。以乡（镇）、村企业的厂房等建筑物抵押的，其占用范围内的土地使用权同时抵押。以上规定可视为法定抵押权。我国《海商法》有优先权的规定，可视为法定抵押权（《海商法》第21～22条，第 24 ~ 26 条，第 28 条）。与《日本民法典》上的先取特权类似。除此之外，各国破产法上的职工一定期限的工资及劳动保险于破产财产上也有法定抵押权。

（二）法定抵押权的产生及效力

法定抵押权只要具备法律规定的要件便当然产生，无须当事人的意思及另外的设定行为，故有的学者称之为准抵押。

在效力上，法定抵押权与一般抵押权有无区别？一般说来，法定抵押权优先于约定抵押权，这主要是因为法定抵押权的设立目的就是保障特别人的特别利益。设定一般抵押权非经登记不发生效力（特殊情况例外），而法定抵押则依法成立，故其效力自不应以登记为必要。但若法定抵押权人处分其抵押权时，必须先行登记，否则不得处分。

二、基于当事人约定而产生的抵押权

（一）当事人应当适格

抵押权的当事人即抵押权的主体问题，抵押权设定的当事人有：

1. 抵押人。抵押权的抵押人即是设定人，在各国民法典中，抵押人既可是债务人自己，也可是债务人以外的第三人，称为"物上保证人"。设定人无论为何人，对其所提供之物不但须为自己所有，同时，也应未丧失处分权。例如，破产人对其财产已失去处分权，故各国破产法均规定，破产人不得对其财产设定抵押权。因为，抵押权的设定实为对其财产的一种处分行为。如《法国民法典》第 2124 条规定："协议抵押权仅得由具有让与不动产能力的人同意设定。"我国《物权法》第 180 条也强调抵押人对抵押财产的处分权。

在此需要讨论的问题是：在不动产登记簿上记载为所有人，但实际上不是真正的所有人时，记载的所有人设定了抵押权，善意的债权人由此获得的抵押权是否为有效取得？对此问题，各国民法典有不同的规定。如《日本民法典》因不承认不动产登记的公示力，故不能取得，真正的当事人得请求涂销该抵押权的登记。但在承认不动产登记的公示力的国家，善意受让人应受保护，即形式上的所有人与实际上的所有人不一致时，不知道此情形或按当时的情况也不可能知道此情形的债权人，即善意债权人能从形式上的所有人处获得抵押权。因我国承认公示制度，在我国应作肯定的解释。

2. 抵押权人。抵押权人一般为债权人，而在承认所有人抵押制度的国家，抵押权人可能是抵押人自己。

（二）当事人应当签订书面抵押合同

我国《物权法》第 185 条第 1 款规定："设立抵押权，当事人应当采取书面形式订立抵押合同。"《担保法》第 38 条也有类似规定。

与《担保法》不同的是，《物权法》将抵押合同的效力与抵押权的产生进行了分离，这是 2007 年《物权法》比 1995 年《担保法》进步的地方。因为，按照 1995 年《担保法》第 41 条的规定，当事人以应当办理抵押物登记的财产抵押的，抵押合同自登记之日起生效。按照这条规定，抵押合同不仅是书面合同，还是登记合同。这种登记使合同生效的做法受到了学者的批评，人们要问的是：登记究竟是合同生效的要件还是抵押权产生的要件？有学者提出了区分抵押合同的生效与抵押权设立，抵押合同属于设权合同，目的是设立抵押权，但抵押合同的本质仍然是合同的本质，其成立及生效应由《合同法》来调整；抵押合同是产生抵押权的原因，但抵押权的设立还需要履行设立手续，即进行登记公示。登记行为是抵押权的设立行为。因此，在抵押合同与抵押权上要区分物权变动与原因行为，区分抵押合同的生效与抵押权的设立。我国《担保法》规定抵押合同自登记之日起生效，与大陆法系关于抵押合同与抵押权产生的规定大相径庭。目前基本形成共识，即我国《担保法》关于抵押合同经登记生效的规定，是立法上混淆抵押合同的生效与抵押权的设立所致。[1]2007年《物权法》接受了这种理论，于第15条规定："当事人之间订立有关设立、变更、转让和消灭不动产物权的合同，除法律另有规定或者合同另有约定外，自合同成立时生效；未办理物权登记的，不影响合同效力。"这样一来，抵押合同自符合《合同法》的规定要件后生效，登记的不是抵押合同，而是抵押权，登记是抵押权产生的要件而不是合同生效的要件。相反，合同自具备《合同法》的规定生效后，抵押人具有登记的义务，如果不登记可以申请强制登记，若因其他原因不能登记时，应当追究抵押人的违约责任。

抵押合同一般包括下列条款：①被担保债权的种类和数额；②债务人履行债务的期限；③抵押财产的名称、数量、质量、状况、所在地、所有权归属或者使用权归属；④担保的范围。

（三）标的物应是法律允许抵押的财产

1. 抵押标的物的特征。①抵押物必须特定。这是物权，尤其是担保物权的本质要求。②抵押物必须具有可转让性。抵押权实际上是一种附条件行使的权利，即以债务人不履行债务为停止条件的权利，最终可能要转让抵押物以获得的价款优先受偿。因此，如果抵押物不具有可转让性，其价值就无法体现，抵押权的设定对债权人也就失去了意义。

2. 可以抵押的财产。我国《物权法》第180条第1款规定："债务人或者第三人有权处分的下列财产可以抵押：①建筑物和其他土地附着物；②建设用地使用权；③以招标、拍卖、公开协商等方式取得的荒地等土地承包经营权；④生产设备、原材料、半成品、产品；⑤正在建造的建筑物、船舶、航空器；⑥交通运输工具；⑦法律、行政法规未禁止抵押的其他财产。"在此需要特别强调的是，《物权法》允许抵押人将上述财产一并抵押。

3. 禁止抵押的财产。根据《物权法》第184条及《担保法》第37条的规定，

---

[1] 曹士兵：《中国担保诸问题的解决与展望——基于担保法及其司法解释》，中国法制出版社2001年版，第182页。

下列财产不得抵押：①土地所有权；②耕地、宅基地、自留地、自留山等集体所有的土地使用权，但法律规定可以抵押的除外；③学校、幼儿园、医院等以公益为目的的事业单位、社会团体的教育设施、医疗卫生设施和其他社会公益设施；④所有权、使用权不明或者有争议的财产；⑤依法被查封、扣押、监管的财产；⑥法律、行政法规规定不得抵押的其他财产。

4. 对抵押财产的其他说明。

（1）共有财产的抵押。共有分为按份共有与共同共有，在按份共有中，因共有人可以按照自己应有的份额对共有物行使权利，并有权独立处分自己的份额，因此，有权就其在共有财产中享有的份额设定抵押权。而在共同共有中，因各共有人没有自己独立的可分份额，因此，对共有物的处分必须经过其他共有人的同意。正是基于这种特点，《最高人民法院关于适用〈中华人民共和国担保法〉若干问题的解释》第 54 条规定："按份共有人以其共有财产中享有的份额设定抵押的，抵押有效。共同共有人以其共有财产设定抵押，未经其他共有人的同意，抵押无效。但是，其他共有人知道或者应当知道而未提出异议的视为同意，抵押有效。"

（2）以将来取得的不动产为标的的抵押。对将来取得的不动产是否可以设定抵押权？也就是说，对非现实存在的不动产是否可以设定抵押权？对此各国民法典及学理有不同的主张。根据我国《物权法》第 180 条的规定，正在建造中的建筑是允许抵押的。

（3）动产抵押。动产能否抵押？各国立法与学理并不一致。但大部分国家或地区的特别法，如德国、日本、我国台湾地区承认动产抵押。但动产抵押制度应同物权公示公信制度相互契合方可适用，否则会破坏物权法制度体系。对此，我们将在"特殊抵押"一章中详细分析说明。

（4）以将有的生产设备、原材料、半成品、产品为标的的抵押。我国《物权法》第 181 条规定："经当事人书面协议，企业、个体工商户、农业生产经营者可以将现有的以及将有的生产设备、原材料、半成品、产品抵押，债务人不履行到期债务或者发生当事人约定的实现抵押权的情形，债权人有权就实现抵押权时的动产优先受偿。"而且，《物权法》第 196 条规定："……抵押财产自下列情形之一发生时确定：①债务履行期届满，债权未实现；②抵押人被宣告破产或者被撤销；③当事人约定的实现抵押权的情形；④严重影响债权实现的其他情形。"

（四）被担保的债权从性质上或者法律上必须是能够被担保的财产性请求权

抵押权为从权利，须有被担保的债权始可生效，但何种债权可设定抵押权，法律并未作明确的规定。原则上说，只要是法律承认的债权并且具有财产请求权的特征，均可为之设定抵押权。但具有人身性的请求权，不能为之设定担保，如担保不离婚的抵押权不能设定。

（五）法律规定需要办理抵押物登记的必须办理抵押物登记

1. 关于登记与抵押权关系的说明。由于我国《担保法》规定了不动产抵押与动产抵押，而登记对于这两种不同的抵押，效力不同：

（1）登记产生抵押权。根据《物权法》第187条的规定，以建筑物和其他土地附着物、建设用地使用权、正在建造的建筑物以及以招标、拍卖、公开协商等方式取得的荒地等土地承包经营权为抵押标的物的，抵押权自登记时设立。

（2）合同生效产生抵押权。根据《物权法》第188～189条的规定，以生产设备、原材料、半成品、产品、交通运输工具以及正在建造的船舶、航空器抵押的，抵押权自抵押合同生效时设立；未经登记，不得对抗善意第三人。企业、个体工商户、农业生产经营者以本法第181条规定的动产抵押的，应当向抵押人住所地的工商行政管理部门办理登记。抵押权自抵押合同生效时设立；未经登记，不得对抗善意第三人。

2. 登记与抵押权顺位。由于抵押合同的签订与抵押权的登记是不同步的，当在一个抵押物上存在多个抵押权时，尤其是在抵押物的价值低于其所担保的债权的价值时，顺序性便是决定意义的问题。抵押权的次序既然决定受偿的顺序，则此顺序如何决定？是以当事人订立抵押合同的生效日期而决定，还是以抵押权登记的日期先后定其顺序？因抵押合同生效的日期具有较大的不稳定性，当事人可以改动，故以登记的日期为定。

另外的问题是同时登记的抵押权的效力如何？《最高人民法院关于适用〈中华人民共和国担保法〉若干问题的解释》第58条规定："当事人同一天在不同的法定登记部门办理抵押物登记的，视为顺序相同。因登记部门的原因致使抵押物进行连续登记的，抵押物第一次登记的日期，视为抵押登记的日期，并依此确定抵押权的顺序。"

3. 对登记资料的查阅。由于登记是一种公示方式，其目的在于让利害关系人知晓权利人，故只有允许和方便查阅才有意义。而现实生活中，有的地方的登记部门不允许查阅，影响了登记制度的设立目的。为此，《物权法》第18条特别规定："权利人、利害关系人可以申请查询、复制登记资料，登记机构应当提供。"

三、在约定抵押权中债权人对恶意抵押的撤销权

债务人有多个普通债权人的，在清偿债务时，债务人与其中一个债权人恶意串通，将其全部或者部分财产抵押给该债权人，因此丧失了履行其他债务的能力，损害了其他债权人的合法权益，受损害的其他债权人可以请求人民法院撤销该抵押行为。[1]实际上，这是对债权保全措施的具体规定，其适用应符合下列条件：①债务人除了该抵押人外还有其他普通债权人；②债务人将其全部或者部分财产抵押给一个债权人；③必须有债务人与其中一个债权人的恶意串通行为；④这种行为发生在清偿债务时，即债务人有多个债权人而这些债务清偿期已经届满，债务人对他们都有清偿义务时；⑤债务人因设定抵押权丧失了履行其他债务的能力，损害了其他

---

[1]《最高人民法院关于适用〈中华人民共和国担保法〉若干问题的解释》第69条。

债权人的合法权益。[1]

第三节 抵押权的法律效力

一、抵押权的效力范围

（一）抵押权所担保的债权的范围

抵押权为债权的担保，其担保的范围如何？是否仅仅限于原债权？《德国民法典》第1118条规定："根据抵押权，土地也对债权的法定利息以及预告解约通知费用和就土地取得清偿为目的的权利追诉费用，负其责任。"我国《物权法》第173条规定："担保物权的担保范围包括主债权及其利息、违约金、损害赔偿金、保管担保财产和实现担保物权的费用。当事人另有约定的，按照约定。"

（二）抵押权标的物的范围

各国民法典对抵押权标的物的范围规定不一，有的仅仅承认不动产为其标的物，而不承认动产抵押权。为说明的方便，我们特将非不动产抵押权放在特殊抵押中讨论。在此只讨论以不动产为标的物的抵押权，这里所说的抵押权标的物的范围自然也就是指不动产标的物的范围。既然标的物为不动产，则抵押权的效力所及应以该不动产为限，但法律为加强对抵押权的保护，予以扩张。例如，《法国民法典》第2118条规定："抵押物以下列财产为限：①得为买卖的不动产及其视为不动产的附属物；②收益期内同一不动产及其附属物的收益。"根据我国《担保法》第47条、我国《最高人民法院关于适用〈中华人民共和国担保法〉若干问题的解释》第62~63条的规定，标的物的范围如下：

1. 抵押物的从物、附合物及其从权利。

（1）从物。从物虽非主物的成分，但常以主物的存在为依靠。故抵押权的效力不仅及于主物而且也及于从物，因为各国民法典均以"对主物的处分及于从物"为原则，故就主物设定抵押权时，虽未将从物登记在内，但也应当然包括在内。问题是：从物为动产还是仅仅为不动产或均可？《德国民法典》仅仅限于动产，而日本等国的民法典则不对此作限制，原则上不动产也能有从物，如院子的院墙。

抵押权的效力虽能及于从物，但第三人在抵押权设定前就已对从物取得权利的，不应受到影响。因抵押权的设定在后，不应侵害他人的权利。另外，有的国家或地区规定从物与主物同属于一人为从物发生的要件，如日本、我国台湾地区等，因而，在这些国家或地区当一物在经济或其他效用上常常借助于另一物，但若为二人分别所有时，不是主物与从物的关系，抵押权的效力自然也就不能及于此物；有的国家，如德国、法国、瑞士等国的民法典不以二物同属一人为从物生成的要件，

---

[1] 曹士兵：《中国担保诸问题的解决与展望——基于担保法及其司法解释》，中国法制出版社2001年版，第246页。

但在抵押权的效力问题上，以同属一人为要件，如《德国民法典》第1120条规定"抵押权也扩及于除不归土地所有人所有的从物之外的土地的从物"。对这一点，我国《担保法》未明确规定，但《最高人民法院关于适用〈中华人民共和国担保法〉若干问题的解释》第63条规定，"抵押权设定前为抵押物的从物的，抵押权的效力及于抵押物的从物。但是，抵押物与其从物为两个以上的人分别所有时，抵押权的效力不及于抵押物的从物"。

（2）附合物。附合、混合与加工统称为"添附"，因许多国家的民法典规定抵押仅能够以不动产为标的，故多规定抵押效力及于其附合物，如《法国民法典》第2133条、《德国民法典》第1120条、《瑞士民法典》第805条、《日本民法典》第370条均规定抵押权的效力及于附合物。我国台湾地区的"民法"未明确规定，但在解释上认为此为当然，无须规定。附合物不论其附合者为不动产（如房屋的增建），抑或动产（如土地上的植物苗），均为抵押权效力所及，同时也不论其附合是在抵押权设定之前或之后，除当事人有特别约定外，均应列入抵押权的效力范围之内。我国《担保法》对此无规定，但由于我国《担保法》规定了动产也可以抵押，故我们必须讨论抵押效力是否及于添附物的问题。《最高人民法院关于适用〈中华人民共和国担保法〉若干问题的解释》第62条规定："抵押物因附合、混合或者加工使抵押物的所有权为第三人所有的，抵押权的效力及于补偿金；抵押物所有人为附合物、混合物或者加工物的所有人的，抵押权的效力及于附合物、混合物或者加工物；第三人与抵押物所有人为附合物、混合物或者加工物的共有人的，抵押权的效力及于抵押人对共有物享有的份额。"但本节仅仅讨论不动产抵押，因而我国法律也同其他国家法律一样，规定抵押权的效力及于附合物。

（3）从权利。从权利对于主权利，就如从物对于主物，故抵押权的效力也应及之。例如，作为抵押权标的物的土地为需役地时，效力及于其所属的地役权；如抵押物为建筑物时，效力及于其基地利用权（地上权）。因为土地或建筑物非与其地役权或地上权相结合，难以发挥经济效益，若该从权利不在其抵押权的范围之内，则于抵押权实行而为拍卖时，无人购买，抵押权的担保价值就会大大减少。

2. 抵押物扣押后的天然孳息与法定孳息。

（1）抵押物扣押后的天然孳息。抵押物的天然孳息自抵押权设定之时起就可能发生，为何只规定抵押物扣押后的天然孳息？这就要从抵押权这种担保物权的社会意义去考虑。抵押权的优点就在于抵押权的设定人不丧失对物占有和收益的权利。若将天然孳息一概列入抵押权效力所及的范围，无异于剥夺了抵押人的收益权，与抵押权的性质不合，故天然孳息不应在抵押权效力所及的范围之内。但是，抵押物被扣押后的天然孳息则应为抵押权效力所及的范围，因为此时抵押权就要实行，为避免抵押人故意拖延，特设此规定，也属合理。

需要特别强调的问题是：第三人基于租赁权或其他的权利而于抵押土地上获得天然孳息的，是否也适用上述规定的原则？对此判例和学说不一。有人认为：上述规定乃是一种对抵押物所有人对天然孳息的收益权的限制，与所有人以外的利用权人并无关系，故对第三人的天然孳息收取权不应适用该原则。也就是说，即使在抵押物被扣押后，抵押权的效力也不及于该天然孳息。也有人认为，第三人虽然基于某种权利而收取抵押物的天然孳息，但如果该项权利不得对抗抵押权人，则仍可适用上述规定的原则。日本判例有这样的判词"根据拍卖法对不动产拍卖进行登记后所取得的租赁权或其他权利，不得对抗抵押权，故抵押权实行之际，抵押权人得就天然孳息优先受偿"。[1]可见，基于不得对抗抵押权的权利所取得的天然孳息的收取权也能受到上述规则的限制。我国台湾地区的判例也有类似的判决（如1936年院字1446号判决）。[2]我们同意这种观点，即抵押权效力能否及于抵押物的法定孳息与天然孳息，取决于该权利是否能够对抗抵押权。例如，先设定租赁权后设定抵押权的，租赁权可以对抗抵押权，则抵押权的效力不能及于租赁物的孳息；反之，先设定抵押权后设定租赁权的，则租赁权不能对抗抵押权，抵押权的效力及于租赁物的孳息。

（2）抵押物扣押后的法定孳息。这里所说的仅仅指不动产的法定孳息，如房屋的租金、土地的地租及佃租等。法定孳息也是收益的一种，抵押权既然不妨碍抵押人就抵押物的收益权，故法定孳息也不应在抵押权的效力范围之内。只有抵押权人已着手实行抵押权时，法定孳息基于与天然孳息同样的理由，才应归于抵押权效力所及的范围之内。

但法定孳息与天然孳息毕竟不同，因为天然孳息直接由抵押物收取，而法定孳息由第三人给付，这就有一个对第三人进行通知的问题。也就是说，原来第三人向抵押人为给付，现在应向抵押权人为给付，但如果未将抵押物被扣押的事实通知第三人，该第三人仍然向抵押人为给付的，如何处理？对此，我国台湾地区"民法"第864条规定，抵押权人，非以扣押抵押物之事情，通知应清偿法定孳息之义务人，不得与之对抗。

（3）我国法上的规则。我国《担保法》没有这种规定，《最高人民法院关于适用〈中华人民共和国担保法〉若干问题的解释》第64条规定，债务履行期届满，债务人不履行债务致使抵押物被人民法院依法扣押的，自扣押之日起抵押权人收取的由抵押物分离的天然孳息和法定孳息，按照下列顺序清偿：①收取孳息的费用；②主债权的利息；③主债权。

3. 抵押物的代位物。因担保物权有物上代位性，故各主要国家民法典一般均规定有抵押物的代位性。我国《担保法》没有规定，但《最高人民法院关于适用〈中华人民共和国担保法〉若干问题的解释》第80条规定："在抵押物灭失、毁损或者被征用的情况下，抵押权人可以就该抵押物的保险金、赔偿金或者补偿金优先

---

〔1〕 郑玉波：《民法物权》，三民书局1980年版，第230页。
〔2〕 郑玉波：《民法物权》，三民书局1980年版，第230页。

受偿。抵押物灭失、毁损或者被征用的情况下，抵押权所担保的债权未届清偿期的，抵押权人可以请求人民法院对保险金、赔偿金或补偿金等采取保全措施。"这里所说的保险金和赔偿金就是一般的代位物或称代偿物。

二、抵押权对于抵押人的效力

由抵押权的本质所决定，抵押不转移标的物的占有，则抵押人对于抵押物仍能使用和收益。至于处分，除事实上的处分（如破坏抵押物）外，其在法律上的处分权并未因抵押权的设定而受到影响，仍得自由为之。具体来说其有以下权利：

（一）担保权的设定

就同一标的物能否设定多个担保物权？对此，各国和各地区均采取肯定的态度。如《法国民法典》第2134条规定："债权人间抵押权的顺位，不问其抵押权为法律上的、裁判上的、契约上的，应依债权人按法定方式登录于抵押权登记机关登记簿上的时日先后定之，但有次条规定的情形时，不在此限。"我国台湾地区"民法"第865条也有类似的规定。我国《担保法》第54条也作了肯定性的规定。由此可见：

1. 于一财产上设定抵押权后，仍得就同一物设定抵押权。担保物权虽有排他性，但由于设定上的顺序性，使得在同一担保物上的多个抵押权之间并不具有互不相容性。而且，在多数情况下，担保物的价值并不完全与被担保的债权之数额相等，为使该不动产发挥其价值的担保作用，法律自无限制的必要。

2. 多数抵押权的次序以抵押权登记的次序先后而定。对于这一问题，前面已经详细阐述过了。这里需要说明的问题是：当顺序在前的抵押权因法律规定的原因而消灭时，后面的抵押权是否能升位？从世界各国或各地区的规定来看，有两种制度：一是升位主义；二是固定主义。我国台湾地区"民法"和《日本民法典》均实行升位主义；而《德国民法典》和《瑞士民法典》则采取固定主义，即当顺序在前的抵押权消灭后，后面的抵押权的位次并不因此而升进，在拍卖抵押物时，对前面的抵押权所担保的债权的数额先行扣留，也就是说，抵押权人事先确定的数额不会改变，因此有所谓"所有权人抵押"。

（二）其他权利的设定

这里所说的其他权利，是指用益物权和租赁权等。于一物上设定抵押权后，并不妨碍其他权利的设定，如地上权、永佃权、地役权等物权，也不妨碍对租赁权的设定。

但这些权利与抵押权的关系问题，是需要明确的重要问题。《物权法》第190条仅仅对租赁权作了明确的规定，即抵押人将已出租的财产抵押的，抵押权实现后，租赁合同在有效期内对抵押物的受让人继续有效；抵押人将已抵押的财产出租的，抵押权实现后，租赁合同对受让人不具有对抗力。

因地上权、永佃权都为不动产物权，一般来说都有登记，如果其登记先于抵押权，当然可以对抗抵押权人；如果没有登记，则不能对抗抵押权人。

（三）对所有权的让与

抵押物的所有人在物上设定抵押权后，并不妨碍其让与物之所有权的权利。当抵押物被让与他人时，抵押权对新的所有人仍然有效。也就是说，抵押权不因物之所有人的改变而受到影响，这恰恰就是登记的公示力之作用。

而我国《物权法》第191条却以非法律的思维方式规定："抵押期间，抵押人经抵押权人同意转让抵押财产的，应当将转让所得的价款向抵押权人提前清偿债务或者提存。转让的价款超过债权数额的部分归抵押人所有，不足部分由债务人清偿。抵押期间，抵押人未经抵押权人同意，不得转让抵押财产，但受让人代为清偿债务消灭抵押权的除外。"这其实是《担保法》第49条的延续，该法规定："抵押期间，抵押人转让已办理登记的抵押物的，应当通知抵押权人并告知受让人转让物已经抵押的情况；抵押人未通知抵押权人或者未告知受让人的，转让行为无效。转让抵押物的价款明显低于其价值的，抵押权人可以要求抵押人提供相应的担保；抵押人不提供的，不得转让抵押物。抵押人转让抵押物所得的价款，应当向抵押权人提前清偿所担保的债权或者向与抵押权人约定的第三人提存。超过债权数额的部分，归抵押人所有，不足部分由债务人清偿。"

这种规定显然是错误的，理由是：①抵押物已经办理了登记的，已经没有必要告诉受让人抵押物已经抵押的情况，因为登记就是最有效、最明确的告知，否则，物权的登记公示作用还有何意义？告诉抵押权人就更没有必要，因为登记后抵押权可以对抗任何取得该抵押物的人，对抵押权人没有任何损失。因此，抵押人未通知抵押权人或者未告知受让人的，不能导致转让行为无效。②既然登记的抵押物无论如何转让，都不会影响抵押权人，为什么还规定"转让抵押物的价款明显低于其价值的，抵押权人可以要求抵押人提供相应的担保；抵押人不提供的，不得转让抵押物。抵押人转让抵押物所得的价款，应当向抵押权人提前清偿所担保的债权或者向与抵押权人约定的第三人提存。超过债权数额的部分，归抵押人所有，不足部分由债务人清偿"呢？为此，《最高人民法院关于适用〈中华人民共和国担保法〉若干问题的解释》第67条纠正性地规定："抵押权存续期间，抵押人转让抵押物未通知抵押权人或者未告知受让人的，如果抵押物已经登记的，抵押权人仍可以行使抵押权；取得抵押物所有权的受让人，可以代替债务人清偿其全部债务，使抵押权消灭。受让人清偿债务后可以向抵押人追偿。如果抵押物未经登记的，抵押权不得对抗受让人，因此给抵押权人造成损失的，由抵押人承担赔偿责任。"

我国《担保法》之所以如此规定，是因为该法规定了动产抵押，而且规定了动产抵押可以登记并具有对抗力，因此破坏了物权公示公信的基本原则，使不动产登记失去了应有的作用。

（四）抵押物依法被继承或者赠与对抵押权的影响

抵押物依法被继承或者赠与的，抵押权不受影响（《最高人民法院关于适用〈中华人民共和国担保法〉若干问题的解释》第68条）。

三、抵押权对于抵押权人的效力

（一）抵押权的保全

抵押权人由于并不实际占有抵押物，故在抵押权实行前，其对抵押物并无支配权。在这期间如抵押物的价值减少，势必对抵押权人的利益不利，故法律为保全抵押权人的利益，特规定其于此情况下的诸多措施与权利，具体如下：

1. 对抵押物价值减少的防止请求权。对此，各国民法典均有明确的规定。我国《物权法》第 193 条规定："抵押人的行为足以使抵押财产价值减少的，抵押权人有权要求抵押人停止其行为……"

一般来说，造成抵押物价值减少的行为有两种：①积极的行为，主要是指非正常或者过度使用抵押物、破坏抵押物。②消极的行为，即对抵押物不采取必要的保护措施等。由此造成的损失由抵押人负担。

2. 对抵押物价值减少的补救。如果抵押物的价值实际上已遭受到损失时，应对之进行补救：①因归责于抵押人的原因而使抵押物的价值减少时，抵押权人有权要求抵押人恢复抵押财产的价值或提供相当的担保。抵押人不恢复抵押财产的价值也不提供担保的，抵押权人有权要求债务人提前清偿债务。[1]②因非可归责于抵押人的原因而造成抵押物价值的减少时，抵押权人仅得在抵押人受损害赔偿的范围内，请求提供担保。抵押人不负补充的义务。

（二）抵押权的处分

1. 抵押权单独让与的禁止。抵押权是一种财产权，是否得与其所担保的债权分离而单独让与？大多数国家的民法典均规定抵押权不得与其所担保的债权分离而单独让与。但有的国家法律规定在特殊情况下可以让与，如《日本民法典》第 375 条规定，抵押权得在其数额内让与同一债务人的其他债权人。这样原债权人变为普通债权人。当然，在此情况下，对其他债权人的利益并无影响。由于我国《物权法》（第 192 条）明确规定，抵押权不得与债权分离而单独让与，自应解释为不得为之。

2. 抵押权与债权一起提供担保。因权利也可设定担保，但抵押权不能与其所担保的债权分离而为处分，故只有其所担保的债权作为权利担保时，抵押权才随之担保。

3. 抵押权的抛弃。抵押权为财产权，其权利人当然可以抛弃，故我国《物权法》第 194 条明确规定抵押权人可以放弃抵押权。但抵押权为物权，并有登记（在一般情况下），故抛弃除应向抵押人为意思表示外，应办理涂销登记。抛弃原则上可任意为之，但损害他人利益的，不得为之，如第三人可对抵押权主张权利者。

4. 抵押权次序的处分。因次序也是一种权利，当事人是否得以处分？对此

---

[1] 《物权法》第 193 条。

《德国民法典》第 880 条、《日本民法典》第 375 条均有明确的规定，允许当事人加以处分或抛弃。我国 1995 年《担保法》没有规定，但《物权法》却有明确规定。《物权法》第 194 条第 1 款规定："抵押权人可以放弃抵押权或者抵押权的顺位。抵押权人与抵押人可以协议变更抵押权顺位以及被担保的债权数额等内容，但抵押权的变更，未经其他抵押权人书面同意，不得对其他抵押权人产生不利影响。"

因我国《担保法》以登记为对抗第三人的要件，故若当事人在为次序让与时，应办理变更登记，否则，不得对抗第三人。

在次序的让与中，有一个关键的问题是：次序让与仅仅是以债权额为限而变更，抑或为当事人概括地位的让与？这就是学说上常常讲的变更说和对换说。现在用一个例子说明之：A 有 B、C、D 三个债权人，B 为第一顺序的抵押权人，其债权额为 500 元；C 为第二顺序，其债权额为 500 元；D 为第三顺序，其债权额为 600 元。A 的抵押物拍卖后得 1000 元。这时，B 将其位次让与 D，若采取对换说，D 将其 600 元与 B 对换，其得 600 元；C 得 400 元；B 无所得。如果采取变更说，则 D 得 500 元，C 得 500 元，B 不得，D 也损失 100 元。由此可见，其对当事人的权利影响较大。哪种更好？变更说更合理一些，因为它不影响他人的权利，并且，也符合我国《物权法》规定，因为该法第 194 条第 1 款规定，抵押权的变更，未经其他抵押权人书面同意，不得对其他抵押权人产生不利影响。

5. 抵押权抛弃或者变更顺序对其他担保人的影响。债务人以自己的财产设定抵押，抵押权人放弃该抵押权、抵押权顺位或者变更抵押权的，其他担保人在抵押权人丧失优先受偿权益的范围内免除担保责任，但其他担保人承诺仍然提供担保的除外。[1]

第四节 抵押权的实现及消灭

一、抵押权实现的概念与条件

抵押权的实现是指抵押物所担保的债权已到清偿期而债务人不履行债务时，抵押权人按照法定或者约定程序以抵押物价值优先受偿的方式。抵押权实现是抵押制度的最后阶段，对债权人与债务人都具有重大意义，其应具备下列条件：

1. 于抵押权实行之际，抵押权仍有效存在。

2. 债务已到清偿期而债权人未得到清偿或者发生当事人约定的实现抵押权的其他事由。

抵押担保的目的是在债务人不履行债务时，债权人能够以债权制度以外的财产方式得到满足，而债务已到清偿期而债权人未得到清偿符合抵押之目的，是本质性

---

〔1〕《物权法》第 194 条。

条件。当然，如果当事人约定了实现抵押权的其他事由而该事由发生，抵押权人也可以实现抵押权。

3. 债务人没有合法的抗辩权。如果虽然债务已到清偿期，但债务人享有合法的抗辩权时，如同时履行抗辩权等，债权人不得行使抵押权。

二、抵押权实现的程序与方式

（一）抵押权实现的程序之立法例

由于各国对抵押权实现的性质认识不一，在实现程序上大致有两种不同的立法例：一是当事人自救主义，二是司法保护主义。当事人自救主义是指抵押权的实现主要通过抵押权人与抵押人协商决定，国家不进行强制性干预。英美法系国家多采取这种方式。司法保护主义是指抵押权的实现须采取公法上的程序，抵押权人实行抵押权之前通常需要获得法院或者其他国家机关的裁判或者决定，不能私自实行抵押权。大陆法系国家大多采取这种方式，如《德国民法典》《瑞士民法典》《日本民法典》等莫不如此。[1]

我国《物权法》第195条规定："债务人不履行到期债务或者发生当事人约定的实现抵押权的情形，抵押权人可以与抵押人协议以抵押财产折价或者以拍卖、变卖该抵押财产所得的价款优先受偿。协议损害其他债权人利益的，其他债权人可以在知道或者应当知道撤销事由之日起1年内请求人民法院撤销该协议。抵押权人与抵押人未就抵押权实现方式达成协议的，抵押权人可以请求人民法院拍卖、变卖抵押财产。抵押财产折价或者变卖的，应当参照市场价格。"这一规定应当从以下几个方面说明：①抵押权人与抵押人的协议并不是请求人民法院拍卖、变卖抵押财产的前提条件，抵押权人可以不与抵押人协议而直接请求人民法院拍卖、变卖抵押财产以受偿。②自1995年《担保法》颁布以来，我国法律规定的究竟是当事人自救主义还是司法保护主义，学者之间一直存在争议，有的认为，该条规定了彻底的当事人自救主义，有的认为是当事人自救主义兼是司法保护主义。[2]但是，我们不能不注意到，2007年的《物权法》与1995年《担保法》规定的不同：[3]《担保法》直接规定"协议不成的，抵押权人可以向人民法院提起诉讼"，而《物权法》仅仅规定"请求人民法院拍卖、变卖抵押财产"，这两种规定是否不同？我们认为，其实并无不同，只要向人民法院请求就必定是诉讼，因为法院要作出究竟是采取拍卖

---

〔1〕 蔡永民：《比较担保法》，北京大学出版社2004年版，第115～116页。

〔2〕 曹士兵：《中国担保诸问题的解决与展望——基于担保法及其司法解释》，中国法制出版社2001年版，第249页；蔡永民：《比较担保法》，北京大学出版社2004年版，第116页；许明月：《抵押权制度研究》，法律出版社1998年版，第328页。

〔3〕《担保法》第53条规定："债务履行期届满抵押权人未受清偿的，可以与抵押人协议以抵押物折价或者以拍卖、变卖该抵押物所得的价款受偿；协议不成的，抵押权人可以向人民法院提起诉讼。抵押物折价或者拍卖、变卖后，其价款超过债权数额的部分归抵押人所有，不足部分由债务人清偿。"

还是变卖的裁定。因此，我们认为，我国对抵押权实现采取当事人自救主义兼司法保护主义。③协议损害其他债权人利益的，其他债权人可以在知道或者应当知道撤销事由之日起 1 年内请求人民法院撤销该协议。④抵押财产折价或者变卖的，应当参照市场价格。

（二）抵押权的实现与债权请求权的关系

有抵押担保的债权人在债务人不履行债务时，如何实现自己的债权？对此，学理上有两种不同的观点：一是选择主义，即在债务人不履行债务时，抵押权人（债权人）有权选择，以抵押权受偿，或者要求债务人以债务履行程序清偿。二是先行主义，即在债务人不履行债务时，抵押权人（债权人）必须先实行抵押权，只有抵押权的价值不能满足债权人的债权时仅能就剩余的债权请求债务人履行。[1] 我们赞同选择主义，理由是：①具有抵押权的债权人有双重身份：债权人与物权人。他可以任意选择一种身份以方便的方式来满足自己的债权，如果按照一般债务履行的方式更加方便，就不能强迫债权人必须先行使担保权。②让债权人进行选择并不损害其他抵押权人或者债权人的利益，仅仅在债务人的抵押物非为自己的债权人而是为他人的债权人提供担保时，这种方式可能损害其他债权人，但这种行为可以通过撤销权来解决。③我国《物权法》[2]与《担保法》也没有规定不允许债权人选择。有人认为《担保法》第 53 条确立了先行主义，但我们认为，不能将《担保法》第 53 条规定的"抵押物折价或者拍卖、变卖后，其价款超过债权数额的部分归抵押人所有，不足部分由债务人清偿"之条款理解为是对先行主义的确定，这种规定仅仅是对实行抵押权具体问题的规范，即使在规定选择主义的立法例中，也应当如此规定。

（三）当事人自救主义下的抵押权实现方式

由于我国《物权法》（第 195 条）对抵押权的实现方式采用协商主义（又称为当事人自救主义），当事人可以协商以抵押物折价，或者拍卖，或者变卖，协商不成时，可以请求人民法院拍卖、变卖抵押财产。下面我们分别讨论协商主义下的实现方式：

1. 以抵押物折价。所谓以抵押物折价，是指在抵押权实行之际抵押人与抵押权人通过协商的方式使抵押权人取得抵押物的所有权，而以抵押物的价值折抵债务的方法。在这种抵押权的实现中应注意下列问题：①以抵押物折价必须是在抵押权实行之际方可为之，否则，便违反《担保法》关于"流质禁止"的规定。[3]②抵押人与抵押权人通过协商以抵押物折价不得损害其他债权人的利益。抵押物在债务

---

[1]　许明月：《抵押权制度研究》，法律出版社 1998 年版，第 328 页；曹士兵：《中国担保诸问题的解决与展望——基于担保法及其司法解释》，中国法制出版社 2001 年版，第 255 页。
[2]　《物权法》第 198 条。
[3]　《担保法》第 40 条。

人的财产组成中具有"双重身份": 它既是负担抵押权的特定财产, 也是债务人一般财产的构成部分 (但是, 对于非抵押债权人来说, 通常是抵押物价值有剩余时才有意义)。当抵押物偿还有抵押权的债权人后有剩余的, 其他非抵押权债权人可以请求一般清偿。如果抵押人与抵押权人协商折价的价格太低, 就会损害无担保的债权人利益。这时, 其他债权人就可以自知道或者应当知道撤销事由 1 年内请求人民法院撤销这种协议。[1]

2. 拍卖。拍卖是指按照法定程序以公开竞价的方式出卖标的物。我国《拍卖法》对具体程序进行了规定, 在此不再赘述。由于这种方式对抵押物的处理在价格上较为公平, 故为采取司法保护主义立法例的国家之民法典或单行法之首要选择。只有在拍卖的方式不能处理或成本较高或当事人另有协议时, 方可改变。但我国采取协商主义兼司法保护主义, 故这种方式首先由当事人自由选择是否适用; 协商不成时, 我国《物权法》规定法院应首先选择拍卖。

3. 变卖。变卖是指以拍卖或者折价以外的方式将抵押财产变现。按照我国《物权法》第 195 条的规定, 无论是抵押权人还是法院, 都可以采取变卖这种方式。但为了不损害债务人及其他债权人利益, 《物权法》第 195 条特别规定, 抵押财产折价或者变卖的, 应当参照市场价格。

三、抵押物折价或者拍卖或者变卖后的清偿顺序

1. 一般规则。[2] 同一财产向两个以上债权人抵押的, 拍卖、变卖抵押物所得的价款按照以下规定清偿: ①抵押权已登记的, 按照抵押物登记的先后顺序清偿; 顺序相同的, 按照债权比例清偿。②抵押权已登记的先于未登记的受偿。③抵押权未登记的, 按照债权比例清偿。

2. 对同一债权的清偿顺序。抵押物折价或者拍卖、变卖所得的价款, 当事人没有约定的, 按下列顺序清偿: ①实现抵押权的费用; ②主债权的利息; ③主债权 (《最高人民法院关于适用〈中华人民共和国担保法〉若干问题的解释》第 74 条)。

四、抵押人的涤除权

所谓抵押人的涤除权, 是指抵押人非为债务人[3]的情形下, 在债权人实行抵押权时有权替债务人偿还债务以除去抵押物上负担的权利。

涤除权的制度价值在于: 一方面可以保障债权人 (抵押权人) 得到债权满足, 另一方面又能够使抵押人 (非为债务人) 保留抵押物不被处分。而且, 抵押人替债务人履行债务后, 抵押权人对债务人的债权转移给抵押人, 抵押人有权向债务人求偿。从这一制度价值看, 主债务人、保证人不得为涤除权人, 否则这一制度就失

---

[1] 《物权法》第 195 条。

[2] 《物权法》第 199 条。

[3] 按照《日本民法典》第 378 条的规定, 涤除权人包括: 就抵押不动产取得所有权、地上权或者永佃权的第三人。第 379 条规定: "主债务人、保证人及其承受人, 不得涤除抵押权。"

去了意义。《日本民法典》第377～388条详细规定了这一制度；《德国民法典》第1142～1143条、我国台湾地区"民法"第879条也规定了这一制度。

我国《物权法》及《担保法》没有明确规定，但从民法的一般原理看，自无禁止的必要。从法理基础上看，可以认为是债务承担或者债权转移。

五、抵押权与租赁权的关系

我国《物权法》第190条兼顾"买卖不破租赁"原则及登记公示力原则，以抵押与租赁的先后顺序来划分抵押权与租赁权的关系：

1. 抵押人将已出租的财产抵押的，抵押权实现后，租赁合同在有效期内对抵押物的受让人继续有效。

2. 抵押人将已抵押的财产出租的，抵押权实现后，租赁合同对受让人不具有对抗力。抵押人将已抵押的财产出租时，如果抵押人未书面告知承租人该财产已抵押的，抵押人对抵押权实现造成承租人的损失承担赔偿责任；如果抵押人已书面告知承租人该财产已抵押的，抵押权实现造成承租人的损失，由承租人自己承担。

六、债的变动对抵押权的影响

1. 债权全部转让对抵押权的影响。因债权转让一般不会对债务人造成影响，也不会损害抵押人的利益，故债权转让不影响抵押权。

2. 债权分割或者部分转让对抵押权的影响。主债权被分割或者部分转让的，各债权人可以就其享有的债权份额行使抵押权。[1]

3. 债务分割或者部分转让对抵押权的影响。主债务被分割或者部分转让的，抵押人仍以其抵押物担保数个债务人履行债务。但是，第三人提供抵押的，债权人许可债务人转让债务未经抵押人书面同意的，抵押人对未经其同意转让的债务，不再承担担保责任。[2]

七、抵押权实现中的其他问题

1. 已经设定抵押的财产被查封、扣押对抵押权的影响。由于物权登记的对抗效力，即使已经设定抵押的财产被采取查封、扣押等财产保全措施或者执行措施的，也不影响抵押权的效力。[3]

2. 同一债权有两个以上抵押人时债权人的选择权。同一债权有两个以上抵押人的，当事人对其提供的抵押财产所担保的债权份额或者顺序没有约定或者约定不明的，抵押权人可以就其中任一或者各个财产行使抵押权。抵押人承担担保责任后，可以向债务人追偿，也可以要求其他抵押人清偿其应当承担的份额。[4]

3. 同一债权有两个以上抵押时债权人放弃其中一个抵押权后的效力。如果同

---

[1]《最高人民法院关于适用〈中华人民共和国担保法〉若干问题的解释》第72条。
[2]《最高人民法院关于适用〈中华人民共和国担保法〉若干问题的解释》第72条。
[3]《最高人民法院关于适用〈中华人民共和国担保法〉若干问题的解释》第55条。
[4]《最高人民法院关于适用〈中华人民共和国担保法〉若干问题的解释》第75条。

一债权有两个以上抵押时，若债权人放弃其中一个抵押权后的法律后果，我国《物权法》第 194 条第 2 款规定："债务人以自己的财产设定抵押，抵押权人放弃该抵押权、抵押权顺位或者变更抵押权的，其他担保人在抵押权人丧失优先受偿权益的范围内免除担保责任，但其他担保人承诺仍然提供担保的除外。"我们认为，这种规定不够全面：假设甲为债权人，乙为债务人、抵押人，丙为抵押人，丁为抵押人。这时，如果甲放弃乙所设定的抵押权，则丙、丁均可在放弃的范围内免除担保责任，是毫无疑问的。但如果甲放弃了丙的抵押权，则乙当然不应免除责任，但丁的担保责任应当在甲放弃了丙的抵押权之范围内免除。

因此，我们认为，同一债权有两个以上抵押时，若债权人放弃其中一个抵押权后，其他抵押人在放弃的范围内免除担保责任。

4. 同一财产有多个抵押而顺序在先的抵押权与该财产的所有权归属一人时对抵押权的影响。同一财产向两个以上债权人抵押的，顺序在先的抵押权与该财产的所有权归属一人时，该财产的所有权人可以以其抵押权对抗顺序在后的抵押权。[1]其实，这时候就变为所有人抵押。

5. 抵押顺序与债权到期日不同时抵押权的行使。当一个抵押物上有多个抵押权时，抵押登记的顺序与被担保的债权的到期日并不一定相同。有可能第一顺序的抵押权所担保的债权后到期，而第二或者第三顺序的抵押权担保的债权先到期。这时，应如何行使？其行使规则是：同一财产向两个以上债权人抵押的，顺序在后的抵押权所担保的债权先到期的，抵押权人只能就抵押物价值超出顺序在先的抵押担保债权的部分受偿。顺序在先的抵押权所担保的债权先到期的，抵押权实现后的剩余价款应予提存，留待清偿顺序在后的抵押担保债权。[2]

6. 抵押权与其他担保物权并存时的效力。在同一财产上既存在抵押权，也存在其他担保物权时，效力规则如下：①同一财产抵押权与留置权并存时，留置权人优先于抵押权人受偿；②同一财产法定登记的抵押权与质权并存时，抵押权人优先于质权人受偿；③如果抵押权未登记的，不得对抗其他担保物权。[3]

八、抵押权的消灭

1. 主债权消灭。抵押权因有附随性，故当其所担保的债权因法律规定的原因而消灭时，抵押权也应随之消灭，乃当然之理。我国《担保法》第 52 条就明确规定了这一消灭原因。

2. 主债权的诉讼时效届满而抵押权人不行使抵押权。关于这一点，我们已经在前面详细阐述了。

3. 抵押物的灭失。抵押物灭失后，抵押权因无从负载，也就消灭。但若因抵

---

[1] 《最高人民法院关于适用〈中华人民共和国担保法〉若干问题的解释》第 77 条。
[2] 《最高人民法院关于适用〈中华人民共和国担保法〉若干问题的解释》第 78 条。
[3] 《最高人民法院关于适用〈中华人民共和国担保法〉若干问题的解释》第 79 条。

押物的灭失而有赔偿请求权时，则抵押权仍然存于代替物上，是为物上代位性。

4. 抵押权实行。抵押权依照法定程序行使后，抵押权消灭。但是，抵押权的消灭，并不妨碍其他顺序抵押权的存在。

5. 第三人提供抵押的，债权人许可债务人转让债务未经抵押人书面同意的，债权人的抵押权消灭。

第五节　特殊抵押权

一、动产抵押

（一）动产抵押产生的动因

动产抵押是以动产为标的而设定的抵押。然而，受自罗马法以来形成的民法传统及交易安全规则的限制，抵押权的标的仅限于不动产，动产上只能设定质权担保。故动产能否抵押在各国理论上存在巨大争议，立法上也不一致。但是，经济的发展与需要往往为自己开辟道路，因为融资的迫切需要及质权的缺陷，使得动产抵押制度在民法典之外以特别法或者以判例的方式发展起来。

具体来说，动产抵押产生的动因是：①动产担保制度虽然可设定质权，但质权以物的占有转移为必要，故物之所有人的使用收益权不再存在。这对于中小企业特别不利，因为中小企业一方面想利用其财产筹集资金，而另一方面又不能损失其对财产的使用收益权。这时，只有动产抵押制度可为其利用，即一方面融资者可以用动产设定担保，另一方面又不丧失占有而使用收益。②动产极易变动，是不争的事实，其公示确实是一个问题，但法律可规定一个特别的公示制度。因此，借抵押之长处，避公示之不足，创设了动产抵押制度。

（二）动产抵押制度面临的法律障碍

我们认为，动产抵押面临两大法律障碍：

1. 动产抵押与传统公示公信原则相矛盾。因为动产抵押为物权，而按照物权法定原则，必须公示。但动产抵押与大陆法系传统公示公信原则相矛盾。因为，按照传统公示公信原则，动产以转移占有为公示方式，不动产以登记为公示方式。如果动产设定抵押以契约方式而无须登记，则一般不能对抗第三人，效力较弱（如我国《担保法》第43条即是）；如果以登记方式设立而且能够对抗第三人时，就会难以兼顾与平衡抵押人与善意第三人的利益，进而危害交易安全：①因为动产抵押设立后，抵押物仍然留在抵押人手中，他仍然可以以转移占有的方式出卖标的物。而按照传统公示公信原则，动产上不可能存在登记物权，善意第三人可以取得标的物的所有权，而且属于原始取得。原始取得的动产上不可能存在负担。这时若动产抵押权能够对抗善意取得人，那么动产所有权转移中的公示公信原则将难以存在，进而危害交易安全。结果是，任何一个购买动产的人都要到有关部门查阅动产有无抵押。②如果动产抵押登记后不能对抗善意第三人，动产抵押权人的利益难以保障。

2. 增加交易成本，破坏交易快捷。如果允许动产设立抵押并且登记对抗善意取得人，那么任何购买动产的人为了避免购买物被抵押权人追及，必须查阅动产抵押设立情况。但动产变换较快，而且种类繁多。传统民法也意识到动产以转移占有为公示方式不如登记安全，从逻辑上说，动产交易以登记为公示方式并非不能，但如果采取登记为动产物权变动的公示方式，成本巨大，人们将不堪重负。所以，不得已采取转移占有的方式（如《法国民法典》第 2279 条）。动产抵押以登记为公示方式，又重复了传统民法抛弃的东西。这样，会增加交易成本，破坏交易快捷。

（三）各国和地区立法例

由于存在以上法律障碍，故并非任何国家和地区都承认动产抵押。在法国，因其民法典第 2119 条规定"不得就动产设定抵押"，加之《法国民法典》中动产与不动产的特殊分类标准，使得《法国民法典》只承认不动产抵押。但是，由于其对动产与不动产的分类除了采取纯粹的物理标准外，还可以根据财产的用途进行分类。因此，有些动产可以根据用途划分到不动产中去，从而达到动产抵押的实际效果。另外，法国也通过特别立法的方式规定动产抵押。[1]

在德国，由于实行严格的公示公信原则，民法典不承认动产抵押制度。与抵押制度具有类似功能的，是通过判例发展起来的让与担保制度和所有权保留制度。在公示方式上，属于权利转移型担保。由于不存在公示问题，故在动产范围上没有也不需要限制。[2]

动产抵押实行比较彻底的，是日本及我国台湾地区。但它们也都是在民法典之外发展起来的制度。日本的动产抵押制度主要通过以下特别法发展起来：1993 年的《农业动产信用法》、1951 年的《机动车抵押法》、1952 年的《飞机抵押法》和 1954 年的《建设机械抵押法》。[3]

我国台湾地区的动产抵押制度主要由 1963 年颁布的"动产担保交易法"及法律授权其"行政院"于 1965 年发布的"动产担保交易法施行细则"、1972 年"行政院"发布的"动产担保交易标的物品类表"组成。

（四）承认动产抵押制度的国家与地区避免法律障碍的方法

虽然动产抵押存在上述法律障碍，但由于实际的需求，人们迫切需要建立动产抵押。于是，承认动产抵押制度的国家与地区创造了许多避免法律障碍的方法，具体如下：

1. 对于可以抵押的动产进行范围上的规定。在法国，行使追及权的动产必须

---

〔1〕 蔡永民：《比较担保法》，北京大学出版社 2004 年版，第 159 页。
〔2〕 蔡永民：《比较担保法》，北京大学出版社 2004 年版，第 160 页。
〔3〕 ［日］近江幸治：《担保物权法》，王卫军、祝娅、房兆融译，法律出版社 2000 年版，第 219～220 页。

具有高度个别化，有重大价值，其使用是众所周知的。如果此项动产没有多大价值，公告手续太麻烦，就不太适合行使追及权。只有船舶、飞机、影片、汽车符合个别化要求。[1]

在日本，其上述四个法律文件规定了农业用动产（如发动机、电动机、脱谷机等）、机动车、飞机和建设机械可设立动产抵押。但根据日本学者的阐述，农业用动产与机动车抵押在日本已经很少适用。[2]

在我国台湾地区，1972 年"行政院"发布的"动产担保交易标的物品类表"所列的标的物品名共分为 10 类。[3] 即使如此，也并非所有动产都可以抵押。

2. 通过在抵押动产上打刻或者粘贴标签以标识抵押权的存在。这是避免动产抵押登记同动产与不动产的区分及不同公示原则矛盾的最有效的方式，即第三人一看到打刻或者标签就知道动产上面存在抵押。例如，我国台湾地区和日本的动产抵押立法规定了"同一性识别方法"，即在抵押动产上打刻或者粘贴标签。日本学者和立法认为：因登记的公示力较弱，故对于汽车、飞机等只有通过所谓的打刻以补强其特定性之后，才被视为具有了公示的手段。[4] 在我国台湾地区，其"行政院"于 1965 年发布的"动产担保交易法施行细则"第 16 条规定，登记机关应于业经登记的标的物的显著部分烙印或者粘贴标签等以资识别。烙印或者粘贴标签等得由登记机关授权债权人代为为之。

3. 在空间上限制登记对抗效力。动产抵押登记的对抗效力一般限制在登记机关的行政管辖区内，超出登记机关的辖区就没有对抗力。

（五）大陆法系国家和地区动产抵押制度小结

1. 大陆法系国家和地区的动产抵押制度是在其民法典之外，通过特别法或者判例发展起来的制度，主要是物权法基本原则——公示公信原则所致。

2. 动产抵押面临法律障碍，但其又为工商业融资所需要，故判例与特别立法寻找各种方法来避免这种法律障碍，如明确规定可抵押的动产范围、在空间上限制登记对抗效力、通过在抵押动产上打刻或者粘贴标签以标识抵押权的存在等。这些方式表明了判例与立法在软化民法典体系僵硬方面所作出的努力，突破了传统物权法公示公信原则的限制。

---

〔1〕　沈达明编著：《法国—德国担保法》，中国法制出版社 2000 年版，第 143 页。

〔2〕　[日] 近江幸治：《担保物权法》，王卫军、祝娅、房兆融译，法律出版社 2000 年版，第 220 页。

〔3〕　第一类为农林畜牧渔；第二类为矿产品；第三类为食品饮料及烟酒；第四类为纺织品及其原料、皮革、木材制品及有关物品；第五类为非金属矿产物制品；第六类为化学品；第七类为基本金属及其铸制品；第八类为机器设备器材及工具；第九类为农业机械设备类；第十类为其他制品。

〔4〕　[日] 高木多喜男等：《民法讲义》，转引自王闯："动产抵押制度研究"，载梁慧星主编：《民商法论丛》（第 3 卷），法律出版社 1995 年版，第 420 页。

（六）我国《担保法》与《物权法》上的动产抵押制度(《物权法》第189条)

1. 合同生效时设立。

2. 登记对抗。

我国《物权法》对于动产抵押采取自愿登记，且登记发生对抗效力的模式。这种模式会与以占有作为动产公示方式的立法体制相矛盾。

二、最高额抵押

（一）概念

最高额抵押是指抵押人与抵押权人协议，在最高债权额限度内，以抵押物对一定期间内连续发生的债权作担保。最高额抵押为许多国家的民法典所承认，如我国《物权法》第十六章第二节与《担保法》第三章第五节、《德国民法典》第1190条、《法国民法典》第2132条、《日本民法典》第398条等都有明确的规定。对其可以从以下几个方面来理解：

1. 其所担保的债权具有将来性。这是最高额抵押与一般抵押的不同之一，它不是为已经存在的债权作担保，而是对将来发生的债权作担保，因此，突破了抵押权的附属性，而具有了某种独立性。

2. 为将来连续发生的债权作担保。这也是最高额抵押设定的目的之一，即为了避免连续发生债权不断设立担保。我国《物权法》第203条、《担保法》第59条明确规定了这一特征。《担保法》第60条还专门指出两种合同可以设立最高额抵押：借款合同、债权人与债务人就某项商品在一定期间内连续发生交易而签订的合同。

3. 为不特定债权提供担保。由于债权人与债务人交易的连续性，在此期间有的债权债务关系不断发生变动，只有到最高额抵押权确定（决算）时，才变为确定债权。

4. 在最高额抵押权确定前对被担保的债权中的个别债权无从属性。在连续交易过程中，可能会发生多笔债权，而这些债权有可能根据免除、清偿或者其他原因而发生消灭，也可能转让。但这些消灭或者转让不影响抵押权的存在，抵押权也不随个别债权的转让而转让。

5. 最高额抵押权有最高额限制。即使将来发生的债权超过约定的最高额，也只能以最高额为限实行抵押权；如果将来发生的债权低于约定的最高额，则以实际发生的债权为限实行抵押权。

（二）最高额抵押权的特征

从上面抵押权的内涵可以看出，最高额抵押权最显著的特征是它的独立性。其独立性可以理解为：①最高额抵押在发生上与所担保的债权之间无从属性；②最高额抵押在存续期间与所担保的债权中的个别债权之间没有从属性；③最高额抵押权也不随个别债权的转让而转让，在转让上无从属性；④最高额抵押也不随着某一具体债权的消灭而消灭，在消灭上也没有从属性。[1]它只对决算后的总债权担保，因而相对于各个债权具有独立性。

（三）最高额抵押权的制度价值考量

对于最高额抵押的制度价值，学者一般认为：在持续发生交易的当事人之间，债权债务反复发生或者消灭，如果对这种债权设定抵押权，也必须不断进行。另外，这种交易的交易额也常常不定。但是，债权不特定就不能设定通常的抵押权。为避免上述不便，产生了最高额抵押。[2]这样，就使得最高额抵押与被担保的债权之间在持续交易期间没有依赖关系，在这一期间即使有个别债权的变更、消灭也不影响抵押权。

但是，与一般抵押权比较，最高额抵押也有其不足之处，主要表现在：①最高额抵押权人往往超过担保债权的实际数额独占标的物的担保价值，使抵押人不能利用剩余价值再行担保；②在连续性融资关系中，提供资金的一方往往借助最高额抵押制度建立起支配债务人或者抵押人的不合理的经济关系。[3]

（四）最高额抵押的成立

最高额抵押一般由当事人以契约为之，并适用于连续发生的交易。最高额抵押合同应当载明：①所担保的最高限额；②被担保的债权的范围；③确定债权的日期。

因最高额抵押合同所载明的债权额并非实际的债权额，故为实现最高额抵押，必须确定一个决定债权额的日期。如果当事人未订立确定日期的，以主合同的到期日为确定日期。

（五）最高额抵押成立后的效力

1. 效力范围。最高额抵押所担保的债权在合同规定的确定日期到来前，得随时变更，即使债权额曾一度为零，抵押权也不因此而消灭。当确定日期到来时，仅仅在约定的最高额的限度内为担保。

至于债权额所包含的内容，则应包括最高额抵押决算后确定的债权、利息、损害赔偿金。并且，我国《最高人民法院关于适用〈中华人民共和国担保法〉若干问题的解释》第81条规定："最高额抵押权所担保的债权范围，不包括抵押物因财产保全或者执行程序被查封后或债务人、抵押人破产后发生的债权。"另外，实行抵押权的费用不包括在内，而应在抵押物的拍卖所得中扣除。

---

[1] 曹士兵：《中国担保诸问题的解决与展望——基于担保法及其司法解释》，中国法制出版社2001年版，第264页。

[2] ［日］近江幸治：《担保物权法》，王卫军、祝娅、房兆融译，法律出版社2000年版，第192页；陈华彬：《物权法》，法律出版社2004年版，第532页；曹士兵：《中国担保诸问题的解决与展望——基于担保法及其司法解释》，中国法制出版社2001年版，第265页。

[3] 陈华彬：《物权法》，法律出版社2004年版，第533页；［日］近江幸治：《担保物权法》，王卫军、祝娅、房兆融译，法律出版社2000年版，第193页。

2. 最高额抵押的变更。最高额抵押的变更一般包括被担保的债权、最高限额、决算期及债务人的变更。从国外的立法例看，一般对最高限额的变更予以限制，对被担保的债权、决算期及债务人的变更不予限制。

我国《物权法》第 205 条规定："最高额抵押担保的债权确定前，抵押权人与抵押人可以通过协议变更债权确定的期间、债权范围以及最高债权额，但变更的内容不得对其他抵押权人产生不利影响。"例如，如果双方提高最高债权额，就有可能损害其他顺序在后的抵押权人的利益。因此，有必要禁止这种行为。

3. 抵押期间主债权转让的自由。我国《物权法》第 204 条规定："最高额抵押担保的债权确定前，部分债权转让的，最高额抵押权不得转让，但当事人另有约定的除外。"由此可见，最高额抵押担保的债权确定前，债权的转让也是自由的，但是，抵押权并不随之转让。

4. 最高额抵押权的处分。最高额抵押权的处分最主要的是对权利的让与。因最高额抵押权也是一种权利，自然也得让与，不过，在转让时必须在其所担保的债权确定后，方能同其所担保的债权一并让与。

（六）最高额抵押的实行

一般地说，最高额抵押的实行必须具备两个条件：①所担保的债权额确定；②债权已到清偿期。其余的实行方式等适用抵押的一般规定。[1]

1. 所担保的债权额确定。

（1）所担保的债权额确定的含义及作用。最高额抵押所担保的债权额确定，也称为最高额抵押的决算，是指在对最高额抵押的担保范围进行确定的原因出现后，对最高额抵押所担保的债权额的计算。[2]最高额抵押所担保的债权额确定的意义是：①它是实行最高额抵押权的前提。因为最高额抵押仅仅是双方商定了一个最高抵押限额，但在决算前这一个限额是"虚"的，其所担保的债权与其实际是分离的、流动的。因被担保的债权额不确定，故抵押权就无法实现。②被担保的债权因决算而特定化，最高额抵押权与被担保的债权的从属性从此确定，最高额抵押权也就从此变为一般抵押权。最高额抵押权人的优先受偿权变为现实。

（2）最高额抵押所担保的债权额确定的原因。前面已经提到，最高额抵押所担保的债权额确定必须待确定的原因出现后方可为之，那么，确定的原因包括哪些呢？主要如下：①抵押合同约定的决算期届至；②没有约定债权确定期间或者约定不明确，抵押权人或者抵押人自最高额抵押权设立之日起满 2 年后请求确定债权；③新的债权不可能发生；④抵押财产被查封、扣押；⑤债务人、抵押人被宣告破产或者被撤销；⑥法律规定债权确定的其他情形。

〔1〕《物权法》第 207 条、《担保法》第 62 条。
〔2〕曹士兵：《中国担保诸问题的解决与展望——基于担保法及其司法解释》，中国法制出版社 2001 年版，第 266 页。

2. 债权已到清偿期。最高额抵押所担保的债权的确定期并非债权的清偿期，也就是说，在确定期外，尚应约定清偿期。如果当事人未约定清偿期而只约定抵押权的存续期间的，该期间的届满，即视为清偿期届至；如果连抵押权的存续期间也未约定的，确定期即可被视为清偿期。

第十五章 质 权

第一节 质权的一般概述

一、质权的概念

（一）质权的定义

质权是指以担保债权的履行为目的而占有由债务人或第三人交付的物或者权利，而当债务人不履行债务时，得将占有物或者权利依法处分而就所得的价金优先受偿的权利。我国《担保法》仿照《法国民法典》的定义，将其称为质押，而2007年的《物权法》称其为"质权"。其中，享有质权的债权人被称为质权人，将财产交给债权人占有的债务人或第三人被称为出质人，出质人交付给债权人占有的财产被称为质物或者质押物。

（二）质权的特点

1. 质权是对于标的物的交换价值为直接的排他的支配的物权。作为质权的标的物，无论是有体物或财产权，均在于对其交换价值的支配，既不像所有权那样是对物的全面的支配，也不像用益物权那样是对物使用收益的一面法律关系的支配，而是就物的交换价值为排他性的支配，此为质权的特色。

2. 质权在我国法上为意定担保物权。根据各国民法典的规定，质权有两种：一为法定质权；二为意定质权。前者是依法律规定而成立的质权；后者是依当事人的意思而成立的质权。我国只承认意定质权。

3. 质权人接受标的物的移交。也就是说，质权人必须占有质权的标的物，以此为公示的方式。在其被担保的债权受清偿前，对该物有留置的权利。

4. 质权是就标的物的交换价值优先受清偿的权利，这是质权的核心价值和意义所在。当债务人不履行债务时，质权人有拍卖标的物而优先受偿的权利。

（三）质权与抵押权的区别

质权与抵押权虽然同属担保物权，具有许多共性，但还是存在诸多不同，主要有：

1. 标的物不同。抵押权的标的物一般是不动产，以动产作为抵押物仅仅是抵押的例外；而质权，其标的物一般为动产与权利，不动产在我国不能作为质权的标的物。

2. 公示方式不同。抵押权一般为登记担保权，即抵押的设立必须经过登记，否则不产生抵押权或者没有公示效力；而质权的设立在动产需要转移质物的占有，而在权利，有的需要转移权利证书，有的则要求登记。

因为公示方式不同，一物上可以设定多个抵押权；而因质权必须转移占有，所以，一物上仅可以设定一个质权。

3. 对当事人的利益影响不同。因抵押权不转移占有，抵押人仍然可以就抵押物使用收益；而质物转移占有，因此，出质人不能对物进行使用收益，质权人也不能对物进行使用收益。[1]

二、质权的社会作用

从各种担保物权来看，抵押权是最完善和优越的担保物权，因为它既可起到担保债权的目的，又能不使债务人（物的所有人）丧失对物的使用和收益。而质权是以移转标的物的占有为特征的，故在对物的利用上较抵押权逊色，所以，质权制度远不如抵押权制度发达。也正因为如此，许多国家的立法开始承认动产抵押。例如，我国的《担保法》就承认动产抵押，也是为了弥补这一不足。但是，抵押制度不能完全替代质权制度，这是因为：

1. 公示的需要。物在种类上存在不同的分类，最常见的是动产、不动产或权利。如果以不动产作为标的物的担保，自应用抵押制度较为优越，其位置不会改变，权利的变动也有登记为公示。但债务人若无可担保的不动产，而只有权利或动产时，如何担保呢？特别是在不承认动产抵押的国家，只能让债务人将物交给债权人，即转移物的占有作为公示。

2. 社会的客观需要。抵押权固然优越，但质权仍为社会所需要，这大量地体现在社会大众的相互借贷方面，多以动产，如家具、衣服、电器等作为担保，即借贷人为资金的暂时需要而将自己的物留于他人，以借得资金。

三、质权的分类

（一）一般的总体分类

质权制度由来已久，各国立法也不相同，大体有以下分类：①依据标的物分为动产质权、不动产质权、权利质权；②依适用的法规分为民事质权、商事质权、营业质权；③依内容分为占有质权、收益质权、归属质权。

（二）各种分类的说明

1. 动产质权、不动产质权和权利质权。这是以质权的标的物为标准而进行的分类。我国《担保法》仅仅承认动产质权和权利质权，而不承认不动产质权。

2. 民事质权、商事质权和营业质权。这是以质权所适用的法规为标准而为的分类。所谓民事质权，是指适用民法有关规定的质权，即效力、成立等适用民法的规定；所谓商事质权，是指适用商法规定的质权。因为在许多国家实行民法和商法

[1] 为避免这种不利，有的国家专门规定了"收益质"，质权人可以对占有的质物使用、收益。但我国《担保法》没有规定这种质权。

分立，分别适用于不同的主体，民法适用于民事主体和商事主体，而商法则仅仅适用于商事主体，与商业有关的质权也就适用商法的规定。但我国是民商合一，故不存在这一问题。而营业质权即是对以当铺为营业的质权，应适用特种法规。因为，各国的民法典均禁止在质权成立时就约定质物归质权人所有，但以当铺为生的营业则不同，当事人可以约定在债务人不偿还债务达到一定期间时，出质物的所有权归质权人所有。所以，应适用特定的规定。尽管当铺是我国的传统行业，但我国法律并没有明确规定。

3. 占有质权、收益质权和归属质权。这是以质权的内容为标准而为的分类。占有质权即质权人对于质物仅仅能够占有，原则上不能为使用和收益的质权。所谓收益质权，是指质权人不仅能够占有质物而且能使用和收益的质权。收益质权还可以进一步划分为销偿质权与利息质权。销偿质权，又称期限质权，是指以质押标的物的收益冲抵债权。质权可能因为被担保的债权冲抵完毕而消灭。利息质权，又称为永久质权，是指以收益冲抵债权利息，其质权不可能因为被担保的债权冲抵完毕而消灭。[1]所谓归属质权，是指约定将质物的所有权归质权人所有。从我国《担保法》的规定看，仅仅承认占有质权。

第二节　动产质权

一、动产质权的意义

动产质权是指债权人将债务人或第三人移交其占有的动产作为债权的担保，而债务人不履行债务或者发生当事人约定的实现质权的情形时，债权人有权依照法定程序就该动产优先受偿的权利（《物权法》第208条、《担保法》第63条）。债务人或第三人为出质人，债权人为质权人，移交的动产为质物。动产质权具有以下特征：

1. 动产质权以他人的动产为标的，属于他物权。

2. 动产质权以转移占有为特点，属于占有担保物权（按照我国《物权法》与《担保法》的规定，这种特征很明显）。

3. 动产质权属于担保物权，具有物权的一切属性。

在此特别需要指出的是，我国《物权法》第222条规定，出质人与质权人可以协议设立最高额质权。最高额质权除适用动产质权有关规定外，参照最高额抵押权的规定。

二、动产质权的取得

（一）动产质权的取得的概述

动产质权的取得方式颇多，大致可以分为两种：①基于法律行为而取得，如依

---

[1]　陈华彬：《物权法》，法律出版社2004年版，第554页。

据合同设定、依据遗嘱取得、依据转让取得；②基于法律行为之外的原因而取得，如继承、取得时效、善意取得等。下面分别阐述这些取得方式及应注意的问题。

（二）动产质权根据合同而设立

1. 设定行为的当事人。当事人主要有两种：①质权人，质权人即是债权人；②出质人，出质人可以是债务人本人，也可以是提供质物的第三人（称为物上保证人）。

无论出质人是债务人还是第三人，他必须对出质物享有处分权。这是因为设立质权实际上是对质物的附条件处分。无处分权者设立质权的，善意债权人能否取得质权？通说认为，因动产无登记制度，以占有为公示方式，故质权人往往无法查知出质人是否对动产具有处分权。如果交付财产并设立质权后，真正权利人可以行使追索权的话，则动产质权的设立将变得毫无意义。[1]因此，各国立法一般保护善意取得。我国司法解释也保护善意取得。[2]

2. 质权的标的物。

（1）可以作为动产质权的标的物的动产的特征。动产质权的标的物当然限于动产，但该动产应具备下列特征：①动产必须具有可转让性。因为质权的最终目的在于担保债务的履行，如果债务人不履行债务，就会发生标的物的拍卖、折价或者变卖，即最终可能发生标的物的转让问题。故不具有可转让性的动产，不能作为出质物。②动产质权的标的物必须是特定物。不能特定的物，不适合作为动产质权的标的物，如金钱，必须特定化后才能出质。③动产质权的标的物必须适于留置。凡是不宜于留置的动产不得作为质权的标的物，如飞机、船舶等，应使其发挥使用收益的效能，而不能将其占有不用。故各国一般将其作为抵押权的标的物。

（2）金钱作为标的物的特殊情况。按照民法的一般原理，金钱不得作为物权的标的物，因金钱一旦转移占有，所有权就立刻转移。但是，如果金钱能够特定化，也可以例外地作为质权的标的物。《最高人民法院关于适用〈中华人民共和国担保法〉若干问题的解释》第85条规定："债务人或者第三人将其金钱以特户、封金、保证金等形式特定化后，移交债权人占有作为债权的担保，债务人不履行债务时，债权人可以以该金钱优先受偿。"特户和保证金均属于金融机构为出质金钱所开的专用账户，该账户必须特定化而区别于普通账户；封金，即是对金钱包封。

（3）一物上是否可以设立多个质权。对此问题，学者虽然存在争议，但通说认为，因公示原则的限制，即质权要求以直接占有为要件，故在一物上不可能设立多个质权。

3. 动产质权的设定程序。

（1）双方当事人应当签订质权合同。按照我国《物权法》第210条及《担保

---

[1] 陈华彬：《物权法》，法律出版社2004年版，第557页。
[2] 《最高人民法院关于适用〈中华人民共和国担保法〉若干问题的解释》第84条。

法》第64条的规定，出质人和质权人应当以书面形式订立质权合同。由此可见，我国法律要求质权合同为要式合同。

质权合同应包括下列内容：①被担保的主债权种类、数额；②债务人履行债务的期限；③质物的名称、数量、质量、状况；④质押担保的范围；⑤质物移交的时间；⑥当事人认为需要约定的其他事项。

（2）交付标的物。由于我国《物权法》采取"区分原则"，因此，质权合同订立后即发生合同效力，但不交付质物则不产生质权。因此，《物权法》第212条规定："质权自出质人交付质押财产时设立。"

但是，按照物权法的一般原理，交付有四种方式，即现实交付、简易交付、指示交付和占有改定。那么这四种方式是否都可以适用？

学者一般认为，这里所说的"交付"，是指除占有改定以外的方式。如我国台湾地区"民法"第885条第2款规定，"质权人不得使出质人代自己占有质物"。对此，我国的《担保法》没有规定，但《最高人民法院关于适用〈中华人民共和国担保法〉若干问题的解释》第87条规定，"出质人代质权人占有质物的，质押合同不生效"。该解释第88条规定："出质人以间接占有的财产出质的，质押合同自书面通知送达占有人时视为移交。占有人收到出质通知后，仍接受出质人的指示处分出质财产的，该行为无效。"即是对指示交付的肯定；根据我国《合同法》第140条的规定，简易交付也可以设定质权。[1]

（3）质权设定中的其他问题。

第一，质押人没有按照合同约定交付标的物的如何处理？由于合同已经生效，因此，如果出质人不交付标的物，则应承担违约责任。

第二，质押合同对质押财产约定不明或者约定的出质财产与实际移交的财产不一致的，应如何处理？《最高人民法院关于适用〈中华人民共和国担保法〉若干问题的解释》第89条规定："质押合同中对质押的财产约定不明，或者约定的出质财产与实际移交的财产不一致的，以实际交付占有的财产为准。"

第三，流质禁止。我国《物权法》第211条规定："质权人在债务履行期届满前，不得与出质人约定债务人不履行到期债务时质押财产归债权人所有。"

（三）动产质权根据遗嘱而设定

动产质权可以遗嘱的方式设定。但应于遗嘱执行人将标的物移交于质权人时，方产生质权。

（四）基于让与而生

因质权是一种财产性的权利，并不具有专属性，故当然可以让与。但又由于质权具有从属性，故又不得与其所担保的债权分离而单独让与。只有当其所担保的债

---

[1]《合同法》第140条规定："标的物在订立合同之前已为买受人占有的，合同生效的时间为交付时间。"

权进行让与时，质权才随之让与。

（五）取得时效

质权为财产权，并以标的物的占有为成立要件，如债权人以行使质权的意思和平、公然占有债务人的财产持续达到法律规定的期限时，应取得质权。但此种情形实为少见。我国法律因目前不承认取得时效制度，故在我国不可能发生。

（六）债权人因善意而取得

前面已经讲过，因动产的公示方式为占有，因此，即使质权的设立人对质物无处分权，也不妨碍善意之债权人因此取得质权。正如有学者指出的：动产因无登记或者注册制度，对动产所有权的确认一般通过动产的占有状态来确认，相对人在出质人占有动产时无理由怀疑占有人是否对出质物享有处分权。因此，在相对人不知出质人无处分权而属于善意时，为保护相对人利益及交易安全，允许相对人在出质人无处分权的物上取得质权。[1]各国法律一般都承认质权的善意取得，我国《最高人民法院关于适用〈中华人民共和国担保法〉若干问题的解释》第 84 条规定："出质人以其不具有所有权但合法占有的动产出质的，不知出质人无处分权的质权人行使质权后，因此给动产所有人造成损失的，由出质人承担赔偿责任。"这一规定实际上承认了质权的善意取得。

三、动产质权的效力

（一）效力范围

1. 质权所担保的债权的范围。对质权所担保的债权的范围，各国民法典有不同的规定。根据我国《担保法》第 67 条的规定，质权所担保的债权的范围应当包括：①主债权；②利息；③违约金；④损害赔偿金；⑤质物的保管费用；⑥实现质权的费用。

由此可见，质权所担保的债权的范围远比抵押权所担保的债权的范围广，因为质物由质权人所占有，自然会发生保管费用。

2. 动产质权标的物的范围。关于动产质权标的物的范围，各国法律规定并不一致。我国《担保法》没有明确规定，但《最高人民法院关于适用〈中华人民共和国担保法〉若干问题的解释》第 91 条有规定，大致如下：

（1）从物。按照物权法的一般原理，对主物的处分及于从物。故抵押权效力及于从物（除非主物与从物分归不同人所有）。但与抵押权不同的是，动产质权以动产的债务人或者第三人移转质物为成立要件，因此，只有从物随主物一同转移于质权人时，动产质权的效力才及于从物。《最高人民法院关于适用〈中华人民共和国担保法〉若干问题的解释》第 91 条规定："动产质权的效力及于质物的从物。但是，从物未随同质物移交质权人占有的，质权的效力不及于从物。"

---

〔1〕 曹士兵：《中国担保诸问题的解决与展望——基于担保法及其司法解释》，中国法制出版社 2001 年版，第 281 页。

（2）孳息。除非当事人有特别约定，动产质权的效力及于质物的天然孳息和法定孳息。《最高人民法院关于适用〈中华人民共和国担保法〉若干问题的解释》第64条及第96条规定了质权的这一效力。

（3）代位物。代位物主要是指各种赔偿金请求权。根据《最高人民法院关于适用〈中华人民共和国担保法〉若干问题的解释》第62条及第96条的规定，质物因附合、混合或者加工使质押物的所有权归第三人所有的，质权的效力及于补偿金。

除此之外，质物因被第三人侵害时，质权及于损害赔偿金之上；如因其他原因灭失而有替代物的，质权的效力也当然及于之。对此，我国《担保法》第73条规定："质权因质物灭失而消灭。因灭失所得的赔偿金，应当作为出质财产。"

（4）质物的扩大部分。当质物因法律规定的附合、混合、加工而使质物的范围扩大时，质权的效力当然及于该扩大的部分。《最高人民法院关于适用〈中华人民共和国担保法〉若干问题的解释》第62条及第96条规定了这一原则。

3. 动产质权对于出质人的效力。

（1）出质人的权利。出质人将质物交付质权人后，即失去对物的占有，其是否有对物的处分权？应当说，其仍有对物的处分权，如将物出卖或赠与，但对质权不产生影响。

如果出质人非为债务人，当债权人行使了质权或代替债务人对债权人清偿了债务后，可向债务人追偿。对此，我国《担保法》第72条规定："为债务人质押担保的第三人，在质权人实现质权后，有权向债务人追偿。"

（2）出质人的责任。

第一，质物价值的维持责任。《担保法》第70条规定："质物有损坏或者价值明显减少的可能，足以危害质权人权利的，质权人可以要求出质人提供相应的担保。出质人不提供的，质权人可以拍卖或者变卖质物，并与出质人协议将拍卖或者变卖所得的价款用于提前清偿所担保的债权或者向与出质人约定的第三人提存。"该条规定被学者称为"出质人的价值维持责任"。出质人的价值维持责任表现在出质人在质物"有损坏或者价值明显减少的可能"的时候，有义务提供新质物以替代旧质物，以新质担保债权。如果出质人不提供的，质权人不能强制其提供，只能"拍卖或者变卖质物，并与出质人协议将拍卖或者变卖所得的价款用于提前清偿所担保的债权或者向与出质人约定的第三人提存"。[1]《物权法》对此进行了完善，于第216条规定："因不能归责于质权人的事由可能使质押财产毁损或者价值明显减少，足以危害质权人权利的，质权人有权要求出质人提供相应的担保；出质人不提供的，质权人可以拍卖、变卖质押财产，并与出质人通过协议将拍卖、变卖所得

---

〔1〕 曹士兵：《中国担保诸问题的解决与展望——基于担保法及其司法解释》，中国法制出版社2001年版，第293页。

的价款提前清偿债务或者提存。"

第二，瑕疵损害赔偿责任。如果出质人交付的质物有瑕疵而给债权人（质权人）造成伤害的，应当承担损害赔偿责任，但是，如果质权人在接受质物移交时知道质物有瑕疵的，出质人免除损害赔偿责任。我国最高人民法院关于《担保法》的司法解释仅仅将瑕疵的范围限制在隐蔽瑕疵之内。《最高人民法院关于适用〈中华人民共和国担保法〉若干问题的解释》第90条规定："质物有隐蔽瑕疵造成质权人其他财产损害的，应由出质人承担赔偿责任。但是，质权人在质物移交时明知质物有瑕疵而予以接受的除外。"

第三，必要费用偿还义务。出质人对质权人因保管质物所支出的必要费用，有偿还的义务。

4. 动产质权对于质权人的效力。

（1）质权人的权利。

第一，物的留置。质权人在债务人对其债权清偿之前，有权将该物占有以备担保之用，即当债务履行期限到来时，债务人不履行债务，优先就质物的交换价值受偿。这是质权人的权利。《最高人民法院关于适用〈中华人民共和国担保法〉若干问题的解释》第95条规定，债务履行期届满质权人未受清偿的，质权人可以继续留置质物，并以质物的全部行使权利。

第二，孳息收取权。我国《物权法》第213条规定，质权人有权收取质押财产的孳息，但合同另有约定的除外。但收取的孳息应当先充抵收取孳息的费用。从对质权人清偿的角度看，是其权利；但从债务人角度看，是质权人的义务。其在收取孳息时，应尽善良管理人的注意。收取的天然孳息和法定孳息应按下列顺序清偿：首先是对质物的保管费用；其次是主债权的利息；最后是主债权。这一点上我国最高人民法院的司法解释与其他国家民法典的规定相同。[1]但当事人对此有特别约定的除外。

第三，对非法侵害人的请求权。我国《最高人民法院关于适用〈中华人民共和国担保法〉若干问题的解释》第87条第2款规定："因不可归责于质权人的事由而丧失对质物的占有，质权人可以向不当占有人请求停止侵害、恢复原状、返还质物。"这是对质权人有权占有的保护。

（2）质权人的责任。

第一，对质物的妥善保管责任。由于质权的特点是转移质物的占有于债权人（质权人），因此，作为质权人的债权人有义务妥善保管质物。违反此保管义务，应负相关民事责任。我国《物权法》第215条及《担保法》第69条规定，质权人负有妥善保管质物的义务。因保管不善致使质物灭失或者毁损的，质权人应当承担赔偿责任。质权人的行为可能使其灭失或者毁损的，出质人可以要求质权人将质物

---

〔1〕《最高人民法院关于适用〈中华人民共和国担保法〉若干问题的解释》第64条及第96条。

提存，或者要求提前清偿债务而返还质物。

第二，返还质物的义务。当被担保的债权被清偿时，质权人有返还质物的义务。我国《物权法》第219条及《担保法》第71条规定了这一义务，债务履行期届满债务人履行债务的，或者出质人提前清偿所担保的债权的，质权人应当返还质物。

第三，质权人擅自对质物使用收益的赔偿责任。质权人在对质物的占有过程中，是否具有使用收益的权利？对此，学者观点不一，有肯定说与否定说，而各国立法也不一致。但我国《物权法》《担保法》及司法解释持否定意见。此时，如果质权人在对质物的占有过程中，擅自对质物使用收益因此给出质人造成损失的，应当承担损害赔偿责任，但合同另有约定或者经出质人同意的除外。我国《物权法》第214条规定："质权人在质权存续期间，未经出质人同意，擅自使用、处分质押财产，给出质人造成损害的，应当承担赔偿责任。"

第四，擅自转质的赔偿责任。《物权法》第217条规定："质权人在质权存续期间，未经出质人同意转质，造成质押财产毁损、灭失的，应当向出质人承担赔偿责任。"

第五，怠于行使质权的责任。《物权法》第220条规定："出质人可以请求质权人在债务履行期届满后及时行使质权；质权人不行使的，出质人可以请求人民法院拍卖、变卖质押财产。出质人请求质权人及时行使质权，因质权人怠于行使权利造成损害的，由质权人承担赔偿责任。"因质物的价格经常是处于变动之中的，如果在质权人持有质物期间但债务履行期未届满，即使质物价格变动，出质人也无权催促质权人行使权利。只有在债务履行期届满，质物价格有下跌的趋势，而这时如果质权人拖延行使质权，可能会使质物出卖的价格受到影响。此时，法律赋予出质人请求质权人及时行使质权的权利。而质权人怠于行使权利致使质物价格下跌的，由此造成的损失，质权人应当承担赔偿责任。

（二）转质

1. 转质的概述。转质是指质权人为了担保自己的债务，将质物移交于自己的债权人而设定新的质权。这里需要说明的是，转质是质权人对质物的处分而非对于质权的处分。从各国和各地区的立法及学理上看，转质有两种：一为承诺转质；二为责任转质。质权人是否有此权利，各国民法典规定不一。如《德国民法典》和《法国民法典》未作规定，仅仅限于学说。《瑞士民法典》虽设有转质的规定，却仅仅限于承诺转质。我国台湾地区"民法"仅仅规定了责任转质，但学者认为，既然责任转质都已承认，承诺转质自然也无不许的道理。

从我国《物权法》第217条的规定看，我国法律承认承诺转质与责任转质的法律效力。因为从该条看，即使是未经出质人同意的转质，《物权法》也没有规定其为无效，而是规定了转质人的赔偿责任。

2. 承诺转质。承诺转质，又称为同意转质，是指在征得原出质人的同意后，为担保自己的债务而将质物转移给其债权人而设定质权的行为。因转质已经经过出质人的同意，因此，其独立于原质权而存在。承诺转质的特点恰恰就是转质权人的质权独立于原质权。这种独立性表现在：

（1）原质权人对于原出质人的债权即使因清偿或其他原因而消灭，也不影响转质权人的质权。

（2）即使转质权人的债权额超过原质权人的数额，也得行使。因为转质已经经过出质人的同意，没有必要限制原债权与转质权人的债权一致，故我国《最高人民法院关于适用〈中华人民共和国担保法〉若干问题的解释》规定"应当在原质权所担保的债权范围之内，超过的部分不具有优先受偿的效力"，是没有道理的。

（3）原出质人向转质权人清偿债务，可以取回质物。

3. 责任转质。

（1）责任转质的概念。责任转质是指质权人未征得出质人的同意而在质权的有效存续期间内，在原出质人的质物上另行设定质权的行为。这一制度是建立在未有出质人同意的基础上，虽有利于质物的社会利用，但对出质人的利益也不能不顾。

（2）责任转质的法律构成。

第一，转质须在质权存续期间。因转质基于原质权的存在，故必须以原质权的存在为前提，另外的意思是，转质权的期间也不得超出原质权的期间范围。

第二，必须将质物转移给第三人（质权人的债权人）占有。

第三，转质权所担保的债权额不得超过原质权所担保的债权额。

（3）责任转质的法律效力。

第一，须以自己的责任为之。因责任转质并未取得出质人的同意，故应加重转质人的责任。在此，所谓以自己的责任，是指质物因转质而生的一切损害均应由转质人负担，即使在转质人无过失的情况下，如不可抗力，也不能免除其赔偿的责任。

第二，转质权优先于原质权。转质权虽然没有经过出质人的同意，但转质权人就质物的价值有优先于原质权人受偿的权利。

第三，转质权人仅仅能在原质权人的质权范围内行使。这里的范围主要是指债权额和清偿期而言。

第四，转质权一旦设定，转质人便负有不得使原债权和质权消灭的义务，即他不能抛弃质权、免除债务等。

4. 责任转质与承诺转质的区别。

（1）是否征得原出质人的同意不同：责任转质并未取得出质人的同意；而承诺转质是在征得原出质人的同意的基础上设立的。

（2）责任转质的独立性较承诺转质为差（见上述两种转质的特征）。

（3）责任不同：责任转质须以自己的责任为之，即使不可抗力，也不能免除其赔偿的责任；而承诺转质则不然。

5. 责任转质与善意取得不同。在质权设定时，法律一般要求出质人对质物具有处分权，如果出质人无处分权，债权人为善意时，也可以取得质权，即为善意取得。这一点与责任转质非常相似。但转质却是转质权人与质权人订立合同，双方都知道其为转质。如果质权人隐瞒其占有的动产为出质物，而给第三人设定质权的，不得认为是责任转质，而只能认为是善意取得。

四、质权的实行

《物权法》第 219 条第 2、3 款规定："债务人不履行到期债务或者发生当事人约定的实现质权的情形，质权人可以与出质人协议以质押财产折价，也可以就拍卖、变卖质押财产所得的价款优先受偿。质押财产折价或者变卖的，应当参照市场价格。"

就质权人在具备质权实行的条件而不实行的情形，《物权法》第 220 条规定了救济措施，出质人可以请求质权人在债务履行期届满后及时行使质权；质权人不行使的，出质人可以请求人民法院拍卖、变卖质押财产。出质人请求质权人及时行使质权，因质权人怠于行使权利造成损害的，由质权人承担赔偿责任。

五、动产质权的消灭

1. 被担保的债权因法律规定的原因而消灭。由质权担保的从属性所决定，如果被担保的债权因债务人或者第三人清偿或者因其他法定原因消灭时，质权也随之消灭。

2. 质权因行使而消灭。

3. 质权因质物灭失而消灭。动产质权因质物的灭失而消灭，如因灭失可请求赔偿金的，质权人得就赔偿金优先受偿。这是质权物上代位性的体现。

4. 质权人将出质物返还给出质人。无论出于什么原因，如果质权人将出质物返还给出质人，效力如何？有的国家和地区的法律是按照质权人抛弃质权处理，质权因质权人返还质物而消灭，如《德国民法典》与我国台湾地区"民法"。但也有国家采取无对抗力来解决，如《日本民法典》（第 352 条）等。我国《最高人民法院关于适用〈中华人民共和国担保法〉若干问题的解释》第 87 条第 1 款规定："出质人代质权人占有质物的，质押合同不生效；质权人将质物返还于出质人后，以其质权对抗第三人的，人民法院不予支持。"由此可见，我国是采取对抗主义的立法例。有学者指出，在我国现行法律背景下，质权人将出质物返还给出质人无论是出于什么原因，均不能消灭质权，仅仅发生不能对抗第三人的效果。该第三人的范围主要是：质物的所有权取得人、新质权人、经登记的动产抵押权人、租赁人、查封债权人和破产债权人。[1]学者的上述解释符合司法解释的宗旨，但从学理上看，似采取消灭说更符合我国立法本意。因为动产质权以动产的转移占有为生效要件，若将标的物返还，当然也应当使质权消灭。

5. 丧失对物的占有而且不能请求返还的。因质权以占有质物为必要，因此，不能占有质物时，质权应当消灭。但是，质物因非法原因（如被盗窃或抢夺等）而脱离质权人时，质权并不立即消灭，法律赋予质权人返还请求权。只有当标的物不能请求返还时，才发生质权的消灭。

6. 质权因质权人抛弃而消灭。由于质权为债权人的权利，当然可以放弃。但是，我国《物权法》第218条规定："质权人可以放弃质权。债务人以自己的财产出质，质权人放弃该质权的，其他担保人在质权人丧失优先受偿权益的范围内免除担保责任，但其他担保人承诺仍然提供担保的除外。"

第三节 权利质权

一、权利质权的概念

通说认为，权利质权是指以所有权以外的权利为标的而设立的质权。[2]传统民法将物权的客体限于有体物，因此在《法国民法典》上，将债权、股权等视为动产。[3]但是，由于担保物权是以标的之价值为基础而存在的，故只要权利具有可转让性，即具有价值，就会与动产一样，可以作为质权的标的。就如有的学者指出的：质权是以取得其客体的交换价值为目的的担保物权，因此物上质权与权利质权在本质上并无差别。质权的客体无论为有体物抑或无体物，质权的性质并不因此而有所改变，只是权利的实行方法不同而已。特别是在现代民法上，物上质权有时可以转化为权利质权，而权利质权有时也可转化为物上质权。前者如当以有体物为客体的质权的标的物灭失时，质权存于其赔偿请求权上，即质权由物上质变为债权质；后者如当权利质权人行使权利而收取的标的物为有体物时，质权即存于有体物上。由此可见，物上质权与权利质权在实质上并无差别。[4]况且，随着现代社会财产构成的变化，以权利形态存在的财产不断扩大，故各国不得不承认权利质权。因此，《法国民法典》第2075条、《德国民法典》第1273～1296条、《瑞士民法典》第899条、我国《物权法》第十七章第二节和《担保法》第75～81条等都规定了权利质权。并且，这些国家的法律一般都规定，在权利质权没有规定时，准用动产

[1] 曹士兵：《中国担保诸问题的解决与展望——基于担保法及其司法解释》，中国法制出版社2001年版，第292页。
[2] 当然，这种观点是否正确不无疑问。
[3] 《法国民法典》第529条。
[4] 日本学者石田文次郎语，转引自郑玉波：《民法物权》，三民书局1988年版，第322页。

质权的规定，如我国《物权法》第229条、《担保法》第81条就有明确规定。

虽然从本质上说，动产质权与权利质权没有什么根本差别，但在具体制度上还是存在不同的，我国《担保法》将质权分为"动产质权"与"权利质权"两节，也说明了其差异性。这种不同主要体现在：

1. 权利客体不同。动产质权的客体主要是有体物，而权利质权的客体则为无形的权利。

2. 公示方式不同。动产质权的公示方式是转移标的物的占有；而权利质权的公示方式主要是交付权利证书或者出质登记。

3. 质权的保全方式不同。动产质权的保全方式主要是通过使债权人占有出质人的动产而实现的；而权利质权，主要是通过限制出质人以法律行为对权利的处分而实现的，如债权一经出质，出质人就不得再通过免除等方式消灭债权。

二、可以出质的权利的特征与范围

（一）可以出质的权利的特征

虽然权利质权以权利为标的物，但并非任何权利均可作为其标的物，从各国民法典及相关立法看，一般为可让与的债权和其他权利。其应具备下列要件：

1. 必须为私法上的财产权。因质权的目的在于保护债权的履行，即以质权标的物的交换价值作为其终极目标。故与动产抵押一样，权利应为财产权。财产权包括债权、物权、准物权及无体财产权等具有财产价格的权利。人格权不能作为质权的标的。

2. 须为可让与的财产权。质权的最终目的在于拍卖获得价金而受偿，故权利的可让与性即为核心。财产权有可让与的，有不可让与的（如抚养请求权，因身体、健康等遭受侵害而产生的请求权），只有可让与的财产权方可为质权的标的。不可让与的债权大致有：①依照法律的规定或性质上不得让与的债权，如抚恤金请求权、身体受损害而生的赔偿请求权等；②依照当事人的约定不得让与的债权；③租赁权非经出租人同意，不得转让，自然，不经出租人同意也不得设定质权。

3. 权利的性质须与质权的性质一致。可让与的财产权虽可为质权的标的，但若有背于质权性质者仍不得为之。例如，在我国因不承认不动产质权，故土地使用权、承包经营权、地役权等仍不能设质。

（二）可以出质的权利的范围

《物权法》第223条规定了可以出质的权利范围：债务人或者第三人有权处分的下列权利可以出质：①汇票、支票、本票；②债券、存款单；③仓单、提单；④可以转让的基金份额、股权；⑤可以转让的注册商标专用权、专利权、著作权等知识产权中的财产权；⑥应收账款；⑦法律、行政法规规定可以出质的其他财产权利。具体来说，可以分为以下几类：①可以转让的对物权利，如具有商业性的权利凭证，仓单、提单；②可转让的金钱债权，如具有商业性的权利凭证，存款单、汇票、支票、本票、债券等；③可转让的股份、股票；④可转让的知识产权中的财产权，如依法可以转让的注册商标专用权、专利权、著作权中的财产权；⑤可以转让的应收账款，如一般债权，公路桥梁、公路隧道或者公路渡口等收费权等。

三、权利质权的设定

权利质权的设定方式可以分为两类：一是具有一般权利凭证的权利；二是需要登记的权利。

（一）具有一般权利凭证的权利的出质

具有一般权利凭证的权利主要是指汇票、支票、本票、债券、存款单、仓单、提单。以这些权利出质的，首先应当签订书面质权合同，并将权利凭证交付给质权人。质权自权利凭证交付之日起设立。[1] 当然，以票据设质的，还应在票据上背书记载"质押"或者"出质"字样。没有权利凭证的，质权自有关部门办理出质登记时设立。

（二）需要登记的权利的出质

需要登记的权利主要是指股份、股票，注册商标专用权、专利权、著作权中的财产权，公路桥梁、公路隧道或者公路渡口等不动产收益权等。以这些权利出质的，不仅要求当事人签订书面质权合同，还需要进行登记，具体如下：

1. 以依法可以转让的股票或者基金份额出质的，出质人与质权人应当订立书面合同。以基金份额、证券登记结算机构登记的股权出质的，质权自证券登记结算机构办理出质登记时设立；以其他股权出质的，质权自工商行政管理部门办理出质登记时设立。基金份额、股权出质后，不得转让，但经出质人与质权人协商同意的除外。出质人转让基金份额、股权所得的价款，应当向质权人提前清偿债务或者提存。[2]

2. 以依法可以转让的注册商标专用权、专利权、著作权中的财产权出质的，出质人与质权人应当订立书面合同，并向有关主管部门办理出质登记。质权自登记之日起设立。[3]

3. 以应收账款出质的，当事人应当订立书面合同。质权自信贷征信机构办理出质登记时设立。应收账款出质后，不得转让，但经出质人与质权人协商同意的除外。出质人转让应收账款所得的价款，应当向质权人提前清偿债务或者提存。[4]

但是，信贷征信机构的登记能否起到保护交易安全的目的，实有疑问。如果不通知债务人，则不可能达到保护质权人的作用。

4. 以合伙份额出质。我国2006年《合伙企业法》第25条规定，合伙人以其在合伙企业中的财产份额出质的，须经其他合伙人一致同意；未经其他合伙人一致

---

〔1〕《物权法》第224条、《担保法》第76条。
〔2〕《物权法》第226条。
〔3〕《物权法》第227条。
〔4〕《物权法》第228条。

同意，其行为无效，由此给善意第三人造成损失的，由行为人依法承担赔偿责任。

四、权利质权的效力

（一）权利质权的效力范围

1. 权利质权所担保的债权的范围。权利质权所担保的债权的范围与动产质权所担保的债权的范围相同，因前面已经有详细论述，在此不再赘述。

2. 权利质权标的物的范围。虽然说对于权利质权标的物的范围可以准用关于动产质权的规定，但其与动产质权的标的物范围不同，权利质权不涉及添附的问题，实践中常见的一般情况是权利因法定孳息而扩大。对此，《最高人民法院关于适用〈中华人民共和国担保法〉若干问题的解释》第104条规定："以依法可以转让的股份、股票出质的，质权的效力及于股份、股票的法定孳息。"其实，不仅是股份、股票，普通债权也涉及法定孳息的问题。

（二）权利质权对于出质人的效力

权利质权对于出质人的效力，主要体现在对其就权利的处分权的限制上，即非经质权人同意，出质人不得以法律行为使其消灭或变更，以保护质权人的权利。所谓以法律行为使其消灭，如以免除或抵销的方式使作为标的物的债权消灭；所谓以法律行为使权利变更，是指以契约的方式使债权的期限延长或减少利息或变更债的内容等。这些均对质权人不利，因此法律对此必须加以特别限制。

我国《物权法》第226～228条都有限制性规定。

（三）对于质权人的效力

1. 质权人的权利。

（1）对证书或证券的留置权。在动产质权，质权人有留置标的物的权利；而在权利质权，因权利非物，自无法留置，但对于代表权利的证书或证券，可以留置。但是，对于某些特别权利的留置可能会同这些权利的行使相矛盾。例如，对无记名股票的留置，股东将不能出席股东会议，所以，他只好清偿债务。

（2）孳息收取权。这里主要是指法定孳息的收取权，因《担保法》第81条规定权利质押没有特别规定时，准用动产质押的规定，故收取的法定孳息应按下列顺序清偿：①对质物的保管费用；②主债权的利息；③主债权。

（3）权利转质。权利质权的转质也与动产转质相同，分为承诺转质和责任转质。对此，我国《物权法》已经对动产质权有明确规定，而根据《物权法》第229条的规定，权利质权适用于动产质权的规定，则权利质权也有承诺转质和责任转质的问题。

（4）优先受偿权。这是质权的最终目的，也是质权对债权人的有利保障。

2. 质权人的义务。与动产质权相同，质权人应以一个善良管理人的注意义务对权利质权的标的物，即权利进行保全。例如，对一般债权的时效中断或票据权利的保全（作成拒绝证书等）。

（四）对于第三债务人的效力

这里主要是指以债权为质权的标的物的情况。当标的物为债权时，其效力及于第三债务人。所谓第三债务人，即是作为质权标的物的债权的义务人。例如，甲对乙有债权，乙即是甲的债务人。若甲将债权向丙出质，乙即为第三债务人。在此情况下，如该债权到清偿期时，第三义务人乙究竟是向甲清偿，还是向丙清偿？

我国的《担保法》及司法解释对此无规定。从其他国家的民法典及司法解释看，应分为两种情况加以说明：若在质权设定时，没有通知第三债务人的，其只能向原债权人清偿；如果在设定质权时，已经通知第三债务人的，第三债务人可向任意一方清偿，但必须征得另一方的同意。如果另一方不同意的，第三债务人有提存以履行其给付的义务的权利。

五、权利质权的实行

（一）一般债权的实行

虽然通说认为债权可以设定质权，但如何实行，却没有规定。这在实践中会出现许多问题。一般债权的实行，很难与动产一样以拍卖的方式为之，故允许质权人直接收取债权，以清偿债务。如果自己的债权与所收取的债权在清偿期上一致时，自无问题。但若不一致时，如何实行？

1. 标的物债权的清偿期先于被担保的债权之清偿期的，质权人得请求债务人提存其为给付。质权即存于提存物上。如提存物为金钱，可直接受偿；若非为金钱，等被担保的债权到期时，尚需变卖。

2. 当标的物债权的清偿期在后的，质权人的债权清偿期虽已届至，但仍不能向第三债务人（出质人的债务人）请求履行，因此时，第三债务人尚无清偿的义务。质权人只能等标的物债权期限到来时，向第三债务人请求。

（二）证券债权的实行

证券债权也有期限性，也会发生被担保的债权与作为担保标的物的证券期限不一致的情况。对此，我国《物权法》与《担保法》解释有专门的规定。

《物权法》第225条规定："汇票、支票、本票、债券、存款单、仓单、提单的兑现日期或者提货日期先于主债权到期的，质权人可以兑现或者提货，并与出质人协议将兑现的价款或者提取的货物提前清偿债务或者提存。"

如果作为质权标的之证券所记载的到期日晚于被担保的债权的，质权人只能等待证券债权的到期日到来时再实现质权。《最高人民法院关于适用〈中华人民共和国担保法〉若干问题的解释》第102条规定："以载明兑现或者提货日期的汇票、支票、本票、债券、存款单、仓单、提单出质的，其兑现或者提货日期后于债务履行期的，质权人只能在兑现或者提货日期届满时兑现款项或者提取货物。"

（三）其他权利的实行

其他权利主要是指无体财产和股份等，均得以拍卖或者变卖的方式而受清偿。

六、权利质权的消灭

因作为权利质权的标的之权利具有多样性，而这些权利也各不相同。因此，消灭原因也会存在差异。概括地说，权利质权的消灭可以准用动产质权消灭的原因。但有些原因在于权利质权与动产质权的标的有差异，不适用于权利质权。权利质权的消灭大致有：

1. 被担保的债权因法律规定的原因而消灭。质权担保的从属性决定了，如果被担保的债权因债务人或者第三人清偿或者因其他法定原因消灭时，质权也随之消灭。

2. 质权因行使而消灭。

3. 质权因质物灭失而消灭。若作为权利质权的标的——权利消灭的，质权也消灭。若权利人请求赔偿金的，质权人得就赔偿金优先受偿。这是质权物上代位性的体现。

4. 质权因质权人抛弃而消灭。

第十六章 留 置 权

第一节 留置权概述

一、留置权的概念

若从学理的角度看，所谓的"留置"，是指对于物的移转请求予以拒绝而继续占有。[1]而留置权是指债权人在具备法定要件时得将占有他人的动产留置以担保债权的履行，经催告后债务人仍不履行债务时，得将留置物以法定程序处分并就处分的价款优先受偿的权利。

按照我国《物权法》第230条第1款的规定："债务人不履行到期债务，债权人可以留置已经合法占有的债务人的动产，并有权就该动产优先受偿。"

二、留置权的性质

留置权的性质是指留置权究竟是物权还是债权？对此问题，各国法认识不一。有的认为是债权效力而无物权性，有的则认为其为担保物权而具有物权性。

1. 将留置权视为债权效力的立法例。将留置权视为债权效力的立法例，以法国与德国民法典为代表。在法国和德国的民法典中，留置权只是债权效力的延伸，债权人在相对人履行债务前，对其已经占有的相对人的财产有拒绝给付的权利，但没有直接的支配权。[2]

法国学者认为：留置权只是一种不完全的简单的纯粹自卫性的担保权，因为它既不包含追及权，也不包含优先权。由于缺乏追及权，如果债权人放弃了对物的持有，其担保权也归于消灭。[3]《法国民法典》中没有统一的留置权制度，而是分散在各个条文之中（如第570、862、1612、1613、1673、1749、1748、2280条等）。在这些条文中，有的属于我们视野中的同时履行抗辩权，如第1612条规定："如买受人不支付标的物的价金，且出卖人并未同意其延期支付时，出卖人无交付标的物的义务。"有的非常类似于我们所说的"留置权"，如第862条规定："实物返还财产的共同继承人，可以留置占有受赠的财产，直至其为改进或者保管该财产所支出的费用得到全额偿还。"但是，从实质上看，《法国民法典》却不承认其为物权性

---

[1] ［日］近江幸治：《担保物权法》，王卫军、祝娅、房兆融译，法律出版社2000年版，第25页。
[2] 蔡永民：《比较担保法》，北京大学出版社2004年版，第282页。
[3] 尹田：《法国物权法》，法律出版社1998年版，第451页。

的留置权。

《德国民法典》则将留置权直接规定于"债编"（总则部分第 273～274 条），以基于同一债的关系而产生的两个相对的债权之间的结合关系，如果其中一项债权没有必要得到履行，另一项债权也没有必要履行。[1]即《德国民法典》不认为留置权为物权，仅仅认为其为债权的一种特殊效力。在一定条件下，债权人在其相对人未为给付时，得拒绝自己的给付。即使在双务契约之外，若两债间具有一定的牵连关系，也得为之。例如，在合同无效后，双方当事人负相互返还的义务，若一方不履行返还义务，另一方有同时履行抗辩的权利。此拒绝给付类似于同时履行抗辩权。该同时履行抗辩权不仅可用于债的请求权，对于物上请求权也得适用。

《德国民法典》规定的留置权的要件是：①必须存在交互债权，即债务人必须对债权人享有对待请求权；②债权的牵连性，即债务人的对待债权必须出自作为其债务发生依据的"同一法律关系"；③可实现性，即要求据以留置的请求权到期；④给付的不同种类性，即债权与对待债权的内容不是同一种类；⑤不存在留置障碍，如当事人约定等。[2]

2. 将留置权视为物权效力的立法例。我国《民法通则》与《担保法》，我国台湾地区"民法"，《瑞士民法典》，《日本民法典》等将留置权视为物权而具有物权效力。

三、留置权的种类

（一）民事留置权与商事留置权

民事留置权与商事留置权的区别大致有以下几个方面：

1. 历史渊源不同。通说认为，民事留置权起源于罗马法上的恶意抗辩，而商事留置权起源于意大利中世纪的商人团体习惯法。

2. 成立要件不同。通说认为，商事留置权在债权与所留置物的牵连关系上比民事留置权要求宽松，如日本学者指出：商事留置权没有像民事留置权一样"有关物产生的债权"的这种限制，只要有类似商业上的行为即可。所以，物和债权的牵连关系是极为软弱的。[3]

3. 适用规范不同。在民商分立的立法例中，民事留置权适用民法规范，而商事留置权则适用商事规范。而在民商合一的立法例中，如《瑞士民法典》中，这种区分并不明显，仅仅是成立条件不同。

虽然说，民事留置权与商事留置权在以上诸方面存在区别，但许多学者认为，

---

〔1〕 ［德］迪特尔·梅迪库斯：《德国债法总论》，杜景林等译，法律出版社 2004 年版，第 172 页。

〔2〕 ［德］迪特尔·梅迪库斯：《德国债法总论》，杜景林等译，法律出版社 2004 年版，第 172～179 页。

〔3〕 ［日］近江幸治：《担保物权法》，王卫军、祝娅、房兆融译，法律出版社 2000 年版，第 19 页。

民事留置权在其发展过程中受到了商事留置权的重大影响。[1]

（二）一般法上的留置权与特别法上的留置权

一般法上的留置权是指根据民事一般法（民法典）所产生的留置权，特别法上的留置权是指根据民法的特别法所产生的留置权，如我国《海商法》（第25条）规定了修船人、造船人（债权人）就修船费与造船费对于船舶的留置权。

四、留置权的特性

（一）留置权具有法定性

与其他担保物权不同，留置权并非因当事人约定产生，而是因为法律规定而产生，即只要具备法律规定的要件，当然发生。因此，法定性是其特点。故留置权通常又被称为法定担保物权。

但当事人可用合同约定排除留置权的行使。如上述最高人民法院关于《担保法》的司法解释第107条规定："当事人在合同中约定排除留置权，债务履行期届满，债权人行使留置权的，人民法院不予支持。"

（二）留置权是在他人的物上产生的物权

1. 留置权在自己的物上不可能发生，因此，只能发生在他人之物上。至于说，该他人是债务人本身，还是第三人，立法与学者观点并不相同。通说应不限于债务人本人，但按照我国《物权法》第230条及《担保法》第82条的规定，似乎仅限于债务人的动产。

2. 留置权具有物权性。留置权具有物权性，是指其具有对抗力与优先受偿力。[2]因留置权是物权，因此可以对抗任何人，包括留置物的新的所有权人、其他债权人等。其优先受偿力甚至优先于登记的抵押权。

但是，通说认为，留置权没有追及力。如果留置人占有的留置物被侵害时，仅仅能够依据合法占有而行使诉权，故留置权不持有物时的追及权是被否定的。

3. 具有担保物权的特性。①从属性；②不可分性；③物上代位性。

五、留置权与其他概念的区别

（一）留置权与质权的区别

1. 性质不同。留置权基于法律规定而产生，属于法定担保物权；质权基于当事人的设定行为而发生，故为意定担保物权。

2. 实行上不同。留置权在其所担保的债权已届清偿期时，还应具备一定条件才能行使留置权；而质权则不同，债权已届清偿期而债务人不履行债务时，就可以行使。

3. 标的物不同。留置权的标的物一般是动产；而质权的标的物除了动产之外，还有权利。

---

[1] 郑玉波：《民法物权》，三民书局1988年版，第340页。

[2] 当然，优先受偿力是指我国法上的效力，但在日本法上就没有这种效力。

（二）留置权与法定优先权的区别

1. 是否占有标的物不同。留置权以占有标的物为成立要件，失去对标的物的占有，一般意味着留置权的消灭；而法定优先权不需要占有标的物。

2. 标的物不同。留置权的标的物一般是动产，而且必须特定；而优先权的标的物不限于动产，不动产、船舶、航空器等也可以成为优先权的标的。

但是，留置权与法定优先权在实践中往往发生冲突，这时效力应如何确定？如果法律有规定者，依法律规定。如我国《海商法》第 25 条明确规定了船舶优先权优先于留置权。但法律没有规定的情况下，留置权应优先于法定优先权。[1]

第二节　留置权的发生

留置权与其他担保物权不同，它是基于法律规定而产生的，也就是说，只要具备法律规定的要件，就当然发生。我们将法律规定的要件分为积极的要件和消极的要件。

一、留置权成立的积极要件

（一）须债权人占有属于债务人或第三人的动产

1. 留置权的主体必须是债权人。因留置权是为担保债权而设，并且是法律为保护债权人的利益而在一定条件下发生的担保物权，故主体应为债权人。

2. 留置权的标的物应属于债务人或第三人所有。

3. 须债权人占有动产。留置权的成立是否仅仅以动产为标的，各国立法并不相同。例如，《瑞士民法典》既承认动产，也承认有价证券。《日本民法典》则走得更远，除了承认动产与有价证券外，还承认不动产的留置。从我国《物权法》《担保法》的规定看，仅仅是动产。

4. 债权人占有的动产必须具有可转让性。由于担保物权的目的最终在于将标的物以法律规定的方式出卖，以实现被担保的债权。因此，担保标的物应当具有可转让性。

5. 债权人对他人动产的占有必须是合法占有。如果债权人对他人动产的占有是因侵权行为或者盗窃行为而发生，则不发生留置权问题。

（二）须债权的发生与该动产有牵连关系

对财产的留置是债权人的极大权利，利用不好，会给债务人造成损害，故必须对债权人留置权的成立限定条件。从各国法律的规定看，有牵连关系是最大的限制。但何为牵连关系？各国的立法和学说并不一致。即使在认定留置权为物权的国

---

〔1〕　王利明：《物权法论》，中国政法大学出版社 2003 年版，第 701 页。

家的立法与学理上，也存在"一元论"与"二元论"的观点。[1]这种观点颇为复杂，但总结现实生活中发生的牵连关系无非如下：

1. 债权是由该物自身产生的。这种债权与物的牵连关系大致可以分为两种情况：①在无因管理中，因标的物支出的费用而产生的费用偿还请求权。②因为标的物产生的侵权损害赔偿请求权。[2]例如，因标的物的瑕疵而对保管人产生的损害赔偿请求权；一人踢球将他人的玻璃踢坏而使该他人产生的损害赔偿请求权与该球的关系。

2. 债权与动产的返还请求权是基于同一事实关系而产生的，这种情况是指纯粹的事实关系而非法律关系。例如，在下雨天，彼此拿错了雨伞，各方对对方有留置权。其非基于合同关系。

3. 债权与动产的返还请求权基于同一法律关系而产生，这种情况通常发生在合同关系之中。例如，一方将动产交给另一方保管或者修理，因不支付保管费或者修理费而产生。对方的费用请求权与另一方的动产返还请求权就是基于同一法律关系而产生。

我国《物权法》区别不同主体而规定了不同的牵连关系：如果是一般债权人之间，则限制在动产与债权属于同一法律关系中。[3]而这些牵连关系通常但不限

---

[1] "二元论"认为：债权与物权的关联，包含直接关系与间接关系两种。所谓直接关系是指就标的物本身所产生的债权，例如，由标的物的瑕疵所产生的损害赔偿请求权、为保管物所支出的必要费用的偿还请求权等。但是，至于间接关系，学者之间却有不同见解：有的认为，债权与标的物的占有是因同一交易关系或者同一目的而生者，便被认为是具有牵连关系。例如，行纪人受顾客的委托处理数个委任事务，就前一委任所产生的债权，得对后一委任所占有的对方的物进行留置。有的认为，债权需由标的物而生，或者债权与标的物的返还请求权基于同一法律关系而产生时，二者才有牵连关系；有的认为，债权若是因标的物直接或者间接关系而产生时，该标的物与债权的发生具有牵连关系；有的认为，凡债权由标的物而产生，或者债权与标的物的返还请求权系基于同一法律关系或者同一生活关系而产生时，便有牵连关系。

　　"一元论"主张，不分直接关系与间接关系，仅就物与债权之间的关联进行考察。在考察标准上，又分为不同主张：有的认为，物为债权发生的基础时，物与债权之间具有牵连关系，即占有物为债权发生的惟一原因或者多数原因之一的，便认为具有牵连关系；有的认为，物为构成债权发生的法律要件时，物与债权之间具有牵连关系；有的认为，物与债权无论根据何种经济关系而发生，债务人如不为债务清偿而请求返还债权人的占有物，在社会观念上被认为是不当时，则可认定物与债权之间具有牵连关系；有的认为，物与债权的发生具有相当的因果关系，而且在社会观念上认为有留置的必要，就认定有牵连关系。

　　以上参见史尚宽：《物权法论》，荣泰印书馆1979年版，第440~450页；[日]三潴信三：《物权法提要》，孙芳译，中国政法大学出版社2005年版，第216~217页；郑玉波：《民法物权》，三民书局1988年版，第349页；王利明：《物权法论》，中国政法大学出版社2003年版，第709页；陈华彬：《物权法》，法律出版社2004年版，第591~592页。

[2] 王利明：《物权法论》，中国政法大学出版社2003年版，第710页；陈华彬：《物权法》，法律出版社2004年版，第592~593页。

[3] 《物权法》第231条。

于：①加工承揽合同中的加工、定作、修理等合同产生的费用与加工物、定作物、修理物之间的牵连关系；②保管、仓储合同产生的保管费、仓储费与保管物之间的牵连关系；③运输合同产生的运输费用与运输物之间的牵连关系；④行纪等委托合同中，因物之购入或者卖出的委托，受托人的报酬与购入或者卖出物之间的牵连关系。[1]

如果是企业之间的留置，则不限于"同一法律关系"之中，因不同的法律关系产生的债权与占有的动产，也可以留置。[2]

（三）须债权已届清偿期而债务人不履行债务

债权人虽然占有债务人的财产，但其债权未到清偿期或者债权已到清偿期而债务人履行债务的，都不发生留置权，因为留置权的目的在于担保债务的履行，而此时还不发生债务人不履行债务的问题。

但是，也有例外，即债务人在债权人的债权清偿期到来前已无支付能力的，债权人可取得留置权。这是一般原则的例外。对此，我国《担保法》没有规定，但《最高人民法院关于适用〈中华人民共和国担保法〉若干问题的解释》第 112 条规定："债权人的债权未届清偿期，其交付占有标的物的义务已届履行期的，不能行使留置权。但是，债权人能够证明债务人无支付能力的除外。"

二、留置权成立的消极要件

1. 动产非因侵权行为而生。留置权的发生虽以对动产的占有为必要，但对动产的占有必须为合法占有，若对动产的占有是基于侵权行为而生，则不发生留置权。例如，对方不偿还金钱，到其家中拿一物品占有，不能成立留置权。

2. 对动产的留置不与债权人所承担的义务或债务人所为的指示相违背。如果动产的留置与债权人所承担的义务，或债务人于交付动产前或交付时所为的指示相抵触的，留置权不成立。例如，运送人有将货物运到目的地的义务，其运到中途竟以运费未付为由而行使留置权，即与其所承担的义务不符合。当然，若当事人约定在发运前即应付费用的除外。

3. 对动产的留置不得与当事人的约定相违背。前面已经提到，我国法律承认当事人可以用约定的方式排除对动产的留置，若当事人对此有排除的约定时，不得对动产留置。

4. 对动产的留置不违反公共秩序和善良风俗。公共秩序和善良风俗是民法的基本原则，是衡量行为是否有效的根据。如果对动产的留置违反公共秩序和善良风俗的，不产生留置的效力。例如，医院因死者生前欠医疗费而对其遗体进行留置，就是违反善良风俗的；运输公司对战时物资进行留置，是违反公共秩序的。

---

[1] 曹士兵：《中国担保诸问题的解决与展望——基于担保法及其司法解释》，中国法制出版社 2001 年版，第 333 页。

[2] 《物权法》第 231 条。

第三节　留置权的效力

一、留置权的效力范围

1. 留置权所担保的债权的范围。对于留置权所担保的债权的范围，《担保法》第 83 条有专门的规定："留置担保的范围包括主债权及利息、违约金、损害赔偿金，留置物保管费用和实现留置权的费用。"

2. 留置权标的物的范围。留置权标的物的范围与质权相同，在此不再赘述。

二、留置权对于留置权人的效力

（一）留置权人的权利

1. 对标的物的留置权。这里所说的留置是指继续占有而拒绝交付的意思，不仅可以对抗债务人，而且可以对抗第三人。例如，所有人将物之所有权让与给第三人时，只要债务人不履行债务，留置权人即可以其留置权对抗该第三人。

2. 孳息的收取权。

3. 我国《物权法》第 235 条规定，留置权人有权收取留置财产的孳息。收取的孳息应当先充抵收取孳息的费用。

4. 费用偿还请求权。因留置物在留置权人处保管，因此，若留置权人为保管留置物支出必要费用时，有权要求债务人偿还。但对于非必要费用，债务人无偿还义务。

在费用中还包括"有益费"，即为了使留置物增值而支出的费用，而且该增值仍然存在的，留置权人有权以对方不当得利为由，请求对方返还。

5. 将留置权与被担保的债权一并转移的权利。债权具有可转移性，其上的担保物权经担保人（若担保人非为债务人时）同意也随之转移。债权人转移其债权于第三人时，债权人将占有的动产交给第三人，留置权也随之转移。

6. 拍卖、变卖权与优先受偿权。

（二）留置权人的义务

1. 对留置物的保管义务。留置权人应尽善良管理人的注意而对占有物进行保管，如果因保管不善造成占有物的损害的，留置权人应承担赔偿责任。《物权法》第 234 条规定，留置权人负有妥善保管留置财产的义务；因保管不善致使留置财产毁损、灭失的，应当承担赔偿责任。

2. 不得任意处分留置物的义务。①不得任意出租；②不得以留置物设定担保；③留置权人不得任意使用留置物。在留置权人占有留置物期间，仅得为保存留置物而使用之，不得为收益目的而利用或者使用留置物。

3. 留置物的返还义务。当债务人履行债务后，债权人应当返还其留置物。

三、留置权对于留置物所有人的效力

（一）留置物所有人的权利

1. 对留置物的处分权。留置物的所有人既然未丧失所有权，对其物的所有权处分，如出卖和赠与均可，但物上有负担。

2. 对留置物的返还请求权。当债务人履行债务或者债务因其他法定原因消灭时，有权请求债权人返还其留置物。

（二）留置物所有人的义务

1. 费用偿还义务。因留置物在留置权人处保管，因此，若留置权人为保管留置物支出必要费用时，债务人有义务偿还。但对于非必要费用，债务人无偿还义务。在费用中还包括"有益费"的偿还义务。

2. 不干预留置权人对物的占有及拍卖、变卖与优先受偿的权利之义务。留置权人有权对物进行留置，并在具备一定条件时拍卖、变卖与优先受偿。对此，债务人不得干预。

第四节　留置权的实行

一、留置权实行的概述

留置权的实行与其他担保物权不同，程序比其他担保物权要复杂。这是因为留置权人留置并要实行之物恰恰是合同交易的标的物，而不像其他担保物权是以交易标的之外的物作为担保。另外，其他担保物权多是当事人约定产生的，而留置权是法定产生的，有的当事人对此根本没有预期，所以，其实行程序要比其他担保物权复杂。这种不同主要表现在：

1. 债务人迟延履行的作用不同。在其他担保物权，债务人迟延履行构成担保物权实行的要件，即担保物权人可以行使担保物权以满足债权；但在留置权，债务人迟延履行却是留置权发生的条件而不是实行的条件。

2. 程序不同。上面已经提到，留置权人留置并要实行之物恰恰是合同交易的标的物，而不像其他担保物权是以交易标的之外的物作为担保。如果交易标的物被处理，债务人的交易目的就要落空，因而有必要增加一个催告程序，增加债务人实现交易目的的机会。[1]因此，与其他担保物权比较，留置权多了一个催告程序（我国法律上称之为"通知"）。

二、留置权实行的程序

（一）通知并确定债务履行宽限期催告债务人履行债务

因上述原因，许多国家的法律都规定留置权人在行使留置权前必须进行通知（催告）。我国《担保法》第 87 条规定："债权人与债务人应当在合同中约定，债

---

[1] 王利明：《物权法论》，中国政法大学出版社 2003 年版，第 716 页。

权人留置财产后，债务人应当在不少于 2 个月的期限内履行债务。债权人与债务人在合同中未约定的，债权人留置债务人财产后，应当确定 2 个月以上的期限，通知债务人在该期限内履行债务。债务人逾期仍不履行的，债权人可以与债务人协议以留置物折价，也可以依法拍卖、变卖留置物。留置物折价或者拍卖、变卖后，其价款超过债权数额的部分归债务人所有，不足部分由债务人清偿。"

《物权法》第 236 条规定："留置权人与债务人应当约定留置财产后的债务履行期间；没有约定或者约定不明确的，留置权人应当给债务人 2 个月以上履行债务的期间，但鲜活易腐等不易保管的动产除外。债务人逾期未履行的，留置权人可以与债务人协议以留置财产折价，也可以就拍卖、变卖留置财产所得的价款优先受偿。留置财产折价或者变卖的，应当参照市场价格。"

通知与催告的作用在于：①明确告知债务人其财产已经被留置。②给予债务人一定的宽限期。按照我国法律的规定，最少不能少于 2 个月。这一期限从什么时候开始计算？学者有不同观点。一般认为是从通知到达债务人时开始计算。[1]③催告债务人履行债务。[2]

但是，按照《最高人民法院关于适用〈中华人民共和国担保法〉若干问题的解释》第 113 条的规定："……债权人与债务人按照担保法第 87 条的规定在合同中约定宽限期的，债权人可以不经通知，直接行使留置权。"也就是说，如果宽限期是双方当事人约定的，则不必经过通知与催告程序。但是，留置权为法定担保物权，当事人事先在合同中约定宽限期的应为少见。

（二）债务人未在宽限期内履行债务或者提供其他担保

如果债务人在宽限期内履行了债务的，因留置权的从属性，留置权就自然消灭。只有在债务人未在宽限期内履行债务时，留置权人才能行使留置权。

另外，如果债务人虽然没有在宽限期内履行债务，但却可以提供其他相当的担保，并且留置权人同意接受的，留置权也不能实行。这一点十分重要，因为留置权是交易的标的，是债务人的交易目的所在，往往对债务人十分重要。而允许其另外提供担保，既不损害债权人，也有利于债务人。我国《物权法》第 240 条、《担保法》第 88 条都规定，债务人另行提供担保并被债权人接受的，留置权消灭。由此可见，如果提供其他相当的担保并且留置权人同意接受的，留置权不能实行。

（三）债务人有同时履行抗辩权的，也不得实行留置权

虽然债务人未履行债务，但若债务人对债权人有我国《合同法》第 66 条规定的同时履行抗辩权者，不成立留置权。

---

〔1〕 也有持不同观点者，参见曹士兵：《中国担保诸问题的解决与展望——基于担保法及其司法解释》，中国法制出版社 2001 年版，第 336 页。

〔2〕 王利明：《物权法论》，中国政法大学出版社 2003 年版，第 717 页。

三、留置权实行的方式

根据我国《物权法》第 236 条及第 238 条、《担保法》第 87 条的规定，我国《合同法》第 66 条及第 67 条规定的留置权实行的方式有下列几种：①债权人可以与债务人协议以留置物折价；②依法拍卖、变卖留置物；③留置物折价或者拍卖、变卖后，其价款超过债权数额的部分归债务人所有，不足部分由债务人清偿。

在留置权的实行问题上，有学者认为，留置权人实行留置权与质权人实现质权一样，属于自力救济，行使无须通过法院。而且按照我国《物权法》第 236 条、《担保法》第 87 条的规定，协议以留置物折价与依法拍卖、变卖留置物这两种方式并没有先后顺序，在实践中当事人可以灵活使用。但是，实践中，以留置物折价实际上必须通过双方协议方可为之，协议不成时，只能通过依法拍卖、变卖留置物这种方式进行。

四、留置权人实行留置权违反程序的民事赔偿责任

既然《担保法》规定了留置权实行的程序，留置权人实行留置权就必须遵守这些程序，否则要承担相应的责任。对此，最高人民法院关于《担保法》的司法解释第 113 条规定："债权人未按担保法第 87 条规定的期限通知债务人履行义务，直接变价处分留置物的，应当对此造成的损失承担赔偿责任。"

五、债务人的催告权与救济权

《物权法》第 238 条规定："留置财产折价或者拍卖、变卖后，其价款超过债权数额的部分归债务人所有，不足部分由债务人清偿。"那么，如果留置权人不及时行使留置权，则可能导致在留置物价格最高时不能出卖，从而引起债务人的损失。因此，《物权法》第 237 条规定："债务人可以请求留置权人在债务履行期届满后行使留置权；留置权人不行使的，债务人可以请求人民法院拍卖、变卖留置财产。……"

六、留置权与其他担保物权并存时的效力

《物权法》第 239 条规定："同一动产上已设立抵押权或者质权，该动产又被留置的，留置权人优先受偿。"

第五节　留置权消灭的原因

留置权消灭的原因大致可以分为三类：①因物权消灭的共同原因而消灭；②担保物权消灭的共同原因；③留置权消灭的独特原因。

一、留置权因所有物权消灭的共同原因而消灭

这里的所谓共同原因即是指因标的物消灭、抛弃等。如果被公共征收，一般有替代的补偿金。担保物权因有物上代位性，故并不消灭。

二、留置权因担保物权消灭的共同原因而消灭

1. 债权因法律规定的原因而消灭。与其他担保物权相同，因留置权的从属性，其被担保的债权因履行、提存、免除、混同、抵销、合同无效或者被撤销等原因消

灭时，留置权也消灭。

2. 担保物权的实行。

三、留置权消灭的独特原因

1. 债务人提供其他担保而被债权人接受的。这种担保无论是人的担保还是物的担保，只要债权人同意，都可以产生消灭留置权的效果。

2. 留置物占有的丧失。因留置权的成立以占有他人动产为要件，故丧失对留置物占有的，应产生消灭留置权的效果。[1]

---

[1] 《物权法》第240条。

第五编　占　有

占有是民法的一个重要制度内容。在立法体例上，其通常被规定在民法典的物权编。但是对于占有在物权编中的体系地位安排，各国立法例却又多有不同。[1]占有之立法体系安排的不同，这又往往涉及对占有性质及基本理论等问题认识的不同，因此，本编从占有的历史渊源、制度功能、概念意义、规则内容（包括占有的分类、取得和消灭、效力保护），以及制度延伸（准占有）等方面对民法上的占有制度进行分析论述。

第十七章　占有概述

第一节　占有的意义

一、占有的性质

占有是整个民法物权制度的基础。但是关于占有的性质，在各国立法和法学研究中向来存在多种不同的观点。一般包括以下几种：

1. 作为事实状态的占有。该观点倾向于把占有界定为一种事实状态，认为占有就是占有人对物之事实上的管领，其以人与物之间存在的某种特定联系为考察对象，强调人与物之间的直接联系。如《德国民法典》第854条第1款规定，对物有事实上的管领力者，取得对该物的占有。[2]《瑞士民法典》第919条规定，凡对某物

---

[1] 《德国民法典》第三编物权法中第一章就为占有（第854~872条）；《意大利民法典》第三编为所有权，一共有9章，第八章为占有；我国《物权法》最后一编第五编第十九章为占有。

[2] 但在德国司法实践中，其帝国法院曾经将占有认定为占有权，将有权利基础的占有或因占有而得到强化的权利看作是第823条上之"其他权利"的范畴，并在侵权法上提供救济保护。也有一些德国法学者将占有称为"推定的权利""一时的权利""相对的占有权"等。参阅王泽鉴：《民法物权》（用益物权·占有），中国政法大学出版社2001年版，第169页；［德］卡尔·拉伦茨：《德国民法通论》（上册），邵建东等译，法律出版社2003年版，第303页；苏永钦：《私法自治中的经济理性》，中国人民大学出版社2004年版，第71页。

有实际支配权的，为该物的占有人。对于地役权及土地负担，其权利的实际行使与物的占有具有相同的地位。再如我国台湾地区判例学说一般都认为占有为事实。[1]对此，马克思在研究罗马法后曾总结道："私有财产的真正基础，即占有，是一个事实，是不可解释的事实，而不是权利。只有社会赋予实际占有以法律的规定，实际占有才具有合法占有的性质，即私有财产的性质。"[2]

2. 作为权能的占有。该种观点认为，占有并不具有独立存在的意义，而仅仅是所有权的内容之一，与使用、收益、处分构成完全所有权的权能内容。如我国《民法通则》第71条规定，财产所有权是指所有人依法对自己的财产享有占有、使用、收益和处分的权利。《物权法》第39条规定，所有权人对自己的不动产或者动产，依法享有占有、使用、收益和处分的权利。[3]

3. 作为独立权利的占有。一些国家的民法理论，如日本，认为占有构成一种独立的权利，一般称为占有权。[4]《日本民法典》第二编物权之第二章即为占有权，在物权总则之后，所有权之前。第180条规定，占有权，因以为自己的意思，事实上支配物而取得。通常日本民法理论也将该条解释为占有权，即以自己的意思对物进行支配的权利。[5]按照该观点，占有权与所有权、地上权等用益物权一样是并列的同位阶权利，具有充分完备的权利构成要素。

以上三种观点，无论是作为事实的占有，还是作为权利内容的占有，以及作为独立权利的占有，都是分别从不同的角度对占有进行观察的结果，三者不可偏废。我们认为，要全面的理解占有的法律属性，就不能单纯地从某一个角度观察分析而排斥其他角度。同时，除了以上三个方面，还应注意以下两个方面的分析：

1. 占有是物权的基础。[6]权利在本质上表达的是一种人与人之间的关系。就物权的自然意义而言，权利所界定的人与人之间的关系都是以一定的物为介质的。

---

[1] 台湾"民法"立法理由书中指出，查民律草案物权编第七章原案谓占有应为事实，抑为权利，自来学者聚讼纷纭。各国立法例亦不一致，或有以占有为法律保护行使权利之事实之关系也。此说较为妥协，本章故定其名曰占有，不曰占有权也。参阅王泽鉴：《民法物权》（用益物权·占有），中国政法大学出版社2001年版，第169页。
[2] 《马克思恩格斯全集》（第1卷），人民出版社1957年版，第382页。
[3] 在一些国家的民法典中，对所有权的界定都没有明确说明占有这一权能。譬如《法国民法典》第544条规定，所有权是对于物有绝对无限制地使用、收益及处分的权利，但法令所禁止的使用不在此限。《德国民法典》第903条规定，以不违反法律和第三人的权益为限，物的所有人得随意处分其物，并排除他人的任何干涉。《日本民法典》第206条规定，所有人于法令限制范围内，有自由使用、收益及处分所有物的权利。
[4] 此外还有《韩国民法典》第192条，美国路易斯安那州的民法典规定了占有权。
[5] ［日］近江幸治：《物权法》，王茵译，北京大学出版社2006年版，第133页。
[6] 这一认识和观点主要是以历史解释为基础的。作为法律保护的占有基础包括物权也包括债权，取得占有的基础性权利一般被称为本权，占有是以本权为基础的，但其反过来也具有强化、保护本权的功能。

物权法律关系，在第一层面上首先是人与物之间的关系，其次在第二层面上才是以该特定物为介质而发生的人与人之间的关系；而后者是以前者为基础或前提的。人与物之间关系的原初形式就是占有，正是从人与物的占有关系中才生发出诸多具体的利益请求。罗马法学家盖尤斯指出，不属于任何人之物，根据自然理性为先占者所有。[1]

现代民法理论认为，占有是动产物权的公示方式；权利只有通过法定方式予以公示，才具有公信力，才能获得法律的强制保护。占有即为动产物权获得法律上之力的基础。因此，我们认为，占有是物权存在的基础。《德国民法典》第三编《物权法》之第一章即为占有，这是从其基础性出发作出的体例安排。正如有学者指出："占有是一个复杂的多阶段的过程……因此，所有权在它所统一的随便哪一个权能中都是作为占有权出现的。"[2]

2. 占有具有抽象法律规范和具体法律关系双重属性。[3]法律关系是法律规则对事实评价后的描述性概念。法律关系具有客观抽象和主观具体两种区分。作为抽象的法律关系实际上相当于具有规范意义的法律规则，具体的法律关系则是经过法律评价后所表现出来的特定主体之间的特定利益状态。一定的法律关系总是由一定的法律事实引起，而占有作为一种法律事实同样会引起法律关系的产生，即占有关系。对于占有关系应该从客观抽象和主观具体两个方面理解。客观抽象的占有关系，实际上就是对占有事实进行规范评价的法律规则，如《德国民法典》第三编第一章第854条~第872条关于占有的规定、我国《物权法》第十九章第241条~第245条的规定；主观具体的占有关系则表现为法律规则对特定事实的评价后果，如甲窃取了乙的贵重手表一块，此时甲即取得对该手表的自主占有，此时占有即表现为甲对特定物的具体占有关系。

二、占有的构成要素

占有的性质在理论上聚讼甚多，但无论是作为事实状态的占有还是作为权利的占有，在本质上都是一种受到法律保护的特定法律地位，即都是法律赋予某种自然事实以一定的法律效果并加以保护。对这一受到法律保护的法律地位，通常描述如下：人对物的受到法律保护的事实上的管领力。按照这样的界定，一般从占有的客观要件、主观要件、主体和客体四个方面分析占有的构成要素。

---

[1] 参见［意］桑德罗·斯奇巴尼选编：《物与物权》，范怀俊译，中国政法大学出版社1999年版，第31页。罗马优士丁尼皇帝在《法学阶梯》中认为，先占是财产的自然法取得方式的典型代表。参见［意］彼德罗·彭梵得：《罗马法教科书》，黄风译，中国政法大学出版社1992年版，第199页。

[2] ［苏联］约菲："关于所有权的学说"，载中国人民大学民法教研室编：《外国民法论文集》，1984年版，第113~114页。

[3] 这一认识和观点主要是从规则实证分析的角度出发的。

（一）占有的客观要件

占有在事实上首先表现为特定人对特定物的管领，一般称之为事实管领。对物的事实管领，是指能够支配或控制该物，并排除他人的干涉。在司法实践中，对占有这一法律事实的认知，需要依照特定的社会观念，周全考虑到外部可以认识的物理意义上的空间、时间关系，并置于具体的法律关系中，就个案加以认定。[1]

1. 空间关系，即占有人必须与被占有物之间存在一定的结合关系。如果存在一定的物理位移上的结合关系，那么就可以认定该人对某物具有事实上的管领力。譬如，某甲居住在房屋之中、手腕上佩戴手表、钱包放置于自己的口袋、背包里装携的笔记本电脑等，都属于通过特定的结合关系而表征的事实管领。

2. 时间关系，乃是指人对物的控制或支配必须具有一定的时间持续性，如此才能认定人对物具有事实上的管领力。也就是说，尽管某人对某物的确具有事实上的管领，但却可能因为时间短暂而不被认为存在受法律保护的管领事实。譬如，甲向乙借阅报纸，如果甲乙在同一列火车上同行且为邻座，那么此时甲的借阅行为并不能构成对报纸的事实管领，因为时间太为短暂，没有形成时间上的持续性。而如果甲在日常生活中向乙借阅报纸并声明借阅几天，那么此时则可认为甲对该报纸具有事实上的管领力。

3. 因特定法律关系的认定。占有所表彰的是具体的法律关系，而在不同的法律关系中，占有的表现形式也不相同。时间关系和空间关系往往是认定直接占有的要素，而现在物权理论上更有辅助占有和间接占有的各种情形，这就需要在具体法律关系中认定。譬如雇主通过雇员的行为而占有特定的物件，即为辅助占有，尽管雇主与特定的物之间不存在特定的空间关系和时间关系，但却因为其与雇员之间的某种法律关系而被认为是合法占有人；再如租赁合同、保管合同以及出质等法律关系中，出租人、委托人和出质人等为间接占有，而承租人、保管人和质权人为直接占有。

此外，对占有的认定还会受到特定时期之法律秩序的影响，如路不拾遗和盗贼横行的年代对占有的认定就会有所区别。[2]

（二）占有的主观要件——占有意思

关于占有意思是否为占有的构成要素，在理论上素有争论，有主观说、客观说和纯粹客观说三种不同主张。[3]

主观说，又称为二元说，其认为占有意思与事实管领二者是占有的构成要素，

---

[1] 王泽鉴：《民法物权》（用益物权·占有），中国政法大学出版社 2001 年版，第 155 页；谢在全：《民法物权论》（下），中国政法大学出版社 1999 年版，第 928~931 页。

[2] 王泽鉴：《民法物权》（用益物权·占有），中国政法大学出版社 2001 年版，第 155 页。

[3] 王泽鉴：《民法物权》（用益物权·占有），中国政法大学出版社 2001 年版，第 159 页。

缺一不可。这一观点主要来源于罗马法时期的占有制度。[1]但是对于占有意思究竟是什么样的意思也存在不同认识。萨维尼（Savigny）认为，占有必须具备所有之意思，否则就只能构成持有。《法国民法典》就采该种主张。[2]温德夏伊德（Windscheid）主张，占有意思应当是全面支配特定物的意思；而佩蒙伯格（Pemberg）则主张，占有是指以自己的名义或者为自己的利益而持有物。《日本民法典》采用该理论，第 180 条规定，占有权，因以为自己的意思，事实上支配物而取得。

客观说，其认为占有就是对物的实际管领，其中虽然具有管领意思，但该意思乃属于事实管领的构成部分，而不是独立要素。这一理论为耶林（Jehring）所主导。耶林在《意思在占有中的作用》一文中指出，除了取得时效制度中的占有需要具备所有的意思外，一般的占有只要有握有物的意思就足够了，从人与物的关系来看，所谓的事实控制与占有意思是不可分离的。[3]一般认为德国和瑞士民法上采用了该种理论。

纯粹客观说，由贝克尔（Bekker）进一步提出，他认为占有乃是依据纯粹的客观事实支配状态而成立的，不需要以任何意思为要件。但在实际上，客观说和纯粹客观说在法律效力上并没有根本差异，很多学者并不认为该区分具有什么意义。[4]

我国《大清民律草案》第 1261 条、第 1262 条分别规定，"本律所称占有人，谓对于物有事实上管领力之人"；"以所有意思占有物之人，为自主占有人。此外之占有人，为他主占有人"。[5]此规定可以看出，《大清民律草案》中的"占有"并不需具备占用意思。

我国台湾地区"民法"第 940 条规定，占有系对于物有事实上的管领力。很多学者认为，这属于纯粹客观说。但也有学者认为，取得占有后，要维持占有就必须有占有意思，而且该意思是一种自然的意思，而非法律行为上的意思。[6]

（三）占有的客体

占有的客体为物，且一般为有体物，包括不动产和动产。我国《物权法》第 2 条第 1 款规定，本法所称物包括不动产和动产。而占有对于不动产和动产的实际意义是不同的，如关于占有的成立，对动产占有的认定通常比不动产占有的认定更为严格。

---

〔1〕 具体请参阅下文"占有的历史渊源"中的内容。

〔2〕 第 2228 条规定："对自己持有之物或行使之权利的拥有或享有，或者以自己的名义，但由他人持有之物或行使之权利的拥有或享有，谓之占有。"第 2229 条规定："为能使时效得以进行，占有应当是以所有人之身份持续、不断、平静、公开、毫无隐讳的占有。"《法国民法典 民事诉讼法典》，罗结珍译，国际文化出版公司 1997 年版。

〔3〕 参阅温世扬、廖焕国：《物权法通论》，人民法院出版社 2005 年版，第 883 页。

〔4〕 参阅温世扬、廖焕国：《物权法通论》，人民法院出版社 2005 年版，第 883 页。

〔5〕 参见《大清民律草案》第 1261 条、第 1262 条，载杨立新：《中国百年民法典汇编》，中国法制出版社 2011 年版，第 186 页。

〔6〕 王泽鉴：《民法物权》（用益物权·占有），中国政法大学出版社 2001 年版，第 161 页。

对物之占有的形式，通常会受到物之特性的影响。对法律禁止私人持有之物，如枪支弹药和毒品等，不得成为占有的客体，而限制流通物则只能在特定条件下成为占有之客体。

物的构成部分可以分为重要成分和非重要成分。重要成分一般是指那些与物紧密联结非经损害不能分离的部分，如一本书的每一页。除了重要成分外则属于非重要成分，如汽车上的轮胎。一般情况下，物的重要成分不能单独成为所有权或其他物权的客体，但是就占有的客体而言，则重要成分和非重要成分都可以。例如将房屋中的一间出租给他人。

《物权法》第 2 条第 2 款规定，法律规定权利作为物权客体的，依照其规定。由此可见，在法律作出明确规定的情形下，权利可以成为物权的客体。那么权利可否作为占有的客体呢？我国台湾地区"民法"第 966 条规定，财产权，不因物之占有而成立者，行使其财产权之人，为准占有人。准占有准用有关占有的规定。准占有实际上就是以权利为客体的占有，即权利占有，有学者称之为"相对的占有权"，[1] 如对债权、地役权的占有。[2]

（四）占有的主体

任何人都可以成为占有的主体，包括自然人和法人。自然人占有某物不属于法律行为，因此不要求占有人一定具有行为能力，无行为能力或限制行为能力者如有事实上的支配或控制能力，也得为占有。譬如婴孩、精神病人仍然可以因继承而取得财产占有。

法人能够享有财产权利，当然也可以作为占有人，而其实际占有通常通过法人的机关实现，譬如某公司的雇员驾驶公司所有的车辆，那么该车的实际占有人为公司，而司机仅仅是因为雇佣关系而为辅助占有。

三、占有概念的抽象化

占有是民法中的一个基本概念，而法律概念实际上蕴涵着利益衡量和价值判断，并且就具体情势赋予特定的法律后果，以实现法律作业。因此在具体的法律适用中，存在占有涵义的扩展、限缩等抽象化情形。[3]

（一）占有涵义的扩展

占有之原初含义构成强调事实上的管领，但是在很多情形下，即使没有事实上的管领控制，也可以成立占有，这就是占有范围的扩展。这一点最典型的表现就是间接占有，譬如甲将自己所有的手表出借给乙，在此情形只有乙对该手表具有事实

---

〔1〕　［德］卡尔·拉伦茨：《德国民法通论》（上册），邵建东等译，法律出版社 2003 年版，第 303 页。
〔2〕　谢在全指出，准占有成立需要具备三个要件：一是以财产权为标的，排除人身权；二是必须是不以物的占有为成立要件的财产权；三必须事实上行使其权利。具体地，准占有的客体即财产权包括地役权、抵押权、矿业权、渔业权、知识产权、债权、撤销权等形成权。参阅谢在全：《民法物权论》（下），中国政法大学出版社 1999 年版，第 1031～1034 页。
〔3〕　王泽鉴：《民法物权》（用益物权·占有），中国政法大学出版社 2001 年版，第 164～165 页。

上的管领力，而甲与手表已经脱离了特定的空间联系，但是法律仍然认为甲为手表的占有人，只不过属于间接占有，而乙为直接占有，这一区分是为了能够对直接占有人提供合理的法律保护。[1]

（二）占有涵义的限缩

与前者——即使缺乏事实上的管领而仍然能够成立占有相反，在某些特定情形或特定法律关系中，即使某人与某物之间存在事实上的管领，但也不成立占有，此称之为占有范围的限缩。例如，我国台湾地区"民法"第942条规定，受雇人、学徒或基于其他类似之关系，受他人之指示，而对于物有管领之力者，仅该他人为占有人。虽然雇员或学徒对某物具有事实上的管领力，但是由于其仅仅是受他人指示而为事实管领，而并非对该物享有特殊利益，仅为占有辅助人。[2]因此法律并不赋予该中事实管领以占有保护的法律效果，而立法目的仍然在于保护缺乏事实管领但却对该物具有实际利益的人，使占有辅助人不能主张占有人的权利。

（三）占有概念的抽象化

间接占有、占有辅助人都说明占有不是一个事实描述性概念，而是法律设计的抽象式概念。在动产物权变动中的指示交付更说明了占有的抽象化或观念化。

按照我国《物权法》第6条和第23条的规定，动产物权的变动之公示方式为交付，且通常为现实交付，即实际转移动产之占有。但《物权法》第26条规定，动产物权设立和转让前，第三人依法占有该动产的，负有交付义务的人可以通过转让请求第三人返还原物的权利代替交付。学理上通常将这一条称之为"指示交付"，指让与动产物权时，如果让与人的动产由第三人占有，那么让与人可以将其享有的对第三人的返还请求权让与受让人，以代替现实交付。

由此可见，在很多法律关系中占有人与物的关系已经观念化，已经由强调事实上的管领转变为对法律意义之占有的重视，"纳入了法律上的因素，而松弛了事实上的联系"[3]。

四、占有与所有、持有

（一）占有与所有（权）

在日常生活中，我占有即我所有的观念甚为普遍平常，对所有权（Eigentum）和占有（Besitz）一般不加区分。[4]但就其法律概念的真实含义来看，两者完全不

---

[1] 如台湾地区"民法"第941条规定，质权人、承租人、受寄人、或基于其他类似之法律关系，对于他人之物为占有者，该他人为间接占有人。

[2] 《德国民法典》第855条规定，为了他人、在他人的家务、营业或者其他类似的关系中，遵照他人有关其物的指示，对此物行使实际的控制的，仅以此他人为占有人。

[3] 王泽鉴：《民法物权》（用益物权·占有），中国政法大学出版社2001年版，第165页。

[4] 彭梵得在《罗马法教科书》中曾经指出，"如果撇开法律保障不谈，在罗马人的语言中，占有同我们现代语言中的相应术语一样，通常用来指所有权"。[意] 彼德罗·彭梵得：《罗马法教科书》，黄风译，中国政法大学出版社1992年版，第270页。

同。所有权是一项独立的完全物权，而占有则是"事实性的、不依赖于占有权源的、对物有意识的持有"。当然，两者的联系也非常之密切，譬如占有是取得时效、善意取得等所有权取得的重要条件；而且由于占有的逐渐观念化（vergeistigt）或抽象化，对于占有保护也通常仿照所有权的保护进行构造。[1]

（二）占有与持有

占有和持有的区别在罗马法时代就为人们所注意到。[2]在现代法律体系中，占有和持有的区别首先是法律部门归属上的不同。占有是民法上的一个基本概念，而在刑法中则经常出现持有这一概念。刑法上的持有首先是一种行为，通常是指违反有关法律规定，故意对法定违禁品擅自进行事实上或法律上的支配或控制的行为。[3]虽然民法上的占有和刑法上的持有都强调行为人对物的事实支配或控制，但两者的法律意义存在很大的不同。

持有强调人对物的实际直接支配或控制，强调纯粹的空间关系，而不存在抽象的持有；同样的，抽象的占有状态不可能成为持有。

另外，持有不存在继承或转移，而占有是可以转移和继承的。非法与禁止流通之物上不能成立占有，但却可以成立持有。譬如枪支弹药为法律禁止流通之物，那么在其上不能成立占有，但却可能成立持有，并可能构成犯罪。

五、占有与本权

从历史发展上来看，占有是物权产生的基础，但是在法律秩序形成之后，占有通常以一定的基础性权利为前提，该种权利称之为本权。本权可以是物权也可以是债权。我国《物权法》第241条规定，基于合同关系等产生的占有，有关不动产或者动产的使用、收益、违约责任等，按照合同约定；合同没有约定或者约定不明确的，依照有关法律规定。可见占有可以根据合同关系而产生。

占有与本权之间的关系体现在两个方面。

1. 占有与本权相互独立。占有不以本权存在为必要，即无本权存在也可以成立占有，如盗贼窃取的赃物，其对该物具有事实上的管领力，虽然缺乏本权，但其占有仍可能受法律保护。

2. 占有与本权相互强化。首先，占有具有保护和强化本权的机能。占有通常彰显了作为基础的本权，对本权具有保护作用。在某些特殊法律关系中，譬如租赁，占有可以强化本权，使本权效力增强，譬如买卖不破租赁，使以占有为必要的承租权效力能够直接对抗所有权。其次，本权也可以强化占有。例如，甲租赁了乙

[1] 参阅［德］鲍尔、施蒂尔纳：《德国物权法》（上），张双根译，法律出版社2004年版，第33页；屈茂辉：《物权法·总则》，中国法制出版社2005年版，第457页。
[2] "现代人常常爱把单纯的持有某物称为占有，在法律和法学家语言中都是这样。罗马人从来不这样使用，在他们看来，占有所代表的就是所有权的形象及其全部内容。"见［意］彼德罗·彭梵得：《罗马法教科书》，黄风译，中国政法大学出版社1992年版，第272页。
[3] 参阅陈兴良主编：《刑事法评论》（第2卷），中国政法大学出版社2002年版，第391页。

的房屋，那么甲对该房屋的占有因租赁权而得到强化，此时如有丙侵夺该房屋，甲可以向丙行使不当得利返还请求权，而当甲遭受实际损害时，还可以请求损害赔偿救济。但如果甲占有乙的房屋系无权占有，那么当其无权占有遭受丙的侵害时，是否可行使不当得利返还请求权和侵权损害赔偿请求权则需视具体情形判断之，且理论上多有争议。[1]

六、占有的制度功能

占有之所以在整个物权制度中如此重要，乃源于其自身具备的制度功能。学界一般把占有的制度功能总结为三个方面，即保护功能、维续功能和公示功能。而这些功能归根结底都是因为"占有在任何时候都是一定权利或利益的外在体现。对占有进行保护，也就对站立于占有背后的利益进行了保护"。[2]

（一）占有的保护功能

占有通常是人与物之间归属秩序的最直接最明显的体现，因此从生活经验出发，占有一旦形成，即应受到一定的保护，以维护社会和平及物之占有秩序。占有意味着人对物的事实上的管领或控制，通过保护这一最基本的人与物之间的联系，进一步确立社会财产秩序，这是占有制度的基本功能。"任何人不得以私力改变占有之现状"，这已经成为物权法中的一项基本原则。一般立法中都规定，在占有被侵害时，占有人可径行自力救济，如《德国民法典》第859条[3]、台湾地区"民法"第960条[4]；同时也规定了各种占有保护请求权，如我国《物权法》第245条明确规定了占有人原物返还请求权、排除妨害请求权和损害赔偿请求权。[5]

占有的保护功能甚为严格，通常被称之为绝对性保护。譬如甲有珍贵手表一只深藏于柜中，后为乙所窃，但甲很久都没有察觉，乙即自行佩带，后某日为丙所侵夺，那么甲仍然可以进行自力救济或对丙行使返还请求权。由此可见，占有之保护功能对于维护财产之既定秩序是何等坚决。

---

〔1〕 参阅王泽鉴：《民法物权》（用益物权·占有），中国政法大学出版社2001年版，第171、375、379页。

〔2〕 ［德］鲍尔、施蒂尔纳：《德国物权法》（上），张双根译，法律出版社2004年版，第105页。

〔3〕 第859条规定：①占有人可以强力防御禁止的擅自行为；②以禁止的擅自行为侵夺占有人的动产时，占有人可以强力当场或者追踪向加害人取回其物；③以禁止的擅自行为剥夺土地占有人的占有时，占有人可以于剥夺后立即排除加害人而回复占有；④占有人对于根据第858条第2款的规定可以对其主张占有有瑕疵的人享有同样的权利。

〔4〕 第960条规定，占有人对于侵夺或妨害其占有之行为，得以己力防御之。占有物被侵夺者，如系不动产，占有人得于侵夺后，实时排除加害人而取回之。如系动产，占有人得就地或追踪向加害人取回之。

〔5〕 我国《物权法》中没有规定占有人的自力救济。第245条规定了占有受到侵害时的一般救济手段，其规定，占有的不动产或者动产被侵占的，占有人有权请求返还原物；对妨害占有的行为，占有人有权请求排除妨害或者消除危险；因侵占或者妨害造成损害的，占有人有权请求损害赔偿。占有人返还原物的请求权，自侵占发生之日起1年内未行使的，该请求权消灭。

（二）占有的维续功能

占有的这一功能或称之为维持功能、继续功能、持续性功能。该功能主要是为了确定那些对物缺乏物权关系的占有人，也可以尽可能长时间的保持对物的占有，以维护自己在物上享有的利益。最为典型的如民法中的买卖不破租赁制度。我国《合同法》第229条规定，租赁物在租赁期间发生所有权变动的，不影响租赁合同的效力。按照通常的解释，根据该规定，甲承租了乙所有的房屋，如果在租赁期间乙将房屋所有权让与丙，那么甲根据租赁合同而对房屋的占有仍然得以维续，而丙不得以自己受让的所有权对抗或剥夺甲的占有。[1]

另外，取得时效制度也说明了占有维续功能的法律效果。正是由于某人通过占有而与某物之间的固定化联系维续了足够长的时间，法律才决定使权利归属发生变动，使占有转化为完全权利。[2]

（三）占有的公示功能

公示公信是物权法的基本原则之一，占有正是动产物权的法定公示方式，只有通过占有或转移占有，即交付的方式予以公示，动产上的物权才会具有公信力，才能得到不特定多数人的尊重。占有的公示功能具体的体现在权利推定、动产物权变动以及善意取得等具体制度规则中。

第二节 占有的历史渊源

现代社会中的财产法制度、物权法规则设置，并不是自有人类以来就存在的。占有，如先占，被很多经典作家认为是提供了一个私有财产起源的假说。占有在财产法史上具有重要的意义。自罗马法时期的 possessio，到日耳曼法的 Gewere，再到目前各国民法典中的具体设置（占有，Besitz），作为民法规则的占有制度经过了近两千多年的发展。因此，也只有从历史沿革上进行考察，才能进一步清楚占有的实质。

---

[1] 关于买卖不破租赁规则的理解，有学者作出了精当之分析，对于厘清租赁权人之法律地位性质有很大助益。参阅王洪亮、张双根、田士永主编：《中德私法研究》（第1卷），北京大学出版社2006年版，专题报告之"买卖不破租赁"。

[2] 我国《物权法》中没有规定取得时效制度。台湾地区"民法"第768条规定，以所有之意思，5年间和平公然占有他人之动产者，取得其所有权。《德国民法典》第900条规定：①未取得土地所有权而作为土地所有权人登记入土地登记簿的人，如果登记已经过30年，并且此人在此期间自主占有该土地时，即取得该土地的所有权。该30年期限以与计算因时效而取得动产的期限相同的方法计算。该期限因将对登记的正确性提出的异议登记入土地登记簿而中止。②在土地登记簿中为他人登记一项此人不享有的其他权利，因而使该他人有权占有土地时，或者使此项权利的行使受到关于占有的规定的保护时，准用上述规定。关于权利的顺位以登记为标准。

一、罗马法上的占有〔1〕

（一）占有的含义

罗马法上的占有，原文为 possessio，其被认为是一种自然的事情，如保罗士在《论告示》中提到："坐在某个地方即所谓占有（possessio），因为那个地方自然被位于其上的人占据着。"〔2〕后世法学一般认为其指具有作为主人处分物的实际意图的人可以充分处分物的，与物之间的一种事实关系。

实际上，罗马法法学家对占有的性质认识也是存在分歧的。一种观点认为，占有仅为一种事实。一些罗马时期的法学家强调的仅仅是占有本身，认为占有和所有权是完全不同的，甚至更有极端者认为，占有仅为一种事实，而有无占有的权利在所不问。〔3〕根据这一观点，占有经常被认为是所有权的外部形象，是所有权的事实状态。由此也形成了罗马法更偏好于占有人或者主人对实物的实际处置权来对占有进行规定。但也有法学家持不同观点，认为占有"不仅是一种事实，而且还是一种权利"。〔4〕其强调占有与本权之间的关系，占有是以一定的基础权利为前提的，如完全依赖于用益权而对奴隶的占有。〔5〕

罗马大法学家乌尔比安曾言，"占有应同所有区别开来，因为事实也许是，一个占有人并非所有人，而另一个人是所有人却并非占有人。当然也许占有人就是所有人"。〔6〕这可以很好的说明当时对占有与所有之间关系的认识。后世法学理论，一般认为区分占有与所有仍然是罗马法上占有制度的最典型的特征，甚至认为罗马法上存在"所有权与占有毫无共同之处"的谚语。〔7〕

罗马法时期，占有的取得通常需要包含占有体素和占有心素两个方面的条件。占有体素是物质要件，指对物的实际控制或管领；占有心素为精神要件，指将物占据为自己所有的实际意图。保罗士在《论告示》中指出，"我们取得占有须有占有

---

〔1〕 我国已故罗马法学家陈朝壁先生指出，罗马法上的占有理论在 19 世纪以前并没有一贯的系统，缺乏基本原则，仅仅是解决实际问题的各种规定，因此也多有冲突矛盾之处。

〔2〕 Paulus, D. 41, 2, 1, pr. 引自 [意] 桑德罗·斯奇巴尼选编：《物与物权》，范怀俊译，中国政法大学出版社 1999 年版，第 172 页。

〔3〕 乌尔比安认为，所有权和占有非属相同；保罗士认为，一个人是正当占有还是非正当占有并不重要。参见 [意] 桑德罗·斯奇巴尼选编：《物与物权》，范怀俊译，中国政法大学出版社 1999 年版，第 172 页；参阅王泽鉴：《民法物权》（用益物权·占有），中国政法大学出版社 2001 年版，第 142 页。

〔4〕 [古罗马] 帕比尔安：《论定义》，D. 41, 2, 49, 1. 引自 [意] 桑德罗·斯奇巴尼选编：《物与物权》，范怀俊译，中国政法大学出版社 1999 年版，第 175 页。

〔5〕 [古罗马] 帕比尔安：《论定义》，D. 41, 2, 49, pr. 引自 [意] 桑德罗·斯奇巴尼选编：《物与物权》，范怀俊译，中国政法大学出版社 1999 年版，第 175 页。

〔6〕 Dig. 43, 17, 1, 2.

〔7〕 参阅 [英] 巴里·尼古拉斯：《罗马法概论》，黄风译，法律出版社 2004 年版，第 118 页。

之事实与占有之意思。只凭占有之意思或占有之事实不能取得占有".[1]

(二) 占有的演化

罗马法上的占有也有一个逐渐扩展的过程。在罗马法早期，罗马法是仅仅指适用于罗马城邦的法律，这时的占有人与所有人的地位几乎没有什么明显的差别，两者是相互对应的。这时的占有乃是两个更原始的制度 usus（用益）以及早期的 possessio（仅仅适用于对公田的占有）的结合。后来，usus（用益）被 possessio 所吸收，占有也就被用来指私人以各种方式对土地所享有的广泛使用和利用的权利。公元前 4 世纪至公元 3 世纪期间，罗马通过对外征服而扩大了版图，对于被征服的土地，将其中一部分的土地所有权授予某个罗马公民，即私人，而另一部分则归于全体罗马公民公共所有，即公有田。这些属于罗马公民公共所有的土地，最终仍要交给私人管理耕种，这就是占有。当时一般是由较为富有的罗马公民占有，而且该占有可以继承和转让。这些占有公有土地的富有公民在国家统治中具有重要意义，但他们不享有土地所有权，因此无法凭"请求返还所有物"（reivindicatio）之诉保护其权利，为了保护这些贵族的利益，裁判官便仿照保护所有权的模式创制了保护不动产占有的令状。这时罗马法上的占有仍未统一，只有等到最初互相分离的对公有土地的占有与对私人财物的占有，两者逐渐靠拢才形成了统一的占有概念。[2]

占有的范围或客体范畴也是不断发展变化的。在初始阶段，占有所代表的就是所有权的形象和其全部内容。当时，罗马法上尚未承认间接占有的存在，譬如在租赁的情形中，其一般认为承租人并不是占有人，而仅仅是为出租人行使事实上管领，出租人才是真正的占有人。[3]之后，在罗马法上已经开始出现了占有的抽象化，如占有改定，占有人在转让其占有物但又不转移实际占有时，那么只要双方当事人达成合意，即为交付。另外还有一些形式上的占有不再需要具备占有心素，如质押债权人的占有、临时受让人的占有以及扣押保管人的占有。后来又出现了永佃户占有、地上权人占有等，这实际上反映了占有概念的变化。到罗马—希腊时期，法律直接给予用益权人以充分的占有保护，这实际上就已经使占有的概念"扩大适用于所有表现为对物的充分享有的关系"，占有已经"同最广泛的且与所有权最相似的物权相对应"，扩大适用于单纯的持有者。在及至权利占有即准占有出现的时候，占有的观念也就已经扩展适用于"与整个物权领域相平行的事实关系领域"。[4]

---

[1] Paulus，D. 41，2，3，1. 引自［意］桑德罗·斯奇巴尼选编:《物与物权》，中国政法大学出版社 1999 年版，第 176 页。

[2] 参阅 L. 拉布鲁纳:"关于有益于中华人民共和国民法法典化的占有制度的若干问题"，载杨振山、［意］斯奇巴尼主编:《罗马法、中国法与民法法典化》，中国政法大学出版社 1995 年版，第 237 页。

[3] 参阅王泽鉴:《民法物权》（用益物权·占有），中国政法大学出版社 2001 年版，第 143 页。

[4] 参阅［意］彭梵得:《罗马法教科书》，中国政法大学出版社 1992 年版，第 270~273 页。

（三）占有的分类

罗马法时代，根据附加于简单概念上的不同称号，将占有作以划分。首先是根据是否具备占有心素而区分为自然占有（万民法占有）和（市）民法占有。前者指无占有心素的单纯持有，一般不能得到法律的保护，而后者则指具备正当原因基础的占有，受到特定的占有诉权的保护，主要指所有权占有。另外还会根据占有取得的不同而有不同分类，如根据取得占有的手段是否正当分为正当占有与不正当占有；根据占有之法律效果的不同又分为导致时效取得的占有和导致令状保护的占有。[1]

（四）占有诉讼

在古典罗马法时期，对占有的保护是通过令状请求程序实现的。当发生占有侵扰或有侵扰之虞时，适用维护占有令状[2]；而当发生特定程度的占有侵夺时则适用恢复占有令状。维护占有令状主要适用于土地和奴隶，后来也扩大适用于一切可动物，该种令状应当在遭受侵害之后 1 年内提出。恢复占有令状的适用不问占有是否正当，主要针对某人的占有被他人暴力剥夺的情形。

二、日耳曼法上的占有

（一）占有含义

日耳曼法上的占有为 Gewere。从其语源上考察有两种学说：一则认为其具有保护、防御、保证的含义，所以其具有对物的法律保护之含义，指法律所保护的对物的支配；另一学说则认为其为穿衣的意思，其不过将对物之事实上的力比喻成衣服而已，因此 Gewere 仅仅是对物之支配的外在表现。譬如胡伯（Huber）就将其称之为物权的形式，而基尔克（Gierke）则称之为物权的衣服。[3]后世学者一般遵从第二种学说，认为日耳曼法上占有乃属本权之表现形式，占有与本权两者不可分离，"由占有的一面视之乃占有，就另一面视之则为本权，此便为 Gewere 之本质矣"。[4]

（二）占有的要件

就不动产来说，要成立不动产之占有，一般需要具备两个要件：

1. 必须以用益的形式表现于外部。用益是一种较为抽象的描述，其不限于实际现实的管领，譬如将不动产委托于他人，从而取得地租等收益即为用益，也就满足"以用益表现于外部"的条件。由此，在日耳曼法上，与罗马法上的"两个占有不能同时存在"不同，一个不动产上可能存在多个用益物权，则存在多个 Gewere。

2. 对不动产的事实占有支配必须有相应的物权基础。在日耳曼法上要想获得

---

〔1〕［意］彭梵得：《罗马法教科书》，中国政法大学出版社 1992 年版，第 273~274 页。

〔2〕 有学者称之为"保全占有令状"，参阅陈朝璧：《罗马法原理》，法律出版社 2006 年版，第 351 页。

〔3〕 参阅李宜琛：《日尔曼法概说》，中国政法大学出版社 2003 年版，第 53~56 页。

〔4〕 刘得宽："日尔曼法上之占有——Gewere"，载《民法诸问题与新展望》，中国政法大学出版社 2002 年版，第 352 页。

占有保护，首先就必须证明正当权源的存在。一般情况下如果没有反证，则推定其具有正当权源。这一点与罗马法上占有完全不同，在罗马法上占有与本权相互分离，占有人是否享有正当的权源，与占有是否成立没有任何关系。占有的保护乃是为保护事实管领之状态，所以在罗马法上占有之诉与物权之诉各不相同，占有之诉不能基于本权而进行审判。在日耳曼法上，占有之保护实际上就是权利保护，尽管占有不是权利本身，但在诉讼中占有必须与权利结合在一起。

（三）占有的种类

占有根据其状态和支配之权源可以进行种类划分：①现实占有与观念占有。现实占有强调占有人对物的实际控制，并通过该事实管领而用益；而观念占有则如同罗马法上占有概念的抽象化一样，即使占有人与物之间不存在事实上的支配或管领关系，也可以成立 Gewere，如继承开始而遗产尚未分割前的时段，继承人取得对继承财产的占有。②根据占有效力受到特定条件限制的情形，而区分为休止占有和期待占有。前者如将物出质后，出质人对质物保留 Gewere，只是该种 Gewere 处于休止状态；而后者则更多指在不动产附条件或期限的情况，买受人对所购买之物享有期待占有，该占有只有在条件成就时才能发生效力。③根据占有之客体的不同，分为物之占有与权利占有。在日耳曼法上，权利可以成为占有的客体，如关税、债权等，这在当时非常重要。

此外，还需要认识到，在日耳曼法上不动产之占有与动产之占有颇有不同。动产占有不以用益为表现形式，而是以事实上的保持管领为表现形式。在动产占有上不存在数个占有，也不成立观念占有。[1]

（四）占有的效力

占有在日耳曼法上被视为"物权的外衣"，那么占有的实际效力又是如何呢？一般认为占有仅仅具有以下几个方面的补充作用：

1. 权利防御作用。在此作用下占有人享有权利推定和诉讼举证优先权的便利。

2. 权利实现的效果。占有具有排除妨碍实现权利的作用。在占有与权利不一致而遭受侵害的时候，真实权利人可以请求不法占有人返还该物。譬如甲将房屋出租给他人，在租赁期限届满时则可以请求承租人返还房屋。

3. 权利变动的作用。在日耳曼法上，物权变动要求必须对标的物具有 Gewere，所以一般认为物权变动的基础就是 Gewere。

三、制度融合与理论争论：占有制度的发展

中世纪末期，随着货币交易的逐渐发达，以及商业开始兴盛，动产的社会地位不断上升，日耳曼法上的占有开始衰败。到大约 11 世纪随着欧洲法学的复兴和对罗马法的继受，罗马法上的占有制度开始代替日耳曼法上的占有，而最终两者相互融合形成了现代法上的占有制度（Besitz）。

---

〔1〕　参阅李宜琛：《日尔曼法概说》，中国政法大学出版社 2003 年版，第 90～91 页。

在罗马法观念与日耳曼法制度的融合交混过程中，各有吸收和摒弃。如自近代法以来占有对于不动产和动产之意义不同，乃是源于日耳曼法上不动产占有与动产占有之间的区别；而近代民法上承认二重占有和占有的抽象化也多受到日耳曼法的影响，但在占有的保护方面则秉持了罗马法上占有诉权与本权之诉相区分的原则。[1]

尽管经过罗马法继受，日耳曼法与罗马法开始相互融合，但这一过程并非即时完成，就占有制度来说则要经过近代民法的发展过程。近代民法占有制度的成熟在历史上经历了一个重要时期，即近代德国普通法时期。在这一时期，众多的法学大家倾心于这一制度，如萨维尼、温德夏伊德、耶林、基尔克等，他们发表了很多经典作品，使占有理论成为民法中的一座迷人而令人眩目的高峰。而这期间，萨维尼与耶林各自关于占有的争论交相辉映，光彩夺目，大大提升了占有制度的理论高度和推进了现代民法对占有制度的认识。

萨维尼与耶林在占有制度上的分歧主要体现在两个方面：一是占有的构成要件；二是占有的社会作用。

1. 在占有的构成要件上，后世法学一般认为，萨维尼关于占有构成的主张为主观论，而耶林的则为客观论。萨维尼是德国历史法学派的创始人，其在1803年发表了《论占有》[2]一书，该书对占有理论进行了详尽分析，其理论不仅支配法学论坛达70年之久，而且该书的出版使他在当时获得了"我们的第一民法学家"的称号。萨维尼认为，占有首先描述的是人与物之间的事实关系，而从普通情形观察，人与物之间的事实关系有五种表现：①单纯的接触，譬如以手抚摸某物；②管领，除了接触外还具备持有该物的意思，如握住某物不放松以免摔破；③占有，在接触某物时具备所有的意思，为自己的计算而管领控制某物；④善意占有，除了具备所有的意思管领某物外，更确信自己为唯一合法所有人，即确信自己的占有为正当占有；⑤所有权，乃是受到法律充分保护的占有关系或人与物的特定关系。[3]

考虑到以上种种，萨维尼认为，占有在本质上是一种事实，尽管通常有权利为占有的基础，但是毕竟作为事实的占有与作为基础的权利并非相同。

他还进一步把占有界定为"具有所有意思的人，完全管领某物，并排斥他人管领的事实"。他认为，占有是持有的一种。持有人在对物的控制中不一定没有意思，但持有人的意思并未达到占有的阶段，占有所要求的意思，是所有的意思，即具备所有权人行使所有权时的主观意识。只有符合这种要求的持有，才可获得法律的保护，即产生占有的法律效果。所以，在他看来，真正的占有必然是具备占有体素，即管领物件之事实，以及占有心素，即所有之意思。在某些例外的情况下，即

---

[1] 参阅李宜琛：《日尔曼法概说》，中国政法大学出版社2003年版，第64~67页。

[2] ［德］Friedrich K. V. Savigny, Erskine Perry, *Treatise on Possession*, Hyperion Press, Inc. , 1979。

[3] 参阅陈朝壁：《罗马法原理》，法律出版社2006年版，第338~341页。

使缺乏心素也得成立占有，但仅仅属于例外，如罗马法上的质权占有、永佃权占有等，萨维尼称之为"传来占有"。

1889 年耶林发表了《占有意思，对通说法学方法的批判》一书，其就占有之构成要件提出了不同见解。他并不认为占有没有心素，占有中的心素不是所有之意思，而仅有管领之意思就足够了。他认为"占有的要素是对物的事实管领。这种管领力毫无疑问一定要是自愿的，或者是有意图的，但是不需要一个特别的意思，即不需要以支配的形式又或者物权的形式行使管领。所以，占有实质上就是事实管领"。耶林还指出，在萨维尼的占有理论中，存在传来占有的例外，因此属于不完备的理论。[1]

2. 在占有的社会作用上，也存在各种不同主张。萨维尼在研究罗马法时指出，罗马法上的占有只有两种效力，一为取得时效，另一为通过令状进行的占有保护。实际上，保护占有的令状并不仅仅限于能导致取得时效的占有，而是对所有的占有均予以保护。他认为，占有保护的最终目的乃在于保护占有人之人格。[2]之后，萨维尼的学生温德夏伊德认为占有须具备占有意思，并提出占有保护的目的就在于保护占有人的意思。耶林则认为在占有与本权同属一人的情况下，实质上占有保护的目的就在于本权之保护。通常，占有关系之证明较本权证明更为简单，占有保护可以很好地实现保护本权的目的。

学说理论上的争论最后对立法总是会产生一定的影响。在德国民法典的制定过程中，对于占有规则设计罗马法学派和日耳曼法学派之间争论不休，而立法草案也几经摇摆和饱受批评。譬如德国民法第一草案中受萨维尼理论的影响而强调占有的现实性，不承认承租人的占有人地位，之后遭到基尔克等人的猛烈批评而经过修正，采用了直接占有和间接占有的区分理论。在占有的构成要素上，《德国民法典》也放弃了萨维尼的理论，第 854 条规定，物的占有因对物的实际控制而取得。对于占有保护的作用或目的，在近代民法则在萨维尼和耶林之外发展出了法律秩序维护说，成为近代民法上的通说。占有诉讼的制度功能乃在于维护已经确立的事实秩序；对于既定占有制度的破坏，排除私力干预而通过诉讼途径解决。[3]

最终，经过理论上的不断争辩，德国法上的占有制度融合了罗马法和日耳曼法上的不同设计（其中日耳曼法上的占有似乎较占优势），创造了混合的占有制度。之后，瑞士、日本等国家及我国台湾地区的"民法"都基本遵从了德国民法的

---

〔1〕　参阅陈朝壁：《罗马法原理》，法律出版社 2006 年版，第 338～341 页。陈朝壁先生认为耶林的指责难言道理，相比而言，萨维尼关于占有的理论解释更加详明，也比耶林的理论更胜一筹。

〔2〕　［德］Friedrich K. V. Savigny，Erskine Perry，*Treatise on Possession*，Hyperion Press，Inc.，1979，pp. 17，22，77.

〔3〕　此外还有债权保护说等，但有学者指出，随着法律自身和社会的不断发展，占有制度的机能也在发生变化，传统的民法理论受到现实的挑战。参阅刘得宽："论占有诉权制度"，载刘得宽：《民法诸问题与新展望》，中国政法大学出版社 2002 年版，第 362 页以下。

创制。[1]

第三节 占有的分类

自罗马法以来,占有就有各种分类,在近世民法上占有的分类对于司法实践更具有实际意义。不同种类的占有关系中,占有人的法律地位迥然不同,而法律效果也各不相同。譬如甲因出国进修 3 年,临行前将自己祖上遗传的古画一幅委托好友乙代为保管,保管期间乙将该画借给美术馆展览数日,再之后,丙误认该画为乙所有而再三求购,后乙以合理之价格出卖给丙,货款两讫之后,丙旋即将该画交于某拍卖行拍卖……如此,交易不断进行,而整个交易期间该画的占有状态发生了什么变化呢? 不同的当事人之占有地位又如何呢? 这些都必须通过辨明不同种类的占有才能明了。本章即从不同的标准出发,对各种不同的占有分类进行分析。

一、有权占有与无权占有

以占有是否以本权(有无法律上的原因)为基础而进行划分,可分为有权占有和无权占有。占有之本权,是指基于一定法律上原因而享有占有的权利。有权占有即是指有本权之基础的占有,而相反没有本权基础的占有就是无权占有。在有权占有中,能够作为占有之本权的权利并不特定,原则上凡是具有占有内容的权利皆可。譬如物权、债权,甚至父母基于亲权对未成年子女财产的占有管理。所有权人、地上权人、质权人、承租人、借用人等的占有都属于有权占有。而如盗贼对于赃物之占有、拾得人对于遗失物之占有则皆属于无权占有,我国《物权法》第十九章乃是以无权占有为规范重心。其中第 241 条规定,基于合同关系等产生的占有,有关不动产或者动产的使用、收益、违约责任等,按照合同约定;合同没有约定或者约定不明确的,依照有关法律规定。实际上就是把有权占有排除在物权法的调整范围之外。

区分有权占有和无权占有的实际意义在于两者的法律效力之不同。有权占有人对于他人的返还请求,有权拒绝;无权占有人,对于权利人的返还要求,不得拒绝。譬如我国台湾地区"民法"第 767 条规定,所有人对于无权占有或侵夺其所有物者,得请求返还之。

无权占有相较于有权占有更为复杂,通常会进一步区分,以占有人是否确实误信为标准分为善意占有和恶意占有;以是否采用法律禁止的强暴手段占有为标准分为和平占有与强暴占有;以是否采用避免他人发现的方法进行占有而分为公然占有与隐秘占有;以占有的时间分为继续占有和不继续占有;以占有的状态分为无瑕疵占有和瑕疵占有。[2]下面将重点介绍善意占有与恶意占有。

---

〔1〕 参阅王泽鉴:《民法物权》(用益物权·占有),中国政法大学出版社 2001 年版,第 146 页。

〔2〕 参阅王泽鉴:《民法物权》(用益物权·占有),中国政法大学出版社 2001 年版,第 178~179 页。

二、善意占有与恶意占有

有权占有具有正当的法律上的原因，因此该占有的法律评价为积极的，而无权占有则会有更为复杂的情况，譬如占有人对于该占有物的权利归属或占有权源具有不同程度的主观状态。因此对于无权占有需要进一步区分不同的占有情形。

有主张认为，按照无权占有人是否了解占有权源之情形为标准进行区分，分为善意占有和恶意占有。但也有人认为，善意占有和恶意占有的区分标准应该更加严格，应按照占有人对其占有权源是否有确定的误信，且毫无怀疑。后者为目前学界普遍接受的学说。由此，善意占有就是错误地认为自己之占有为有权占有而且确信不疑；而恶意占有则指明知自己之占有为无权占有或不能确定自己占有是否为有权占有而仍为占有。

区分善意占有与恶意占有的实际意义在于以下几个方面：

1. 在取得时效制度中，因占有的善意或恶意之区别而时效期间有所不同，譬如我国台湾地区"民法典"第 769 条规定，一般情况下取得时效的占有期间为 20 年，但在第 770 条规定，如果自占有之始即为善意且无过失者，那么取得时效期间即为 10 年。

2. 物权善意取得制度乃是以善意占有为要件。我国《物权法》第 106 条规定了不动产和动产的善意取得制度，其中要求受让人在买受无权处分之标的物时，应为善意，也就是对标的物的占有应为善意，确信出卖人为有处分权人，而同样确信自己通过购买能够取得合法占有。

3. 占有人相对于回复请求人而享有负担的权利义务因善意占有和恶意占有而有所不同。如我国台湾地区"民法"第 953 条规定善意占有人，因可归责于自己之事由，致占有物灭失或毁损者，对于回复请求人，仅以因灭失或毁损所受之利益为限，负赔偿之责。而第 956 条则规定，恶意占有人，或无所有意思之占有人，因可归责于自己之事由，致占有物灭失或毁损者，对于回复请求人，负损害赔偿之责。

我国《物权法》第 242～244 条中对善意占有和恶意占有进行了区分规范。

1. 第 242 条规定了恶意占有人的损害赔偿责任。其规定，占有人因使用占有的不动产或者动产，致使该不动产或者动产受到损害的，恶意占有人应当承担赔偿责任，而善意占有人则不承担赔偿责任。[1]

2. 当占有物毁损或灭失时，权利人的损害未得到保险金、赔偿金等的足额弥

---

[1] 在占有物遭受损失的情况下，各国立法及法学理论上普遍认为恶意占有人应承担损害赔偿责任，但对于善意占有人是否负担该赔偿责任则有不同意见，但多数主张不承担赔偿责任。譬如《瑞士民法典》第 938 条明确规定，①物的善意占有人，依其被推定的权利得使用收益该物的，对权利人无损害赔偿的责任。②前款情形，物消灭或受损害的，占有人无须赔偿。其他如德国等则使用善意占有之权利推定予以解决。

补的情况下，恶意占有人应继续承担赔偿责任（第244条）；而对于善意占有人，只有在其因占有物的毁损或灭失受有利益时，才对物的权利人承担赔偿责任。[1]

3. 善意占有和恶意占有都属于无权占有，因此都负有向权利人返还原物及其孳息的义务，但是善意占有人可以请求权利人支付因维护占有物而支出的必要费用（第243条），恶意占有人则无此权利。[2]

另外，就善意占有而言，根据占有人对该确定之误信是否有过失为标准，又可以进一步区分为无过失占有和过失占有。两者区别的实益仍在于不动产取得时效期间的不同，如我国台湾地区"民法"第770条的规定。

在司法实践中，恶意与善意的区分还面临如何认定的问题。就这一点而言，通常在立法上采取善意推定的方式解决。如《日本民法典》第186条及我国台湾地区"民法"第944条都规定，对占有人，推定其为以所有之意思，善意、和平及公然占有。我国物权法虽对此未作规定，但司法解释就物权设立时权利人是否善意规定为，法律对不动产、动产物权的设立另有规定的，应当按照法律规定的时间认定权利人是否为善意。[3]

三、自主占有与他主占有

以占有人是否具备所有意思为标准，占有可以分为自主占有和他主占有。自主占有人，是指"以物属于自己所有而为占有"的人，[4]而该占有是否为有权占有，以及该本权为何性质均对此毫无影响。也就是说，自主占有与真实的权利状况没有任何关系。而他主占有人则是指对物的占有不以所有权人之意思而是以其他限制性物权、债权或其他权利人之意思为内容进行占有的人。所以嫌疑人对盗窃得到的赃物之占有为自主占有，而通过租赁、保管等中间交易关系而为的占有，属于他主占有。

区别自主占有与他主占有的实益有以下两个方面：

1. 取得时效以及先占等具体制度规则适用条件的要求，在取得时效和先占中都必须为自主占有。如我国台湾地区"民法"第802条规定，以所有之意思，占有无主之动产者，取得其所有权。

---

〔1〕 这里需要注意的是，我国物权法对于占有物毁损或灭失情形下的赔偿责任之规定与台湾地区"民法"、日本民法都不同，后两者强调"可归责于占有人"，而我国物权法则认为对于善意占有人及恶意占有人都不考虑是否可归责问题，实质上苛责严格得多。如此立法是否科学妥当尚需进一步斟酌研究。

〔2〕 其他国家或地区的规定有所不同。如《瑞士民法典》第940条中规定，恶意占有人仅对因其占有而支付的费用的必要部分，有请求赔偿的权利。《意大利民法典》第1150条中规定，占有人，即使是恶意占有人也同样享有请求偿还非常修缮费用的权利。我国台湾地区"民法"第957条规定，恶意占有人，因保存占有物所支出之必要费用，对于回复请求人，得依关于无因管理之规定，请求偿还。

〔3〕 参见自2016年3月1日起施行的《物权法司法解释（一）》第18条之规定。

〔4〕 《德国民法典》第872条规定，作为自己所有而占有物的人，是自主占有人。

2. 占有人的赔偿责任也会因自主占有与他主占有而有所区别。如我国台湾地区"民法"第956条规定，恶意占有人，或无所有意思之占有人，因可归责于自己之事由，致占有物灭失或毁损者，对于回请求人，负损害赔偿之责。

四、直接占有与间接占有

直接占有和间接占有是占有制度中的一个重要分类。其涉及占有概念的发展变化以及占有概念的抽象化。以租赁关系为例，在罗马法时期，其认为出租人仍然对出租物行使管领力，而承租人是暂时的，因此占有人为出租人。但是在日耳曼法时期，则普遍认为承租人为占有人。后德国法在继受罗马法时，为调和两种法律资源之间的冲突而将出租人确定为间接占有人，承租人为直接占有人。如《德国民法典》第868条规定，作为用益权人、质权人、用益承租人、使用承租人、保管人或者基于其他类似的法律关系而占有其物的人，由于此类关系对他人暂时享有占有的权利或者负有义务时，该他人也是占有人（间接占有人）。我国台湾地区"民法"遵从了这一立法方式。我国台湾地区"民法"第941条，质权人、承租人、受寄人或基于其他类似之法律关系，对于他人之物为占有者，该他人为间接占有人。

直接占有是指对物具有事实上直接管领或支配力；而间接占有则是指虽然缺乏事实管领，但基于一定的法律关系其对直接占有人享有特定的返还请求权，此时认为其对物具有间接管领力。对两者进行区分的意义就在于恰当规范调整间接占有人与直接占有人之间的法律关系，确定间接占有人的法律地位。

间接占有一般由占有媒介关系、直接占有人之他主占有的意思、间接占有人之返还请求权三个构成要件。占有媒介关系实质上指直接占有人与间接占有人之间存在一定的法律关系，如保管、租赁、买卖等媒介关系。间接占有之成立不受媒介关系效力的影响，譬如甲将房屋出租给乙，后租赁合同被撤销或解除而归于无效，那么此时并不影响间接占有的成立和存在。直接占有人必须是以他主占有的意思进行占有，一旦占有意思转换为自主占有，那么间接占有也就归于消灭了。间接占有人与占有物之间缺乏事实上的管领，但是尚存在最终管领，即可请求返还占有物。正是由于此返还请求权才体现了占有的抽象性，实质上这也是间接占有受到法律肯认的原因。[1]间接占有的直接意义就是扩大了占有保护的范围，间间接占有人可以因时效取得一定的财产。其次，间接占有还充分体现了占有的抽象化或观念化。

也有学者认为，由于我国学说尚未重视间接占有制度，导致其在《物权法》立法中的缺位，也由此导致了《物权法》第27条的欠缺。该条虽明示以占有改定

---

〔1〕《德国民法典》第869、870条规定了间接占有人的请求权。第869条规定，对占有人采取禁止的擅自行为时，间接占有人享有第861条，第862条规定的请求权。在侵夺占有的情况下，间接占有人有权要求回复原占有人的占有；原占有人不愿或者不能回复占有的，间接占有人可以要求将该占有交回自己。在同样条件下，间接占有人可以在有第867条规定的情形下，要求允许寻查和取走该物。第870条规定，间接占有人将物的返还请求权让与他人时，其间接占有即移转于该他人。

替代实际交付，但只表述为"出让人继续占有该动产"，未能反映出让人占有意思的变动，也未突出间接占有在占有改定中的作用。在法律尚未修改之时，只能结合该条所规定的物权变动的发生，得出出让人具有占有媒介意思和受让人取得间接占有的结论。[1]

五、自己占有与占有辅助

根据占有人与事实管领人之间是否存在从属指示关系或是否借助别人的行为而占有，可以确定是否为自己占有，以及是否存在占有辅助人。

所谓自己占有，就是指不借助他人而自己对物为事实上的管领；占有辅助则是指根据特定的从属关系，受他人指示，而对物进行事实上的管领。需要辨明的是，占有辅助人仅仅是为他人之占有而进行事实管领，占有辅助不是占有，所以这里称为占有辅助而不是辅助占有。我国台湾地区"民法"第942条规定，受雇人、学徒或基于其他类似之关系，受他人之指示，而对于物有管领之力者，仅该他人为占有人。《德国民法典》第855条规定，为了他人、在他人的家务、营业或者其他类似的关系中，遵照他人有关其物的指示，对此物行使实际的控制的，仅以此他人为占有人。

占有辅助人与占有人之间存在一种特定的从属关系，该从属关系的成立要件就是受他人指示而对物进行事实管领。该两者最为常见的就是存在于雇佣关系中。譬如甲雇佣乙为驾车司机，那么甲为自己占有人，而乙仅仅为占有辅助人。对于该种从属关系，有学者认为主要是对指示的服从，而有学者认为应解释为社会从属性，但最重要的是要将此与间接占有中的媒介关系相区分。在间接占有的媒介关系中，事实管领人能够在很大程度上具有自己占有的情形，不需要接受间接占有人的指示。譬如某人租用他人的汽车，那么在租用期间承租人不必接受出租人的任何指示。

占有辅助中的从属关系产生的基础对该从属关系以及占有的属性并无影响，实际上该从属关系可能基于私法也可能应公法而产生，可能根据契约也可能直接基于法律，可能是长期的也可能仅仅是临时性的，但都不会对占有产生实质影响。

区分自己占有与占有辅助之实益在于明确自己占有人与占有辅助人的法律地位之不同。占有辅助人虽然为事实上的管领控制，但是并不能因此而取得占有。占有辅助人不是占有人，因此也就不享有或负担因此事实而产生的任何权利义务。

1. 占有主人与占有辅助人之间。首先，占有辅助人不得对占有主人主张占有的保护；其次，占有主人对占有辅助人不存在占有返还请求权，而仅得行使所有权

---

〔1〕 庄加园："间接占有与占有改定下的所有权变动：兼评《中华人民共和国物权法》第27条"，载《中外法学》2013年第2期。

返还请求权或根据两者之间的基础从属关系请求。[1]

2. 与第三人之间。占有辅助人不是真正的占有人，因此当占有受到侵害时，占有辅助人应服从主人指示而进行自力救济。第三人不能向占有辅助人主张占有保护请求权，占有辅助人的管领不发生无权占有的问题。

六、单独占有与共同占有

根据占有人的多少可以分为单独占有与共同占有。单独占有，指一个人对物进行事实上的管领控制，而排除他人的占有，如单独所有人对自己物的占有、单一承租人对房屋的占有。共同占有指数人共同占有一物。我国台湾地区"民法"第965条规定，数人共占有一物时，各占有人，就其占有物使用之范围，不得互相请求占有之保护。

部分占有通常也可以成立单独占有，而单独占有在区分部分的时候通常称为分别占有。譬如甲乙丙三人同租一公寓，分别居住于 A、B、C 三室，而厕所、浴室、厨房、客厅共用，那么对于 A、B、C 三室为单独占有，而对共用部分则为共同占有。由于占有强调对物的直接支配和排他性事实管领，因此一般认为在一个物上不可同时成立两个以上的占有。所以，共同占有乃为一个占有而非数个占有，只是占有人为多数而已。共同占有乃是数占有人对一物进行同一管领。

共同占有的法律关系较单独占有更为复杂，首先，在共同占有人内部对占有保护请求权的行使有一定限制。依照上面的例子，如果甲将浴室独占而不让其他二人使用，那么此时甲的行为实际上侵害了其他二人对共同占有部分的占有，可以主张占有的保护；但如果甲仅仅是在某特定时间主张自己占有而排除其他二人的占有，那么这就涉及占有物使用范围上的争议，而其他二人不能主张占有之保护，因为甲并没有侵害或剥夺该二人的占有，只是在占有使用范围上的争议。其次，在对外关系上，当占有被侵夺时，各共同占有人可以单独请求占有的保护。

七、占有状态的变更

以上各种占有分类，是对占有之各种不同状态的划分，在实际生活中不同的占有状态时常发生相互变更。譬如有权占有可能转化为无权占有，租赁期届满之前的承租人的占有为有权占有，而届满之后则为无权占有。再如善意占有与恶意占有之间也可以转换，我国台湾地区"民法"第959条规定，善意占有人，于本权诉讼败诉时，自其诉讼拘束发生之日起，视为恶意占有人。较为特殊的是自主占有与他主占有之间的变更，由于自主占有与他主占有乃是以占有人的主观意思为划分标

---

[1] 占有辅助人应被认为属于占有主人的代表，占有辅助人乃是代表占有人对物进行事实管领，辅助人的事实管领乃是占有人的自己占有，因此逻辑上不存在自己侵害自己占有而行使占有请求权的情形。有学者认为占有辅助具有代理之性质，尚需要细致分析。法人的机关，不能成立占有辅助人，因为机关乃是法人的组成部分，机关与法人视为一体，因此不存在从属关系，更不可能成为占有辅助人。

准，因此较为复杂。自罗马法以来就存在"无论何人，不得仅以意思的变更而变更占有的原因"的原则，因此占有人不能任意的将他主占有转化为自主占有。因此由他主占有转化为自主占有一般就必须通过两种方式：一为特定的意思表示；二为事实变更。他主占有转变为自主占有，不能仅仅有占有人自己内部意思的变更，而应将该意思表示出来。但该种意思表示非为法律行为中的意思表示，毕竟占有不同于法律行为，占有乃为事实，因此该种意思表示仅仅为事实表示即可。[1]另外自主占有的意思可以因新事实的发生而产生。譬如甲租赁他人房屋居住，该占有为他主占有，但后来甲购买了该房屋，那么甲通过购买行为取得了房屋的所有权，也就由他主占有变更为自主占有。

八、占有状态的推定

占有状态复杂多样，而在现实生活中占有状态的判定往往更为困难，当事人举证实为不易。占有的制度价值乃在于以既定的占有秩序为核心，维持社会和平，因此为避免占有人证明责任负担过重，法律乃实行推定技术确定占有的状态。

1. 自主占有与他主占有不明时，推定为自主占有。

2. 一般占有推定为善意占有。

3. 善意占有人有无过失难以判定时，首先推定为无过失占有。但对此推定有不同主张，史尚宽认为在此问题上不能适用，而姚瑞光则认为应做无过失推定，王泽鉴认为占有是否为无过失应由占有人负担举证责任，而不能适用推定。[2]

4. 一般占有推定为和平、公然、持续占有。我国台湾地区"民法"第944条明确规定，占有人，推定其为以所有之意思，善意、和平及公然占有者。经证明前后两时为占有者，推定前后两时之间，继续占有。

关于占有的分类，也有学者主张从自物占有与他物占有区分的角度研究占有，并认为自物占有是自物权人（所有权人）对自己之物的占有，是有权占有；他物占有是对他人所有物的占有，即他物占有也是对有主物的占有。虽然传统民法理论中没有自物占有与他物占有的分类，但借助这种分类研究占有现象，是一个特定的、崭新的角度。[3]

---

〔1〕　参阅谢在全：《民法物权论》（下），中国政法大学出版社1999年版，第951页。
〔2〕　参阅王泽鉴：《民法物权》（用益物权·占有），中国政法大学出版社2001年版，第205～206页。德国、日本民法对此都未有明确规定，而我国台湾地区提出的物权法修正草案中则列明应作无过失推定。
〔3〕　隋彭生："自物占有与他物占有的分类及比较研究"，载《政治与法律》2014年第3期。

第十八章　占有的取得与消灭

现代民法理论通说认为占有是一种事实状态，而非权利。但占有乃是受到法律保护的特定事实状态，表彰的是一种特定的法律地位，因此也就存在该法律地位的得丧变更，如同权利的得丧变更一样。占有的取得可以分为原始取得和继受取得，而消灭可以分为绝对消灭（如占有物的灭失）和相对消灭（如占有主体的变更）。引起占有之得丧变更的法律事实包括行为（法律行为、事实行为和侵权行为），也有行为之外的事实，如继承的发生。

第一节　占有的取得

一、直接占有的原始取得

直接占有的原始取得是指不以他人的占有为基础的对物的事实管领。取得原始占有的行为可以为事实行为，如建造、捕捞等，也可以为侵权行为，如侵占别人的财物。直接占有的取得必须具有占有的一般意思，但该意思仅仅为自然意思，而非法律行为之意思。直接占有的原始取得可以通过辅助人实现，而且该占有取得与本权享有没有任何关系。直接占有的原始取得的主要方式包括有：先占、拾得遗失物、发现埋藏物、添附和侵占等。

二、直接占有的继受取得

权利的取得可分为原始取得及继受取得，占有的取得也存在同样的区分。直接占有的原始取得如上所述，而继受取得则通常为占有的转移取得。现代民法中一般都规定，交付是动产物权变动的公示方式。我国《物权法》第 23 条规定，动产物权的设立和转让，自交付时发生效力，但法律另有规定的除外。交付就是占有的转移，我国台湾地区"民法"第 946 条规定，占有之移转，因占有物之交付而生效力。具体地说，占有的转移又有现实交付和观念交付两种，而观念交付又包括简易交付、占有改定和指示交付三种形式。

（一）现实交付

所谓的现实交付就是让与人将其对物的事实管领转移给受让人，如将货物递交到买者手中或家中、房屋买卖中的交钥匙等。

（二）简易交付

我国《物权法》第 25 条规定，动产物权设立和转让前，权利人已经依法占有该动产的，物权自法律行为生效时发生效力。这就是简易交付。譬如甲将某物出借给乙或委托乙代为保管，之后，在出借期限或保管期限内，甲同意将该物出售给借用人或保管人，也就是说买受人在进行买卖前已经占有了该买卖交易的标的物，那么当买卖双方当事人达成有效协议时，占有就视为转移，即完成了交付。

（三）占有改定

占有改定是一项古老的制度，其历史渊源可以上溯到罗马法上的占有协议，其主要是为了解决要式物和略式物区分的僵化，扩大让渡的范围和内容。在现代经济生活中，占有改定往往具有混合交易的特点，能够实现交易当事人的多种需求。我国《物权法》第 27 条规定，动产物权转让时，双方又约定由出让人继续占有该动产的，物权自该约定生效时发生效力。譬如，甲将自有的 1 台照相机出卖给乙，但在与乙交易时达成约定，甲继续借用该照相机 1 个月，那么此时甲无需将照相机实际交付给乙，而是在当事人之间的买卖合同生效时，所有权就发生转移，甲丧失所有权而乙取得所有权，那么甲虽然一直占有照相机，但是之前是根据所有权的自主占有，而现在则改为根据借用合同的他主占有。

（四）指示交付

指示交付，是转移动产占有的一种抽象方式，指让与动产物权时，如果让与人的出让动产由第三人占有，那么让与人可将对第三人的标的物返还请求权转移于受让人以代替实际交付。我国《物权法》第 26 条规定，动产物权设立和转让前，第三人依法占有该动产的，负有交付义务的人可以通过转让请求第三人返还原物的权利代替交付。譬如，甲将汽车出借给乙，在借用期限尚未届满前，甲决定将汽车出卖给丙，那么此时，甲无需在乙返还汽车后再交付给丙，而可以直接将其对乙之返还请求权让与丙以代替交付。

关于指示交付在司法实践中需要确定的两个问题：①第三人的范围。第三人一般是指实际占有转让物，而又负有返还义务的人，因此包括有权占有人也包括无权占有人。无权占有的第三人能否成为指示交付中的第三人在理论上尚有争议。②所让与的返还请求权的性质。其属于物权请求权还是债权请求权也存在很大争议，目前通说认为出卖人让与受让人的应该认为既包括物权请求权也包括债权请求权，要区分具体的情况分析。在第三人有权占有的情况下，譬如第三人根据其与出让人之间的合同而占有标的物，那么受让人首先取得是根据合同而产生的债权请求权；而如果合同无效则产生不当得利返还请求权。如果第三人是无权占有，那么让与人对第三人享有的占有返还请求权即由受让人取得。但无论如何，出卖人所让与请求权从内容上看只能是标的物返还请求权或占有返还请求权，而不问其性质如何。

（五）占有的概括承受

占有的概括承受最典型的发生原因就是继承，此外还有法人解散等情形。占有尽管为事实而非权利，但在立法上大多国家仍然规定，其能够被继承。《德国民法典》第 857 条就特别规定，占有移转于继承人。我国台湾地区"民法"第 947 条第 1 款规定，占有之继承人或受让人，得就自己之占有，或将自己之占有与其前占有人之占有合并，而为主张。这也是对占有得以继承的肯定。我国物权法对此没有规定。

占有的继承主要是为了防止出现占有真空状态。如果被继承人死亡时占有某物，那么被继承人死亡就会使该物的事实管领丧失，在事实上处于没有人控制或支配的状态，而占有的继承转移可以防止这一无序状态。占有的继承转移是一种概括式的当然全面转移，也就是说，在被继承人死亡时占有的状态，无论是何种占有（有权占有或无权占有、自主占有或他主占有、直接占有或间接占有，等等），都全部转移于继承人，而继承人不需要事先了解该占有的状态。另外，占有的继承是一种观念占有的转移，因继承而取得的占有是一种不要事实管领的占有。

三、间接占有的取得

间接占有是以直接占有为基础的，因此间接占有只存在继受取得而不存在原始取得的情况。间接占有的取得又可以分为创设取得和移转取得。

（一）间接占有的创设取得

该种取得一般有三种情形：[1]①直接占有人为自己创设间接占有。如所有人将自己的物出租、出借、进行转移占有的质押等，乃是物的事实管领，即直接占有让与他人，而自己成为间接占有人。②直接占有人为他人创设间接占有。前文提到过的有占有改定之约定的买卖行为，出卖人将某物出售给对方，但并不转移直接占有而是通过借用等方式使对方当事人处于间接占有人之地位。③非占有人为自己取得直接占有，而为他人创设间接占有。如监护人占有被监护人的物，即以自己为直接占有人，而被监护人为间接占有人。

（二）间接占有的移转取得

在民法上存在一个"买卖不破租赁"的重要制度，而根据该规则设计恰恰是发生间接占有转移的典型原因。甲将自有房屋出租给乙，那么甲为间接占有人而乙为直接占有人，而之后甲在租赁期间将房屋出售给丙，并办理了变更登记手续，根据我国《合同法》第229条的规定，即租赁物在租赁期间发生所有权变动的，不影响租赁合同的效力，那么乙对新所有权人丙之房屋仍然得继续租赁居住，对于房屋占有人来说，直接占有人没有发生变化，但间接占有人已经由甲变更为丙，是为间接占有的转移。

再者，间接占有同样为一种占有，也可以为占有继承发生，譬如上例中如果在租赁期间丙死亡，那么其继承人自然取得对该出租房屋的间接占有地位。

第二节　占有的消灭

占有的消灭是一种事实状态的消灭，而非权利的消灭，所以物权消灭的原因，

---

〔1〕 参阅王泽鉴：《民法物权》（用益物权·占有），中国政法大学出版社2001年版，第225页。

如混同、抛弃等并不当然就是占有消灭的原因。占有的消灭就是对物的事实管领或控制的丧失，通常这需要通过具体事实、法律关系以及社会观念认定。

一、直接占有的消灭

（一）直接占有人对物的管领力丧失，即导致占有消灭

我国台湾地区"民法"第964条第1款规定，占有，因占有人丧失其对于物之事实上管领力而消灭。管领力丧失又可以分为基于占有人之意思的丧失，如抛弃占有物，和非基于占有意思的丧失，如占有物被偷窃或遗失等。如《德国民法典》第856条第1款规定，占有因占有人放弃或者以其他方式丧失对物的实际控制而终止。

（二）管领力行使障碍能否成为占有消灭的原因

我国台湾地区"民法"第964条第2款规定管领力一时不能行使的不认为占有消灭。《德国民法典》第856条第2款也规定，占有不因在行使控制时遇有按其性质为暂时的障碍而终止。

（三）管领物灭失，自然导致占有消灭

二、间接占有的消灭

间接占有消灭的原因一般包括三种情形：

（一）直接占有人之占有丧失导致间接占有消灭

这种消灭原因主要是因为直接占有与间接占有之间的特定关联，譬如甲将某物委托给乙保管，而在保管期间乙擅自出售给丙，在满足善意取得的情形，丙得取得该物的所有权而为自主占有和直接占有，那么甲当然丧失间接占有。但需要注意的是，直接占有的变更可能导致多层间接占有的发生，而不是间接占有的丧失，如在前例中，如果乙只是把保管物出借给丙，那么乙则也成为该物的间接占有人，而甲的间接占有地位也并不丧失。[1]

（二）直接占有人以公开的外部可认识的方式不承认上级占有之存在

譬如证券市场上，客户委托券商在独立的账户内进行投资管理，但是后来券商挪用了客户账户内证券，那么客户对其账户内证券的间接占有即为丧失。

（三）返还请求权的消灭而导致间接占有的消灭

最为典型的就是在让与担保交易中，甲将出卖物交付买受人乙，但保留所有权为甲所有直到乙付清全部货款，那么此时甲为间接自主占有而乙为直接他主占有，而在乙偿付全部货款时，则取得买受物的所有权，而甲丧失以所有权为基础的间接占有。

---

[1] 参阅 [德] 鲍尔、施蒂尔纳：《德国物权法》（上），张双根译，法律出版社2004年版，第132页。

第十九章 占有的效力与保护

占有是一种特殊的法律地位，法律制度根据其秩序价值取向而赋予该特定的事实状态以法律效力，并在该法律地位受到侵害时提供充分的法律救济。

第一节 占有的效力

占有是民法中的一项重要基础性制度，但具体体现在法律规则中占有所具有的法律效力表现如何呢？民法中的很多制度规则都体现了占有的效力，如时效取得、善意取得、先占、拾得遗失物等。这些效力大致可以分为占有的属性效力和占有的辐射效力。前者主要指基于受法律保护的事实管领之法律地位而产生的占有用益以及占有人与回复请求人的权利义务关系，后者存在权利推定和权利取得两个方面的效力表现。

一、权利推定效力

公示公信是物权法中的一个重要原则，物权只有经过特定的方式公示才能获得公众之公信力，获得他人之尊重，使物权之效力圆满。因此物权之公示方式对于物权之效力非常之重要。权利推定是物权保护中的一个重要法律技术，是物权公示与物权保护的联结渠道。我国台湾地区"民法"第943条规定，占有人于占有物上，行使之权利，推定其适法有此权利。这就是占有之权利推定的立法表达。该规定的实质乃在于举证责任负担之分配，即若无相反证明则物之占有人为合法权利人，提出异议者须负举证责任。[1]

（一）规范目的

法律上设定占有之权利推定的原因一般有四个方面：①为保护占有所表彰的本权。占有一般多以一定的权利，即本权，为基础，因此需要通过占有保护本权。②维持社会秩序。占有为对物的事实管领，因此通过举证责任的免除而维护对物的事实管领或控制秩序。③促进交易安全。通过权利推定实际上就是赋予了该种公示方式以公信力，使交易对手相信权利之安全，促进交易和流通。④有利于节约交易成本。实行权利推定，使交易对方不需要耗费精力进行本权调查，可以大大节约交易

---

[1] 另外还有关于占有状态的推定，如我国台湾地区"民法"第944条规定，占有人，推定其以所有之意思，善意、和平及公然占有者。经证明前后两时为占有者，推定前后两时之间，继续占有。请参阅本编第三章之八"占有状态的推定"。

成本，提高效率。

（二）效力范围

在占有之权利推定规则的适用范围上，存在客体范围和权利范围两个方面。另外其效力范围还包括推定的效果表现范围，即合法权利享有以及以此为基础的用益权利。

1. 客体范围，即动产和不动产的选择。关于占有之权利推定效力的客体适用范围，各国有不同的立法。有的国家仅仅将其限制于动产，而排除不动产，如《德国民法典》第 1006 条规定了占有人的所有权推定，包括三种情况：①为有利于动产占有人，推定占有人为物的所有权人。但该推定不适用于其物被盗、遗失或者以其他方式丢失的前占有人，但占有物为金钱或者无记名证券的除外。②为有利于前占有人，推定前占有人在其占有期间为物的所有权人。③在间接占有的情况下，前两种情形的推定适用于间接占有人。[1]《瑞士民法典》第 930 条规定，动产之占有人，推定其为所有人。原所有人推定其于占有时期为物之所有人；而《日本民法典》第 188 条规定，占有者于占有物上行使之权利，推定其适法有此权利，这和我国台湾地区"民法"一样认为该推定应适用于动产和不动产两种。日本有民法学者指出，占有权利推定对动产的适用范围以该不动产未登记为限，如已经登记则没有占有权利推定的适用余地，所以应该限制第 188 条的适用。[2]这一观点在我国具有现实意义，因为在我国还存在大量的不动产物权没有进行登记。我国《物权法》第 9 条规定，不动产物权的设立、变更、转让和消灭，经依法登记，发生效力；未经登记，不发生效力，但法律另有规定的除外。依法属于国家所有的自然资源，所有权可以不登记。该规定考虑到我国的现实情况和司法实践需求：首先，在我国农村存在大量的宅基地、土地承包经营权未进行登记的情形；其次，还有因生效的法律文书、继承、事实行为等而取得物权而未登记的情形。以上未经登记的不动产物权则需要占有之权利推定效力的保护。

2. 权利范围。因占有而推定占有人有合法权利，但是该被推定的权利有哪些呢？一种观点认为，该被推定的权利得为广泛的权利范围，不仅为所有权，还包括债权（如租赁权）及他物权，当然被推定的权利都必须是以占有为必要的权利类

---

[1]《德国民法典》第 891 条规定：①在土地登记簿中为了某人登记一项权利的，应推定此人享有该项权利。②在土地登记簿中注销一项权利的，应推定该项权利不复存在。这被认为是基于不动产登记簿的推定，而与第 1006 条相似但却又不同，该规定更为全面，因为不动产权利与登记簿的联系要比动产权利与占有的联系一致性更强。参阅 [德] 鲍尔、施蒂尔纳：《德国物权法》（上），张双根译，法律出版社 2004 年版，第 177～181 页。

[2] 参阅 [日] 我妻荣：《日本物权法》，五南图书出版公司 1999 年版，第 445 页。另外，《法国民法典》第 2230 条也有同类规定，"任何情况下，均推定占有人系以所有权人之身份为其本人占有……"。

型，如抵押权就不存在被推定的情况。[1]我国台湾地区"司法判例"曾认为，该被推定权利的具体确定应该根据占有人占有该物而行使权利当时的意思来判断。[2]另一种观点认为，为动产占有利益的权利推定，首先是所有权，其次可以及于用益权、质权，[3]但"绝不能扩及于因行使一项债权而对物实施占有的占有人"，"推定仅为那些以自主占有人或以用益权占有人、质权占有人身份，对物实施占有之占有人的利益而作出"。[4]

占有之权利推定必须首先以占有某物为要件，而通过辅助人占有也为直接占有，推定的最终利益归属于实际占有人。占有之权利推定不限于直接占有状态，间接占有也可以进行推定。[5]

3. 用益推定。占有人实际控制或管领某物，如果占有人为善意占有，则可以对占有物进行使用和收益。譬如甲自所有人乙处借得或租得某物，那么其根据占有之取得根据，即直接占有人与间接占有人之间的媒介关系，可以对该物进行使用收益。这是通常也是占有人取得实际占有的根本目的。但是该种占有效力仅仅限于善意占有，而且该种用益效力还可以因当事人之间的特别约定而受到限制。如我国台湾地区"民法"第 952 条规定，善意占有人，依推定其为适法所有之权利得为占有物之使用及收益。按照该规定，占有期间无论天然孳息，还是法定孳息均包括在内，所取得的孳息归占有人所有，对于日后请求占有回复者，不负返还的义务，无论孳息是否已消费。占有人就使用占有物所获得的利益，不负利益返还的责任。占有的此项效力成为善意占有人获利的法律上的原因，因此也不成立不当得利。

（三）占有之权利推定的司法适用

因占有而产生权利推定之效力，在司法作业上通常表现为以下方面：

1. 应由法院依职权而适用该推定。

2. 占有之权利推定可用于防御也可用于攻击，譬如实际占有人可以通过自主占有而主张自己享有推定所有权；第三人也可以援用占有之权利推定主张某物被某人占有进而由该人享有权利，譬如债务人对其所实际占有的物享有推定权利，而债

〔1〕 参阅王泽鉴：《民法物权》（用益物权·占有），中国政法大学出版社 2001 年版，第 235～236 页；温世扬、廖焕国：《物权法通论》，人民法院出版社 2005 年版，第 899 页。

〔2〕 参见台湾 1984 年台上字第 2984 号判决。参阅王泽鉴：《民法物权》（用益物权·占有），中国政法大学出版社 2001 年版，第 236 页。

〔3〕 《德国民法典》第 1065 条规定了妨害用益权之请求权与所有权请求权的准用。其规定，用益权人的权利受到妨害的，对用益权人的请求权，准用关于由所有权产生的请求权的规定。第 1227 条规定了质权的保护对所有权请求权的准用，其规定质权人的权利受到侵害的，对质权人的请求权准用关于由所有权产生的请求权的规定。

〔4〕 参阅 ［德］鲍尔、施蒂尔纳：《德国物权法》（上），张双根译，法律出版社 2004 年版，第 177 页。

〔5〕 参阅王泽鉴：《民法物权》（用益物权·占有），中国政法大学出版社 2001 年版，第 236 页；［德］鲍尔、施蒂尔纳：《德国物权法》（上），张双根译，法律出版社 2004 年版，第 177 页。

权人根据此主张执行；[1]直接占有人得援用间接占有人的权利推定效力以对抗他人，譬如甲自乙处租得某物，则可主张乙因间接占有该物而享有特定权利并得以出租，从而在丙对甲主张所有权时提出对抗。[2]

3. 对于非因前占有人之意思而丧失的物不适用占有之权利推定。《德国民法典》第 1006 条第 1 款规定，为有利于动产占有人，推定占有人为物的所有权人。但该推定不适用于其物被盗、遗失或者以其他方式丢失的前占有人，但占有物为金钱或者无记名证券的除外。

4. 占有之权利推定也可适用于过去的占有人。《德国民法典》第 1006 条第 2 款规定，为有利于前占有人，推定前占有人在其占有期间为物的所有权人。譬如物的实际占有人甲承认该物在以前某时间为乙所有，但主张在后来甲取得占有时，乙一经将该物所有权让与给甲，但甲又无法证明自己已经取得所有权，那么应推定前占有人即乙为真正的所有权人。

5. 某些特定的占有人不得援用占有之权利推定。《瑞士民法典》第 931 条第 2 款规定，某人依照限制物权或对人的权利所生之请求权而占有动产时，应推定该权利存在，但对于其受领该动产之人不得主张该推定。譬如甲在自己的物上为乙设定一个质权，乙因该质权而取得对物的实际占有，那么如果甲乙双方对质权之存在发生纠纷，乙不得利用占有之权利推定进行抗辩或主张。也就是说，乙如果以自己为实际占有人应推定其为权利人的主张将不会得到法院的支持。

6. 占有之权利推定的效力范围有限，占有人不得利用该推定作为其行使权利的积极证明。我国《物权法》第 11 条规定，当事人申请登记，应当根据不同登记事项提供权属证明和不动产界址、面积等必要材料。也就是说当事人不能仅仅因为占有某不动产而主张登记机关应该登记其为实际权利人。这主要是考虑到占有之权利推定规则的真正目的，其目的在于免除占有人关于权源的证明，其效力具有消极性，而不能据此取得权利，否则取得时效等制度将形同虚设。

7. 占有之权利推定得以有效证据推翻。法律上的推定在本质上乃是一种证据规则，是指依照法律规定或者由法院按照经验法则，从已知的某一事实推断未知的另一事实存在，并允许当事人提出反证推翻的一种证据法则。因此，占有之权利推定作为一种法律推定，当然也可以被当事人提出的反证所推翻。

二、权利取得效力

占有之权利推定效力是一种直接效力，也就是说由占有事实可以直接单独产生的效力，而在民法的诸多权利取得制度中，占有也具有重要的效力作用，但该效力非为直接单独产生，占有仅仅是权利取得之诸多要件中的重要构成。占有在权利取

---

[1] 参阅王泽鉴：《民法物权》（用益物权·占有），中国政法大学出版社 2001 年版，第 237 页。

[2] 如《瑞士民法典》第 931 条第 1 款明确规定，某人虽然实际占有某物，但不愿成为其所有人时，则可以主张推定其善意受领该物时的让与人为所有人。

得中的效力表现体现在无主物所有权的先占取得、取得时效（善意、和平、公然连续占有达法定期间即取得所有权）以及所有权的善意取得三种权利取得制度中。[1]

三、占有人与回复请求人的权利义务

在无权占有的情形下就会发生占有与回复请求人之间的关系问题。占有人与回复请求权人间，如有特定的法律关系之存在，则依该法律关系解决双方的权利义务，而如无此种关系，法律则须依占有的效力解决当事人间的权利义务关系，而这十分复杂又要区分不同的情形。我国《物权法》第242～244条对不同情形作出了明确规范。

（一）善意占有人与回复请求权人间的权利义务关系

1. 回复请求人享有原物及孳息返还请求权。《物权法》第243条中规定，不动产或者动产被占有人占有的，权利人可以请求返还原物及其孳息。

2. 善意占有人享有费用求偿权。《物权法》第243条还规定，不动产或者动产被占有人占有的，应当支付善意占有人因维护该不动产或者动产支出的必要费用。这里强调的是仅仅可以请求支付必要费用，对于奢侈费用，不得要求返还。

3. 善意占有人之赔偿责任。如果善意占有人占有物期间发生占有物的灭失或毁损，那么善意占有人是否以及如何承担赔偿责任，这有不同的观点。我国台湾地区"民法"中规定善意占有人因可归责于自己的事由，致占有物灭失或毁损的，仅以因灭失或毁损所受利益为限（如保险金），负赔偿之责，该规定的目的是减轻善意占有人的责任，并且使其不负侵权行为之责。我国《物权法》第244条中规定，占有的不动产或者动产毁损、灭失，该不动产或者动产的权利人请求赔偿的，占有人应当将因毁损、灭失取得的保险金、赔偿金或者补偿金等返还给权利人。善意占有人同样负有一定返还责任，而不负担侵权赔偿责任，但是该返还责任并不以可归责于占有人之事由为限，可以称为严格的返还责任。

（二）恶意占有人与回复请求权人间的权利义务关系

1. 恶意占有在占有期间如果为维护该物而进行了支出，那么其可根据无因管理而请求偿还必要费用。

2. 占有物灭失毁损的赔偿义务。我国台湾地区"民法"规定，因可归责于占有人之原因，致使占有物毁损灭失的，恶意占有人应当负赔偿之责（无责任减轻之规定）。我国《物权法》第242条则规定，占有人因使用占有的不动产或者动产，致使该不动产或者动产受到损害的，恶意占有人应当承担赔偿责任。第244条规定，占有的不动产或者动产毁损、灭失，该不动产或者动产的权利人请求赔偿的，占有人应当将因毁损、灭失取得的保险金、赔偿金或者补偿金等返还给权利人；权利人的损害未得到足够弥补的，恶意占有人还应当赔偿损失。可见我国

---

[1]　该三种权利取得制度具体请参阅本书"关于所有权取得"的章节内容。

《物权法》规定的是一种严格的赔偿责任。

3. 恶意占有人同样负有返还孳息的义务，如孳息已不存在，则应偿还孳息的价金。

第二节　占有的保护

前文已经述及占有制度的首要功能就是保护功能，那么法律上通过什么方式使占有获得法律保障呢？占有保护是针对占有损害的保护，既包括对占有者的保护，也包括对占有物的保护；既受民法的保护，也受刑法的保护，还受行政法的保护。[1]从救济方式来看，占有的保护一般包括占有之自力救济和公力救济两个方面，前者又包括占有防御和占有取回两种途径，后者包括占有返还请求权、妨害停止及消除危险请求权、损害赔偿请求权等占有保护请求权。

占有之保护是以占有受到侵害为前提，而对占有之侵害包括侵夺占有，即非基于占有人的意思而排除原占有人对物的事实管领或支配；妨害占有，即对占有人对物的事实管领造成妨害，使占有人之占有利益受损。[2]侵害占有乃是一种违法行为，当然在具备正当防卫、相邻关系上之容忍义务等违法阻却事由时，则可排除其违法性。

一、占有之自力救济

自力救济，又称为私力救济，是指在合法权益受到非法侵害时，如果无法得到及时的公力救济，依自己的力量而保护该合法权益。占有人之自力救济在各国立法中具体表现不一，德国、瑞士以及我国台湾地区的民法都规定了占有人的自力救济，[3]而法国、日本的民法以及我国的物权法中都没有明确规定占有人的自力救济问题。

当占有正受到侵害之威胁或者侵害正在持续时，占有人可以进行防卫，此即占有防御的权利；而侵害人通过侵害行为而创设自己的直接占有后，那么侵夺行为结束，占有人针对侵害人的权利为占有取回权。在德国法上一般认为，"占有防御权

---

[1]　参阅刘智慧：《占有制度原理》，中国人民大学出版社 2007 年版，第 323 页。

[2]　《德国民法典》第 858 条规定，①未经占有人同意而剥夺其占有或者妨害其占有的人，其行为为违法（禁止的擅自行为），但法律允许剥夺或者妨害的除外。②以禁止的擅自行为取得的占有是有瑕疵的占有。如果占有的继受人为占有人的继承人，或者在取得占有的当时已知其前占有人的占有为有瑕疵的占有的，提出瑕疵占有的主张须对占有的继受人有效。鲍尔和施蒂尔纳在《德国物权法》中指出，有趣的是，法律一方面将意思要素作为该概念之构成要件，而另一方面又将法定干预权限规定为排除该意思要素。参阅 [德] 鲍尔、施蒂尔纳：《德国物权法》（上），张双根译，法律出版社 2004 年版，第 155 页。

[3]　《德国民法典》第 859 条第 1 款规定，占有人可以强力防御禁止的擅自行为。《瑞士民法典》第 926 规定，各占有人得以实力防御不乏之私力。我国台湾地区 "民法" 第 960 条第 1 款规定，占有人对于侵夺或妨害其占有之行为，得以己力防御之。

实际上就是正当防卫[1]的一种特殊形式，而占有物之取回权则是自助行为权的一种特别构造情形"。[2]所以，占有防御权的行使必须符合正当防卫的要件，即要有现实侵害、违法性、防卫之必要性及防卫之适度性等。

（一）占有防御的行使需要具备的特点

首先，只有直接占有人或占有辅助人才能行使占有之防御，间接占有人无此权利；其次，该防御必须是针对现实的侵害；最后，占有人或占有辅助人必须是以自己的力量而防御。[3]

（二）占有取回权之行使应该具备的条件

首先，只有直接占有人或占有辅助人才能行使占有物之取回，间接占有人无此权利；其次，取回必须针对侵夺行为；最后，占有人之取回时间受到法律限制。占有物如果为不动产，占有人在被侵夺后，应该"立即"排除加害人以取回；如果为动产，占有人应"就地或追踪"向加害人取回。[4]在德国的学说及司法判例上也有观点认为占有之取回也属于正当防卫的扩大。占有之取回权注重权利行使的时间性，目的是防止侵夺人对物形成固定的管领事实，否则便只有通过公力予以救济而丧失了私力救济的可能性和合理性。

二、占有保护请求权

我国《物权法》第245条明确规定，占有的不动产或者动产被侵占的，占有人有权请求返还原物；对妨害占有的行为，占有人有权请求排除妨害或者消除危险；因侵占或者妨害造成损害的，占有人有权请求损害赔偿。占有人返还原物的请求权，自侵占发生之日起1年内未行使的，该请求权消灭。占有人根据此规定而享有的请求权称之为占有人之请求权、占有保护请求权，还有的称为占有物上请求权。通说认为占有保护请求权较为妥当，而在学说上及从诉讼法角度则又有占有诉权与其相应。

占有保护请求权可上溯到罗马法上的占有令状保护制度。[5]占有保护请求权大多通过诉讼即公力救济的方式实现。在占有之保护上，基于占有制度的目的在于保护事实上的社会秩序，因此其救济方式也会因事实状态的变化而发生变化。有学者

---

[1]　《德国民法典》第227条规定：①正当防卫的行为不为违法。②正当防卫是指为避免自己或者他人受现时的不法侵害而进行的必要防卫。

[2]　参阅［德］鲍尔、施蒂尔纳：《德国物权法》（上），张双根译，法律出版社2004年版，第158页。

[3]　参阅温世扬、廖焕国：《物权法通论》，人民法院出版社2005年版，第914页。

[4]　参阅王泽鉴：《民法物权》（用益物权·占有），中国政法大学出版社2001年版，第227页。我国台湾地区"民法"第960条规定，占有人对于侵夺或妨害其占有之行为，得以己力防御之。占有物被侵夺者，如系不动产，占有人得于侵夺后，实时排除加害人而取回之。如系动产，占有人得就地或追踪向加害人取回之。

[5]　参阅本编第二章"占有之历史渊源"部分内容。

指出，法律应观察原有的占有事实状态向新的占有状态的转化中实力对实力的抗争。如果妨害或侵夺已经成为过去的事实，而新的对物的支配状态处于稳定的继续之中，那么就没有自力救济的适用之余地，而只能选择公力救济。[1]

对物权的保护之最典型制度为物权请求权，而区分占有保护请求权与物权请求权之间的关系则为非常重要。两者大致有三个方面的区别。首先，是两者的规范意旨不同。占有保护请求权乃是以占有为基础，目的在于保护占有之对物进行事实管领的法律地位；而物权请求权则是以物权为基础，目的就在于保护确定的权利，即所有权或他物权。其次，占有保护请求权以占有被侵夺为要件，而物权请求权乃以权利被侵夺为要件。最后，两者的消灭时效期间不同。占有保护请求权的消灭时效一般为 1 年的时间，德国、我国台湾地区和内地的法律皆如此规定；而物权请求权的消灭时效则不同，如我国台湾地区"民法"规定所有物返还请求权之消灭时效期间为 15 年，而已经登记的不动产所有权之返还请求权则无消灭时效之适用。

在诉讼中，占有保护请求权和物权请求权之间的关系也即占有之诉与本权之诉的关系。该种关系存在两种情形。

（一）占有之诉与本权之诉的并存

有权占有人的占有被侵害时，就会使占有与本权都受到侵害，于是产生了占有之诉与本权之诉的并存。此时在司法实践中，物权人能否同时提起占有之诉与本权之诉，这在理论上有不同的见解。通说认为两者相互独立而互不干扰，因此可以合并提起，也可以先后提起。[2]也有学者提出不同看法，认为应该适用请求权竞合的方式，即当事人可以选择其一提起诉讼而不能合并诉讼。[3]

（二）占有之诉与本权之诉的对立

占有之诉与本权之诉相互对立的情形，譬如甲承租乙所有的房屋，而在租赁期届满时，甲并未搬离该房屋，乙遂于甲不在时将其财物搬离而自己住进该房屋。此时当事人双方各针对对方而分别提起占有之诉和本权之诉，甲主张乙侵害其占有，而乙主张所有物返还之诉。[4]当然在现实司法过程中，最终本权诉讼将会取得胜利，但是并不能因此而否认占有之诉的独立存在，因为占有之诉并不以有无正当本权存在为前提。

---

[1] 参阅刘得宽："论占有诉权制度"，载刘得宽：《民法诸问题与新展望》，中国政法大学出版社 2002 年版，第 311 页。作者还把旧事实向新事实移转的过程，勉强的区分为三个阶段，即搅乱期、暂定期和确立期。在搅乱期以行使自力救济为原则，公力救济为例外；而在暂定期两种救济方式都可实行；最后在确立期则不能行使自力救济而只能采公力救济。至于这三阶段之境界以何时为准，应依社会的具体情形判断。

[2] 参阅谢在全：《民法物权论》（下），中国政法大学出版社 1999 年版，第 1025 页。

[3] 参阅温世扬、廖焕国：《物权法通论》，人民法院出版社 2005 年版，第 917 页。

[4] 参阅王泽鉴：《民法物权》（用益物权·占有），中国政法大学出版社 2001 年版，第 362～363 页；[德] 鲍尔、施蒂尔纳：《德国物权法》（上），张双根译，法律出版社 2004 年版，第 161～162 页。

占有保护请求权针对侵害的不同形式可分为三类救济方式，即占有返还请求权、占有妨害排除请求权、占有妨害防止请求权。

1. 占有返还请求权。在占有人对物的事实管领被侵夺后，占有人即可行使返还请求权，使自己的占有利益得到回复性救济，恢复自己对物的实际占有或管领控制。该请求权行使的前提是发生占有被侵夺的情形，如果占有的丧失并不是由于他人的侵夺，则没有该请求权存在的基础。另外，即使发生了占有被侵夺的情形，占有返还请求权也并不是唯一的救济方式，还有上文已经提到的私力救济，在因侵夺而形成的占有未稳固之前，被侵夺人得行使私力救济之占有物取回权为自己救济。

在占有返还请求权的适用中存在占有之交互侵夺的情形，其为理论研究所普遍关注。对于该问题首先是在立法上《德国民法典》第861条规定：①以禁止的擅自行为剥夺占有人的占有时，占有人可以向对占有人为有瑕疵占有的人要求回复占有。②被剥夺的占有对现占有人或者其权利的前所有权人有瑕疵，且系在剥夺之前一年内取得的，上述请求权消灭。譬如甲之占有被乙侵夺，而不久甲复又夺回，那么此时乙可否行使占有返还请求权？或者说因侵夺别人占有而形成的瑕疵占有得否产生占有返还请求权？一种观点认为应该赞同德国民法典的规定，确定一年的限制期。因为在未满一年时，瑕疵占有并不稳固，而应该认为是前一占有的延续存在。[1] 这一观点赞同者众。第二种观点认为该请求权之行使不得有时间上的限制。[2] 第三种观点认为，主要应看返还请求权与占有取回权的协调。如果在占有被侵夺时当事人没有采取自力救济，那么就直接行使该返还请求权，否则如果已经采取了私力救济那么就无返还请求权的行使必要。[3] 第四种观点则认为，先看有无私力救济行使，如果没有则采用返还请求权，但该请求权应受一年的时间限制。[4]

2. 占有妨害排除请求权。占有人对物的事实管领被人妨害，而不能正常占有或支配，那么此时该占有人即享有妨害排除请求权。这里的妨害仅仅是指对正常占有构成妨碍或干扰。

3. 占有妨害防止请求权。妨害防止请求权又有被称为占有妨害预防请求权，其针对的并不是现实的侵害，而是当存在占有妨害危险时，占有人有权请求防止妨害。

以上各种救济措施都是物权法上的保护，而对于占有还存在债权法上的保护，包括不当得利和侵权赔偿两个方面，占有作为一种受法律保护的利益也可成为不当得利和侵权行为的对象或客体。[5] 对此，我国自2015年3月1日起施行的《不动

---

〔1〕　参阅史尚宽：《物权法论》，中国政法大学出版社2000年版，第592页；王泽鉴：《民法物权》（用益物权·占有），中国政法大学出版社2001年版，第235页。

〔2〕　参阅柯凌汉：《中华物权法论纲》，商务印书馆1935年版，第231页。

〔3〕　参阅曹杰：《中国物权法论》，中国方正出版社2004年版，第254页。

〔4〕　参阅谢在全：《民法物权论》（下），中国政法大学出版社1999年版，第1018页。

〔5〕　参阅王泽鉴：《民法物权》（用益物权·占有），中国政法大学出版社2001年版，第373～381页。

产登记暂行条例》规定，不动产登记机构登记错误给他人造成损害，或者当事人提供虚假材料申请登记给他人造成损害的；或不动产登记机构工作人员进行虚假登记，损毁、伪造不动产登记簿，擅自修改登记事项，或者有其他滥用职权、玩忽职守行为的，给他人造成损害的；或者伪造、变造不动产权属证书、不动产登记证明，或者买卖、使用伪造、变造的不动产权属证书、不动产登记证明的，给他人造成损害的，均应依法承担赔偿责任。

图书在版编目（ＣＩＰ）数据

物权法教程/江平主编. —3版. —北京：中国政法大学出版社,2017.3
ISBN 978-7-5620- 7281-2

Ⅰ.①物…　Ⅱ.①江…　Ⅲ.①物权法－中国－教材　Ⅳ.①D923.2

中国版本图书馆CIP数据核字(2017) 第046796号

出 版 者　　中国政法大学出版社

地　　址　　北京市海淀区西土城路 25 号

邮　　箱　　fadapress@163.com

网　　址　　http://www.cuplpress.com（网络实名：中国政法大学出版社）

电　　话　　010-58908435(第一编辑部) 58908334(邮购部)

承　　印　　保定市中画美凯印刷有限公司

开　　本　　720mm×960mm　1/16

印　　张　　23.75

字　　数　　492 千字

版　　次　　2017 年 3 月第 3 版

印　　次　　2019 年 1 月第 2 次印刷

印　　数　　4001～9000 册

定　　价　　46.00 元